Neue UNERKLÄRLICHE PHÄNOMENE jenseits des Begreifens...

Neue UNERKLÄRLICHE PHÄNOMENE jenseits des Begreifens...

Michaels Verlag

Michaels Verlag, Ammergauer Str. 80, 86971 Peiting

ISBN: 3-89539-073-9
1.Auflage 10/2001
Michaels Verlag
Ammergauer Str. 80
86971 Peiting
Tel: 08861-59018 Fax: 08861-67091
www.michaelsverlag.de
e-mail: mvv@michaelsverlag.de

Inhaltsverzeichnis

Geleitwort

Für die Naturwissenschaft sind unerklärte Erscheinungen auf welchem Gebiet auch immer unerwünscht - ist doch ihr erklärtes Ziel das endgültige Verständnis der Natur, und dazu gehört nach naturwissenschaftlich-rationalem Weltverständnis schlicht alles.
Zugleich aber bedarf die Naturwissenschaft ständig des Unverstandenen gleichsam als Antrieb: Wäre alles erklärt, hätte sie ausgedient. Ihr Verhältnis zum Thema dieses Buches ist also zwiespältig: Sie möchte das beseitigen, was sie am Leben hält. Dieser Sachverhalt führt einerseits dazu, daß Theorien immer wieder verworfen oder zumindest in Frage gestellt werden, wie dies gegenwärtig in der Quantentheorie und in der Kosmologie zu beobachten ist, andererseits aber zu wissenschaftlicher Selbstgefälligkeit, die sich in hartnäckigem Leugnen des Unerwünschten äußert, um erprobte, mühsam erarbeitete Theorien bewahren zu können.
Ich habe in meinem Fach die Erfahrung gemacht, daß nur wenige Kollegen angesichts von Unverstandenem sagen: „Das ist phantastisch. Dieser Sache müssen wir nachgehen!" In aller Regel wird das Unverstandene bagatellisiert, in notorischen Fällen sogar geleugnet. Nun sind Physiker überdurchschnittlich intelligent, einsichtig und diskussionsbereit (auch das weiß ich aus Erfahrung. Ich gebe, bevor ein Einwand kommt, sofort zu, daß die Physiker auch viele ausgesprochen unangenehme Eigenschaften besitzen). Wieviel heftiger muß dann dieser Verdrängungsmechanismus bei Normalsterblichen ablaufen, die zwar ausgesprochen angenehme Eigenschaften besitzen mögen, aber vielleicht nicht so einsichtig oder diskussionsbereit sind? Das Unverstandene wird übersehen, oft sogar mit mis- sionarischem Eifer bekämpft.
Was aber ist dem Normalsterblichen am unverständlichsten? Die Naturwissenschaft. Deshalb sind pseudowissenschaftliche Bücher, die vorgeben, die großen Weltgeheimnisse zu entschlüsseln, so erfolgreich. Natürlich versäumen die Proponenten dieser Geisteshaltung keine Gelegenheit, die Naturwissenschaft als ignorant, pragmatisch, eindimensional oder überhaupt als unbrauchbar zu verunglimpfen. Daß es sich hierbei um jenen Mechanismus, handelt, der in der Psychoanalyse als Projektion bekannt ist, verwundert nicht. Jedenfalls

trägt dies zu einer Eskalation der gesellschaftlichen Spaltung in naturwissenschaftlich und anders Denkende bei, die C. P. Snow bereits vor mehr als drei Jahrzehnten so klar analysiert hat.
Unserer polarisierten Gesellschaft täte eine unvoreingenommene Bestandsaufnahme unerklärter Phänomene gut. Sie müßte umstrittene Themen wie Hellsehen, Telekinese, Prophetie ..., also den *außer*wissenschaftlichen Bereich ebenso enthalten wie eine allgemeinverständliche Darstellung jener Probleme *innerhalb* der Naturwissenschaft, die heute als ungelöst gelten oder zumindest diskutiert werden, wie zum Beispiel das Meßproblem in der Quantenphysik („Schrödingers Katze"), der Begriff der Irreversibilität, der durch die Arbeiten von Manfred Eigen und Ilya Prigogine nach jahrzehntelangem Dornröschenschlaf heute wieder sehr aktuell ist, oder die Diskussion kosmologischer Modelle, deren oft kindlich-naive Konstruktionen im Licht neuerer Untersuchungen immer fraglicher werden.
Kurz: Was wir brauchen, ist eine Darlegung unverstandener Fakten ohne Verdrängungspolitik und ohne Lobhudelei des Mysteriums. Ein solches Werk gibt es nicht, und es ist gut möglich, daß nie eins geschrieben wird. Selbst wenn ein Autor über seine wissenschaftlichen oder pseudowissenschaftlichen Vorurteile erhaben wäre, wird eine umfassende Bestandsaufnahme durch das Dickicht fragmentarischer Quellen und unüberprüfbarer Berichte nahezu unmöglich gemacht.
Das vorliegende Buch ist eine Annäherung an eine solche Bestandsaufnahme. Hier wird aufgezeigt und unumwunden zugegeben, keine Patenterklärung für Unerklärtes zu haben. Wo die Grenze zwischen Humbug und Faktum zu ziehen ist, bleibt freilich der Phantasie und Skepsis des Lesers überlassen. Für eine kritische Beurteilung ist jedenfalls ein Quellenstudium angeraten, das wohl über das angegebene umfangreiche Literaturverzeichnis hinausgehen müßte.
Wie auch immer der Leser dies hält, er darf sich auf einen unterhaltsamen, spannenden Streifzug durch Niemandsland freuen, der zum Nachdenken, zum Bescheidenwerden, vor allem aber zur Stärkung unserer kränklichen Phantasie einlädt.

Dr. Peter Schattschneider
Universitätsdozent am Institutfür Angewandte Physik der Technischen Universität Wien.

Wissen wir, was wir wissen?

Im 19. Jahrhundert waren führende Wissenschaftler der Überzeugung, daß im Grunde alles, was es zu erforschen gab, erforscht sei und daß der menschliche Entdeckungsdrang sich aus den naturwissenschaftlichen Disziplinen zurückziehen und voll den schönen Künsten und der Philosophie zuwenden sollte. Winzige noch offene Unklarheiten wie das Wesen der Schwerkraft oder die Funktionsweise des Gehirns würden bald ausgeräumt sein. Eine fundamentalere Fehleinschätzung ist kaum denkbar.

Heute sind wir, da wir die Naturwissenschaften doch nicht ad acta gelegt haben, im Besitz von Erkenntnissen, die einem Wissenschaftler des neunzehnten Jahrhunderts unvorstellbar wären. Wir haben Einsichten in Raum und Zeit und in die Geheimnisse des Lebens gewonnen, die jede „klassische Wissenschaft" auf den Kopf stellen - und wissen im Grund nur, daß wir von der „Weltgleichung", die Forscher noch vor Jahrzehnten in Griffweite sahen, weiter entfernt sind als je zuvor. Und wir wissen, daß die Welt, die wir zu erkennen glauben, nur der Widerschein einer verborgenen „Realität" ist, die das menschliche Vorstellungsvermögen für alle Zeiten übersteigen wird und die nur in der abstrakten Sprache der Mathematik zumindest annähernd zu beschreiben ist.

Die Erkenntnisse der modernen Naturwissenschaft sind so ungeheuerlich, atemberaubend und in letzter Konsequenz unvorstellbar, daß man erstaunt ist, wenn Naturwissenschaftler, die mit größter Selbstverständlichkeit von umgedrehten Zeitpfeilen, Materieentstehung aus dem Nichts, wirklichen und unwirklichen Elementarteilchen, Wellen-Teilchen-Dualismus, Raumkrümmung und dergleichen mehr sprechen, unerklärliche Phänomene als Humbug, Betrug, Massensuggestion, Einbildung, Hysterie, Wahnvorstellung, Luftspiegelung usw. usf. abtun und nur widerwillig bereit sind, theoretisch zuzugeben, daß etwas Ungreifbares unsere Welt mit uns teilen *könnte.*

Dabei ließe beispielsweise die „Mehrfachwelten-Deutung" der modernen Quantenphysik durchaus die Spekulation zu, daß wir vielleicht von unzähligen Parallelwelten umgeben sind, die wir wohl nicht wahrnehmen können, die aber doch - wenn sich unsere Existenzebene mit der einer solchen Parallel-Erde überschneidet - Spuren hinterlas-

sen. Spuren, die für uns dann unerklärliche Phänomene sind. Dies ist natürlich nur *ein* Aspekt des Unerklärlichen.
Begnügen wir uns vorerst damit, daß es, wie Shakespeare so wahr sagt, „... mehr Ding' im Himmel und auf Erden gibt, als eure Schulweisheit sich träumt". Manche davon mögen Ursachen haben, die tatsächlich nur durch die kühnsten Konzepte der theoretischen Physik zu erfassen sind, andere sind der wissenschaftlichen Katalogisierung vielleicht einfach entschlüpft und wieder andere gehen möglicherweise auf die Macht des menschlichen Geistes zurück. Ihr Vorhandensein jedenfalls ist nicht abzustreiten, wobei über ihr tatsächliches Ausmaß null Klarheit herrscht.
Wie auch immer, unser Wissen hat eindeutig Lücken. Die Größe dieser Lücken auszuloten und nachzusehen, was sich in ihnen verbirgt, ist das Reizvolle an der Auseinandersetzung mit der reichhaltigen Palette von Mysterien, Alpträumen und Wunderlichkeiten, die weit „alltäglicher" sind, als man es für möglich hielte.
Erhebungen zeigen, daß an jedem Punkt der Erde in einem Radius von dreihundert Kilometern mindestens eine Person eine Begegnung mit einer unerklärlichen Erscheinung oder einem fremdartigen Monster hatte. Und das seit Jahrhunderten! Der überwiegende Teil davon ist allerdings zweifellos auf Einbildung, Aberglauben oder Nichtverstehen natürlicher Vorgänge zurückzuführen.
Bedenkt man jedoch, daß vor 200 Jahren nur 808 Säugetier-, Vogel-, Amphibien- und Reptiliengattungen bekannt waren, während heute 350000 Pflanzenarten, 4320 Säugetierarten, 860 000 Insektenarten, 250 000 Blumenarten, 28 050 Fischarten, 6127 Reptilienarten und 8630 Vogelarten klassifiziert sind, so muß man den Anspruch der modernen Wissenschaft anerkennen, so gut wie alles entdeckt zu haben, das auf unserem Planeten kreucht und fleucht.
Es gibt in unseren Tagen kaum ein Winkelchen auf der Erde, in dem sich Ungeheuer, Affenmenschen, Kobolde, Saurier und andere Exoten auf Dauer mit Erfolg der Entdeckung entziehen könnten. Und dennoch *können* die Millionen Augenzeugen, die Jahr für Jahr Begegnungen mit geflügelten Monstern, sechsarmigen Riesen, zwergenhaften Außerirdischen, haarigen Unholden, Seeungeheuern und zahllosen anderen „Lebensformen" melden, die im offiziellen Stammbaum der irdischen Gattungen nichts zu suchen haben, nicht *alle* von Halluzinatio-

nen, Tagträumen oder übersteigerter Geltungssucht geplagt sein. Und das ist nur *eine* Kategorie der unerklärlichen Phänomene, die zu Buche stehen.

Man kann es drehen, wie man will - wenn man sich nicht krampfhaft bemüht wegzusehen, stößt man nahezu auf Schritt und Tritt auf Rätsel, die sich auch unter größter Anstrengung nicht wegrationalisieren lassen: Menschen, Familien und ganze Dorfgemeinschaften verschwinden auf unerklärliche Weise • Schiffe und Flugzeuge lösen sich buchstäblich in Luft auf • Irgendetwas massakriert seit Jahrhunderten unsere Tiere • Naturgesetze spielen plötzlich verrückt • Tote finden in ihren Gräbern entweder keine Ruhe oder weigern sich zu verwesen und selbst Grabkammern beginnen zu wandern • Form erweist sich als Energie • Millionen Jahre alte Skelette von Mensch und Tier zeigen Einschußöffnungen • ein „Irgendetwas" meldet sich (aus dem Jenseits?) bei einer Nicht-Wissenschaftlerin und diktiert frappierend aktuelle naturwissenschaftliche Erkenntnisse • Personen gehen schlagartig in Flammen auf und zerfallen zu Asche • Der menschliche Geist bewirkt Wunder • Außerirdische hinterlassen Spuren im Weltraum und auf der Erde • Dinge und Menschen werden von einem Fluch verfolgt • Mysteriöse Artefakte aus der Vergangenheit spotten allen wissenschaftlichen Untersuchungen Hohn • Universelles Wissen läßt sich anzapfen • Raum und Zeit verlieren ihre Gültigkeit • Unmögliches geschah und geschieht noch immer ...

Auch wenn dieses Potpourri bereits so bizarr erscheint, daß „bekannte" Unerklärlichkeiten wie Fischregen oder „Nessie" konventionell anmuten, ist es nicht mehr als ein winziger und in keiner Weise gelüfteter Zipfel des Schleiers, der uns von anderen Wirklichkeiten trennen mag.

Meine Absicht soll es natürlich nicht sein, die bunte Palette vorhandener Deutungsversuche mit eigenen unbeweisbaren Interpretationen zu bereichern. Der Sinn des Buches, das nun in einer erweiterten und aktualisierten Form für eine neue Lesergeneration vorliegt, ist es zu zeigen, daß etwas da ist, das nicht da sein dürfte - und damit in Frage zu stellen, ob wir wirklich wissen, was wir zu wissen glauben.

Am Scheideweg zwischen Höherentwicklung und Untergang, auf einer rapide unbewohnbarer werdenden Erde, müssen wir das Undenk-

bare denken, um weiterzubestehen. Das Phantastische zu akzeptieren, kann der erste Schritt dazu sein...
Viktor Farkas

Teil I

VON DER REALITÄT DES PHANTASTISCHEN

Auf der Suche nach der Wirklichkeit

Die Wirklichkeit ist eine trügerische Geliebte. Schon vor der Formulierung der Kommunikationstheorie und anderer wissenschaftlicher Disziplinen unseres Jahrhunderts waren die Philosophen sich klar, daß die „Realität“ eine sehr persönliche Angelegenheit ist. Ein Produkt der Information, die unsere Sinne aus der Umwelt erhalten.

Diese Sinneseindrücke haben bereits die Entwicklung des Gehirns selbst mitgeprägt und in uns ein Mikro-Universum Gestalt annehmen lassen, das nur einen mehr als bescheidenen Ausschnitt des Kosmos repräsentiert. Dies wird ohne jegliche geistige Akrobatik schon an unserer Sprache sofort erkennbar, die augenblicklich aufhört, verständlich zu sein, wenn sie Nicht-Erlebtes, Nicht-Nachvollziehbares beschreiben soll.

Nicht grundlos haben frühe Denker, die sich dessen bewußt waren, immer wieder gerätselt, wieso die Naturbeobachtungen keine Diskrepanzen zwischen Theorie und Praxis an den Tag förderten. Da der forschende Menschengeist der Natur jedoch Geheimnis um Geheimnis abringen konnte, vermutete man hinter Ungereimtheiten lediglich Noch-zu-Entdeckendes. Die klassische Vorstellung der Erklärbarkeit des Universums blieb unverletzt. Der Laplace'sche Dämon war nach wie vor am Leben und erfreute sich bester Gesundheit.

Dieses abstrakte Fabelwesen - ein Vorläufer von Maxwells Dämon und Schrödingers Katze, die ebenfalls Anschauungsanalogien darstellen - spiegelt jene aus der Antike übernommene Denkweise der letztendlichen Erklärbarkeit aller Dinge wider.

Der große französische Mathematiker und Astronom Pierre Simon Marquis de Laplace, der bereits im 18. Jahrhundert über mögliche Super-Schwarze-Löcher spekulierte, auch wenn er sie nicht so benannte, und dem die Wissenschaft fundamentale Erkenntnisse verdankt, machte sich auch Gedanken über die Vorausberechenbarkeit von Ereignissen. Er stellte sich einen fiktiven Dämon vor, der Aufenthalt und Impuls sämtlicher im Universum vorhandener Teilchen kannte. Damit wäre er in der Lage gewesen, jedes zukünftige Geschehen hochzurechnen bzw. eine exakte Momentaufnahme von jedem beliebigen Zeitpunkt der Vergangenheit zu bekommen. Heute gehört dieser Dä-

mon ebenso der Vergangenheit an wie die Vorstellung der alten Griechen von der endgültigen Unteilbarkeit des Atoms.
Der in uns eingebrannte Wunsch, die Welt nicht als unkontrollierten Ablauf chaotischer Zufallsereignisse sehen zu müssen, sondern einen übergeordneten Zusammenhang zu erkennen, scheint nicht in Erfüllung zu gehen. Das 20. Jahrhundert hat den lange befürchteten Bruch zwischen unserer Vorstellung vom Universum und dem, was tatsächlich „da draußen" oder „tief drinnen" ist, gebracht.
Unsere fernen Urahnen erhoben den Blick zum Firmament und machten gewaltige Gottheiten dafür verantwortlich, daß der Tag hell und die Nacht dunkel waren, oder daß von Zeit zu Zeit Wasser, weiße Flocken, aber auch grelle Lichtblitze vom Himmel herabkamen. Mit dem Erwachen der Naturwissenschaften wurden die Götter von Gesetzmäßigkeiten verdrängt. Der Kosmos war nicht länger eine Spielwiese überirdischer Mächte sondern ein gut geölter Mechanismus. Eine gigantische Uhr. Somit auch zerlegbar bis zum letzten Schräubchen.
Niemand kam auf den Gedanken, es könnte eine unüberschreitbare Grenze des Erforschbaren geben, hinter der Kräfte am Werk waren, an denen Mensch oder Laplace'scher Dämon gleichermaßen scheitern mußten.
Als der deutsche Arzt und Astronom Wilhelm Olbers (1758-1840) die simple Frage stellte „Warum ist die Nacht dunkel?" schuf er damit zwar das berühmte »Olbers-Paradoxon", das bis fast in unsere Tage die Wissenschaft nicht zur Ruhe kommen ließ, aber er rüttelte in keiner Weise an den Grundfesten der klassischen Weltsicht. Die kosmische Uhr tickte weiter.
Olbers, der für die Entdeckung von sechs Kometen und der Planetoiden Pallas und Vesta, wie auch für die genaue Berechnung zahlreicher Kometenbahnen in höchstem wissenschaftlichen Ansehen stand, hatte folgende Überlegung angestellt: Wenn die Sterne im Weltall gleichmäßig verteilt sind - wie man es damals beobachten konnte und berechtigterweise für das gesamte Universum annahm -, müßte an jedem Punkt des Himmelsgewölbes ein Stern (eine Sonne) zu sehen sein. Demnach wäre die Erde Tag und Nacht von einer leuchtenden Hülle umgeben, deren Leuchtkraft die unserer eigenen Sonne um das Zigtausendfache überträfe und jegliches Leben vernichten würde, bezie-

hungsweise es erst gar nicht hätte entstehen lassen. Wie wir wissen, ist dies nicht der Fall.
Es dauerte fast zweihundert Jahre, bis die Entdeckung der Milchstraßenflucht, des Dopplereffektes (Rot-, bzw. Blauverschiebung) und noch anderer physikalischer Gesetzmäßigkeiten das Olbers-Paradoxon nicht länger ein Paradoxon sein ließ. Das Dogma vom letztlichen Sieg der menschlichen Ratio war schon vorher in die Brüche gegangen. Allerdings nicht ohne zuvor beträchtliche Teilerfolge errungen zu haben, wie etwa die schon erwähnte im neunzehnten Jahrhundert verbreitete Geisteshaltung, so gut wie alles, was es zu erforschen gäbe, sei nunmehr entdeckt.
Es scheint, daß wir seit dem zwanzigsten Jahrhundert auf eine vergleichbare Sackgasse zusteuern. Die kosmische Uhr ist für immer dahin. Wissenschaftler wie Paul Dirac, Enrico Fermi, Niels Bohr, Erwin Schrödinger, Max Planck, Linus Pauling, Louis de Broglie, Nathan Rosen, John Bell, Richard Feynman, David Deutsch und viele andere haben sie in subatomare Teilchen - die dazu auch noch Wellen sind - zertrümmert. Niemand wird je die geisterhaften, von den Gesetzen der Wahrscheinlichkeit gelenkten Schemen im Inneren der Atome zu fassen bekommen, um aus ihnen wieder ein großes, das ganze Universum umschließendes Uhrwerk zusammenzusetzen. Oder, wie es der amerikanische Schriftsteller James Blish kürzer und drastischer formulierte: Einstein hat Newton verschlungen.
Die Wissenschaft des späten zwanzigsten Jahrhunderts hat der Kausalität, der Erklärbarkeit und der Anschaulichkeit entsagt. Der Determinismus hat im Strahlenblitz der Atombombe sein Abschiedsfanal erhalten, nachdem ihm durch Relativitätstheorie, Wellenmechanik und andere exotische Beschreibungen natürlicher Vorgänge bereits Jahrzehnte davor theoretisch der Garaus gemacht wurde.
Nun ist alles vage, unscharf, ungreifbar, unsicher, zufällig. Fast masochistisch produziert die theoretische Physik Modelle, von denen eines bizarrer ist als das vorhergegangene. Den zutiefst menschlichen Drang des Begreifenwollens befriedigt natürlich weder die Theorie, daß sich das Universum bei jeder möglichen Ja/Nein-Entscheidung in zwei Teiluniversen aufspaltet, noch der Gedanke an eine überlichtschnelle Kommunikation aller Elementarteilchen miteinander, oder gar die Vorstellung, daß Realität erst durch Beobachtung geschaffen

wird. Auch wenn die Mathematik stimmt - wer will schon in einem Universum leben, das nicht da ist, wenn man wegsieht?
Die menschliche Natur verlangt nach einer neuen, einer phantastischen Vernunft.
Auch heute wird das Phantastische als Verletzung der Naturgesetze angesehen. Betrachtet man jedoch die Naturgesetze, wie die moderne theoretische Physik sie nun versteht, so zeigt sich, daß es im Grunde nichts wirklich Phantastisches gibt. Natürlich dürfen auch diese verwirrenden Naturgesetze nicht gebrochen werden, doch die Frage, wo ein solcher Bruch vorliegt, ist extrem unklar.
Berichtete ein alter Germane von fliegenden Steinen, hätten seine Stammesgenossen entweder an ein Wirken von Odin, Thor, Loki oder sonst einem nordischen Gott geglaubt oder den Erzähler für einen Lügner gehalten. Im neunzehnten Jahrhundert wäre er sofort als Lügner hingestellt worden, denn die Götter hatten in einem mechanistischen Weltbild keinen Platz - und Steine flogen nun einmal nicht. Nicht so in unseren Tagen. Natürlich gehören fliegende Steine nicht zum alltäglichen Landschaftsbild, aber sie sind *möglich.* Dazu befragt, würde ein Wissenschaftler lediglich von der extremen *Unwahrscheinlichkeit* gleichzeitiger, einseitig gerichteter Molekülbewegung sprechen.
Das Unglaubliche *muß* also nicht immer das Unmögliche sein. Die moderne Wissenschaft zeigt, daß hinter dem einfachen Sichtbaren, das unser „gesunder Menschenverstand" begreifen und unsere Sprache beschreiben kann, das weder zu begreifende, noch anschaulich zu beschreibende Unsichtbare lauert. Weder ein Stern noch eine Blattlaus haben im Grunde auch nur das Geringste mit der Vorstellung zu tun, die wir uns davon machen.
Wer glaubt, eine Parkbank etwa sei ein solides Objekt, auf dem man sich gemütlich niederlassen und in beschaulicher Ruhe spielende Kinder beobachten könnte, irrt sich gewaltig. De facto ist sie ein unvorstellbares System, das zu 99,9999... Prozent aus Nichts und zu einem verschwindenden Rest aus einer Verunreinigung - der Materie - besteht, die ihrerseits wieder aus schemenhaften Materiewellen gebildet wird, die sich jeglichem Zugriff entziehen. Genau genommen ist besagte Parkbank überhaupt nur ein Schlagschatten aus dem Hyperraum, eine lokale Irregularität der Raum-Zeit-Geometrie oder was immer

man nach der jeweiligen Theorie auswählt. Wem solche Vorstellungen Kopfschmerzen bereiten, der möge sich damit trösten, daß wir, die wir über derartige Konzepte nachdenken, um keine Spur substantieller sind als besagte Bank.

Das Frappierende an diesen Denkmodellen ist: sie funktionieren. Die Gesetze der Wahrscheinlichkeit - und nicht die von Ursache und Wirkung - haben im subatomaren Bereich das Sagen. Sie - und kein mechanistisches, vorausberechenbares Weltmodell - sind verantwortlich dafür, daß die Sterne leuchten, Strom fließt, Eisen zuerst rot- und dann weißglühend wird, und für zahllose andere Phänomene, die wir wahrnehmen und praktisch anwenden können.

Spätestens jetzt werden sich viele Leser wohl nicht des Gefühls erwehren können, daß manchen Theoretikern die Pferde durchgegangen sind. Ein *so* absurder Ort *kann* das Universum einfach nicht sein. Leider doch.

Dazu ein Beispiel, stellvertretend für alle exotischen Gesetzmäßigkeiten der „neuen Physik". Stellen wir uns ein Gefäß vor, in dem sich Erbsen befinden. Nach gewissen wahrscheinlichkeitsstatistischen Aussagen - wie sie im Mikrokosmos gelten sollen - müßte der Aufenthaltsort einiger Erbsen außerhalb des Gefäßes sein. Niemand bei rechtem Verstand wird annehmen, daß die bloße *Wahrscheinlichkeit* Erbsen veranlassen könnte, sich plötzlich außerhalb des Behälters zu materialisieren. Elementarteilchen schon!

Exakt die wahrscheinlichkeitsstatistisch zu erwartende Anzahl von Elektronen taucht außerhalb des Atoms auf oder verläßt den vorgegebenen Bahnbereich. Man nennt dies den *Tunneleffekt.* Wissenschaftler berechnen ihn und Techniker bauen, von diesen Berechnungen ausgehend, grundsolide Dinge. Ohne den Tunneleffekt gäbe es weder Transistoren oder Dioden (Halbleiter), noch viele andere Geräte des täglichen Lebens. Mehr noch, es gäbe nicht einmal das Leben selbst, denn nur die Elementarteilchen, die dank des Tunneleffektes den atomaren Potentialwall überwinden, sorgen dafür, daß das Feuer der Sterne überhaupt brennt. Bizarr genug, aber unbestreitbare Tatsache.

Man ist nun versucht, die phantastischen Züge der Naturgesetze anzuerkennen, aber als Preis dafür gleichzeitig die Existenz unerklärlicher Phänomene zu leugnen. Schließlich sollte eine Wissenschaft, die solche fremdartigen Vorgänge entdecken, berechnen und in Blaupausen

für Atomreaktoren oder LASER umsetzen kann, zumindest sagen können, was *sein darf* und was *nicht.* Sie kann es nicht.
Wie die Geschichte zeigt, haben Forscher immer schon plausible Erklärungen geliefert, deren Schlüssigkeit lediglich von ihrer Unrichtigkeit übertroffen wurde. Jahrhunderte schien es Laien und Forschern klar, daß die Sonne im Osten aufgeht, über den Himmelsbogen wandert und im Westen versinkt, daß sie also logischerweise um die Erde kreist (zuerst mußte man sich natürlich von der Vorstellung trennen, unser Planet sei eine Scheibe).
Dieses geozentrische oder auch ptolemäische Weltsystem hatte über 1000 Jahre Gültigkeit. Nunmehr wissen wir, daß die Erde um die Sonne kreist. Am Firmament jedoch hat sich nichts geändert.
In unseren Tagen präsentieren die anerkannten Astronomen und Astrophysiker Sir Fred Hoyle, Sir Hermann Bondi und Thomas Gold als Alternative zum Big-Bang (Urknall)-Modell der Entstehung des Universums das sogenannte „Steady-State-(stationäre) Universum". Dieses Konzept eines ewigen Kosmos mit permanent gleicher Struktur und Massendichte umgeht das Problem der Materieverdünnung, die durch die beobachtete Ausdehnung des Weltalls eintritt, durch den Kunstgriff ununterbrochener Neuschaffung von Materie (etwa einige Wasserstoffatome pro Kubikkilometer und Jahr).
Als die Entdeckung der kosmischen Mikrowellen Hintergrundstrahlung - ein meßbarer „Nachhall" des Urknalls - die Hypothese des stationären Universums in die Bereiche der Hohlweltlehre zu rücken begann, erweiterte Fred Hoyle mit seinem Kollegen und ehemaligem Schüler Jayant Kishnu Narlikar unverdrossen die ursprüngliche „Steady-State-Theorie".
Im Jahr 1975 brachten die beiden Wissenschaftler ein „Masse-Feld" ins Spiel. Nach Hoyle und Narlikar könnte der Kosmos aus zahlreichen Universen bestehen. Manche mit positiver und andere mit negativer Masse. Im Teil des Weltalls, den wir beobachten können, ist ihrer Ansicht nach dieses Feld positiv, so daß die Masse jedes einzelnen Teilchens seit dem „scheinbaren" Urknall zugenommen haben muß. Tatsächlich erklärte diese akrobatische Gedankenkonstruktion auf unorthodoxe Weise nicht nur die Rotverschiebung der Lichtwellen, die auf das Auseinanderstreben der Milchstraßen zurückzuführen ist, sondern ließ auch eine neue Deutung der Hintergrundstrahlung zu (für

Hoyle handelt es sich dabei um Sternenlicht aus einem früheren Universum, das durch die Raum-Zeit-Grenze sickert, an der die positiven und negativen Massefelder zusammentreffen).
Trotz dieser Schrulligkeiten, die von der wissenschaftlichen Gemeinde nicht ernst genommen werden, ist Sir Fred Hoyles Reputation zu Recht unangefochten. Seine Arbeiten zum Ursprung der schweren Elemente werden ihm, dem Gründer des Institutes für theoretische Astronomie in Cambridge, für immer einen Platz in den Annalen der Wissenschaft sichern.
Bemerkenswert mag in diesem Zusammenhang sein, daß der 1915 geborene Fred Hoyle nicht nur ein besonders kreativer Wissenschaftler ist, sondern einige Science-fiction-Romane (der berühmteste ist wohl „Die schwarze Wolke"), mehrere Sachbücher und sogar das Libretto einer Oper (The Alchemy of Love) verfaßte.
Dieses Beispiel soll nicht die Fehlbarkeit der Wissenschaft betonen - denn Irren ist fürwahr menschlich - sondern den Wert der Spekulation. Grenzüberschreitendes Denken kann selbst dann noch grandios und bewundernswert sein, wenn es bereits von neueren Erkenntnissen überholt wurde. Wer den Schritt auf nie betretenes Territorium wagt, läßt das Licht menschlichen Wissensdranges auch dann noch leuchten, wenn er irrt. Die Scheuklappen einseitiger Betrachtungsweisen müssen der Vergangenheit angehören, sonst wird unsere Zukunft nichts anderes sein, als ein ungeheuerliches Zerrbild der Gegenwart.
Wir leben in einem Kosmos von tatsächlich unvorstellbarer Fremdartigkeit, in dem Teilchen aus dem Nichts entstehen und wieder darin verschwinden (Vakuumfluktuation), umgeben von Rätseln, wohin wir unseren Blick auch richten.
Wir sollten den Mut haben, die weißen Flecken auf *allen* unseren wissenschaftlichen Landkarten zugeben. Und uns mit ihnen auseinandersetzen. Die Auswahl ist reichlich:

die Medizin erklärt alles - nur nicht, wie unser Körper funktioniert...
die Psychologie erklärt alles - nur nicht, wie unser Geist funktioniert...
die Biologie erklärt alles - nur nicht, was Leben ist...
die Geschichte erklärt alles - nur nicht, wodurch sie bewirkt wird...
die Archäologie erklärt alles - bis auf die kleinen Ungereimtheiten, die sie nicht erklären kann...

die Evolution erklärt alles - nur nicht, wie das Leben auf das Land gekommen ist...
die Paläontologie erklärt alles - nur nicht, was den Sauriern zugestoßen ist...
die Physik erklärt alles - bis auf die Naturgesetze...

Es ist kein Zufall, daß jetzt westliche Physik und östliche Mystik - Lehren, die jahrhundertelang nicht unvereinbarer sein konnten - eine Verbindung einzugehen beginnen. Speziell die eigenartig parallelen Aussagen von östlicher Mystik und Quantenphysik dürften dazu beigetragen haben. Oder, wie es der Physiker Fritjof Capra in seinem Werk „Das Tao der Physik" aktueller den je formuliert:
„Die Wissenschaft braucht keine Mystik, und die Mystik braucht keine Wissenschaft, doch der Mensch braucht beides. Mystische Erfahrung ist notwendig, um das tiefste Wesen der Dinge zu verstehen, und Wissenschaft ist im modernen Leben unverzichtbar. Deshalb brauchen wir keine Synthese, sondern einen dynamischen Dialog zwischen mystischer Intuition und wissenschaftlicher Analyse.
Die meisten heutigen Physiker scheinen die philosophischen, kulturellen und geistigen Implikationen ihrer Theorien nicht zu sehen. Viele von ihnen unterstützen aktiv eine Gesellschaft, die sich immer noch auf ein fragmentarisches mechanistisches Weltbild gründet, ohne zu begreifen, daß die Wissenschaft weit über einen solchen Standpunkt hinausweist, hin zu einer Einheit des Universums, die nicht nur unsere natürliche Umgebung, sondern auch unsere Mitmenschen umfaßt.
Ich glaube, das Weltbild der modernen Physik ist unvereinbar mit unserer derzeitigen Gesellschaft, die kein Spiegelbild der harmonischen Wechselbeziehungen ist, die wir in der Natur beobachten. Um einen solchen Zustand des dynamischen Gleichgewichts zu erreichen, ist eine radikal andere soziale und ökonomische Struktur erforderlich: eine kulturelle Revolution im wahrsten Sinne des Wortes.
Möglicherweise hängt das Überleben unserer gesamten Zivilisation davon ab, ob es uns gelingen wird, eine solche Veränderung herbeizuführen. Letztlich hängt es davon ab, ob wir in der Lage sein werden, einige der *Yin*-Eigenschaften der östlichen Mystik zu übernehmen, das

heißt, die Einheit der Natur zu erleben und die Kunst, mit ihr in Harmonie zu leben ..."
Diese Botschaft, so einsichtig und drängend sie auch ist, soll nicht der Kernpunkt unserer Überlegungen sein. Sie soll nur demonstrieren, daß auch der Blickwinkel der analytischsten Wissenschaft sich ändern und das Phantastische, Unvorstellbare als gegeben ansehen kann. Interdisziplinäre Wissenschaften sind am Entstehen. Beispielsweise wird seit einigen Jahren *Biophysik* gelehrt, eine Synthese aus Biologie und Physik, der die Welt unter anderem die Entdeckung der interzellulären Kommunikation durch Licht (!) verdankt und der revolutionär-fundamentale Aussagen zum Wesen und zur Entstehung von Krebs gelungen sind.
Wer also die Kraft besitzt, Flickwerk über Bord zu werfen und Überholtes als solches zu erkennen, wird einen Schleier vor den Geheimnissen lüften können, denen wir auf Schritt und Tritt begegnen. Die Wissenschaft ist zögernd dazu bereit. Das ist zu wenig. Jeder sollte es sein...!
Dazu gehört allerdings zuerst einmal der Mut zum Zweifel am Überlieferten. Dabei kann man sich ein wenig helfen.
Nehmen wir uns, zum Üben sozusagen, einen Bereich vor, in dem naturgemäß keine exakten Aussagen (wie etwa in der Mathematik) möglich sind, sondern nur Interpretationen, und äußern wir provokant Zweifel am Bild des Menschen und seiner Entwicklung, wie es allgemein akzeptiert wird.
Vor 15 000 Jahren, so heißt es, war der Mensch bestenfalls fähig, Steine zu behauen und ein Feuer in Gang zu halten. Fertigkeiten wie Viehzucht und Ackerbau waren unbekannt. Dennoch stammen aus dieser Zeitepoche Skulpturen, die höchste Kunstfertigkeit verraten. Sie zeigen Gesichter. Einige sind sogar so erstaunlich ausgeführt, daß aus einem Männerantlitz ein Frauengesicht wird, wenn man die Skulptur um 125 Grad dreht. Wie verträgt sich das mit den struppigen Gestalten in Tierfellen mit Affengesichtern, die es gerade noch schaffen, zwei Feuersteine aneinander zu reiben?
Zum Staunen der Fachwelt brachten Ausgrabungen in Medzamor (Armenien) Werkzeuge und Instrumente aus Stahl (!) zum Vorschein, die schätzungsweise 3000 Jahre (!) alt sind. Und das ist nur eine Kostprobe!

Zugegeben, die Archäologie kann nur spärliche Trümmerstücke und Indizien zu einem spekulativen Bild zusammensetzen. Ungereimtheiten sind möglich. Man sollte sich aber zu ihnen bekennen. Tut man dies nicht, so kann es geschehen, daß kühne Amateure - die allerdings auch keinen Ruf zu verlieren haben - das Rennen machen.

Die Archäologie kann ein Lied davon singen: Schliemann war ein Amateur - er entdeckte Troja.

Boucher de Perthes war ein Amateur - er entdeckte die Altsteinzeitkultur. Hawkins war ein Amateur - er entdeckte das Geheimnis von Stonehenge. Hapgood war ein Amateur - er entdeckte Beweise für die Kontinentalverschiebung.

Dergleichen geschieht immer wieder. Kein Bereich menschlicher Forschungstätigkeit bleibt davon verschont. Das schadet nichts - im Gegenteil. Niemand wird erwarten, daß mit einem Wegfall des Dogmas „... daß nicht sein kann, was nicht sein darf..." zwangsläufig ein a priori Akzeptieren des Unwahrscheinlichen, Unglaublichen, Rätselhaften einhergeht. Das hieße, das Kind mit dem Bade auszuschütten. Alles, was wir brauchen, um mit offenem Geist in weiter und weiter in das dritte Jahrtausend zu gehen, dessen Herausforderungen an die gesamte Menschheit ungeheuerlich sein werden, ist die Bereitschaft zum Hinsehen. Wenn wir vor „Unerklärlichem" die Augen schließen, weil es einfach zu *unwahrscheinlich* - und damit eben unmöglich - ist, werden wir schon bald in ernstliche Bedrängnis kommen. Als Einzelindividuum und als Spezies...

Die Macht des Geistes: grenzenlos!

Wohl treten Geisteskräfte zusammen mit den höchsten Gehirnmechanismen in Funktion und beenden die Funktion. Aber der Geist besitzt Energie. Diese Energie unterscheidet sich in ihrer Form vom Potential der Nervenzellen, das sich auf den Axonenbahnen bewegt..."
(Wilder Penfield, Direktor des neurologischen Institutes der McGill Universität in Montreal und einer der führenden Gehirnchirurgen der Welt in „The Mystery of the Mind")
Das Universum ist ein seltsamer Ort. Daran gibt es keinen Zweifel. Die Zeit ist plastisch, der Raum gekrümmt und die Kausalität ein schöner Traum; zumindest in der geisterhaften Welt tanzender Wellen und Teilchen.
Dieser kosmische Schoß hat im Laufe von etwa 20 Milliarden Jahren (die seit dem Urknall geschätzte Zeit) *wenigstens eine* Schöpfung hervorgebracht, die sich an Komplexität wie an Unergründlichkeit jederzeit mit dem Universum messen kann, es vielleicht sogar noch übertrifft.
Jenes rätselhafte Etwas ist das menschliche Gehirn, Sitz oder Ursache (so genau weiß man das noch nicht) des menschlichen Geistes.
Wie ein riesiges Geschwür entfaltete es sich in der unglaublich kurzen Zeitspanne von nur einer Million Jahren am oberen Ende unseres Rückenmarks. Zu einem grauweißen, weichen Gebilde herangewachsen, das wie eine unordentlich in einen Koffer gesteckte Decke in unserer Schädelkapsel ruht, hat es uns die unumschränkte Herrschaft über den Erdenkreis gebracht und das Tor zu den Wundern von Raum und Zeit aufgestoßen. Vieles spricht dafür, daß unser Gehirn - oder Geist - das Zeug zu noch ganz anderen Höhenflügen in sich hat.
Sehr wahrscheinlich werden die Denkapparate außerirdischer Intelligenzen um keine Spur simpler sein, doch darüber wissen wir nichts. Der des Homo sapiens ist phantastisch genug, und noch haben wir von ihm nur sehr vage Vorstellungen.
Niemand hat eine plausible Erklärung dafür, wieso Menschen den Verlust größerer Gehirnteile (sogar einer ganzen Hirnhälfte), die Durchtrennung beider Hirnhemisphären und andere radikale Eingriffe ohne jegliche Beeinträchtigung verkraften können, während manchmal ein Schlag auf den Kopf, aber auch eine Operation am Zwölffin-

gerdarm (!) tiefgreifende Folgen (von Persönlichkeitsänderung bis zur Einbuße der unterschiedlichsten Fähigkeiten und Körperfunktionen) haben kann. Mit der gerne verschwiegenen Problematik des „Denkens ohne Gehirn" befasse ich mich übrigens ausführlich in meinem Buch „Jenseits des Vorstellbaren". Bleiben wir stattdessen beim „Handfesten" - auch das ist phantastisch genug.
Man schätzt die Anzahl der Neuronen (Nervenzellen) im menschlichen Gehirn auf etwa 100 Milliarden, was ungefähr der Menge von Sonnen einer mittleren Galaxis entpricht. Da- zu kommen noch die Gliazellen, die den Nervenzellen Stütze, Halt und Nahrung geben. Dies ergibt eine ungeheure Zahl von Verschaltungsmöglichkeiten, die von manchen Wissenschaftlern in der Größenordnung aller Atome im Weltall angesiedelt wird.
Unser Denkapparat ist so empfindlich, daß beispielsweise der optische Teil des Gehirns *ein einziges Photon* zu registrieren vermag. Damit erweist es sich als Empfangsstation für Vorgänge im Elementarteilchenbereich, wo es weder Vergangenheit, Gegenwart und Zukunft, noch Kausalität gibt. Die Weiterungen werden wir noch kennenlernen. Wie auch immer. Das Mikro-Universum unter unseren Schädeldecken ist schon aufgrund dessen, was wir bisher herausgefunden haben - und das ist wenig genug - im höchsten Grad ehrfurchtgebietend.
Damit wollen wir das faszinierende Gebiet der Gehirnforschung verlassen und uns dem Bereich des Phantastischen zuwenden, denn damit kann unser Geist reichlich aufwarten.
Er durchbricht die Grenzen von Raum und Zeit, nimmt Schwingungen auf, die wir nicht messen können, läßt uns eins werden mit der Natur, vermittelt uns intuitiv (was immer das auch sein mag) Wissen, und legt unerwartet rätselhafte Fähigkeiten an den Tag. Nehmen wir als Auftakt ein Phänomen unter die Lupe, das wohl jeder schon einmal erlebt hat, ohne sich bewußt zu sein, *wie* ungeheuerlich es im Grunde ist: *Intuitives Wissen.*
Wir alle kennen das: Man geht nichtsahnend um eine Ecke und spürt plötzlich mit absoluter Sicherheit, daß man hier schon einmal war, auch wenn man genau weiß, daß es nicht so ist. Man „erinnert" sich an Einzelheiten oder kann exakt voraussagen, welches Haus hinter einer Wegbiegung sichtbar werden wird. Nachdem man im Verwand-

ten- und Bekanntenkreis darüber gesprochen hat, vergißt man es wieder.
Wie bei allen unerklärlichen Phänomenen, besteht eines der Hauptprobleme zur Nachprüfung des Wahrheitsgehalt solcher Berichte in der Unmöglichkeit, dergleichen nach Lust und Laune im Labor zu wiederholen. Okkulte Deutungen in Richtung Wiedergeburt tragen auch nicht sonderlich zum Interesse der „seriösen" Wissenschaft an solchen Vorfällen bei. Zudem würde eine ernsthafte Auseinandersetzung mit diesem Phänomen mehr Fragen aufwerfen als beantworten, etwa die Frage, wie dieses „unmögliche" Wissen überhaupt zu klassifizieren sei.
De facto müßten Informationen, die sich in unserem Bewußtsein ansammeln und auf die man immer wieder zurückgreifen kann, als Erinnerung definiert werden. Diese Einstufung wirkt hilfreich, ist es aber in keiner Weise.
Kurzzeit- und Langzeit-Gedächtnis sind vertraute Begriffe, wie auch die Tatsache, daß Gedächtnisinhalte zuerst elektrisch gespeichert und dann neurochemisch fixiert werden. Auch das Konzept der Bildung von Gedächtnis-Proteinen hat nichts Fremdartiges an sich.
Sind wir uns, wie bereits erwähnt, auch nicht klar, was in unseren Gehirnen vor sich geht, so herrscht doch Einmütigkeit darüber, was man unter Erinnerung zu verstehen hat. Wir sehen, hören, riechen, schmekken, fühlen und erleben - und erinnern uns daran. Zumindest teilweise. Der überwiegende Rest harrt in unserem Unterbewußtsein darauf, wieder hervorzubrechen oder durch unterschiedliche Methoden - z. B. Tiefenhypnose - ausgegraben zu werden. Hier endet der erforschte Bereich.
Wo das Gedächtnis beispielsweise seinen „Sitz" hat, weiß niemand. Der erwähnte Umstand der gelegentlichen kompletten Erhaltung des Erinnerungsvermögens sogar bei Zerstörung einer Hirnhälfte würde für nicht-lokale Speicherung in der Art eines Hologramms sprechen. Soweit scheint die Aufgabe unseres Gedächtnisses nach wie vor eindeutig. Nicht jedoch, wenn wir uns mit der Frage auseinandersetzen müssen, wieso fremde „Erinnerungen" sich darin breitmachen können. Zum absoluten Dilemma kommt es mit dem Akzeptieren der Tatsache - jawohl, Tatsache! -, daß es auch so etwas gibt wie Erinnerungen an Zukünftiges.

Oder, nicht weniger bizarr, das Teilhaftigwerden an den „Gedächtnisinhalten“ von anorganischer Materie.
„Halt!“, ist man versucht auszurufen, das ist ein zu starkes Stück. Irgendwo muß eine Grenze des Akzeptablen sein. Die Vorstellung, ein Stein oder ein Tisch könnten sich an etwas erinnern, liegt eindeutig hinter dieser Grenze. Das hat es wohl doch noch nie gegeben, daß sensitive Personen sich in Felsblöcke oder Gegenstände so einfühlen konnten, wie in andere Menschen. Es hat!
1953 gelang dem holländischen Hellseher Gerard Croiset mit nichts anderem als einem winzigen Knochensplitter zur Hand eine genaue Beschreibung der Höhle, aus der er stammte, wie auch der exakten Umgebung, der ehemaligen Bewohner und einer religiösen Zeremonie, bei der dieser Knochen eine Rolle spielte. Diese Angaben wurden vom Rektor der Universität von Witwatersrand, der den Knochen aus einer Höhle in Lesotho hatte, als absolut präzise bestätigt.
Zufall mag man meinen. Wie kann der Rektor wirklich genau wissen, was sich damals abgespielt hat? Hellseher haben so ihre Tricks ... Solche „Fähigkeiten“ müßten schon intensiver auf Herz und Nieren überprüft werden. Dies geschieht auch seit geraumer Zeit, seit der Wissenschaftler Dr. Joseph Rhodes Buchanan 1842 dafür den Begriff „Psychometrie“ kreiert hatte. Beispielsweise in Polen in den vierziger Jahren des zwanzigsten Jahrhunderts.
Durch bloßes Berühren einer fünfzehntausend Jahre alten Steinspitze aus der Magdalenischen Kultur, die ihm vom Professor für Ethnologie an der Warschauer Universität, Stanislaw Poniatowski, übergeben worden war, konnte der polnische Ingenieur Stefan Ossowiecki eine Reihe frappierender Aussagen machen. Ossowiecki, dem prähistorische Archäologie völlig fremd war, lieferte eine detailreiche Beschreibung des täglichen Lebens im Paläolithikum, einschließlich Bekleidung, Aussehen, Lebensart etc.
Im Laufe" der nächsten Jahre war der Ingenieur imstande, sich in weitere 32 (!) Gegenstände aus dem Museum „hineinzufühlen“. Mit Hilfe von Knochen, Fischhaken, Steinwerkzeugen, keramischen Figuren und ähnlichem lieferte er lebendige Beschreibungen, die wie Augenzeugenberichte klangen. Sie begannen in der Acheulianischen Zeit vor mehr als einer halben Million Jahren und umfaßten auch die Mousterianische, Aurignacianische und die Neandertal-Kultur. Viele der

Objekte wären von einem Nicht-Fachmann in keiner Weise auch nur zu identifizieren gewesen.
Nahm Ossowiecki einen Gegenstand mehrmals zur Hand, konnte er weitere korrekte Details angeben. Seine Aussagen stimmten nicht nur absolut mit dem damaligen archäologischen Wissensstand überein, sondern auch mit Erkenntnissen, die erst nach seinem Tod gewonnen wurden.
Nicht einmal hartgesottene Rationalisten werden hier noch von Zufall sprechen. *Wir* werden statt dessen in einem späteren Kapitel vom Zufall sprechen, denn in ihm scheint sich so etwas wie ein „Humor des Universums" zu manifestieren. Aber eines nach dem anderen.
Noch frappanter zeigt sich das „Gedächtnis von Anorganischem" in einem vor nicht allzulanger Zeit in der „Psychic Research Foundation" in North Carolina (USA) durchgeführten Experiment.
Die Großversuche zur Feststellung von außersinnlichen Wahrnehmungen mittels Karten (Spielkarten oder die speziellen Rhine- oder Zener-Karten) sind ein alter Hut. Neu jedoch ist, daß manche Menschen leere Karten lediglich nach deren individueller „Geschichte" zu unterscheiden vermögen. Versuchspersonen waren bei strengster Kontrolle in der Lage, unbedruckte Spielkarten aufgrund der darin gespeicherten „Schicksale" oder was auch immer, eindeutig zu identifizieren. Niemand sonst vermochte die betreffenden Karten oder Kartenpakete irgendwie auseinanderzuhalten. Selbst ein ausgebildeter Spürhund versagte. In manchen Fällen war es den Getesteten sogar möglich, bestimmte Karten zur späteren Identifizierung geistig zu markieren.
Im Licht dieser Faktoren müßte man Menschen, die von „bösen" Orten, Häusern etc. sprechen, wo sie sich nicht wohl fühlen, nicht länger als Spinner oder Neurotiker abtun.
Norman Emerson, Professor der Archäologie an der Universität von Toronto (Kanada), betrachtet derartige Sensitive nicht als Spinner. Im Gegenteil.
Dank der Mitarbeit des Lastwagenfahrers George McMullen, der solche Fähigkeiten an den Tag legte, war es Emerson möglich, ein unterirdisches altes Indianerhaus zu lokalisieren. Desgleichen zeigte McMullen dem Archäologen Patrick Reed wo die Pfahlmauer eines Indianerdorfes aus dem zehnten Jahrhundert zu finden war. In allen

Fällen ging der Lastwagenfahrer über ein sich durch nichts von der Umgebung unterscheidendes Gelände und beschrieb exakt, was unter der Erde lag und was damals vorgegangen war. Mit allen Einzelheiten. Mittlerweile gibt es in den Vereinigten Staaten, in Ecuador, Frankreich, Mexiko und in den Ländern der ehemaligen UdSSR zahlreiche Archäologen, Institute oder Firmen, die regelmäßig die Hilfe solcher Begabten, zu denen auch Uri Geller gehört, in Anspruch nehmen. Die Erfolgsquote ist beeindruckend und hat die Kosten für großangelegte Untersuchungen und Probegrabungen drastisch gesenkt.
Wie sich also zeigt, ist begabten Personen das Empfangen von - im weitesten Sinne - Gedächtnisinhalten aus anorganischen Quellen bei direktem Kontakt oder relativer Nähe möglich. So berichtet beispielsweise der Wissenschaftler Chorwin von einem Experiment, in welchem eine Frau auf ein Blatt Papier geschriebene und von fünf weiteren Bogen bedeckte Zahlen zu lesen und ihre Position zu bezeichnen vermochte, indem sie mit den Fingern über den obersten Bogen strich. Es ist einsichtig, daß durch materielle Träger auch Informationen aus größter Ferne herantransportiert und aufgedeckt werden können.
In den zwanziger Jahren des zwanzigsten Jahrhunderts machte in Mexiko eine Maria Zierold von sich reden, deren seltsame Fähigkeiten von dem deutschen Arzt Dr. Gustav Pagenstecher entdeckt worden waren. In Hypnose konnte Maria die Erinnerung von Bimsstein-Trümmern anzapfen und eine Fülle stimmiger Daten liefern. Soweit nichts neues - aber es kam noch unerklärlicher.
Frau Zierold wurde von Dr. Franklin Walter Prince (1863-1934), dem Präsidenten der „American Society for Psychical Research" unter die Lupe genommen. Dabei zeigte sich, daß die Testperson in der Lage war, einen Fetzen Papier als Teil einer Flaschenpost zu identifizieren, obgleich dieser sich in einem versiegelten Kuvert befand. Mehr noch, Frau Zierold wartete mit ganz exakten Angaben über den Absender der Flaschenpost auf, die an den Azoren an Land geschwemmt worden war. Die Witwe des Absenders konnte alle Angaben als korrekt bestätigen.
Geradezu überwältigend waren die Aussagen, die Maria Zierold über einen verschlossenen Brief machen konnte, den Walter Prince von einem Freund erhalten hatte. Sie überraschte Prince mit nicht weniger als achtunddreißig Einzelheiten über dessen Freund. Nichts davon war

in dem Brief enthalten, und vieles davon wußte Prince selbst nicht. Wie er sich umgehend überzeugte, stimmten aber auch diese Angaben.
Auch wenn man die Vorstellung von Erinnerungs-Engrammen in leblosen Gegenständen akzeptiert, so liegt auf der Hand, daß bei Fällen wie dem von Maria Zierold noch mehr im Spiel sein muß.
Damit wollen wir uns auf noch dünneres Eis wagen und uns mit Erinnerungen an entfernte Vorgänge befassen, die plötzlich in menschlichen Gehirnen auftauchen, ohne daß irgendeine physische Verbindung besteht. Hier sind die Phänomene nicht ganz so klar abzugrenzen. Versuchen wir es trotzdem.
In Grosse Pointe Woods im US-Bundesstaat Michigan meldete der Polizeifunk einen Raubüberfall. Es war im Herbst 1960. Der Polizist Officer Don Sabel und sein Partner, der Streifenmann Robert Sass, fingen die Meldung auf, in der die Beschreibung der zwei Täter mehr als vage war. In ihrer Erregung hatten die Opfer - die Eheleute Lambardi, denen in ihrem Heim eine beträchtliche Menge Bargeld und Juwelen geraubt worden war - keine brauchbaren Angaben gemacht. Ohne einen Grund angeben zu können, befahl Officer Sabel seinem Fahrer in die Mack Street einzubiegen. Gleichfalls intuitiv ließ Sabel den Streifenwagen anhalten, sprang heraus und trat auf einen Mann zu, der eben in ein Restaurant hineingehen wollte.
Nach einigen kurzen Fragen und Antworten verhaftete Sabel den anderen. Bei einer Leibesvisitation kam eine größere Summe Bargeld und die Armbanduhr von Mrs. Lambardi zum Vorschein. Während seine Kollegen noch nicht einmal wußten, nach wem sie Ausschau halten sollten, lieferte Sabel den Verhafteten bereits im Revier ab. Zufall (schon wieder!) könnte man meinen. Ja, wenn dies ein Einzelfall wäre. Officer Sabel jedoch pflegte einen Großteil seiner Verhaftungen auf diese Weise vorzunehmen. Und er irrte sich nicht. Eine lange Reihe von Auszeichnungen und Beförderungen beweist es. Wenn Sabel ohne ersichtlichen Grund einen Fremden zu befragen begann, hatte dies im wahrsten Sinne des Wortes tiefere Gründe. Er selbst kennt sie nicht - und wir können sie nur vermuten...
Ein Polizist mit Spürnase werden Skeptiker sagen, wobei man sich natürlich fragen könnte, was eine solche Spürnase ausmacht und wieso Millionen Kriminalisten in aller Welt sie *nicht* haben, auch wenn

viele von ihnen zweifellos besser beobachten, schärfer kombinieren oder auf eine umfassendere Ausbildung verweisen können. Beträchtlich schwerer tut man sich allerdings mit Rationalisierungen dieser Art, wenn es sich um unwiderlegbares *Fernwissen* handelt (bei Officer Sabels Intuitionen waren zugegebenermaßen keine nennenswerten Distanzen im Spiel). Bei der folgenden Begebenheit kann man allerdings nicht einmal von relativer Nähe sprechen.

Ort der Handlung ist ein Fest in Schweden; zum Zeitpunkt des Ereignisses schreibt man das Jahr 1759. Das Haus, in dem gefeiert wird, liegt drei Tagesreisen von Stockholm entfernt, und damit so gut wie auf dem Mond. Geladen ist die Creme der Gesellschaft. Man ergeht sich und genießt die Vorzüge der privilegierten Klasse.

Die Stimmung könnte nicht besser sein, bis um exakt sechs Uhr einer der Gäste einen hysterischen Anfall bekommt. „Ein Feuer ist in Stockholm ausgebrochen!" ruft er erregt aus. Man ist konsterniert. Wie kann er das wissen? So etwas wie Kommunikation existierte damals nicht. Schließlich geht die Feier weiter, was soll man auch sonst tun? Der Gast gerät in Panik. „Es breitet sich aus, es breitet sich aus!" schreit er. „Es ist ganz nahe bei meinem Haus. Mein Heim wird zerstört werden!" Er ist nicht zu beruhigen. Verzweifelt rennt er händeringend in den Hof, wieder ins Haus, wieder hinaus, und so fort. Zwei Stunden lang.

Fast genau um acht Uhr beruhigt er sich wieder mit den Worten: „Das Feuer ist unter Kontrolle. Gott sei Dank." Als ihn eine Dame nach seinem Haus fragt, sagt er: „Das Feuer ist drei Häuser vor meinem gestoppt worden." Drei Tage später trifft ein berittener Bote ein. Tatsächlich war ein Feuer in Stockholm ausgebrochen, und zwar exakt um sechs Uhr. Ebenso exakt um acht Uhr hatte man es unter Kontrolle gebracht, und - es war drei Häuser entfernt vom Heim des panikerfüllten Gastes zum Halten gebracht worden.

Was diesem Ereignis die besondere Dimension und absolute Glaubwürdigkeit verleiht, sind die damit in Verbindung stehenden Personen: Der Gast, der „Feuer" schrie, war Emanuel Swedenborg. Auch heute wird er noch als der größte Wissenschaftler Skandinaviens angesehen. Chronist des Vorgangs, der uns durch ihn als sachlicher Bericht überliefert wurde, war Immanuel Kant.

Und jetzt betrachten wir einen Fall, der - erstaunlich, aber wahr - noch verblüffender und noch unerschütterlicher dokumentiert ist. Das Pikante daran ist, daß er zuerst wie Präkognition erscheint (die natürlich noch mehr Rätsel aufgibt, aber erst später an die Reihe kommt):
...Die Uhr in der Ecke des Leseraums der Zeitschrift BOSTON GLOBE zeigte drei Uhr früh, als der Journalist Byron Some aus dem Schlaf auffuhr.
Sein Kopf dröhnte von der schrecklichen Vision, die ihn geweckt hatte. Die furchtbaren Eindrücke erfüllten seinen Geist, als sei er eben noch Teil des grausamen Geschehens gewesen. Die Schreie der Unglücklichen, die in einen kochenden Ozean stürzten, gellten in seinen Ohren. Ströme von geschmolzenem Fels ergossen sich den Berg hinab, Farmen, Dörfer und Menschen unter sich begrabend. Eine riesige Explosion riß die gesamte Insel in einer titanischen Säule aus Feuer, Rauch und Erdreich gegen Himmel. Dort, wo einen Moment vorher noch eine blühende Insel gelegen hatte, schlugen kochende Meereswogen zusammen...
Hellwach saß Somes im Büro des GLOBE; allein, den Kopf in die Hände gestützt, durchgerüttelt von Erinnerungen - bleiben wir bei dem Ausdruck -, die nicht die seinen waren. Wären es seine eigenen gewesen, hätten sie nicht realer sein können. Nach einiger Zeit kam er zu der Ansicht, einen außergewöhnlich lebendigen Traum gehabt zu haben und beschloß, das Beste daraus zu machen - nämlich eine Story für „Sauregurkenzeiten“.
Gedacht, getan. Er schrieb seinen Traum nieder. So farbig und echt waren die Vorgänge, an die er sich erinnerte, daß er gar nicht daran dachte, etwas auszuschmücken oder zu dramatisieren. Er brachte einfach zu Papier, was in seinem Inneren so deutlich vorhanden war, als wäre es ihm selbst geschehen: Wie die vor Furcht rasenden Eingeborenen der Insel *Pralape* nahe Java (auch den Namen und die geografische Lage wußte er) zwischen kochender Lava und siedendem Meer eingeschlossen waren, wie sich die Insel unter der Gewalt des Vulkanausbruchs aufbäumte, wie nahe Schiffe von haushohen Flutwellen zerschmettert wurden und wie sich schließlich die apokalyptischen Naturgewalten in einer einzigen brüllenden Eruption entluden, welche die halbe Insel Pralape von der Erdoberfläche tilgte.

Als der Journalist die Niederschrift beendet hatte, schrieb er das Wort WICHTIG darüber, legte das Manuskript auf seinen Schreibtisch und verließ das Büro. Am nächsten Morgen begann eine Kette von Mißverständnissen: der Frühredakteur hielt Somes Aufzeichnungen für einen Bericht, der in den Nachtstunden eingegangen war. Da nichts von einer derartigen Katastrophe bekannt war, sah der Redakteur hier die günstige Gelegenheit für einen Exklusivbericht im GLOBE über ein Ereignis von globaler Bedeutung. So erschien der Untergang der Insel Pralape in Schlagzeilen auf der Titelseite des BOSTON GLOBE. Um den Vorsprung des GLOBE noch deutlicher zu machen, ließ der Redakteur den „Bericht" auch noch über Associated Press laufen. Die Agentur gab den Bericht umgehend an alle Zeitungen Amerikas weiter. Kurz gesagt: Es war *die* Sensationsstory des 29. August 1883.
Erste Anzeichen von Verwirrung machten sich jedoch breit, als die Medien beim GLOBE begierig nach weiteren Einzelheiten fragten. Der Redakteur, der die Lawine losgetreten hatte, konnte damit nicht dienen. Nachrichten aus dem Raum Java lagen keine vor, und Some war unauffindbar. Als er in derselben Nacht vom Herausgeber des GLOBE aufgestöbert wurde, platzte die Bombe.
Man hatte einen Traum veröffentlicht und landesweit als Sensationsmeldung verbreitet. Wie sich herausstellte, gab es nicht einmal eine Insel namens Pralape. Some wurde fristlos entlassen.
Associated Press, gleichfalls in einer prekären Situation, da sie eine nichtbestätigte Nachricht verbreitet hatte, berief in aller Eile eine Konferenz der Beteiligten ein, um einen Ausweg aus der peinlichen Lage zu suchen. Weltweites Gelächter und ein ungeheurer Prestigeverlust der gesamten amerikanischen Presse schienen unvermeidlich.
Die Herausgeber des BOSTON GLOBE erklärten sich bereit, die Suppe auszulöffeln und auf der Titelseite die Sachlage klarzustellen. Dazu sollte es nicht kommen. Die Natur ersparte der Zeitung die größte Blamage ihrer Geschichte.
Unnatürlich hohe Wellen begannen plötzlich entlang der Westküste der Vereinigten Staaten an die Ufer zu schmettern. Aus verschiedenen Teilen der Welt wurde von einer unvorstellbaren Katastrophe nahe des Indischen Ozeans berichtet. Tausende Menschen waren nie dagewesenen Flutwellen zum Opfer gefallen, zahlreiche Schiffe waren verschwunden.

Während man beim BOSTON GLOBE noch an einer möglichst einleuchtenden Entschuldigung bastelte, erschienen in anderen Zeitungen erste, bruchstückhafte Berichte über die noch mysteriöse Katastrophe. Weitere Nachrichten trafen ein. Australien meldete, daß die Luft wie unter gigantischem Geschützfeuer gezittert hatte. Nun brandeten die riesigen Wellen auch gegen die Küsten von Mexiko und Südamerika. Eine Flutwelle lief um den ganzen Globus. Niemals zuvor hatte es dergleichen in der menschlichen Geschichte gegeben.
Einige Tage später wußte man, was geschehen war. Schiffsbesatzungen, die gerade noch davongekommen waren, trafen in verschiedenen Häfen der Welt ein und brachten endlich Klarheit. Sie erzählten vom Untergang der Insel *Krakatau.* Ausgelöst durch einen Vulkanausbruch, der die Erdrinde aufbrechen und Meerwasser eindringen ließ, war es zu einer Explosion gekommen, deren Erschütterung auf der ganzen Erde verspürt wurde und die eine Schockwelle durch die Luft trieb, welche unseren Planeten dreimal umkreiste. Sehr zur Verwunderung der wissenschaftlichen Welt.
Die Zeitungen wußten sogleich, daß dies eine der größten Stories aller Zeiten war. So auch der BOSTON GLOBE. Als die Ereignisse sich zu entfalten begannen, erschien statt des in Arbeit befindlichen Widerrufs Somes Bild auf der Titelseite, als *der* Reporter, der vor allen anderen von diesem Weltuntergang in der Sunda-Straße berichtet hatte. Der Mann, der eben noch als Sündenbock den Wölfen zum Fraß hätte vorgeworfen werden sollen, war plötzlich der Held des Tages. *Wie* er in den Besitz der Informationen gekommen war, verschwieg man dezent. Vorauswissen Schwarz auf Weiß, weltweit veröffentlicht vor dem Ereignis. Unwiderlegbar, hieb- und stichfest. Nicht ganz. Die Story über die Story ist zwar unwiderlegbar, aber es handelt sich dabei nicht - wie es scheinen mag - um *Vorauswissen.*
Die ersten Erschütterungen durchliefen die Insel Krakatau am 27. August 1883. Am folgenden Tag zerriß sie in der weltweit registrierten Explosion und am 29. August versank die Hälfte der Insel in den Meereswellen. Die infernalischen Szenen waren in Somes Bewußtsein in dem Augenblick erschienen, als sie sich ereigneten. In einer Entfernung, die dem halben Erdumfang entsprach. Ach so, wird mancher jetzt denken, Telepathie und nichts weiter.

Handelte es sich „nur“ um Telepathie, so wäre auch dies Grund genug für eine nähere Betrachtung - nur an anderer Stelle -, aber es kann sich eben nicht um Telepathie handeln. Zumindest nicht ausschließlich. Telepathie erklärt nämlich nicht den seltsamen, völlig unbekannten Namen *Pralape.*

Diese Diskrepanz blieb viele Jahre eine offene Frage. Ihre Aufklärung macht gleichzeitig klar, daß die Krakatau-Vision Somes mehr sein *muß* als ein Wahrtraum entfernter Vorgänge. Und damit die nächste Stufe unserer Betrachtungen über das Wechselspiel zwischen menschlichem Geist und in Raum und Zeit gespeicherter Information.

Viele Jahre nach den Ereignissen sandte die Holländische Historische Gesellschaft eine sehr alte Landkarte, auf der Krakatau mit ihrem ursprünglichen Namen verzeichnet war, an Some. Der Name war - man ahnte es bereits - *Pralape.*

An der Stelle wollen wir einmal Luft holen. Unser Gehirn - oder Geist - ist, wie sich zeigt, fähig, Informationen zu empfangen und sich einzuverleiben, die ihm mit Fug und Recht verschlossen sein sollten.

Wir „erinnern“ uns an Ereignisse, bei denen wir nicht zugegen waren und die anderen Menschen, oder auch Gegenständen (!) widerfuhren. Und wir „erinnern“ uns an - die Zukunft...!

Risse im Vorhang der Zeit

Um halb vier Uhr früh des 28. Juni 1914 erwachte Bischof Josef Lanyi von Großwardein, dem heutigen Oradea Mare in Rumänien, in Schweiß gebadet. Wie Somes hatte auch ihn ein gräßlicher Traum aus dem Schlaf gerissen. Jede Einzelheit dieser Schreckensvision stand klar vor seinem geistigen Auge:
In der eingelangten Post, so hatte er geträumt, war ganz oben ein Brief mit schwarzen Rändern und dem erzherzöglichen Wappen gelegen. Die Anschrift, das erkannte der Bischof im Traum sofort, wies die Schriftzüge seines „unvergeßlichen höchsten Herren" und früheren Schüler, des Erzherzogs Franz Ferdinand von Habsburg, auf.
Lanyi öffnete den Brief und sah am Kopf des Briefpapiers in himmelblauem Ton ein Bild wie auf Ansichtskarten. Es zeigte ein Automobil mit offenem Verdeck, in dessen Fond Herzogin Sophie und Erzherzog Franz Ferdinand saßen, ihnen gegenüber ein General mit einem grünen Federbusch, neben dem Chauffeur ein weiterer Offizier. Auf beiden Seiten der Straße eine große Menschenmenge. Unmittelbar neben dem Wagen zwei junge Burschen, die aus der Menge hervorgesprungen waren und aus Revolvern auf die Hoheiten feuerten.
Der Brieftext in den Handschrift des Thronfolgers entsetzte den Bischof im Traum noch mehr als das furchtbare Bild. Franz Ferdinand schrieb an seinen ehemaligen Ungarischlehrer:

Eure Bischöfliche Gnaden! Lieber Dr. Lanyi!

Teile Ihnen hiermit mit, daß ich heute mit meiner Frau in Sarajevo als Opfer eines politischen Meuchelmordes falle.
Wir empfehlen uns Ihren frommen Gebeten und heiligen Meßopfern und bitten Sie, unseren armen Kindern auch fernerhin in Liebe und Treue so ergeben zu bleiben wie bisher.

Herzlichst grüßt Sie Ihr
Erzherzog Franz

Sarajevo, 28. Juni 1914, halb vier Uhr morgens.

Auch nach dem Erwachen hatte des Entsetzen den Bischof noch in den Klauen. Wie alle anderen wußte Lanyi von der Inspektionsreise seines ehemaligen Zöglings nach Bosnien. Und wie viele machte er sich große Sorgen. Der Besuch mußte wie eine Provokation auf die serbischen Nationalisten wirken, und wurde darum sowohl am österreichischen Kaiserhof als auch beim Klerus als äußerst riskant angesehen. Schließlich war der 28. Juni - der St-Veits-Tag - ein Nationalfeiertag der Serben. Ein wahrhaft gefährliche Inspektion, was auch dem Thronfolger wohl bewußt war. Immerhin hatte er unmittelbar vor der Abreise vor mehreren Zeugen gesagt: „Die Kugel, die für mich bestimmt ist, ist schon gegossen."
Bischof Lanyi konnte diese Schreckensvision nicht abschütteln. Immer noch zutiefst aufgewühlt, schrieb er einen Brief an seinen Bruder Eduard, einen Philosophieprofessor im Pius-Internat in Fünfkirchen. Darin schilderte er den Traum und seine Gefühle danach. Der Brief schließt mit den dramatischen Worten:
„Zitternd und in Tränen aufgelöst, sprang ich aus dem Bett, sah auf die Uhr, die zeigte halb vier, genau die Datierung des Briefes. Ich eilte sofort zum Schreibtisch, schrieb nieder, was ich im Traum gelesen und gesehen. Beim Niederschreiben behielt ich sogar die Form einiger Buchstaben bei, wie sie vom Erzherzog niedergeschrieben waren."
Als die Mutter des Bischofs und ein Gast um 6.15 Uhr den Raum betraten, erzählte ihnen Dr. Lanyi seinen schrecklichen Traum. Danach zelebriert er in deren Beisein in der Hauskapelle eine Messe für Franz Ferdinand. Um halb vier Uhr Nachmittag erhielt der Bischof ein Telegramm aus Wien, in dem man ihm mitteilt, daß der österreichische Thronfolger und seine Gattin in Sarajevo einem Attentat zum Opfer gefallen war.
Forscher, die sich mit diesem wenig bekannten Fall auseinandersetzen, sind der Ansicht, das Traumbild mit den beiden Attentätern sei eine komprimierte Darstellung des Ablaufs. Die tödlichen Schüsse waren nämlich nicht der einzige Anschlag. Kurz zuvor hatte ein anderer Attentäter versucht, eine Bombe in den offenen Wagen zu werfen. Dieser Vorfall führte zu einem Umleitung der Kavalkade, und damit in jene Gasse, wo der schließlich erfolgreiche Attentäter Gavrilo Princip einer Gelegenheit zum Schuß entgegenfieberte.

Wie bei Somes ist der Traum schwarz auf weiß festgehalten, nur diesmal *vor dem Ereignis*. Der Ungarischlehrer des österreichischen Thronfolgers hatte die Tragödie von Sarajevo in allen Einzelheiten vorausgesehen und sogar eine Messe für die Ermordenen gelesen - Stunden bevor der Mörder die tödlichen Schüsse abfeuerte, die den Ersten Weltkrieg auslösen sollten. Eine Katastrophe, die an Bedeutung zweifellos selbst den monströsen Krakatau-Ausbruch weit in den Schatten stellen sollte. Was aber ergibt sich durch konkrete, nicht widerlegbare *Präkognitionen* für unser Bild der Wirklichkeit?

Im Grund gibt es so etwas wie die Gegenwart überhaupt nicht. Wohin wir den Blick auch immer richten und was wir betrachten, wir sehen nichts so, wie es jetzt, in diesem Moment wirklich *ist*.

Das Licht der Sonne, in dem wir lustwandeln, ist zirka acht Minuten alt, da es so lange braucht, um die etwa 150 Millionen Kilometer zurückzulegen, die uns vom lebensspendenden Zentralgestirn unseres Sonnensystems trennen. Sollte die Sonne überraschend zur Nova werden, bleibt uns dieses menschheitsvernichtende Ereignis acht Minuten lang verborgen. Nur zur Beruhigung: Man rechnet erst in ungefähr fünf Milliarden Jahren damit.

Über den gegenwärtigen Zustand Millionen Lichtjahre entfernter Sterne und Galaxien dürfen wir überhaupt nur spekulieren (theoretisch könnten sie schon lange zu existieren aufgehört haben), und unsere größten Teleskope erblicken in Milliarden Lichtjahren Entfernung - an der sogenannten „roten Grenze" - das frühe Universum, unmittelbar nach seiner Entstehung.

Diese Betrachtungsweise mag im ersten Moment ungewöhnlich dünken, ist aber völlig einsichtig. Sie widerspricht weder unserer Vorstellung von Ursache und Wirkung, noch unserem Gefühl für die innere Ordnung der Dinge. Zudem ist es von geringer Bedeutung, ob das Abbild unserer unmittelbaren Umwelt einige Mikrosekunden alt ist oder nicht. Völlig anders liegen die Dinge, wenn Zukünftiges seinen Schatten in die Vergangenheit - unsere Gegenwart - wirft. Die Kausalität hört auf zu bestehen, Paradoxien werden die Regel und unser Weltbild bricht zusammen.

Allein die Vorstellung der horrenden Widersprüche einer einzigen, ganz konkreten Voraussage lassen die Haare zu Berge stehen. Aber, aber, mag man jetzt meinen, so schlimm kann es doch nicht sein, beispielsweise einen Unfall vorauszuwissen. Schlimm nicht, aber paradox.

Teilt ein Hellseher einem Menschen mit, daß er „gesehen" hat, der Betreffende würde an dem und dem Tag, an einem bestimmten Ort zu einer genauen Uhrzeit von einem Lastwagen überfahren, so hat der Gewarnte zwei Möglichkeiten: Er kann die Kausalität wahren, indem er die Warnung in den Wind schlägt und sein Rendezvous mit dem Lastwagen einhält. Das kostet ihn das Leben, Ursache und Wirkung sind gerettet.

Hört er andererseits auf den Hellseher und meidet den Unfallort, so kommt er zwar mit dem Leben davon, die Kausalität aber bleibt auf der Strecke. Wieso das?

Nun: Der Hellseher hat ein konkretes Ereignis in der Zukunft gesehen. Indem er es verhindert, geschieht es in der Zukunft nicht mehr. In dem Fall *kann* er es nicht gesehen haben, so daß er auch nicht warnen konnte - und es also *doch* geschieht. Dann aber konnte er es schon sehen und verhindern usw... ad infinitum. Eine Schleife, wie Mathematiker sagen würden. Wahnsinn sagen wir.

Hier spielt der gesunde Menschenverstand nicht mehr mit. So etwas *kann* es einfach nicht geben. Das hört sich genauso unsinnig an, wie das berühmte Zeitreise-Paradoxon von dem Mann, der in die Vergangenheit reist und seinen Großvater erschießt. Auch er würde in der Folge ewig zwischen Existenz und Nicht-Existenz herumpendeln. Sobald er den Mord begangen hat, hört er selbst (der Zeitreisende) auf zu existieren, daher kann er seinen Großvater gar nicht erschießen, worauf er doch geboren wird, in die Vergangenheit reisen kann usw. usf...

Mit einem Wort: Perfekter Irrsinn. Sollen sich doch Mathematiker und andere abstrakte Denker mit solchen Haarspaltereien herumschlagen (was sie auch tun), im „wahren Leben" ist kein Platz dafür. Leider doch. Es *gibt* Hellsehen, und damit die Zukunft *schon jetzt.* Die Weiterungen sind schlichtweg ungeheuerlich.

Ehe wir einen verstohlenen Blick in die exotischen Denkgebäude der theoretischen Physik und anderer Wissenschaftsdisziplinen tun, in denen Vergangenheit, Gegenwart und Zukunft einträchtig nebeneinander hausen, bzw. die Zeitlosigkeit daheim ist, wollen wir der Behauptung auf den Zahn fühlen, daß es Hellsehen *gibt.* Dabei werden wir mit Vorgängen Bekanntschaft machen, die so bizarr sind, daß uns

Tachyonenwellen. Paralleluniversen, rückläufige Weltlinien und was die Wissenschaft noch so an Raum-Zeit-Modellen anzubieten hat, geradezu als natürlich erscheinen.

Jeder von uns kennt Vorahnungen. Persönlich oder durch Erzählungen. Ihnen nachzugehen und den möglichen Kern an Vorauswissen herauszuschälen, ist schwierig bis unmöglich. Zu sehr verschwimmen die Grenzen, zu wenig läßt sich das Element „normaler" Teilinformationen, nicht registrierter Hinweise etc. etc. eliminieren. Etwas Genaues weiß man also nicht.

Diese Problematik kann man sehr gut an der Diskussion erkennen, die seit geraumer Zeit um die Frage kreist, ob Adolf Hitler hellsichtige Fähigkeiten hatte oder nicht. Betrachtet man seinen End-„Erfolg", so wird man meinen „nein", doch so einfach ist das nicht. Schließlich ignorieren auch weniger besessene Zeitgenossen ganz konkrete Informationen über drohende verhängnisvolle Entwicklungen.

Es ist eine geschichtliche Tatsache, daß Hitler seit seiner Machtergreifung 1933 bis zum verhängnisvollen Angriff auf Polen 1939 als einziger die Reaktionen seiner Gegner auf seine mehr als provokativ-aggressiven Schachzüge vorherzusehen vermochte. Ob es sich um seine offene, vertragswidrige Wiederaufrüstungspolitik, um die Rheinlandbesetzung, das Hasardspiel um die Tschechoslowakei oder den gewaltsamen Anschluß Österreichs handelte, stets *wußte* er es besser als der gesamte Generalstab und alle anderen Fachleute. Dieses eiskalt-determinierte Vorbeilavieren an zahlreichen, mehr als riskanten Klippen - beispielsweise drang Frankreich immer wieder auf eine militärische Intervention in Deutschland, die damals ein bescheidenes Risiko dargestellt hätte, doch legte sich England quer - war sicher einer der Grundpfeiler von Hitlers Ruf als militärpolitischem Genius. Zumindest zu Anfang.

Das ist nicht sehr überzeugend. Es liegt in der Natur eines Hasardeurs, daß er viel riskiert. Entsprechend dramatisch und „unvorhersehbar" sind dann auch die Umstände, wenn er gewinnt. Vor allem aber: Wo waren Hitlers hellsichtigen Fähigkeiten beim Einmarsch in Polen, der zu seinem späteren Untergang führte? So seltsam es klingt, sie können - angenommen, er besaß solche - durchaus aktiv gewesen sein. Ergeben wir uns weiter der Spekulation und stellen wir uns vor, was *irgendein* Mensch mit hellsichtigen Fähigkeiten damals in der unmittel-

baren Zukunft, also in den Wochen und Monaten nach der Okkupation Polens 1939, *gesehen* hätte: Nichts.
Man darf sich nämlich eine Zukunftsvision nicht als klar formulierten Report mit kalendarischen Angaben und exakten Situationsbeschreibungen vorstellen, sondern wie einen streifenden, kaleidoskopartige Eindrücke vermittelnden *Blick* ins morgen. Ein solcher Blick hätte für die Jahreswende 1939/40 keinerlei kriegerische Aktivitäten gezeigt. Zwar erklärten die Alliierten im September 1939 Deutschland den Krieg, aber es wurde kein Schuß abgefeuert. Deutsche und französische Truppen starrten einander über die Grenze hinweg an, doch nichts geschah. An der Westfront lag die stärkste Armee der Welt, als die man die französische damals ansah, nur 26 deutschen Divisionen gegenüber und machte keine Anstalten, ihre gigantischen Befestigungen aus Stahl und Beton, die Maginot-Linie, zu verlassen. Dieser eigenartige Zustand ist als „Sitzkrieg“ - oder „phony war“ in den angelsächsischen Ländern - in die Geschichte eingegangen.
Selbst der effektivste Hellseher wäre getäuscht worden. Was allerdings nicht heißen soll, daß Hitler ein Hellseher war.
Ein Indiz gibt es allerdings doch für diese kühne Theorie, in dem die ganze Problematik der Zukunftsschau klar wird. Am 19. September 1939 hielt Hitler seine erste Ansprache im Krieg, und zwar in Danzig. Polen war fest in deutscher Hand. Große Truppenteile befanden sich bereits auf dem Heimweg. In Warschau gab es zwar noch einzelne Widerstandsnester, doch alles war nur noch eine Frage von Tagen. Der Generalstab und der Mann auf der Straße in Deutschland waren der Meinung, der Krieg sei vorbei. Deutschland stand im Zenit der Macht - an der Spitze der Macht Adolf Hitler.
Seine Rede in der Danziger Gilden-Halle war entsprechend. Doch mitten in Hitlers flammenden Worten, die seine Zuhörerschaft in hypnotischem Bann hielten, geschah etwas Seltsames. Der amerikanische Journalist und Schriftsteller William L. Shirer, Autor des berühmten Werkes „Aufstieg und Fall des Dritten Reiches“, war bei der Rede unter den Zuhörern. Er berichtet von einem gänzlich unerwarteten Ausbruch Hitlers, der ohne ersichtlichen Grund mehrmals ausrief: „Wir werden niemals kapitulieren!“
Wieso kapitulieren? Vor wem? Und warum? In den späteren Kriegsjahren wurde diese Formulierung zu Hitlers Glaubenssatz, doch in

Danzig 1939 war sie nicht am richtigen Platz. Oder nicht in der richtigen Zeit...
Es ist müßig zu spekulieren, wo die Wahrheit liegt. Auch wenn solche Berichte einen seltsamen Klang haben oder man sich wundern mag, was Hitler im selben Jahr im Münchner Bierkeller dazu gebracht haben mag, seine Anhänger mit der unerwarteten Aussicht auf einen *etwa fünf Jahre* währenden Krieg zu verblüffen, so sind sie doch nur Indizien.
Dieses zum Widerspruch herausfordernde Beispiel soll lediglich zeigen, wie schwer es ist. Vorauswissen einzugrenzen bzw. erst einmal überhaupt zweifelsfrei zu identifizieren. Es dann auch noch bewerten zu wollen - besonders hinterher - ist schwierig und wenig beweiskräftig.
Adolf Hitler selber hat sich zwar immer als Visionär bezeichnet, aber niemals als Hellseher. Andere wiederum behaupten sehr wohl von sich, den Schleier vor der Zukunft lüften zu können. Können sie es wirklich?
Der Reigen oft erstaunlicher Voraussagen, die auf die unterschiedlichsten Weisen gemacht wurden, reicht von der Antike bis in unsere Tage und wird sicher weitergehen. Viele Prognosen sind verschwommen, nebelhaft und kryptisch. Erst die „fachkundige Interpretation" verleiht ihnen Sinn. Mit solchen wollen wir uns nicht befassen.
Es wäre zwar durchaus reizvoll, sich etwa mit dem ungeheuren prophetischen Werk des Michael de Nostradame (Nostradamus) auseinanderzusetzen, aber es brächte uns nichts. Die zwölf *Centurien* mit ihren insgesamt neunhundertfünfundsechzig Vierzeilern, die hunderteinundvierzig direkten Vorhersagen und die achtundfünfzig Sechszeiler, in denen dieser wahrscheinlich berühmteste Hellseher aller Zeiten seine Prophezeiungen zusammengefaßt hat, sind von kaum überbietbarer Mehrdeutigkeit und zudem - wegen der permanenten Bedrohung durch die Inquisition - auch noch verschlüsselt.
Heute gedeutet, kann man aus ihnen fast die gesamte Geschichte vom 16. Jahrhundert (Nostradamus lebte von 1503-1566) bis jetzt herauslesen, doch diese ließe sich wahrscheinlich mit etwas guten Willen auch aus dem Muster eines Teppichs deuten.
Damit sollen Nostradamus' Gaben in keiner Weise abgewertet werden. Es gibt zahlreiche glaubwürdige Berichte über seine hellsichtigen

Fähigkeiten. Seine Voraussage vom Tod König Heinrich II. beim Turnier gegen den Kommandanten der Schottischen Garde, Gabriel de Lorges, Graf von Montgomery, ist ebenso belegt, wie Nostradamus' Vorauswissen über den eigenen Tod.
Sein *Werk* aber ist für *uns* wenig hilfreich, denn es entzieht sich der unmißverständlichen Analyse. Was wir brauchen, sind klare, oder zumindest nicht mehrdeutige Aussagen.
Die Legion berufsmäßiger oder uneigennütziger Hellseher, Visionäre, Wahrsager, Propheten, Medien etc. ist übersehbar. Keiner gleicht dem anderen und ebenso individuell sind ihre Prognosen. Wenige Seher haben Geschichte gemacht, manche sie aber tatsächlich vorausgesehen.
Die berühmte US-Hellseherin Jeane Dixon warnte John F. Kennedy vor dem November 1963 - in welchem Monat er dem Attentäter Lee Harvey Oswald zum Opfer fiel -, doch der Präsident kümmerte sich wenig darum. Zu Warnungen dieser Art pflegte er zu bemerken: „Wenn sie dich kriegen wollen, kriegen sie dich auch." Zeugen berichten, daß Jeane Dixon am 22. November, dem Tag des Attentats, bei einem Essen im Washingtoner Mayflower Hotel extrem nervös war. Darauf angesprochen sagte sie: „Ich bin zu aufgeregt zum Essen. Etwas Furchtbares wird heute dem Präsidenten zustoßen." Von Jeane Dixon wird auch behauptet, sie hätte die Ermordung von Martin Luther King, Mohandas Gandhi und Robert Kennedy vorhergesehen, wie auch die Todesdaten von UN-Generalsekretär Dag Hammarskjöld und John Foster Dulles sowie Marilyn Monroes Selbstmord.
US-Präsident Franklin Delano Roosevelt, der die Abneigung seines späteren Kollegen Kennedy gegen Offenbarungen und Hellsehen nicht teilte, bat Jeane Dixon Ende 1944 ins Weiße Haus und fragte sie, wie lange er noch zu leben habe. Nachdem er der Widerstrebenden klar gemacht hatte, daß er es *wirklich* wissen wollte, antwortete sie: „Sie haben noch sechs Monate zu leben." Er starb tatsächlich am 12. April 1945, was - isoliert betrachtet - natürlich auch eine sogenannte „selbsterfüllende Prophezeiung" sein könnte. Aber immerhin...
Jeane Dixon erzählte einem indischen Militärattache bei einem Empfang in Washington, daß sein Land am 2. Juni 1947 geteilt werden würde (wie es geschah) und prophezeite Churchill die kommende

Wahlniederlage. Dieser erwiderte ungehalten, daß „das englische Volk ihn nicht fallen ließe". Es ließ.
Um die Welt ging auch die Warnung Jeane Dixons vor der drohenden Apollo IV-Katastrophe, die einen Monat später, am 27. Januar 1967, die Astronauten Grissom, White und Chaffee zu den ersten Opfern des US-Weltraumprogramms werden ließ. Fotos der zerstörten Raumkapsel zeigen ein Gewirr von Drähten, in die ein Werkzeug verwickelt ist. Mrs. Dixon hatte vorausgesagt, daß in der Kapsel „falsche" Drähte wären und daß man eine Art Werkzeug am falschen Platz finden würde.
Auch von Jacques Cazotte, einem berühmten Seher im Frankreich des 18. Jahrhunderts, wird Erstaunliches ziemlich verläßlich berichtet. Am Vorabend der französischen Revolution sagte er dem Marquis de Condorcet voraus, daß dieser mittels Gift in einer Zelle Selbstmord begehen würde. Auch den berühmten Schauspieler Sébastien Chamfort informierte Cazotte über dessen „verzögerten" Selbstmord - der Schauspieler brachte sich mit einem Rasiermesser 22 Schnitte bei, starb jedoch erst Monate später - und den Arzt Dr. Félix Vicq-d'Azyr ließ er wissen, daß dieser aus Schwäche unfähig zur gleichen Handlung sein würde und einen Zellengenossen bemühen müßte. Es würde zu weit führen, alle in diesem Rahmen gemachten Voraussagen aufzuzählen, darunter die über Cazottes eigenes Ende auf der Guillotine. Soweit bekannt, sind sie sämtlich eingetroffen. Der Seher selbst starb am 25. September 1792 unter dem Fallbeil.
Weitgehend unbekannt ist der US-Journalist David Goodman Croly (1829-1889), der immerhin den Bankkrach von 1873 zwei Jahre vorher ankündigte und sogar die Bank nannte, die als erste fallen würde (Jay Cooke & Company). Obgleich er sich selbst nicht als Hellseher, sondern eher als Futurologe sah - auch wenn es den Begriff damals nicht gab -, sind seine Voraussagen von einer Respekt gebietenden Hellsichtigkeit, darunter der Erste Weltkrieg, Indiens Unabhängigkeit vor 1950 (tatsächlich erfolgte sie genau 1950) und ähnliches mehr.
Ein „echter" Prophet wiederum war der Norweger Anton Johanson (1858-1929). Zu seinen berühmtesten Voraussichten gehören die erstaunlich genauen Visionen, die ihm - in einer einzigen Nacht des November 1907 - Ereignisse aus den kommenden Jahren 1914 bis 1921 und 1947 bis 1953 offenbarten. Zu diesen gehören, um einige heraus-

zugreifen, der Ausbruch des Ersten Weltkrieges, der Russische Vorstoß an der Ostfront, der Grabenkrieg im Westen, die große Seeschlacht von Jütland 1916, aber auch die ungeheure Grippeepidemie der Jahre 1918-1919, die mit 20 Millionen Toten mehr Opfer forderte als der Erste Weltkrieg. Auch das Nachkriegschaos in Deutschland hatte Johanson vor seinem geistigen Auge.
In diese Kategorie ist auch der englische Bauer Robert Nixon (1467-1485) einzureihen. In seinem kurzen Leben machte er eine Reihe erstaunlicher Voraussagen und wurde ebenso vergessen, wie Johanson Jahrhunderte später. Einmal gab Nixon eine „Geschichtsstunde" zukünftiger Ereignisse, die den englischen Bürgerkrieg, die Niederlage und Enthauptung von Charles I., die Restauration, die Herrschaft von Wilhelm von Oranien, die Französische Revolution, den englisch-französischen Krieg und das Entstehen des englischen Imperiums nach dem Sieg vorwegnahm.
Diese Liste ließe sich über Hunderte von Seiten fortsetzen. Auch wenn Insider den einen oder anderen berühmten Namen vermissen werden - darunter an prominenter Stelle den des „schlafenden Propheten" Edgar Cayce, der aufgrund seines erstaunlichen Lebens in einem anderen Kapitel dieses Buches besser plaziert ist -, wollen wir hier innehalten.
Berichte, Schilderungen, Überlieferungen, Zeugenaussagen und ähnliches haben zwar gewisse Beweiskraft, sind aber nicht über jeden Zweifel erhaben. Ideal wären schriftliche Voraussagen, simple Fakten, schwarz auf weiß niedergelegt, die man immer wieder nachlesen kann und die *vor dem jeweiligen Ereignis* bereits gedruckt waren. Eine davon haben wir im Zusammenhang mit den Schüssen von Sarajevo schon kennengelernt. Es gibt noch zahlreiche andere, und das nicht zu knapp. Hier sind einige Beispiele, die besonders unter die Haut gehen.
Im Jahr 1896 veröffentlichte der englische Schriftsteller Matthew Phipps Shiel (1865-1947), ein früher Science-fiction-Autor, dessen Storys fantastische Zukunftsabenteuer und Krimis waren und der später Nietzsches Konzept vom Übermenschen aufgriff, eine seltsame Erzählung. Sie schildert den gnadenlosen Vernichtungsfeldzug einer Organisation schwarz gekleideter Fanatiker gegen alle Menschen, die „für den Fortschritt schädlich sind". Dabei wird ganz Europa verwüstet. Die Leichen der Ermordeten werden dem Feuer überantwortet. An

dieser Story fällt neben ihrer Brutalität, die das zwanzigste Jahrhundert bereits vorwegnimmt, etwas anderes geradezu unheimlich auf, und zwar ihr Titel. Er lautet „The S. S.“ Ein makabres Beispiel. Während Sensible sich eines Schauders nicht erwehren können, werden hartgesottenere Naturen den geduldigen Zufall ins Spiel bringen, der in solchen Fällen herhalten muß. Diese mögen sich mit einem weiteren „Zufall“ auseinandersetzen, der vielleicht noch bizarrer, auf jeden Fall aber ebenso unwiderlegbar dokumentiert ist.
Kurz nach der Veröffentlichung seines Bestsellers „Look Homeward Angel“, sandte der bekannte amerikanische Schriftsteller Thomas Wolfe ein Manuskript an seinen Verleger, das den Titel „K 19“ trug. „K 19“ war die Nummer eines Pullman-Waggons, der die zentrale Rolle in dem neuen Buch spielte. Das Buch selbst wurde zwar nicht veröffentlicht, doch hatte Wolfe eine so starke Beziehung zu dem Pullman-Wagen „K 19“, daß er den Inhalt des gleichnamigen Manuskriptes zu einem Teil seines späteren Werkes „Of Time and the River“ machte. Mehr noch, „K 19“ beschäftigte ihn dermaßen, daß in seinem letzten Buch „You Can‘t Go Home Again“ ein Pullman-Waggon „K 19“ auftaucht.
Thomas Wolfe starb am 15. September 1938. Sein Freund und Redakteur Edward C. Aswell war dabei, als Wolfes Körper in dem Zug untergebracht wurde, der die sterblichen Überreste des Dichters in seine Heimatstadt Asheville, North Carolina, bringen sollte. Die Familie Thomas Wolfes begleitete ihn auf seiner letzten Reise.
In „The Hills Beyond“ beschreibt Aswell diese Vorgänge und erwähnt die Nummer des Pullman-Wagens, in den Wolfes Familie gestiegen war. Sie lautete, wie nicht anders zu erwarten, *„K 19“*.
Schriftstellern scheint „es“ überhaupt öfter zu widerfahren als anderen.
Willy Schrödter, ein naher Freund des 1946 verstorbenen österreichischen Schriftstellers Karl Hans Strobl, machte nach Strobls Tod in dessen Bibliothek eine seltsame Entdeckung, die er so beschreibt: „Ich blätterte in seinen eigenen Arbeiten, die auf dem Bücherbord standen. Zwischen den einzelnen Seiten fand ich zahlreiche Zeitungsausschnitte. Aber es handelte sich dabei nicht, wie ich zuerst geglaubt hatte, um Kritiken, sondern um Tatsachenberichte. Mit einem sonder-

baren Schrecken stellte ich fest, daß sie von Ereignissen handelten, die Strobl lange vor ihrem Eintreten beschrieben hatte."
Regelrecht den Kampf mit der Zeit aufgenommen zu haben scheint der 1875 geborene Luftfahrtingenieur und spätere Autor J. W. Dunne. Er selbst erlebte eine Reihe prophetischer Träume, darunter 1902 eine exakte Vision des Vulkanausbruchs vom Mount Pelee auf Martinique, während er sich bei der britischen Infanterie im Oranjefreistaat in Südafrika befand. Er konnte im Traum sogar die Schlagzeilen der Weltpresse lesen.Eine Parallele zur Krakatau-Vision, nur diesmal tatsächlich *vorher!*
Ein Jahr früher hatte Dunne von der Bombardierung der an der Kanalküste gelegenen Stadt Lowestoft durch eine ausländische Flotte geträumt. Dieser Angriff fand im Jahre 1914 mit allen von Dunne 1901 beschriebenen Einzelheiten statt.
Im Herzen ein sachlicher Forscher, katalogisierte er seine Träume, um ihren prophetischen Gehalt überprüfen zu können. Dabei entdeckte er eine gewisse Gesetzmäßigkeit. Sie bestand darin, daß viele zukünftige Ereignisse nicht direkt gesehen oder erlebt wurden, sondern in Form von Zeitungsüberschriften, Nachrichten, gedruckten Seiten etc. in den Träumen vorkamen.
Auch wenn Dunnes wissenschaftlicher Erklärungsversuch des Hellsehens - er entwarf das Konzept einer „seriellen Zeit" mit unterschiedlichen Zeit-Dimensionen - als metaphysisch und unanwendbar abgelehnt wurde, so ist sein Ruf als erster ernsthafter Erforscher des Präkognitions-Phänomens unbestritten. Sein Werk „An Experiment With Time", das 1927 erschien und die grundlegende Arbeit auf diesem Gebiet darstellt, ist heute noch ein Klassiker.
Den Vogel abgeschossen hat unzweifelhaft der amerikanische Schriftsteller Morgan Robertson, zumindest was den Bekanntheitsgrad seiner Zukunftsvision betrifft. Er wurde 1861 geboren, fuhr in seiner Jugend zur See und wurde später Juwelier in New York. Als diese Tätigkeit sein Sehvermögen zu beeinträchtigen begann, versuchte er sich als Schriftsteller.
Er veröffentlichte 200 Erzählungen und neun Bücher. Eine Novelle davon sollte ihn unsterblich machen. Nicht wegen ihres literarischen Wertes oder Erfolges, sondern weil man in ihr die sensationellste, detaillierteste Voraussage aller Zeiten schwarz auf weiß nachlesen kann.

Ihr ursprünglicher Titel war „Futility“ (Vergeblichkeit). Sie wurde 1898 veröffentlicht.
Dramatisch beschreibt Robertson darin die strahlende Jungfernfahrt des größten, luxuriösesten - und vor allem sichersten - Linienschiffes der Welt. Und ihr schreckliches Ende. Besagter Super-Liner überquert den Atlantik zwischen dem englischen Hafen Southampton und New York, streckenweise viel zu schnell, und findet in einer eisigen Aprilnacht sein nasses Grab in den Fluten des Nord-Atlantik nach einer Kollision mit einem Eisberg. Das Chaos an Bord zählt zu den mitreißendsten Schilderungen: Das Schiff liegt im Todeskampf. Nackter Egoismus steht neben Heldentum im Angesicht des Todes, und das Ende ist grauenhaft. Nur wenige der 3000 Passagiere überleben, denn in den 24 Rettungsbooten des 75 000-Tonnen-Schiffs hätte nicht einmal die Hälfte der Passagiere Platz gefunden. Der Kampf um die Boote forderte einen ungeheuren Zoll an Menschenleben.
Soviel zur Erzählung, von der Robertson später behauptete, er hätte dabei einen „astralen Co-Autor“ gehabt. Das wäre alles nichts Außergewöhnliches gewesen, hätte das fiktive Luxus-Schiff nicht den Namen „Titan“ getragen (wie auch der Untertitel der Story „The Wreck Of The Titan“ lautete).
Bei ihrem Erscheinen 1898 fand die Novelle keine sonderliche Beachtung. Nach der *Titanic*-Katastrophe des Jahres 1912, vierzehn Jahre nach dem Erscheinen von Robertsons Story, wurde sie plötzlich zur Sensation, denn manche Leser hatten sie doch nicht ganz vergessen. So kam ihnen das Schicksal der *Titanic* seltsam bekannt vor, die in der späten Nacht des 14. April auf ihrer Jungfernfahrt mit viel zu hoher Geschwindigkeit unterwegs gewesen war, südlich von Neufundland einen Eisberg rammte und mindestens 1531 Personen dem Tod durch Ertrinken preisgab, da, neben anderen Nachlässigkeiten, auch viel zu wenig Rettungsboote (nämlich 22) an Bord waren.
In Story *und* Wirklichkeit handelte es sich um das größte Luxusschiff der Welt, um das sicherste (man sprach von der „unsinkbaren“ *Titanic),* um die Jungfernfahrt, um unvorsichtiges Navigieren in heiklen Gewässern mit Höchstgeschwindigkeit, um einen Eisberg, um eine Aprilnacht im Atlantik, um das identische apokalyptische Ende mit hohen Verlusten an Menschenleben.

Eine spätere minutiöse Gegenüberstellung von Fakt und Fiktion ergab Übereinstimmungen, die man gelinde ausgedrückt - nur als frappierend bezeichnen kann.
In dem Zusammenhang wäre es legitim zu spekulieren, ob Parallelen zur sogenannten Kosmos-Bibel „Oahspe“ („A Cosmic Bible“) vorliegen, die der New Yorker Dentist Dr. John Ballou Newbrough (1828-1891) im Jahr 1880 veröffentlichte. Sie war durch automatisches Maschinenschreiben im Dunkeln entstanden, diktiert von „fremden Intelligenzen“ und beschreibt - neben Absonderlichkeiten - den die Erde umgebenden (Van Allan) Strahlungsgürtel, der zu dieser Zeit noch für Jahrzehnte unbekannt bleiben sollte.
Zurück zur Gegenüberstellung Titan/Titanic:

	Titanic	**Titan**
Tonnage (BRT):	66 000	75 000
Schiffslängen in Fuß:	882,5	800
Wasserdichte Abteilungen:	16	19
Anzahl der Schrauben:	3	3
Anzahl der Rettungsboote:	22	24
Anzahl der Passagiere:	2224	3000
Geschwindigkeit beim Aufprall auf den Eisberg in Knoten:	23	25

Neben der unglaublichen Flut von Vorahnungen der Titanic-Katastrophe, die ich in meinem Buch „Jenseits des Vorstellbaren“ erörtere, allein bei den obigen Parallelen von „zufälligen Übereinstimmungen“ sprechen zu wollen, wäre ein völliges Hingeben an das bequeme Prinzip, daß nicht sein kann, was nicht sein darf. Dabei *darf* es - rein theoretisch - schon sein.

Die moderne Wissenschaft steht Paradoxien, umgedrehten Zeitpfeilen, rückläufiger Kausalität und ähnlich „Widersinnigem" toleranter gegenüber als man gemeinhin annehmen möchte. Bereits Einstein meinte, daß „...die Teilung zwischen Vergangenheit, Gegenwart und Zukunft als Illusion betrachtet werden muß...", und die sogenannte neue Physik geht noch viel weiter.
Dabei schneidet sie sich mit der eher philosophisch strukturierten *Synchronizitätslehre* des berühmten Schweizer Psychologen und Freud-Konkurrenten C. G. Jung, dessen Forschungen Mythen, Religionen, Wissenschaft (einschließlich Parapsychologie) sowie Alchemie, Astrologie und UFOs umfaßten. Jung, der sich um eine umfassende Weltsicht bemühte, definierte Synchronizität als „...ein Prinzip akausaler Zusammenhänge, das Raum und Zeit auf Null reduziert..."
Bei der Erörterung des von ihm vermuteten *Vorwissens* weist Jung darauf hin, daß kein kausaler Mechanismus in der Lage ist, eine Erklärung für die Wahrnehmung aus Ereignissen zu liefern, die in der Zukunft stattfinden werden. Für ihn ist dieser Prozeß weder als Energieübertragung von der Zukunft in die Vergangenheit zu verstehen, noch als okkultes Geschehen, sondern als „Akausalität außerhalb des Raum- Zeit-Bereiches".
Damit hätten sich weder Aristoteles noch Newton befreunden können. Auch auf den modernen, „logischen" Menschen wirken solche Aussagen eher wie Wortspiele. Unser gesamtes Erbe an abendländischer Denkweise sträubt sich vehement gegen die exotischen Gesetzen der Quantenmechanik und was damit zusammenhängt. Die sogenannte „neue Physik", die so neu gar nicht ist, bringt zwar nicht das Begreifen der Jungschen Gedankengänge, wohl aber ihre Bestätigung.
Von Einstein, Rosen, Podolsky 1935 mathematisch ausgearbeitet (EPR-Experiment), von Bohm und John S. Bell später vertieft, und von Alain Aspect schließlich 1982 im praktischen Versuch *bewiesen*, fand die von C. G. Jung postulierte nicht-ortsgebundene Verbundenheit in Raum und Zeit getrennter Ereignisse Eingang in die Naturwissenschaft des zwanzigsten Jahrhunderts.
Man spricht seither vom „Aspect'schen Aspekt", der alles und jedes zu einer untrennbar harmonischen Einheit macht, die auf einer sehr tiefen Ebene eindeutig zusammenhängt. Raum und Zeit waren damit praktisch auf Null reduziert. Der besagte Aspekt verursachte Unruhe

in der wissenschaftlichen Gemeinde und förderte die Bereitschaft, gängige Konzepte in Zweifel zu ziehen oder zu revidieren. Nichts anderes haben auch wir im Sinne...
Dieses fremdartige aber dennoch gültige Konzept ist unter den Bezeichnungen „Einstein/Podolsky/Rosen-Experiment“ (EPR), „Bell‘s Theorem“ und „Kosmischer Kitt“ in wissenschaftlichen Lehrbüchern und Abhandlungen zu finden.
Was Präkognition, bzw. C. G. Jungs Vorwissen betrifft, so sind die akausalen Gleichungen von Bohm und Bell der theoretische Unterbau zu Jungs Vorstellung von einem Universum, das auf verschiedenen Ordnungsebenen funktioniert. Nur einige davon können demnach in ein Modell von Raum, Zeit und Kausalität integriert werden, von dem wir fälschlicherweise angenommen haben, daß es die einzig richtige Beschreibung des „realen“ Universums sei. Wie es nun scheint, enthält das Universum zwar in einigen seiner Aspekte, die uns *zuerst* aufgefallen sind, Raum und Zeit sowie Ursache und Wirkung, ist aber in seiner Gesamtheit viel komplexer und durch Raum/Zeit/Kausalität *nicht begrenzt.* Dieses neue Bild des Universums zu entwerfen, ist der Wissenschaft noch vorbehalten.
Damit wollen wir es gut sein lassen. Natürlich wäre es reizvoll ins Detail zu gehen und spezifische Theorien unter die Lupe zu nehmen, die (wenn schon nicht Zeitreise, so doch) Präkognition inkorporieren, aber nicht zielführend. Im Grunde ist es auch von geringer Bedeutung, ob Propheten Tachyonenwellen aus der Zukunft empfangen oder aus möglichen Paralleluniversen, die sich bei jedem Quantensprung von unserem Kosmos abspalten (und das sind nur die gängigsten, „zahmsten“ Konzepte). Vielmehr wollen wir uns mit der Aussage begnügen: Man *kann* in die Zukunft schauen, es *gibt* Beweise dafür - und die Wissenschaft hat nichts dagegen. Im Gegenteil.
1974 präsentierte der bekannte amerikanische Physiker Gerald Feinberg auf dem Internationalen Kongreß für Quantenphysik und Parapsychologie (!) eine Arbeit mit dem Titel „Die Erinnerung an Zukünftiges“ (darum haben auch wir immer von Erinnerungen an die Zukunft gesprochen). Ohne den aus abstraktester Mathematik bestehenden Inhalt darlegen zu wollen, sei nur erwähnt, daß Feinberg von einer Symmetrie in den Maxwell'schen elektromagnetischen Gleichungen

ausgeht, die Informationsübertragung aus der Zukunft bedeuten kann. Wer hätte das von der „seriösen“ Physik gedacht?
Auch wenn es noch so widersinnig scheint, die Zukunft ist offenbar auf irgendeine Weise schon jetzt existent und kann ihren Schatten in die Vergangenheit werfen. Weiterhin kann man davon ausgehen, daß Menschen in der Lage sind, diese Botschaften aus dem Morgen zu empfangen oder ihren Blick in die Zukunft zu richten.
Was im Einzelfall genau geschieht, ist für uns sekundär und ohnedies kaum herauszufinden. Mancher Sensitive mag tatsächlich eine Kristallkugel benötigen, um seine eigenen Fähigkeiten zu aktivieren (beispielsweise Jeane Dixon), doch ist das wohl primär ein psychologisches Phänomen. Andere träumen, lassen sich in Trance versetzen, werden von Offenbarungen am hellichten Tag überfallen oder betreiben Zukunftsschau wie Fernsehen.
Das Spektrum ist vielfältig. Es gibt Scharlatane, die echter wirken als tatsächliche Propheten und Menschen, die Visionen perfekt verdrängen, weil diese sie erschrecken usw. usf.
Und wenn noch so viele falsche Hellseher aus ihren mystischen Dämpfen hervorgezerrt und des Betrugs überführt werden können, so läßt sich die Existenz der Präkognition dadurch nicht widerlegen. Ein bitterer Nachgeschmack scheint zu bleiben, nämlich die resignierende Erkenntnis, daß solche Gaben wohl immer nur einzelnen Wenigen vorbehalten sind. Dem ist nicht so.
Der amerikanische Mathematiker William E. Cox kam im Rahmen einer statistischen Untersuchung zu dem verblüffenden Ergebnis, daß ein sehr großer Prozentsatz der Bevölkerung Unglücksfälle im Unterbewußtsein vorausahnt. Wie Statistiken über Zeiträume von mehreren Jahren eindeutig aussagen, liegt die durchschnittliche Passagierzahl in Zügen, die in Zusammenstöße, Entgleisungen etc. verwickelt werden, signifikant unter der Norm. Mehr noch, innerhalb der Unglückszüge selbst sinkt die Zahl der Reisenden in den jeweils zerstörten oder beschädigten Waggons nochmals deutlich ab. Die statistische Abweichung gegenüber dem unfallfreien Zugverkehr ist fürwahr enorm und wird mit einem (Un)wahrscheinlichkeitsfaktor von 1:100 angegeben. Die »Macht des Geistes« ist also doch kein Monopol einer kleinen Gruppe Auserwählter und die Zeit keine Einbahnstraße(mehr über Zeitphänomene in meinem Buch „Jenseits des Vorstellbaren“).

Der Unterschied zwischen einem ausgewiesenen Propheten und einem normalen Zeitgenossen, den eine Vorahnung vor der Fahrt in einem Unglückszug, Flugzeug, Schiff oder Auto warnt, scheint nur in der Stärke des Phänomens zu bestehen, und darin, ob man sich einer „Eingebung“ bewußt ist oder nicht.
Damit wollen wir einen weiteren Schritt in das unbekannte Land der rätselhaften Geisteskräfte tun.

PSI, ESP und das ganze Füllhorn

Hier den Anfang eines roten Fadens aufzunehmen ist keine Kleinigkeit. Schon beim Versuch, paranormale Phänomene systematisch zu erfassen und unter einem Oberbegriff zu versammeln, verstrickt man sich augenblicklich rettungslos.

An sich gehörten auch die bereits erwähnten Phänomene des Fremd- bzw. Fernwissens (Hellsehen) und Vorauswissens (Präkognition) hierher, doch wurden sie immer schon etwas gesondert betrachtet, so daß wir uns mit ihnen auch gesondert befassen konnten. Jetzt aber wird die Zuordnung noch komplizierter. Welcher Kräfte bedient sich etwa ein Pendler oder Rutengänger und in welche „Kategorie" gehört er (speziell, wenn er in der Lage ist, Wasseradern oder Metallvorkommen *auf der Landkarte* auszupendeln)? Wie soll man einen Sensitiven einstufen, der Krankheitsherde tatsächlich zu sehen vermag, und das nicht nur an lebenden Menschen, sondern auch auf Fotografien?

Liegt Telepathie vor, wenn jemand plötzlich fließend in einer fremden Sprache zu reden beginnt? Wenn es tatsächlich Astralreisen gibt, was *sind* sie dann?

Wo müssen Magier, Mystiker und Wundertäter eingereiht werden, und - was *tun* sie eigentlich? Wie ist es möglich, durch einfache Übungen übermenschliche Kräfte zu mobilisieren?

Was sagen die Naturgesetze dazu, wenn ein Mensch tatsächlich *schwebt?*

Erzeugt der menschliche Geist bei der Fernbewegung von Materie eine eigene Kraft, oder bedient er sich einer bereits vorhandenen? Und, wenn letzteres - *welcher?*

Wie passen Gurus, Yogis und Schamanen ins Bild?

Halt, halt, werden Sie jetzt vielleicht denken. Das ist wirklich ein Durcheinander. Kein Wunder, daß die Wissenschaft sich lieber mit Quantensprüngen oder Antimaterie befaßt. Auch wenn derlei nicht gerade zum Leichtverständlichen gehört, so verhalten sich etwa Elektronen pflichtschuldigst und korrekt wie Teilchen oder Wellen, wenn man es von ihnen erwartet. Paraphänomene denken nicht daran, Erwartungen zu erfüllen. Doch ganz so schlimm ist es nicht.

Besonders nach dem Zweiten Weltkrieg begannen da und dort Wissenschaftler Telepathie, Telekinese etc. zu untersuchen, wurden Lehrstühle etabliert und sogar Institute gegründet. Heute ist die Parapsychologie aus dem Getto des Okkultismus und der Schaubuden-Zauberei herausgetreten. Forscher entwickeln entsprechende Theorien und es gibt Kongresse wie den erwähnten für Quantenphysik und Parapsychologie in Genf.

Wir werden uns mit den pittoresken Theorien nicht viel herumschlagen, die - wohl als anderes Extrem - nach jahrzehntelanger Ablehnung paranormaler Phänomene nun zu deren Erklärung vorgestellt werden. Eine nur wollen wir uns, stellvertretend für viele und als Kostprobe, zu Gemüte führen. Es geht um Telekinese.

In seinem Buch „White Holes“ deutet der Astrophysiker John Gribbin (BSc und MSc der Universität von Sussex und PhD an der Universität von Cambridge) an, daß Telekinese oder Psychokinese durch eine sogenannte „Tachyonische Verbindung“ (tachyonic link) erklärt werden könnte. Er bezieht sich dabei konkret auf Uri Gellers Löffelverbiegen, das trotz der damit einhergehenden Show nicht unter den Teppich gekehrt werden sollte.

Gribbin greift eine Idee seines Wissenschaftskollegen Jack Sarfatti vom Internationalen Zentrum für Theoretische Physik in Triest auf, der Überlegungen darüber anstellte, in wieweit der Beobachter eines Experimentes dieses mitbeeinflussen kann. Die Frage war, ob das reine Zusehen die Quantenwahrscheinlichkeit der Abläufe verändert. Das klingt befremdlich, ist aber auch nicht exotischer als die etablierte Beobachterhypothese der Quantenphysik, von der wir schon gehört haben. Nur weiter getrieben.

Wie also geht das Löffel-, Gabel- oder sonst-etwas-Biegen im wahrsten Sinne des Wortes über die Bühne? Die große Zahl der Zuschauer produziert eine ungerichtete Welle von Tachyonen, welche die üblichen Erwartungen in Bezug auf das übliche Verhalten von Gabeln und ähnlichen Objekten in sich tragen (bitte keine Fragen, wieso das menschliche Gehirn Tachyonen produzieren könnte; auch dafür gibt es Theorien).

Ein Fokussieren dieser Tachyonen in Verbindung mit der festen Erwartung, daß das Objekt sich biegt, würde - gemäß den Überlegungen von Sarfatti - den Quanteneffekt in die Richtung stoßen, die notwendig ist, damit sich die Gabel, oder was auch immer, *tatsächlich* biegt. Nun gehen die meisten Menschen aber berechtigterweise nicht davon aus, daß Gegenstände sich ohne äußere Einwirkungen biegen und erwarten demnach auch nichts derartiges. Wieso kommt es dennoch dazu?

Weil Tachyonen - sofern es sie tatsächlich gibt - die verblüffende Eigenschaft aufweisen, in der Zeit zurückzulaufen. So passiert unter Umkehr von Ursache und Wirkung folgendes: In dem Moment, da sich das Objekt zum Erstaunen aller sichtbar verbiegt, geht von den Gehirnen der verblüfften Zuschauer ein diesmal fokussierter Tachyonenstrom aus, der sich in der Zeit zurückbewegt und die Quantenbalance des Löffels in der Vergangenheit so beeinflußt, daß er dann jenes Verhalten (nämlich das Biegen) an den Tag legt, welches in der Folge seine eigene Ursache (das Erstaunen) produziert.

Wäre es möglich, einen Prozeß wie den theoretisch dargelegten bewußt zu erzeugen, ließen sich viele paranormale Erscheinungen nicht nur leicht erklären, sondern auch jederzeit nachvollziehen.

Ich habe dieses doch recht extreme Beispiel eines wissenschaftlichen Erklärungsversuches nicht gewählt, um bizarre Erscheinungen durch bizarre Theorien glaubwürdiger zu machen oder gar um wissenschaftliche Konzepte grotesk erscheinen zu lassen (grotesk ist viel mehr die Wirklichkeit). Nein, es ist schlicht und einfach so, daß solche Phänomene auch offiziell *existieren* und *nicht leicht* zu erklären sind.

Wenn wir es geschafft haben, diese krause Theorie als *ernsthaften* Erklärungsversuch hinzunehmen, wird es leichter fallen, die oft mehr als erstaunlichen Berichte zu akzeptieren, mit denen wir uns auseinandersetzen wollen. Schließlich hat auch die Wissenschaft sich zu diesem Akzeptieren durchgerungen - und manches klingt fürwahr phantastisch...

De facto scheint es für Telekinese und Telepathie weder Raum noch Zeit oder irgendwelche Hindernisse zu geben. Experimente bewiesen, daß diese Kräfte durch Bleiplatten oder einen Faraday'schen Käfig hindurch, mit oder ohne Trägermedium, über Tausende von Kilometern hinweg wirken. Telepathische Nachrichten konnten in getauchten U-Booten, innerhalb von Bleigewölben, ja selbst in Raumschiffen empfangen werden.

Im Sinne der Generallinie dieses Buches wollen wir vorerst Einzelheiten beiseite lassen und rundheraus fragen: Kann es nicht einfach so sein, daß der Mensch mehr als fünf Sinne besitzt?
Bei einem Massenversuch in der Universität von Manchester zeigte sich, daß Testpersonen, die mit verbundenen Augen längere Zeit im Kreis herumgeführt wurden, zu einem Prozentsatz ihre ursprüngliche Richtung angeben konnten, der deutlich über der Zufalls-Wahrscheinlichkeit lag. Dieses signifikante Ergebnis ließ sich auf keinen der uns bekannten fünf Sinne zurückführen.
Daran muß nichts Geheimnisvolles sein. Möglicherweise sind manche Menschen in der Lage, das Erdmagnetfeld zu registrieren und können sich - wie einige Vogel- und Fischarten - danach orientieren. Dafür scheint der gleichfalls experimentell festgestellte Umstand zu sprechen, daß das Tragen magnetisch geladener Helme den natürlichen Orientierungssinn beeinträchtigt. Wahrscheinlich verhält es sich mit außersinnlichen Wahrnehmungen nicht anders.
Diese endlich in den Griff zu bekommen und in das naturwissenschaftliche Weltbild zu integrieren, versuchen Forscher in Ost und West seit geraumer Zeit. Obgleich im Osten solche Phänomene weit länger akzeptiert werden als im „aufgeklärten" Westen und deren Erforschung offizielle Unterstützung findet, verbergen sich die meisten Ergebnisse hinter einer Mauer aus slawischer Undurchdringlichkeit. Was durchsickert, ist jedoch erstaunlich genug. Wir werden davon erfahren.
Zuerst aber einen Blick in die westliche Hemisphäre. Der absolute Pionier der ASW-Erforschung ist ohne Zweifel Joseph Banks Rhine. Bereits in den dreißiger Jahren des zwanzigsten Jahrhunderts verwendete er zu massenstatistischen Reihenversuchen an der Duke Universität in Durham, North Carolina, die von seinem Mitarbeiter Zener entwickelten Zener (oder ASW)-Karten mit fünf einfachen Symbolen. Mit ihnen wurden seither zig-tausende PSI-Tests durchgeführt. Dabei zeigten sich häufig immer wieder krasse Abweichungen von den Zufallsgesetzen. Bei einem Versuch erriet ein Mr. Hubert E. Pearce von den zu erratenden fünfundzwanzig Karten alle richtig, wobei die Wahrscheinlichkeit, daß dies zufällig geschehen ist, eins zu dreihundert Billiarden beträgt. Dies ist allerdings ein einmaliges Extremer-

gebnis. Zyniker würden vielleicht sagen, so ein Zufall ist auch schon wieder ein Zufall.
Interessanterweise erraten manche Personen deutlich weniger Symbole als es dem Durchschnitt entsprechen würde (der Autor ist einer davon). Auch das ist PSI, nur spricht man dann passenderweise vom „PSI-Missing-Effekt“, einem „Talent“, wie es sinnloser wohl nicht sein könnte.
Dr. Rhine, den man den Vater der experimentellen Parapsychologie nennt, und dessen Buch „Extra Sensory Perception“ (Außersinnliche Wahrnehmungen = ASW = ESP) 1933 wie eine Bombe einschlug, verfeinerte und erweiterte seine (hauptsächlich Telepathie)Experimente gemeinsam mit seiner Frau Louisa und einem Mitarbeiterstab immer weiter. Die mit wissenschaftlicher Akribie durchgeführten und festgehaltenen Tests konnten zwar nicht enthüllen was PSI ist und wie es funktioniert, aber sie bewiesen die Existenz solcher Phänomene.
Die Begegnung mit einem begeisterten Würfelspieler, der Rhine erzählte, daß manche Spieler den Würfeln geradezu ihren Willen aufzwingen können, veranlaßte den Forscher, neun Jahre mit Untersuchungen der Psychokinese zu verbringen. Auch hier wurden signifikante Abweichungen von der normalen Häufigkeitsverteilung gemessen.
Es würde zu weit führen, das gesamte Feld der nunmehr recht ansehnlichen westlichen PSI-Forschung Schritt für Schritt abzugehen. Stellvertretend ein paar Beispiele: H. E. Puthoff und Russel Targ am Stanford Research Institute.(SRI) in Kalifornien untersuchen unter anderem Fernsicht (oder Fernwissen). Ihre Ansicht: es existiert. Dr. Montagu Ullmann, dem sich später Dr. Stanley Krippner anschloß, befaßte sich mit Untersuchungen von ASW in Träumen. Auch hier kam es zu Ergebnissen jenseits der Durchschnittserwartungen.
Der deutsch-amerikanische Physiker Dr. Helmut Schmidt war der erste, der Computeranordnungen einsetzte, um PSI (oder ASW, wie man es nennen will) systematisch auf den Zahn zu fühlen. Die sogenannten „Schmidt-Maschinen“ bedienen sich unbeeinflußbarer Zufallsprozesse - nämlich des radioaktiven Zerfalls des Isotops Strontium-90 - und registrieren das Testergebnis automatisch. So können den Ergebnissen der Testpersonen absolut unverfälschbare Zufallswerte gegenüberge-

stellt werden. Ein narren- und täuschungssicheres System. Irrtum ausgeschlossen. Überraschungssicher ist es allerdings nicht.
Die in Dr. Schmidts Laboratorium in Durham, Nord-Carolina, USA, aufgebaute Experimentalanordnung sah schrittweises Vorgehen vor. Als erstes mußten die Getesteten erraten, welche von vier Lampen aufleuchten würde. Da dieses Aufleuchten durch das radioaktive Element gesteuert wurde, regierte die Statistik mit harter Hand. Nach ihren unbefriedigenden, aber unbeugsamen Gesetzen durften die Versuchspersonen 25 Prozent richtig vorhersagen. Tatsächlich jedoch lag die Rate bei 27 Prozent. Es gab also bei 63 000 Versuchen siebenhundert Richtige mehr als erlaubt.
Nun forderte der Experimentator die Teilnehmer auf, das Aufleuchten der Lampen bewußt zu beeinflussen. Auch hier eine kleine aber signifikante Abweichung, und zwar 53 Prozent an Stelle der zu erwartenden 50 Prozent. Eisern entschlossen, den Versuch bis über die Grenzen des Phantastischen zu treiben, nahm Dr. Schmidt eine Änderung bei der letzten Versuchsanordnung vor.
Nicht mehr Zufallsabläufe beeinflußten das Aufleuchten der Lampen unmittelbar, sondern Magnetbänder mit *vorher festgelegten* Signalen. Damit konnte es genausowenig zu einer direkten Einflußnahme (durch Psychokinese) kommen, wie dies auf den Ablauf eines Films auf der Kinoleinwand möglich wäre. Zur größten Verblüffung des Wissenschaftsteams änderte sich gar nichts. Die Testpersonen waren nach wie vor in der Lage, vorher zu sagen, welche Lampen sie zum Aufleuchten „zwingen" würden (zumindest 53 Prozent, was nicht sehr beeindruckend klingen mag, aber jeder rationalen Erklärung dennoch den Todesstoß versetzt).
Ignoriert man sämtlich absurde, an den Haaren herbeigezogenen, oder alles auf Meßunschärfen schiebende Erklärungsversuche, so bleibt nur eine einzige Deutung: *Präkognition.* Die Teilnehmer des Experiments hatten zwar *geglaubt*, die Lampen telekinetisch zu beeinflussen (was unmöglich war), in Wirklichkeit aber *vorher gewußt*, was gleich geschehen würde. Damit wollen wir es bewenden lassen.
Die moderne PSI-Forschung reicht weiter zurück, als man meinen möchte - wahrscheinlich bis ins Jahr 1848, als Wissenschaftler versuchten, den rätselhaften Klopfgeräuschen im Haus des amerikani-

schen Farmers Fox in Hydesville auf den Grund zu gehen - und ist heute etablierter als allgemein bekannt.
Sucht man gezielt, wird man sogar in der Antike auf entsprechende Forschungen stoßen. So beschreibt Herodot (um 500-434 v. Chr.) ein streng kontrolliertes Fernsicht-Experiment, das König Krösus von Lydien anordnete. Der Monarch wollte wissen, was von den zahllosen Mini-Orakeln zu halten war, die als Nachahmer des berühmten Delphischen Orakels plötzlich in und außerhalb Griechenlands aus dem Boden schossen. Natürlich können wir die wissenschaftliche Aussagekraft dieser Untersuchung nicht beurteilen, aber es ist in der Tat ein faszinierender Weg von der frühen Suche nach dem Paranormalen bis zu den Telepathieversuchen in getauchten U-Booten oder Apollo-Raumkapseln.
Der Westen legt sozusagen seine Karten auf den Tisch (einigermaßen wenigstens). Dem früheren Ostblock mußte man schon über die Schulter schauen. Was man erspähte, war jedoch faszinierend.

Ein Blick hinter den ehemaligen Eisernen Vorhang

Russen und Osteuropäer hatten schon immer ein besonderes Verständnis, man könnte fast sagen Nahverhältnis, zu sogenannten medialen Fähigkeiten. Heute nennt man sie zwar anders, aber das ist auch schon alles. Was für die westliche Welt Dr. Rhine, ist für die östliche der Neuropsychologe Dr. L. L. Wassiliew, der sich bereits in den zwanziger Jahren des vorigen Jahrhunders der Erforschung des Paranormalen verschrieben hatte.

Leonid Wassiliew (1891-1966), ein Schüler des berühmten Gelehrten W. M. Bechterew, trat in jungen Jahren in das Leningrader Institut für Gehirnforschung (jetzt Bechterew-Institut) ein. Als Kind hatte Wassiliew ein starkes telepathisches Erlebnis, als er, ohne schwimmen zu können, in einen Fluß fiel. Diese Erfahrung bestimmte in gewisser Weise sein ganzes Leben, denn ohne sie hätte er sich wahrscheinlich nicht mit solchem Einsatz für die Erforschung dieses und verwandter Phänomene engagiert. Ihm ist besonders die Entdeckung zu danken, daß Gedankenübertragung auch eine Bleiabschirmung zu durchdringen vermag.

Diese Beobachtung brachte die Theorie des italienischen Neurologen F. Cazzamali zu Fall, der Gedanken als eine Art von Radiowellen ansah. Die Wellentheorie zur Erklärung von Telepathie hat auch heute wenig Freunde, doch ist der Hauptgrund für ihre Ablehnung nicht länger der Einwand, daß Gedankenübertragung Faraday'sche Käfige zu durchdringen vermag. Gewisse elektromagnetische Wellen schaffen dies nach neueren Erkenntnissen nämlich auch.

Obgleich man nur die „Eisberg-Spitze“ der ehemals sowjetischen Parapsychologie erkennen kann, so spiegelt allein das Leben ihres Parade-Parapsychologieforschers Wassiliew die Bedeutung wider, die man im Ex-Ostblock der „Macht des Geistes“ zumaß und in den Nachfolgestaaten wahrscheinlich immer noch zumißt.

Bereits 1926 wurde die Experimentelle Kommission für Hypnotismus und Psychophysik ins Leben gerufen, um mit Zustimmung der russischen wissenschaftlichen Autoritäten außersinnliche Wahrnehmungen und verwandte Phänomene zu erforschen. 1928 besuchte Leonid Wassiliew parapsychologische Zentren in Deutschland und Frankreich. 1932 erging an das Sowjetische Institut für Hirnforschung der Auftrag, eine experimentelle Untersuchung der Telepathie in Angriff zu nehmen. Leiter dieses Projektes war Wassiliew.

Zu seinen interessantesten Versuchen, die frappierende Ergebnisse zeitigten, gehören Fernhypnose-Experimente. In hypnotischer Trance befindliche Versuchspersonen konnten aus Distanzen bis über 1500 Kilometern wieder aufgeweckt werden.

In seinem Buch „Experiment in geistiger Suggestion", das 1962, vier Jahre vor Wassiliews Tod erschien, berichtet der Forscher, daß die Telepathie bereits seit 1930 ernsthaft untersucht worden war. Dies wäre auf Befehl einer hohen politischen Persönlichkeit geschehen. Es gibt Hinweise dafür, daß Stalin ASW großen strategischen Wert zugemessen hat (wir werden noch davon hören).

Erst das Gerücht, daß die US-Marine Telepathie zur Kommunikation mit U-Booten einsetzen wollte, führte in der Sowjetunion in den 60er Jahren zur Veröffentlichung von Wassiliews Büchern. Bis dahin waren dreißig Jahre Forschungsarbeiten streng geheimgehalten worden. Eine Praxis, die sich im Ostblock über viele Jahre großer Beliebtheit und Wirksamkeit erfreute.

Bei einem wissenschaftlichen Kongreß sagte Wassiliew 1960: „Die Entdeckung der Energie, die der ASW zugrunde liegt, würde der Entdeckung der Atombombe entsprechen." Ein Jahr darauf wurde er Direktor eines speziellen Parapsychologischen Instituts an der Universität Leningrad.

Es würde zu weit führen, der verästelten, getarnten, sich hinter biedermännisch soliden Institutsnamen verbergenden PSI-Forschung über die Jahrzehnte nachspüren zu wollen. Es dürfte auch so bewiesen sein, daß man im Osten außersinnliche Wahrnehmungen, Psychokinese, Hellsehen, Gedankenübertragung, Suggestion etc. für alles andere als Humbug hält.

Wenn wir uns in der Folge mit Menschen befassen, die solche Fähigkeiten in oft unglaublicher Weise an den Tag legen, werden wir ohnedies immer wieder auf Aktivitäten östlicher Para-Forschung stoßen. Diese wurde - laut einem Bericht des Mitglieds der Akademie Juri Kobsarew an den Vorstand der Wissenschaftlichen und Technischen

A. C. Popow Gesellschaft für Radioelektronik-Kommunikation, Moskau - an folgenden Instituten offiziell betrieben:
• Die Baumann-TH in Moskau (Labor von Dr. Wagner)
• Moskauer Institut für Energetik (Labor von Dr. Sokolow)
• Forschungsinstitut für Allgemeine und Pädagogische Psychologie der Sowjetischen Akademie für Pädagogik, Moskau
• Sowjetische Akademie der Wissenschaften in Puschtschino (Abteilung für Kybernetik des Forschungsinstitutes für Biophysik)
• Staatliche Universität Leningrad (Labor für *Aurametrie* von Professor Pawel Guljaew)
• Leningrader Polytechnikum (Abteilung für Kybernetik)
• Wissenschaftlich-Industrielle Einheit „Quantum“ in Krasnodar
• Staatliche Universität von Tbilisi in Georgien
• Staatliche Universität von Kasachstan in Alma Ata (Labor von Dr. Victor Injuschin)
• Das Ukrainische Institut für Kybernetik in Kiew.
Dieser Liste lassen sich beispielsweise noch das Institut für Radiokommunikationsprobleme, das Institut für Kontrollprobleme, das Institut für Molekulargenetik und das Institut für Radiotechnik und Radiokommunikation in Moskau (alle zur damaligen Sowjetischen Akademie der Wissenschaften gehörend), die Abteilung für Kybernetik am Moskauer Physikinstitut für Ingenieure, das Forschungsinstitut für Neurologie und Psychiatrie in Charkow sowie mehr als ein Dutzend Bioelektronikabteilungen in den verschiedensten russischen Städten hinzufügen, meinte eine sowjetische Wissenschaftlerin zum Stand der russischen Para-Forschung.
Recht beachtlich, wenn man bedenkt, wie diskret man im ehemaligen Ostblock mit der Bekanntgabe von Informationen war. Nicht nur diese eindrucksvolle Auflistung beweist, daß der Mantel des Schweigens, der sich nach Wassiliews Tod 1966 über die russische PSI-Forschung senkte, in keiner Weise bedeuten kann, sie sei zum Stillstand gekommen. Gelegentlich lüftet sich der Schleier unerwartet.
Gespräche, die der Parapsychologe (!) Dr. Carl Sargent (Universität von Cambridge) und der englische Schachmeister Bill Harston gemeinsam oder getrennt mit russischen Schachgrößen wie Viktor Kortschnoi, Boris Spassky und anderen führten, ließen die Schlußfolgerung zu, daß russische Spieler routinemäßig mittels Hypnose und

ASW geschult werden. Nach all dem können wir getrost davon ausgehen, daß Paraphänomene nicht auf die leichte Schulter genommen werden dürfen.

Der Mensch verfügt ohne Zweifel über Kräfte zur Beherrschung von Zeit und Raum oder kann sich ihrer bedienen. Was auf dasselbe herauskommt. Die Wissenschaft versucht, ihnen nachzuspüren und die Militärs träumen von ihrer strategischen Nutzung (im Osten dereinst offenbar mit weniger Publicity, dafür aber um so intensiver).

Ist hier nicht der Wunsch der Vater des Gedankens? Es mag ja recht einträglich sein, etwa eine Roulettekugel mittels Gedankenkraft in den Schlitz mit der gewünschten Zahl zu befördern, und ein „Telepathie-Radio" von Unterseeboot zu Unterseeboot ist auch nicht zu verachten, aber verkörpern solche und ähnliche Phänomene tatsächlich *Macht?* Im ersten Moment ist man geneigt, dies zu verneinen. Eine Wasserstoffbombenexplosion produziert sicher wuchtigere Effekte als 1000 Uri Geller. Technologie ist überhaupt handfester als Parapsychologie. Sie läßt sich gezielt und verläßlich einsetzen und hat den Lauf der Geschichte seit der Erfindung des Rades gelenkt. Alles unbestritten. Para-Kräfte sind wenig kontrollierbar, bewirken Vorgänge, die sich meist mit physikalischen Mitteln auch produzieren lassen (z. B. Gabelbiegen durch physische Gewalt) und haben trotz aller Erforschungsbemühungen wenig praktischen Nutzen. Dies ist ein kurzsichtiger Standpunkt.

Erstens läßt sich der Nutzen einer Sache nur abschätzen, wenn man ihr Potential kennt - und davon ist die Wissenschaft noch meilenweit entfernt. Zweitens sind wohl Interkontinentalraketen weit mächtiger als Telekineten, die Glasscheiben zerspringen lassen oder Menschen, die jemanden über Tausende von Kilometer in Trance versetzen können, aber diese Gegenüberstellung bekommt eine andere Gewichtung, denkt man an telekinetische Umtriebe in eigenen - oder fremden - Verteidigungssystemen oder an die Fernbeeinflussung führender Politiker. Daß dieser Gedanke nicht so abwegig ist, zeigt beispielsweise während des Kalten Krieges eine Diskussion im amerikanischen Repräsentantenhaus. Kongreßmann Rose, ein Mitglied des US-Geheimdienst-Sonderausschusses, hatte angedeutet, die Sowjets könnten „wünschelrutengestützte Satelliten" einsetzen, um amerikanische Raketensilos zu orten. Ebenfalls nicht zu vergessen ist das 1997

enthüllte geheime US-Programm „Stargate“: der Einsatz amerikanscher PSI-Agenten, die sogenanntes „Remote Viewing“ (Fernsicht) praktiziert haben sollen, um auf parapsychologische Weise Verborgenes auszuspionieren.
Halt, wir haben die Spekulation schon fast zu weit geführt. Begnügen wir uns mit der Hoffnung, daß uns ein „PSI-Krieg“ ebenso erspart bleiben möge wie ein normaler.
Um diese Frage geht es uns ja auch im Grunde gar nicht. Wir wollten lediglich über allen Zweifel hinaus feststellen, daß es Menschen gibt, die zu Unglaublichem imstande sind. Wieso sie das können, wissen wir nicht genau, aber sie können es. Sie wurden untersucht, gemessen, gewogen, an Geräte angeschlossen, mit Elektroden gespickt und den ausgefeiltesten Experimenten unterworfen. Über jedes Mißtrauen erhabene Zeugen berichten von ihren Fähigkeiten, mächtige Staaten und Organisationen versuchen sich ihrer zu bedienen. Es lohnt sich also, die Erstaunlichsten von ihnen Revue passieren zu lassen.
Dabei werden wir von Ereignissen erfahren, die phantastischer sind als manche Theorie oder Versuchsanordnung und die Kräfte jenseits aller technologischen Macht erahnen lassen. Denn niemand kann die Grenzen der Macht des Geistes bestimmen...

Menschen wie du und ich?

Der US-Parapsychologe Rex Stanford ist der Ansicht, daß jedermann über PSI-Kräfte verfügt. Die erwähnten statistischen Abweichungen bei Unglückszügen scheinen an sich dafür zu sprechen. Stanford geht noch weiter. Er kreierte sogar einen Begriff für unbewußte PSI-Aktivitäten, und zwar PMIR (psi-mediated instrumental response). Nach Stanfords Ansicht wird PSI im Alltag zur Befriedigung alltäglicher Bedürfnisse von einer sehr großen Zahl von Menschen ohne ihr Wissen und Dazutun eingesetzt. So zeigten etwa Versuchsreihen an der Duke-Universität signifikante Schwankungen in den Trefferquoten, wenn unter die Zener-Karten Pornobilder (!) gemischt wurden. Profaner geht es wohl kaum. Andere Untersuchungen ergaben, daß Prüfungskandidaten durchschnittlich weit besser abschnitten, wenn sie Fragen beantworten mußten, deren Antworten versteckt vorbereitet waren.

Noch deutlicher zeigt ein anderes Experiment, daß wir alle PSI-begabt sind, aber nur, wenn wir nicht daran denken: Vierzig Männer sollten ihren Psi-Faktor mittels einer Art Schmidt-Maschine testen. Die Versuchsanordnung war bewußt langweilig und sollte zudem - eine weitere Tortur - 45 Minuten dauern. Die einzige Möglichkeit, dieser Schinderei zu entrinnen, bestand in der nachweisbaren psychokinetischen Beeinflussung der Test-Maschinerie. Als Belohnung durfte man die einschläfernden Geräte verlassen und in einem Nebenzimmer Sexbilder (!) betrachten.

Solange die Kandidaten bewußt agieren wollten, gelangen keine signifikanten Ergebnisse. Die erotischen Abbildungen blieben fern. Erst als der Versuchsleiter heimlich eine weitere Apparatur in Betrieb nahm, änderte sich die Lage. Das Unterbewußtsein der Kandidaten klammerte sich an diese - bewußt nicht wahrnehmbare - neue Chance und produzierte im Testbereich des heimlich in den Prozeß eingeschleusten Gerätes die gewünschten Effekte in statistisch nachweisbarer Größenordnung. Es geht auch weniger schlüpfrig.

Im Jahr 1971 veranstaltete einer der erfolgreichsten Rockgruppen der siebziger Jahre auf offener Bühne ein PSI-Experiment, wie es noch nie dagewesen war. Zumindest einer der Musiker aus San Francisco, die ursprünglich als „Mother McCree's Uptown Jug Champions" auf-

getreten waren, ehe sie 1965 ihren Namen in „The Grateful Dead" änderten, dürfte ein starkes Interesse am Übernatürlichen gehabt haben. Anders ist es wohl nicht erklärlich, daß sich die jungen Musiker bereit erklärten, an einem Massenversuch mitzuwirken, den ihnen der Psychiater Dr. Montague Ullmann von der Universität New York vorschlug.
Bei sechs Konzerten im Staat New York wurde fünfzehn Minuten lang ein jeweils zufällig ausgewähltes Bild auf einer Leinwand gezeigt, während die Band spielte. Das Publikum war vorher aufgefordert worden, sich diese Viertelstunde lang auf das Motiv zu konzentrieren und es gedanklich an den Engländer Malcolm Bessent zu senden, der sich 80 Kilometer entfernt in Trance befand, überwacht von Dr. Ullmanns Team. Eine originelle Versuchsanordnung, wie sie nüchternen europäischen Wissenschaftlern wohl nicht einmal im Traum eingefallen wäre. Was Bessents Trance-Träume betrifft, so stellte sich heraus, daß er in vier der sechs Fälle exakt jenes Bild geträumt hatte, das ihm telepathisch gesendet wurde.
Das unorthodoxe Experiment zeigte noch ein zusätzliches, völlig unerwartetes Ergebnis. Das Ullmann-Team wollte herausfinden, ob ein anderes Medium imstande war, die gesendeten Bilder ebenfalls aufzufangen. Besagtes Zweitmedium war eine junge Frau namens Felicia Parise. Im ersten Moment schien dies nicht funktionieren. Felicia konnte nur ein Motiv von den sechs gesendeten hinterher beschreiben. Die anfängliche Enttäuschung machte aber Verblüffung Platz, als sich herausstellte, daß sie sehr wohl alle sechs Bilder gesehen hatte - allerdings jeweils einen oder zwei Tage ehe sie gesundet worden waren. Ein klarer Fall von Präkognition, verbunden mit Telepathie.
Nach all dem erhebt sich die Frage, wieso wir - wenn uns doch unbewußt die geheimnisvolle PSI-Kraft zu Gebote steht - nicht immer bekommen, was wir wollen. Meist ist sogar das Gegenteil der Fall. Psychologen können die Antwort geben. Sie hat allerdings nichts mit PSI zu tun, sondern mit den verschlungenen Pfaden des menschlichen Geistes, der öfter als man glauben möchte, den Weg der Selbstzerstörung wählt. Es ist wie bei anderen Fähigkeiten auch. Viele haben sie, einige besonders stark, manche können sie bewußt einsetzen und andere lassen sie verkommen. Einige wenige treten besondere Höhenflüge an.

Jahrzehnte Staatsgeheimnis: Stalins PSI-Agenten

Die Zeit: 1939, am Beginn des Zweiten Weltkriegs. Als Kommunist jüdischer Abstammung hatte der Pole Wolf Messing alle Veranlassung, aus dem expandierenden Herrschaftsbereich Nazi-Deutschlands zu fliehen. Wenn es noch eines zusätzlichen Motivs zur Flucht bedurft hätte, dann wäre dies die negative Aufmerksamkeit gewesen, die seine Prognosen einer deutschen Niederlage gegen die Sowjetunion bei den neuen Herren Polens erregt hatte.

Wolf Gregorewitsch Messing gilt als Telepath und Hellseher und ist in seiner Heimat sehr beliebt. Seine Voraussagen eines deutschen Desasters im Osten waren durch die polnischen Zeitungen gegangen. Auf seinen Kopf stand eine Belohnung von 200 000 Reichsmark.

Obgleich Messing bei seinen Landsleuten alle Unterstützung findet, spürt ihn die Gestapo trotzdem in seinem Versteck auf und verfrachtet ihn ins neue Gestapo-Hauptquartier. Endstation.

Doch Messing entkommt, an sich ein Ding der Unmöglichkeit. Er hat seinen Bewachern den eigenen Willen aufgezwungen. Die Flucht nach Rußland gelingt. Dort wird er verhaftet. Ein Oberst des KGB teilt ihm mit, daß Hellseher unerwünscht sind, weil es sie nicht gibt. Messing bietet den Gegenbeweis an. So groß ist sein Ruf, daß sich sogar Josef Stalin einschaltet, obgleich der sowjetische Diktator in diesen Tagen andere Probleme hatte. Er ordnet eine Prüfung der medialen Fähigkeiten des Wolf Gregorewitsch Messing an.

Der Pole begeht daraufhin einen „Bankraub“. Er selbst schildert seine Vorgangsweise so: „Ich ging zum Kassierer und reichte ihm ein leeres Blatt Papier, das aus einem Schulheft herausgerissen worden war.“ Daraufhin zahlte der Bankbeamte Messing 100 000 Rubel aus. Nachdem zwei Zeugen dies bestätigt hatten, erklärte Messing dem Kassierer, was eben geschehen war und erstattete die 100 000 Rubel zurück, worauf der unglückliche Bankangestellte eine Herzattacke erlitt.

Bei einem anderen Test entkam Messing - wie schon zuvor der Gestapo - aus einem Raum, den drei verschiedene Gruppen des Staatssicherheitsdienstes bewachten. Völlig überzeugt wurde Stalin, als der Pole ungehindert in die schwer gesicherte Datscha des Sowjet-

herrschers eindrang, indem er den Wachen suggerierte, Lawrentij Beria, der Chef des Staatssicherheitsdienstes zu sein. Äußerliche Ähnlichkeiten zwischen Wolf und Beria existierten keine.
Nach diesen Demonstrationen durfte der polnische Hellseher seine „mentale Arbeit" auch in der Sowjetunion ausüben und war - geheimen Berichten zufolge - für Stalin als „Geheimwaffe" tätig. Nicht die einzige dieser Art, wohl aber die bekannteste.
Als Messing 1966 im Alter von 75 Jahren verstarb, wurden ihm zahlreiche Ehrungen zuteil.
Zum Nachfolger Messings, dessen paranormale Fähigkeiten Einstein und Gandhi beeindruckt haben, wurde Tofik Dadaschew. Besonders Dadaschews Fähigkeit, die Gedanken nicht russisch sprechender Personen zu lesen, irritierte die wissenschaftliche Gemeinde permanent. Ob er wie sein großer Vorgänger auch für diskrete Aufgaben dramatischer Natur eingesetzt wurde, ist unbekannt.
Nun ja, mag man jetzt denken, Telepathie und Suggestion - wenn auch in einer Stärke und Vollendung wie hier - sind doch nicht *so* phantastisch. Eigentlich hat man erwartet, von Talenten zu lesen, die wirklich und wahrhaftig unglaublich sind. *Wenn* es sie gibt. Es gibt sie.

Macht über die Naturgesetze?

Ein Mensch, der fliegen konnte, von Feuer unverletzt blieb, Gegenstände durch Gedankenkraft zu bewegen vermochte oder aus dem Nichts erscheinen ließ und Körperverlängerung vorführte, wäre in der Antike als Zauberer oder Gott verehrt worden.

Später hätte sich die Inquisition seiner angenommen und ihn - sollte er tatsächlich feuerfest sein - auf andere Weise ins Jenseits befördert.

Ab der Mitte des zwanzigsten Jahrhunderts wäre er überhaupt ein gefundenes Fressen gewesen. Das gesamte Arsenal einer Wissenschaft, die Atome sichtbar machen, den Nachhall des Big Bang aufzeichnen, in Schwarze Löcher hineinstarren und die menschlichen Gene aufrollen kann, hätte sich auf ihn gerichtet.

Leider gibt es einen solchen Menschen in unseren Tagen nicht. Aber es hat ihn gegeben. Im vorigen Jahrhundert.

Sein Name war Daniel Dunglass Home. Er lebte von 1833 bis 1886, und die wissenschaftliche Welt des viktorianischen Zeitalters unternahm alle nur denkbaren Versuche, Home eines Betrugs zu überführen. Es gelang in keinem einzigen Fall.

Damit soll nicht gesagt werden, daß Homes phantastische Demonstrationen auch in einem computerisierten, mit Meßgeräten gespickten Labor unserer Tage ihre Echtheit hätten beweisen können, aber ebensowenig darf man das Gegenteil behaupten.

Und was aus dem 19. Jahrhundert über Home an Berichten, Zeugenaussagen, Untersuchungsergebnissen vorhanden ist, verdient die Bezeichnung unglaublich. Oberflächlich betrachtet unterscheidet sich Homes Wirken nur durch die ungeheure Vielfalt der von ihm produzierten Phänomene von den etwa 15 000 anderen Medien, die auf dem Höhepunkt der okkult-spiritistischen Welle in den USA Mitte des neunzehnten Jahrhundert agierten.

Im Gegensatz zu seinen Kollegen und Kolleginnen produzierte sich Home vorzugsweise in hell erleuchteten Räumen und war mit wissenschaftlicher Kontrolle einverstanden, ja, bestand sogar darauf. Schwindel konnte ihm dabei, wie bereits erwähnt, nicht nachgewiesen werden.

Es ist müßig darüber zu spekulieren, ob Home nicht da und dort doch mitgeholfen und selbst anwesende Wissenschaftler getäuscht hat (wie

dies Varietezauberern oft gelingt). Viele der Prüfungen schlossen Betrug jedenfalls sicher aus (beispielsweise wurde Home während mancher Vorführung gefesselt oder an einen Stuhl angebunden).
Im Zuge seiner Karriere, die viele Jahre anhielt und ihn durch Amerika und Europa, bis an viele Königshöfe führte, demonstrierte er in ununterbrochener Folge, immer vor zahlreichen, oft skeptischen Zeugen und nicht selten unter strengster wissenschaftlicher Beobachtung, Unerklärliches in Hülle und Fülle. Und zwar: *Psychokinese.* Bei seinen Seancen bewegten sich Gegenstände aller Art, wurden Klopfgeräusche und anderer Lärm hörbar (nicht selten aus soliden Objekten heraus, wie z. B. einem Tisch, den der österreichische Fürst Metternich vergeblich auf eine Apparatur untersuchte). Home, der ein Musikfreund war und außerdem über einen für seine „Zunft" ungewöhnlichen Humor verfügte, liebte es, ein Akkordeon im Raum schweben zu lassen, das sich im Walzertakt bewegte und die Melodie „Home Sweet Home" spielte.
Das Phänomen Home beschäftigte den bedeutenden Physiker und Chemiker Sir William Crookes dermaßen, daß er eine Reihe von Versuchsanordnungen erdachte, denen sich Home willig unterwarf. Crookes, der 1861 für die Entdeckung des chemischen Elements Thallium berühmt wurde, kaufte ein Akkordeon und schloß es in einem Drahtkäfig ein. Trotzdem brachte Home es aus der Entfernung zum Schweben und Spielen.
Crookes stellte fest, daß Home das Gewicht von Gegenständen beeinflussen konnte. Auch diese Experimente fanden unter streng kontrollierten Bedingungen statt, und die Ergebnisse wurden von Meßgeräten aufzeichnet.
Aus Crookes Berichten geht hervor, daß Home Objekte zum Schweben bringen konnte, die teilweise zu schwer waren, um von einer Person allein überhaupt bewegt zu werden. Diese Demonstrationen fanden vor zahlreichen Zeugen statt; einmal waren mehr als 100 Personen zugegen. Der Physiker berichtet unter anderem, wie Homes Frau mit ihrem Sessel über dem Boden schwebte.
Schweben ist das Stichwort für eine andere Seite von D. D. Homes mysteriösen Fähigkeiten: *Levitation.*
Der Umstrittene konnte nicht nur Gegenstände und fremde Personen fliegen lassen, sondern auch sich selber. Bei solchen Vorführungen

hingen gelegentlich sogar Zuschauer an Homes Beinen. Am 13. Dezember 1868 schwebte Home vor drei Zeugen aus einem Fenster des dritten Stocks von Ashley House in Belgravia, London, und beim anderen wieder herein. Um nichts weniger rätselhaft war Homes *Feuerfestigkeit.*

Am 30. November 1868 demonstrierte Home diese auch für Medien seltene Fähigkeit am verblüffendsten. Ein Zeuge, Lord Adare, berichtet, wie Home mit bloßen Händen zuerst das Feuer im Kamin richtig anfachte und sein Gesicht dann auf die glühenden Kohlen legte. Nachdem er sich solchermaßen „erfrischt" hatte, hielt er seinen Finger einige Zeit in eine Kerzenflamme. Sodann ergriff er ein rotglühendes Kohlenstück, blies es in seiner Hand zur Weißglut an und bot es den Anwesenden an. Ein Mr. Jencken verbrannte sich den Finger daran und zwei weitere Zeugen konnten bereits aus einer Distanz von etwa 10 Zentimetern Hitze nicht mehr ertragen, die von der Kohle ausging, die ihnen Home entgegenhielt.

Lord Adare jedoch war in der Lage, das weißglühende Objekt fast eine halbe Minute zu halten, nachdem Home ihn da- zu aufgefordert hatte.

Homes Feuerfestigkeit stellte eine besondere Herausforderung an die damalige Wissenschaft dar. Speziell Sir William Crookes versuchte hinter das Geheimnis zu kommen, jedoch vergeblich. Homes Hände und sein Gesicht - auf welchem Home auch glühende Objekte hin- und herzurollen pflegte - waren nach solchen Gewaltakten vollkommen unversehrt. Ab und zu verwendete Home Taschentücher, die ihm jemand reichte, um glühende Kohlen zu halten. Die Taschentücher waren niemals auch nur angesengt und wiesen bei chemischer Analyse nichts Außergewöhnliches auf. Dies brachte die Theorie zu Fall, Home hätte spezielle chemische Mixturen verwendet, um sich feuerfest zu machen. Auch hätten solche „Schwindel-Hypothesen" nicht erklärt, wie Lord Adare ohne Verbrennungen davongekommen war. (Weiter Facetten des faszinierenden Phänomens der Feuerfestigkeit, einschließlich der so beliebten Feuerläufe, finden sich in meinem Buch „Jenseits des Vorstellbaren.")

Vor ähnlichen Problemen wie Homes „Entlarver" stehen in unseren Tagen Gegner von Uri Geller, die ihm die geheime Verwendung von Säuren vorwerfen, durch welche Gabeln, Schlüssel etc. zum Biegen

mürbe gemacht werden sollen. Selbst wenn dem geschäftstüchtigen Israeli solche Kniffe trotz ihn umlauernder Kameras und Fachleute gelängen, bliebe die peinliche Frage offen, wie Geller die Säure in Tausende Haushalte befördert, wo sich nach seinen Auftritten regelmäßig Objekte in großer Zahl gleichfalls zu krümmen beginnen. Leider waren wissenschaftliche Messungen im vorigen Jahrhundert nur bescheidenst und Videoaufzeichnungen überhaupt nicht möglich, so daß wir auch eine besonders bizarre Facette von Homes erstaunlichen Fähigkeiten nur indirekt miterleben können - seine Gabe der *Körperdehnung (Elongation).*
Er konnte seinen Körper um nicht weniger als 15 Zentimeter strecken. Dabei forderte er die Teilnehmer an solchen Demonstrationen immer wieder zur kritischen Beobachtung auf, was oft so weit ging, daß die Anwesenden Homes Arme, Füße, Beine, Rumpf festhielten. All das hinderte Home nicht am Dehnen. Ein Zeuge berichtete, wie Homes Rippen deutlich spürbar unter den Händen des Zeugen wegglitten. Damit wollen wir Daniel Dunglass Home in Frieden ruhen lassen. Eine genaue Beschreibung seiner zahllosen Auftritte würde den Rest dieses Buches füllen. Es ist bedauerlich, daß dieser ungewöhnliche Mann nicht in unseren Tagen lebt, in denen er nicht als das größte Medium, sondern als parapsychologisches Jahrtausend-Phänomen in die Geschichte eingegangen wäre. Auch wenn man seine Aktionen nicht spektroskopieren, in Diagramme umsetzen und auf alle erdenklichen Weisen aufzeichnen, seine Gehirnwellen, seinen elektrischen Hautoberflächenwiderstand oder was auch immer messen und Home selbst in Computermodellen simulieren kann, so lassen sich seine unglaublichen Kräfte auch rückwirkend nicht wegrationalisieren.
Ohne Bezahlung zu verlangen, produzierte er mit der Verläßlichkeit einer technischen Versuchsanordnung paranormale Phänomene in hellem Licht (Zitat Home: „Wo Dunkelheit ist, ist Betrug möglich“) und legte die größte Bandbreite mentaler Fähigkeiten an den Tag, die wir kennen.
An Berühmtheit kommt ihm vielleicht seine Zeitgenossin Eusapia Palladino nahe. Der britische Physiker Sir Oliver Lodge und der französische Physiologieprofessor Richet unterzogen Eusapia zahlreichen Tests. Dabei wurde ihre Fähigkeit, Klopfgeräusche zu produzieren, Tische in die Luft zu heben (wobei Eusapias Gewicht um das des Ti-

sches zunahm), Gegenstände tanzen zu lassen, Lichter, Hände und anderes zu materialisieren, eindeutig festgestellt.
Im Gegensatz zu Home konnte sie derartiges nicht immer. In solchen Fällen pflegte Eusapia - eine schlichte Seele aus Neapel - Tricks anzuwenden, um ihre Wohltäter nicht zu enttäuschen. Diese geradezu rührenden Betrugsmanöver tuen ihren echten Fähigkeiten jedoch keinen Abbruch. Natürlich kannte auch das zwanzigste Jahrhundert PSI-Begabungen. Die erstaunlichen Leistungen der Russin Nina Kulagina sind durch den Eisernen Vorhang gedrungen, bis in die westlichen Medien.
Es gibt Filmberichte, wie sie Kugeln, Zigaretten und zahlreiche andere Gegenstände bewegt ohne sie zu berühren, wie sie Kompaßnadeln kreisen läßt, Eiweiß vom Eigelb aus der Entfernung trennt, Waagebalken telekinetisch niederdrückt und ähnliches mehr. Während dieser Demonstration wurde sie gemessen, gewogen und zahlreichen Tests unterworfen.
Dabei stellte der sowjetische Wissenschaftler Dr. G. Sergeyev fest, daß Kulaginas elektromagnetisches Feld in Ruhe zehnmal so stark war als normal. Wenn sie ihre Fähigkeiten aktivierte, stieg es noch weiter an. Das elektrische Potential am hinteren Teil der visuellen Ära von Kulaginas Gehirn war fünfzigmal größer als im vorderen Bereich. Bei „Normalmenschen" beträgt die Differenz nur das drei- oder vierfache. Während ihrer Psychokinese-Sitzungen stieg ihr Herzschlag auf 240 Schläge in der Minute (üblich ist ein Viertel) und ihr Körpermagnetfeld dehnte sich in Richtung der bewegten Objekte aus (ein völlig exotischer Vorgang).
Es ist bezeichnend, wie die PSI-Fähigkeiten der Moskauer Hausfrau entdeckt wurden, die sie selbst schon jahrelang praktisch anwandte, ohne sich etwas dabei zu denken. Nach einem Nervenzusammenbruch im Jahr 1964 befand sich Kulagina einige Tage im Krankenhaus. Während ihrer Wiederherstellung nähte sie viel. Dabei bemerkten die Ärzte, daß ihre Patientin mit untrüglicher Sicherheit und abgewandtem Blick immer genau das Nähgarn in der jeweils benötigten Farbe aus ihrem großen Arbeitskorb herausholte. Bald stellte sich heraus, daß die einfache Frau immer schon Gegenstände hatte „sehen" können, die sich in fremden Taschen befanden oder weggeschlossen wa-

ren. Auch Krankheiten erkannte sie auf Anhieb. Es genügte, wenn sie dem Betreffenden gegenüberstand.
Ein weiteres gutes Beispiel für übermenschliche Talente, die ihrem Besitzer gar nicht bewußt sind, war übrigens auch der 1963 entdeckte sogenannte „Knabe mit dem Röntgenblick". Der damals zwölfjährige Südafrikaner Pieter von Jaarsveld hatte vorher immer geglaubt, daß andere Menschen ebenfalls konnten, wozu er in der Lage war: unterirdische Wasseradern, Grundwasser, Wasserreservoirs, etc. so deutlich zu sehen, als wäre die umgebende Materie durchsichtig. Was sie für Pieter anscheinend tatsächlich auch war. Zurück zu Nina.
Als die Wissenschaft sich ihrer annahm, zeigten sich noch weitere Phänomene: Nina Kalugina erkannte Farben durch Berührung mit ihren Fingerspitzen und war in der Lage, mit ihren Händen zu heilen (Wunden schlossen sich schneller, wenn sie sie berührte oder nur darüber strich, und ein junger Mann mit teilweise gelähmten Beinen konnte nach einigen Behandlungen durch Kulagina wieder gehen.) Auch verfügte sie über gewisse telepathische Gaben.
Darüber hinaus vermochte sie wie der Amerikaner Ted Serios unbelichtete Filme mental so zu beeinflussen, daß nach dem Entwickeln darauf zu erkennen war, woran sie gedacht hatte. Abschirmungen aus Blei, Hartgummi und anderem Material stellten dabei kein Hindernis dar.
Ihre besondere Spezialität jedoch blieb Telekinese (oder Psychokinese). Wie kaum eine andere in dieser Richtung begabte Person vermochte Nina Kulagina ein ganzes Spektrum an telekinetischen Phänomenen zu produzieren. Es gelang ihr unter anderem, ein Froschherz, das in einer physiologischen Lösung schwamm und an Elektroden angeschlossen war, aus der Ferne zum Stillstand zu bringen, obgleich das Froschherz unter diesen Bedingungen noch etwa eine Stunde hätte schlagen müssen. Es konnte auch durch Elektrostimulation nicht wieder aktiviert werden, was normalerweise möglich ist. Genaue Untersuchungen zeigten, daß das Froschherz wie von mikroskopischen, aber energiereichen Lichtstrahlen regelrecht zerfetzt war.
Dr. Sergeyev, Kulaginas „Leibwissenschaftler", berichtet, daß die Russin kleine Brandwunden auf der Haut von anderen Menschen hervorrufen konnte. Er selbst unterzog sich auch dieser etwas schmerzhaften Prozedur. Ebenso mysteriös war Kulaginas Fähigkeit, weiße

Mäuse in eine Art von Scheintod zu versetzen, indem sie mit der Hand über die kleinen Nager strich.

Prägnanter als an anderen Fällen zeigt sich bei Nina Kulagina, daß die „Macht des Geistes“ so komplex ist wie die Phänomene selbst. Mentale Einwirkung auf Materie erschöpft sich offensichtlich nicht in Gabel- oder Schlüsselbiegen, Tischchenrücken und ähnlichem.

Niemand vermag die Grenzen anzugeben oder zu ziehen. Lediglich die Okkultisten haben ein „Weltbild“, in dem solche Erscheinungen ihren Platz finden. Damit wollen wir uns aber hier nicht auseinandersetzen.

Fähigkeiten überlappen einander, Phänomene scheinen in eine Kategorie zu gehören, dann wieder in eine andere. Manchmal könnte Hellsehen auch Telepathie sein oder Psychokinese in Wirklichkeit Hypnose bzw. vice versa. Hier scheint - wie in der Mikrowelt - eine Art „Unschärfeprinzip“ das Sagen zu haben.

Wenn jemand wie Nina Kulagina einer anderen Person Brandwunden beibringt, was tut sie dann eigentlich? Übt sie eine Suggestivwirkung aus, welche die Zielpersonen dazu zwingt, sich selber psychosomatisch zu verletzen (man denke nur an Fälle wie jenen des Mannes, der in einem nicht eingeschalteten Kühlwaggon erfror, weil er offenbar überzeugt war, erfrieren zu *müssen)?* Oder sind es einfach ihre telekinetischen Fähigkeiten, die die Molekularbewegung beschleunigen und am Zielpunkt Hitze entstehen lassen? Man weiß es nicht.

Ein gutes Beispiel für die Verschwommenheit des gesamten Phänomen-Kataloges ist der legendäre Edgar Cayce, dem wir nun nicht länger seinen Platz in der Reihe der erstaunlichsten Psi-Begabungen verwehren wollen.

Cayce, der 1877 auf seiner Farm in Kentucky, USA, das Licht der Welt erblickte, ist eine Kategorie für sich. In tiefer Trance machte er eine Reihe erstaunlicher Prophezeiungen, darunter die Entdeckung der Schriftenrollen von Qumran am Toten Meer, den Schwarzen Freitag von 1929, die Hurricans, Erdbeben und Sturmfluten, die Japan, Kalifornien und die Philippinen 1926 tatsächlich verwüsten sollten und anderes mehr. Gleichzeitig aber war er in Trance auch zu medizinischen Beratungen in der Lage, die seinem eigenen - nicht vorhandenen - medizinischen Wissen ebenso Hohn sprachen, wie dem der Ärzte.

Obgleich der Farmerjunge Cayce nur bis zu seinem sechzehnten Lebensjahr die Schule besucht hatte, war der „schlafende Prophet“ Cayce in der Lage, in Trance Gebrechen und Krankheiten mit einer Genauigkeit zu diagnostizieren, von der Mediziner auch heute nur träumen können.

Dessen nicht genug, empfahl er Rezepte, Behandlungsmethoden und Arzneien, die der medizinischen Welt seiner Zeit oft eigentümlich vorkamen oder überhaupt unbekannt waren, aber - im Gegensatz zur „normalen“ Medizin - unfehlbar wirkten, wenn man nach Cayces Anweisungen vorging. Tausende Patienten konnten nur schriftlich um Hilfe bitten, was dem Heilerfolg aber keinen Abbruch tat.

Bis zu seinem Tod im Jahr 1945 behandelte Cayce mehr als 30 000 Patienten, oft über Hunderte von Meilen Entfernung. Seine Existenz stellte für die Wissenschaft, speziell die medizinische Fakultät, ein derartiges Ärgernis und eine solche Herausforderung dar, daß viele Kommissionen ihn gnadenlos unter die Lupe nahmen. In keinem Fall konnte ihm jedoch ein Fehler nachgewiesen werden.

Edgar Cayce war ein Rätsel und ist es immer noch. Fast scheint es, als hätte dieser bescheidene, kaum gebildete Mann im Schlaf auf unbegreifliche Weise Zugang zu einer Art von „universellem Wissen“ gehabt.

Daß die Vorstellung eines kosmischen Wissens oder wie immer man es bezeichnen will, nicht ausschließlich religiös- philosophischer Natur sein muß, werden wir an anderer Stelle dieses Buches noch zur Kenntnis nehmen müssen.

Betrachtet man Multi-Talente wie Nina Kulagina, D. D. Home oder Edgar Cayce, so scheint es denkbar, daß uns Menschen ein ganzes Sortiment von PSI-Fähigkeiten zu Gebote steht. Manche greifen einfach mehr zu als andere, doch niemals wählen zwei PSI-Begabte den gleichen Talent-Mix.

In der Chemie kennt man den Begriff der Synergie. Er beschreibt das Zusammenwirken verschiedener Substanzen und die unterschiedlichen Ergebnisse, die von unterschiedlichen Zusammensetzungen hervorgerufen werden. Wahrscheinlich verhält es sich beim gemeinsamen Auftreten paranormaler Komponenten ähnlich.

Dadurch werden Begabte, die „nur“ eine einzige Parafähigkeit ausgeprägt zeigen, beileibe nicht zu „PSI-Krüppeln“. Zweifellos wären auch von diesen zahlreiche in vergangenen Tagen als Zauberer und Magier verehrt worden (wahrscheinlich geschah dies ohnehin öfter, als es die Geschichtsschreibung wahrhaben will).

Heute sind sie zum Teil - mit ihren Fähigkeiten! - in die moderne Gesellschaft integriert. Ein gutes Beispiel dafür sind die beiden Holländer Piet van der Hurk, der sich Peter Hurkos nennt, und Gerard Croiset, von dem wir schon gehört haben, daß er die „Erinnerungen" eines urzeitlichen Knochensplitters wiedergeben konnte.

Beide haben ihre Talente in den Dienst der Öffentlichkeit gestellt und diese - speziell die Polizei - machte gerne davon Gebrauch.

1958 wurde Peter Hurkos von den Behörden in Miami, Florida, um Hilfe bei der Aufklärung eines Taximordes gebeten. Der Sensitive setzte sich in den Wagen des Mordopfers und beschrieb sodann den Täter in allen Einzelheiten, einschließlich seines Namens, den Hurkos mit Smitty angab. Dazu erklärte er noch, daß der Mörder einen zweiten Mann in Miami umgebracht hatte, und beschrieb die näheren Tatumstände. Die Polizei war verblüfft. Tatsächlich hatte es vor kurzem ein solches Verbrechen gegeben, das jedoch nicht mit dem Taximord in Verbindung gebracht worden war.

Etwas später wurde ein Seemann namens Charles Smith verhaftet. Er gestand den Mord an dem Taxifahrer und noch einen weiteren unter genau den Umständen, die Peter Hurkos beschrieben hatte. Das ist nur *ein* Fall aus der erstaunlichen Karriere des Holländers. Seine hilfreichen Aktivitäten beschränkten sich nicht auf Bluttaten, sondern umfassen unter anderem auch das Aufspüren vermißter Personen. Auch wenn sich Hurkos Fähigkeiten nicht sachlich definieren lassen, so käme trotzdem niemand auf die Idee, ihn als Scharlatan zu bezeichnen. Besonders interessant ist die Tatsache, daß Hurkos' Talente anscheinend erst durch äußere Einwirkungen zum Ausbruch kamen. Damit unterscheidet er sich von all jenen, die bereits seit ihrer Geburt als seltsam oder unheimlich galten oder - wie die russische Hausfrau Kulagina - PSI-Fähigkeiten im Alltag unbekümmert und unwissentlich einsetzten. Als Peter Hurkos nach einem Sturz von der Leiter im Krankenhaus erwachte, entdeckte er bald zu seinem größten Erstaunen, daß er die Gedanken anderer Menschen lesen konnte. Wenig später wurde ihm auch die gleichfalls erwachte Fähigkeit der Präkognition bewußt.

Nicht weniger interessant mag der Umstand sein, daß Hurkos seither zu jeder normalen Arbeit unfähig war. Er konnte sich nicht konzentrieren, seine PSI-Eingebungen waren zu beherrschend.
Natürlich hat ein Schädelbruch, wie ihn Hurkos damals erlitt, schon viele Menschen arbeitsunfähig gemacht, doch ist die Überlegung legitim, daß wir alle vielleicht Para-Fähigkeiten permanent unterdrücken. Bei Hurkos wurden sie dann so stark, daß dieser mögliche Alltagsmechanismus versagte.
Dieser Konflikt dürfte Hurkos Landsmann, Gerard Croiset jr., aus Utrecht erspart geblieben sein. 1909 geboren, hatte Croiset seit seiner frühesten Kindheit Kenntnis von Dingen, die sich in weiter Ferne ereigneten. Die Berichte darüber sind Legion und abgesichert.
Wie Hurkos erwarb Croiset weltweite Reputation durch seine paranormale Aufklärungsarbeit bei Verbrechen aller Art. Oftmals konnte er Einzelheiten genauer beschreiben als der Täter beim späteren Verhör. Von allen ähnlich Begabten scheint Gerard Croiset die feinsten Antennen für die Spur zu besitzen, die Menschen, Dinge und Ereignisse offenbar in Raum und Zeit hinterlassen.
Mit dieser für die gesamte Problemstellung bezeichnenden Aussage wollen wir es bewenden lassen. Es geht uns ja auch weder um eine wissenschaftliche Analyse von PSI - daran haben sich schon ganz andere die Zähne ausgebissen - noch um eine komplette Dokumentation. Was wir wissen wollen ist: *Gibt* es die „Macht des Geistes". Die Antwort darf nun mit Fug und Recht „ja" lauten.
Damit brauchen wir uns nicht mit der Frage aufzuhalten, ob sich der Brite Colin Evans 1938 im Londoner Rochester Square Garden tatsächlich vor 300 Zuschauern in die Luft erhoben hat, ob das seit einiger Zeit so beliebte Feuerlaufen zur Gänze Show ist, ob Uri Geller nun biegt oder nicht, ob es von kühnem kaufmännischen Geist oder von Aberglauben zeugt, wenn Industrieunternehmen die Dienste von Wünschelrutengängern und Pendlern in Anspruch nehmen etc. etc. Unser Plädoyer für eine phantastische Wirklichkeit ist - zumindest, was diesen Bereich betrifft - abgeschlossen. Natürlich muß vieles offenbleiben.
So etwa die seltsame Erscheinung, daß manche PSI-Forscher, darunter an herausragender Stelle Charles Honorton und William Braud, unter klar umrissenen Versuchsbedingungen ununterbrochen Paraphänome-

ne verzeichnen können, während die Erfolgsquote bei anderen Wissenschaftlern fast Null beträgt.
Wahrscheinlich besteht PSI auf einer gewissen Ebene aus einer Wechselwirkung zwischen Experimentator und Versuchsperson, und manche „können eben besser miteinander". Vielleicht sind einige PSI-Forscher selbst paranormal begabt und wirken auf ihre Kandidaten „anregend". Vielleicht liegen die Dinge aber auch gänzlich anders. Was soll's.
Das Universum ist ein seltsamer Ort und wird immer seltsamer, je mehr man sich damit befaßt. Der Mensch als Endprodukt einer irgendwie doch zielgerichteten Entwicklung, die - wenn man es konsequent durchdenkt - bereits im Moment Null des Urknalls ihren Anfang genommen hat, ist in gewisser Weise ein mikroskopisches Spiegelbild des Kosmos - und vieler seiner Wunder.
Wir mögen von Streß geplagt unserem täglichen Brot nachjagen, hinter dem Lenkrad unseres noch nicht abgezahlten Straßenkreuzers in Raserei geraten, dumpf vor dem Fernseher dämmern oder in Momenten der Leidenschaft den Verstand verlieren, und auf viele andere Arten von der Einsicht abgelenkt werden, daß wir zwar nicht die Krone, aber sehr wohl das Endprodukt der Schöpfung sind (was immer man sich unter Schöpfung auch vorstellt). Das Faktum, daß wir es sind, bleibt unerschütterlich. In unseren Gehirnen gehen mysteriöse Dinge vor sich. Nicht nur Philosophen streiten darüber, ob der Körper den Geist hervorgebracht hat oder umgekehrt. Auf jeden Fall beeinflußt der eine den anderen, und niemand kann die einfachsten psychischen, somatischen oder gar psychosomatischen Vorgänge *wirklich* erklären. Es ist mehr als legitim, das Vorhandensein unerforschter Kräfte in uns und um uns als gegeben anzunehmen. Unser oberflächlicher Streifzug hat erst einmal die „Macht des Geistes" aus dem Dunstkreis von Geisterbeschwörungen und Jahrmarktsattraktionen herausgelöst. Es gibt sie. Die Wissenschaft untersucht sie. Niemand begreift sie (aber das ist auch bei der Quantenphysik der Fall). Diese diagonale Bestandsaufnahme ohne Vollständigkeitsanspruch erlaubt uns eine vage Vorstellung von dem, was tatsächlich möglich *ist* - und vielleicht noch möglich sein *könnte...* Damit sind wir gerüstet für den Schritt in jene Regionen, wo noch exotischere Kräfte am Werk sind. Kräfte, die mit uns Menschen - trotz aller Macht des Geistes - seltsame Spiele treiben.

Teil II

DIE WEISSEN FLECKEN AUF DER LANDKARTE DER WISSENSCHAFT

Es gibt mehr Dinge zwischen Himmel und Erde ...

Irgend etwas Unbekanntes ist „da draußen“ - dieser Satz hat einen gewissen Universalcharakter. In Horrorfilmen pflegt er von Darstellern mit schreckgeweiteten Augen ausgesprochen zu werden, kurz bevor entsprechend Grauenvolles über die Betreffenden herfällt. Astrophysiker - und Science-fiction-Autoren - meinen damit, daß die Weiten des Weltalls noch so manche Überraschung für uns parat halten, während Esoteriker dabei mehr an die Mächte des Jenseits denken.

Es gibt auch noch andere Interpretationen. Die Grundaussage aber hat elementaren, geradezu archaischen Charakter. Wie eine Botschaft aus der Frühzeit des Menschen ist in uns die Vorstellung verankert, daß „da draußen“ irgend etwas ist. Früher war es uns näher, lauerte bereits jenseits des bescheidenen Helligkeitskreises, mit dem flackernde Lagerfeuer die bedrohliche Dunkelheit ein kleines Stück zurückdrängten. Wissenschaft und elektrisches Licht haben unseren Sicherheitsraum vergrößert, nicht aber unsere innere Einstellung gewandelt.

Das Unbekannte blickt uns nach wie vor über die Schulter. Es streicht mit einem eisigen Finger über das Rückgrat, wenn wir in einem dunklen Raum eingeschlossen sind und (sonst vielleicht ganz normale) Geräusche hören. Es klopft in Sturmnächten an unsere Fenster, wird uns erschreckend bewußt, wenn ein Hund mit gesträubtem Fell knurrend in eine leere Ecke starrt, und veranlaßt uns zum Besuch von Horrorfilmen, wo wir uns in sicherer Gesellschaft in Urängsten wälzen können.

Wären diese Prägungen ein rein stammesgeschichtliches Erbe, könnten wir uns damit arrangieren. Leider ist dies nicht möglich. Das Unbekannte begegnet uns immer noch auf Schritt und Tritt. Wissenschaftliche Erklärungen, besser gesagt Erklärungsversuche, machen es nicht anheimelnder. Im Gegenteil!

Rätselhaftes kann jeden von uns aus heiterem Himmel überfallen - und tut es auch.

„Schnell tritt der Tod den Menschen an“, sagt ein nur allzu wahres Sprichwort. Manchmal aber wählt der Tod auch noch eine unerklärliche Gestalt, wenn er an sein Opfer herantritt.

Das Feuer der Hölle

Der Gedanke, durch einen irrtümlichen oder vom Zaun gebrochenen Atomkrieg von einem Moment zum anderen aus- gelöscht zu werden - vielleicht während wir eben den Löffel zum Munde führen - hat wenig Erfreuliches an sich, aber irgendwie haben wir mehr als vier Jahrzehnte damit gelebt. Obwohl der Kalte Krieg zwar nun offiziell vorbei ist, hat diese Bedrohung in Wirklichkeit nicht nur nicht abgenommen, sondern ist noch gestiegen, aber das steht auf einem anderen Blatt (wer sich darüber eingehend informieren will, dem empfehle ich mein aktuelles Buch zur Lage der Menschheit „ZUKUNFTSFALLE - ZUKUNFTSCHANCE“, erschienen im Umschau-Verlag).

Weniger vertraut ist uns die Vorstellung, ohne Vorwarnung und als Einzelperson in einem Strahlungsblitz ein jähes Ende zu finden. Genau das geschieht aber immer wieder. Man nennt diesen beklemmenden Vorgang „Spontane Selbstverbrennung“ (Spontaneous Human Combustion SHC). Er ist seit Jahrhunderten bekannt und spottet jeder Theorie.

Allein die Idee, daß lebende Wesen aus eigener Kraft in Flammen aufgehen, ist bizarr, die Begleitumstände sind es in noch höherem Maße.

Bereits im Jahre 1789 berichtet der italienische Chirurg Battaglio vom unheimlichen Flammentod des Priesters Bertholi in dem Dorf Filetto. Ein furchtbarer Schrei aus dem Zimmer, in dem Pater Bertholi sich aufhielt und die Bibel las, ließ die Hausbewohner in den Raum stürmen. Dort bot sich ihnen ein infernalischer Anblick. Der Priester lag, von einer weißlichen Flamme umgeben, auf dem Boden. Das fremdartige Feuer wich beim Herantreten der Hausbewohner zurück. Im Körper des Priesters war kein Leben mehr. Die Art seines Todes wäre auch in unseren Tagen als mysteriös eingestuft worden. Sie ist bezeichnend für das Phänomen, mit dem wir es zu tun haben.

Bertholi ging, wie man so sagt, in Sack und Leinen. Unerklärlicherweise hatte das eigentümliche Feuer die Oberbekleidung des Geistlichen verbrannt, was er darunter trug aber völlig unbeschädigt gelassen und seine Haut nicht angesengt, dafür aber vom Fleisch losgelöst. Sie hing buchstäblich in Fetzen herunter. Ähnlich selektiv zeigten sich die unirdischen Flammen bei einer Zeitgenossin Bertholis.

Am Morgen des 10. April 1744 wurde die Fischverkäuferin Grace Pett aus Ipswich am Boden ihres Hauses brennend aufgefunden. Zeugen sagten aus, sie hätte gebrannt „... wie ein Holzscheit..." Nachdem das Feuer gelöscht war, ähnelte sie nach weiteren Aussagen „... einem Haufen Braunkohle, der mit Asche bedeckt war..." Da Grace Pett eine starke Raucherin und auch dem Alkohol nicht abhold war, sowie am Vorabend bei der Feier anläßlich der Rückkehr ihrer Tochter aus Gibraltar besonders tief ins Glas geschaut hatte, genügte das den Behörden als Erklärung für das Vorgefallene.

Fast hundert Jahre später nahm sich der Engländer Sir David Brewster nochmals des Falles an und publizierte aktenkundige Details, die man damals unter den Teppich gekehrt hatte.

In dem Feuerrost, neben dem Grace lodernd aufgefunden wurde, brannte kein Feuer. Auch sonst war das Haus unbeschädigt. Sogar eine Kerze brannte in dieser Nacht im selben Raum ruhig herunter. Die Kleider eines Kindes, das sich unmittelbar neben Grace befunden hatte, wiesen keine Brandspuren auf. Desgleichen hatte ein ebenfalls ganz nahe befindlicher Papierschirm nicht Feuer gefangen. Auch der Boden unter dem Opfer war unberührt, weder angesengt noch verfärbt.

Das Phänomen der menschlichen Selbstverbrennung gehört zu den unerklärlichsten und bedrohlichsten Erscheinungen überhaupt. Die dabei festgestellten Effekte stehen im krassen Widerspruch zu allen bekannten Vorgängen.

Dr. Wilton M. Krogman, ein Gerichtsanthropologe, der zahlreiche Fälle von Selbstverbrennung auf einen möglichen kriminellen Hintergrund untersucht hat, ist zu einem Fachmann für SHC geworden. Er gibt die Ratlosigkeit der modernen Wissenschaft unumwunden zu. Betrachtet man die von ihm untersuchten Fälle und noch andere, kann man ihm nur zustimmen.

Aus der Vergangenheit bis in unsere Tage reicht eine ununterbrochene Kette solcher beklemmender Todesfälle. Pater Bertholi und Grace Pett waren nicht die ersten Opfer. Wahrscheinlich war ein berühmter Mordfall im Frankreich des 18. Jahrhunderts der Auslöser für eine ernsthafte, wissenschaftliche Untersuchung derartiger Geschehnisse. 1725 wurde der Gastwirt Jean Millet aus Reims angeklagt, seine Frau ermordet zu haben, um seiner Liebschaft mit einem jungen Schank-

mädchen ungehindert nachgehen zu können. Die Umstände des Todes der Wirtsfrau waren dergestalt, wie wir ihnen noch öfter begegnen werden: Völlige Verbrennung bis auf kleine Teile des Körpers, keine Beschädigung von Gegenständen in unmittelbarer Nähe, jedoch Einäscherung des Fußbodens direkt unter dem Opfer etc. etc.
Zum Glück für den sicher zu Unrecht Verdächtigten gelang es dem jungen Assistenzarzt und späteren Mitglied der Akademie Dijon C.N Le Cat, das Gericht davon zu überzeugen, daß hier zwar ein absonderlicher Feuertod vorlag, aber kein Mord. Er verwies auf die ortsbekannte Trunksucht der Verstorbenen und führte aus, daß Selbstverbrennung möglich sei, wenn das Innere eines Menschen mit Alkohol sozusagen getränkt sei. Millet wurde freigesprochen und Le Cat erwarb eine Reputation als Experte für spontane Selbstentzündung.
So kam es schon damals zu einer Verknüpfung zwischen Alkohol und Selbstentzündung, auch wenn diese These vom ersten Moment an einer näheren Überprüfung nicht standhalten konnte.
Bereits 1763 erschien in Frankreich ein Buch über die Selbstentzündungen des menschlichen Körpers. Zu berichten gab es in der Tat genug.
Etwa den Fall der 62jährigen Gräfin Cornelia Bandi, die am 4. April 1731 in Cesena nahe Verona neben ihrem Bett buchstäblich zu Asche zerfallen war. Man fand von ihr nur noch die Beine, den halb verbrannten Kopf und ein Häufchen Asche, die eine ungewöhnliche Schmierigkeit aufwies. Sonstige Zerstörungen durch Feuer gab es nicht, auch wenn der Raum mit abstoßenden Substanzen bedeckt war. Die Behörden machten sich die Sache leicht und gaben als offizielle Todesursache „inwendige Verbrennungen“ an. Dabei kam ihnen die Tatsache sehr gelegen, daß die Gräfin sich, wenn sie sich nicht wohl fühlte, häufig mit Kampferspiritus eingerieben hatte. Da damals ein Bericht über eine betrunkene Gräfin ein Ding der Unmöglichkeit war, dürfte diese ohnedies hinkende Erklärung auch in offiziellen Kreisen als dezente Umschreibung für ein gelegentliches Gläschen angesehen worden sein. Ärzte begannen ihre trinkenden Patienten vor offenem Feuer zu warnen, und Todesfälle wie dieser gaben der damals wachsenden Temperenzler-Bewegung starken Auftrieb.
Selbstentzündung hatte bereits in der Literatur des neunzehnten Jahrhunderts einen festen Platz als Strafe für übermäßiges Trinken. Die

mysteriösen Begleitumstände waren hierbei nicht hinderlich, im Gegenteil, man sah es als Bestätigung an, daß die von Innen kommenden Flammen nur den jeweiligen Trunkenbold zerstörten und sonst kaum Schaden anrichteten. In Charles Dickens „Bleak House“ finden wir die romanhafte Darstellung eines solchen grausamen, aber selbstverschuldeten Endes. Sehr dramatisch beschreibt der berühmte Literat das Auffinden der sterblichen Überreste des verhaßten Geizhalses Crook, einem Mann, der „fast nur aus Alkohol bestand“, und nun zu Schlacke geworden war.

Charles Dickens erhielt viele Schreiben, in denen ihm Leser Unglaubwürdikeit vorwarfen oder ihn beschuldigten, einem Aberglauben Vorschub zu leisten. Damit taten sie ihm Unrecht. Er hatte zwei Jahrzehnte zuvor als junger Reporter einen solchen Fall recherchiert und sich auch weiterhin für dieses Thema interessiert. Vergleicht man die Beschreibung der Umstände von Crooks Feuertod mit jenen der Gräfin Bandi, so ist es sehr wahrscheinlich, daß Dickens diese als Vorbild seiner literarischen Umsetzung genommen hat.

Das *Gentlemen's Magazine* berichtete damals, daß der Boden des gräflichen Schlafzimmers mit einer ekelerregenden Schmiere bedeckt war, die sich kaum entfernen ließ. Eine Art Ruß, so schmierig wie schwarzes Fett. Von einem Fensterbrett tropfte eine dicke gelbliche und stinkende Flüssigkeit auf den Boden. Ein dunkler, fettiger Belag klebte an den Wänden und der Decke. Der Aschehaufen, in den sich der Großteil des Körpers der Gräfin Bandi verwandelt hatte, wies eine atypische breiartige Konsistenz auf und verbreitete ekelerregenden Gestank. Fast genauso liest sich die Schilderung vom Sterben des verhaßten alten Geizhalses Crook im 32. Kapitel von Dickens „Bleak House“.

Auf jeden Fall trug dieser Roman, in dem der beliebte Dichter spontane Selbstverbrennung als Todesart bezeichnet, die durch hemmungslose, niederträchtige Lebensführung - wie sie den elenden Crook charakterisierte - hervorgerufen wird, einiges zum Volks(aber)glauben bei, daß Alkoholiker von jähem Flammentod bedroht wären. Eine Vorstellung, die den Behörden durchaus entgegenkam, da der Verbrauch an starken alkoholischen Getränken im Großbritannien des neunzehnten Jahrhunderts speziell unter der ärmeren Bevölkerung enorm war.

Man kann davon ausgehen, daß das Phänomen der spontanen Selbstverbrennung so alt ist wie die Menschheit. Eingang in das öffentliche Interesse und die Wissenschaft hat es im achtzehnten Jahrhundert gefunden. Im neunzehnten Jahrhundert begann man sich damit eingehend zu befassen und es zu dokumentieren. Was die Wissenschaft des zwanzigsten und einundzwanzigsten Jahrhunderts davon hält, werden wir etwas später erfahren.
Vorerst wollen wir in die Berichte, Untersuchungen und Forschungen des neunzehnten Jahrhunderts einsteigen.
Am 19. Februar 1888 wurde Dr. J. Mackenzie Booth, Dozent an der Universität von Aberdeen, zu einem Toten in einem Stall in der Constitution Street gerufen. Es handelte sich um einen 65jährigen pensionierten Soldaten. Er war verbrannt. Da der Mann gesehen wurde, wie er mit einer Lampe und einer Schnapsflasche in die Dachkammer des Stalles ging, dachte man zuerst an einen normalen Unfalltod. Betrunkener stößt Lampe um und wird Opfer der Flammen. Wie gehabt. Die näheren Umstände erwiesen sich aber nicht als ganz so normal.

Der Großteil des Fleisches war geradezu weggeschmolzen und gab die Knochen frei. Der Boden unmittelbar neben dem Opfer war so verbrannt, daß der alte Soldat auf einem angekohlten Stützbalken des Stalles lag. Die Hitze mußte so extrem gewesen sein, daß Teile des schiefergedeckten Daches zersprungen und auf den Leichnam herabgefallen waren. So heiß das Feuer auch gewesen sein mochte, so kurz dauerte es auch, denn die Heuballen in nächster Nähe hatten sich nicht entzündet.
Das erhalten gebliebene, völlig verkohlte Gesicht des Toten zeigte erkennbare Züge. Aus diesen, wie aus der "gemütlichen Ruhelage" der Überreste, ließ sich auf das Nicht-stattfinden eines Todeskampfes schließen. Was immer dem alten Soldaten widerfahren war, es hatte ihn buchstäblich getroffen wie der sprichwörtliche Blitz aus heiterem Himmel. Dieser Fall ist im *British Medical Journal* vom 21. April 1888 ausführlich dokumentiert und mit einem Foto illustriert, das man nur als makaber bezeichnen kann. Eine befriedigende wissenschaftliche Erklärung des Vorfalls sucht man in dem Artikel allerdings vergeblich.
Bemerkenswert ist auch die Story des wahrscheinlich einzigen Menschen, der einen möglichen „Anfall" von spontaner Selbstverbrennung

überlebte, bzw. im wahrsten Sinne des Wortes im Keim erstickte. Am 5. Juli 1835 stand der Mathematikprofessor der Universität von Nashville in Tennessee, James Hamilton, vor seinem Haus, als er plötzlich an seinem linken Bein einen brennenden Schmerz verspürte. „Wie bei einem Hornissenstich, verbunden mit einem Gefühl der Hitze“, so seine eigenen Worte. Er blickte auf sein Bein und sah eine mehrere Zentimeter lange Flamme mit dem Durchmesser etwa eines Zehncentstückes, die offensichtlich aus seinem Körper kam. Sofort versuchte er dieses seltsame Feuer mit den Händen auszuschlagen, doch es brannte unvermindert weiter.

Hamiltons Glück war wohl, daß er einerseits nicht in Panik geriet und andererseits über einen wissenschaftlich geschulten Verstand verfügte. Dieser sagte ihm, daß ohne Sauerstoff nichts brennen kann, und er bedeckte die Flamme an seinem linken Bein mit den Händen. Darauf erlosch sie aus Sauerstoffmangel. Damit ersparte er sich ein Schicksal, wie es zahlreiche vor und nach ihm *er*leben, aber nicht *über*leben sollten.

So berichtete der Arzt B. H. Hartwell der Massachusetts Medico-Legal Society von einem Fall von Selbstverbrennung, bei dem er Hilfe leisten wollte, aber nicht konnte. Der Mediziner war bei einer Fahrt durch Ayer am 12. Mai 1890 aufgehalten und in den nahegelegenen Wald geholt worden. Dort bot sich ihm ein grauenvoller Anblick. Auf einer Lichtung krümmte sich eine Frau, die buchstäblich in Flammen stand. Diese kamen aus ihren Schultern, aus ihrem Magen und den Beinen. Weder Dr. Hartwell noch andere Zeugen konnten irgendeine Ursache für das Feuer entdecken.

Das zwanzigste Jahrhundert kann sich rühmen, ein neues Bild des Universums entworfen, fundamentale neue Naturprinzipien entdeckt und nie zuvor erahnte Einsichten erlangt zu haben. Mit der Erklärung manch neu entdeckten Phänomens hapert es allerdings ebenso wie mit einer solchen für Altbekanntes, besser gesagt Unbekanntes. Wie zum Beispiel spontane Selbstverbrennung.

Die Fälle scheinen sich seit der Wende vom neunzehnten zum zwanzigsten Jahrhunert zu häufen, doch ist wahrscheinlicher, daß sie lediglich besser dokumentiert und erforscht wurden als in früheren Tagen. So ist es kein Geheimnis, daß die Beamten noch im neunzehnten Jahrhundert tunlichst nichts in einem Bericht erwähnten, was den Lehrsätzen der Universitäten widersprach. Man kann zwar nicht sagen, daß diese Einstellung seither völlig über Bord gegangen wäre, aber sie hatte sich zwischenzeitlich erheblich gebessert. In letzter Zeit macht sich allerdings eine neue Art von Wissenschaftsinquisition breit, von der noch zu sprechen sein wird.

Bereits 1904 ist der Fall der Mrs. Thomas Cochrane aus dem schottischen Falkirk aktenkundig, deren verkohlter Leichnam inmitten völlig intakter Polster in einem unbeschädigten Sessel saß. Dies berichtet die *Daily News* vom 17. Dezember 1904.

1905 vermerkte ein Leichenbeschauer den Umstand als unerklärlich, daß beim Flammentod einer Frau, die vor dem Kamin eingeschlafen war, ihr Rücken starke Verbrennungen aufwies, obgleich die Tote dem Feuer das Gesicht zuwandte (vorne waren die Kleider unbeschädigt).

Im selben Jahr berichtete die *Hull Daily Mail* vom eigentümlichen Ableben der ältlichen Elizabeth Clark. Die Umstände klingen vertraut: Feuertod im eigenen Bett, schlagartiger Ausbruch der Flammen (sie konnte nicht einmal einen Schrei ausstoßen, obgleich Mitbewohner sich auf der anderen Seite einer sehr dünnen Wand befanden), das Bettzeug unverbrannt.

Zwei Jahre später konnte man in der *Madras Mail vom* 13. Mai 1907 über eine Frau lesen, die nahe der indischen Stadt Dinapore von Feuer verzehrt worden war, aber unbeschädigte Kleider trug. Zwei Constabler, die den rauchenden Leichnam fanden und zum *District Magistrate* trugen, bezeugen dies.

Ein Jahr später feierte die Kunst, unliebsame Tatsachen so lange zu bearbeiten, bis sie akzeptabel waren, allerdings wieder einen echten Triumph.

Kurz vor Mitternacht des 22. März 1908 wurde der in bekannter Weise verkohlte Körper der älteren Jungfrau Wilhelmina Dewar in ihrem Haus in Northumberland aufgefunden. Die Entdeckerin der makabren Überreste, Wilhelminas Schwester Margaret, alarmierte die Nachbarschaft.

Gemeinsam wurde der Ort des Geschehens, ein Schlafzimmer im Oberstock, in Augenschein genommen. Das Opfer lag im Bett. Weder das Bettzeug, noch irgendetwas sonst im Raum wies die geringsten Brandspuren auf.

Von all dem wollten die Beamten, die den Vorfall untersuchten, nichts wissen. Man forderte Margaret auf, ihre Aussage zu überdenken. Als sie unbeirrbar bei ihrer Schilderung der rätselhaften Begleitumstände des Todes ihrer Schwester blieb, bezichtigte man sie der Trunkenheit und gab ihr mehr Zeit zum Nachdenken. Dazu muß bemerkt werden, daß beide Frauen pensionierte Lehrerinnen waren, die ein ehrbares Leben fernab aller Laster geführt hatten. Nachdem der Kronanwalt die unglückliche Margaret als Lügnerin bezeichnete, die Zeitungen von ihr nur als Alkoholikerin berichteten und Freunde und Nachbarn sich von ihr abwandten, korrigierte die so unter Druck Gesetzte nach einigen Tagen des „Nachdenkens" ihre ursprüngliche Aussage. Nun gab sie an, ihre Schwester Wilhelmina mit Verbrennungen lebend im Parterre aufgefunden und in ihr Bett gebracht zu haben, wo Wilhelmina starb. Dies klang im ersten Moment plausibel und entsprach den Wunschvorstellungen der Öffentlichkeit und der Untersuchungsbehörden. Die Frage, wie ein Mensch, der zwar Brandwunden aufwies, aber noch die Treppe hinauf geleitet werden konnte, sich in das verkohlte Etwas im Bett verwandelt hatte, ohne irgendetwas anzusengen - abgesehen davon, daß im gesamten Haus kein Anzeichen für ein Feuer zu finden war -, interessierte niemanden.

Nach dem Zweiten Weltkrieg waren die Hemmungen, irgendetwas *nicht* zu glauben jedoch so ziemlich dahin, die Untersuchungsmethoden genauer und die Berichterstattung sozusagen total.

Sehen wir uns darum zwei charakteristische Fälle aus dieser Zeit bis heute an, ehe wir die Frage anschneiden wollen, ob sich das Phänomen der spontanen Selbstverbrennung wenn schon nicht erklären, so doch wenigstens irgendwo einreihen läßt. Als klassischer Fall wird der Tod der allseits beliebten 67jährigen Witwe Mary Hardy Reeser aus St. Petersburg in Florida, USA, angesehen, die in der Nacht vom l. Juli 1951 in ihrem Zimmer verbrannte. Als man ihre Leiche entdeckte, war fast nichts mehr von der etwa 85 kg schweren Frau vorhanden, nur ihr Schädel, ein Fuß mit einem unbeschädigten Satinpantoffel und Mary Reesers Leber, die an einem Rückenknochen festhing. Alles andere war ein Häufchen Asche. Diese gräßlichen Überreste lagen im Zentrum eines geschwärzten Kreises von ca. 1,20 Meter Durchmesser. Außerhalb des Kreises war nichts verbrannt oder auch nur angesengt. Es hatte in der Nacht weder ein Feuer, noch sonst irgendetwas Alarmierendes gegeben. Daher war die Wirtin auch überrascht, als sie des morgens ein Telegramm für die Witwe hinaufbrachte und den Türknopf nicht drehen konnte, da er zu heiß zum Anfassen war. Trotz langer intensiver Untersuchung konnte nicht geklärt werden, was sich ereignet hatte. Weder die Polizei noch die Feuerwehr oder Pathologen, die auf Feuerleichen spezialisiert waren, fanden eine Antwort. Ein Jahr nach dem Vorfall gab man sich geschlagen.

„Ich habe nie etwas Ähnliches gesehen oder davon gehört. Hier gibt es keinen Anhaltspunkt“, sagte einer der Experten. Der zuständige Polizeichef mußte eingestehen „...Nach menschlichem Ermessen hätte dies eigentlich nicht passieren können, und doch ist es geschehen...“ Der schon erwähnte Gerichtssachverständige, Anthropologe und Spezialist für spontane Selbstverbrennung, Dr. Wilton M. Krogman, war besonders vom Zustand des Schädels der Toten irritiert. „Niemals“, sagte er, „habe ich einen Schädel gesehen, der durch Hitze *geschrumpft* wäre. Im Gegenteil, bei Hitze blähen sie sich auf oder zerspringen in kleine Stücke. Es gibt keine Ausnahme.“ Noch unnatürlicher erschien Dr. Krogman die Abwesenheit jeden Brandgeruches. „Das ist für mich das Erstaunlichste überhaupt“, so sein abschließendes Resümee. „Mir stellen sich heute noch die Nackenhaare auf, wenn ich nur daran denke. Wären wir im Mittelalter, würde ich von Schwarzer Magie sprechen...“ In seiner verständlichen Frustration schlug der Anthropologe die Theorie vor, Mrs. Reeser sei anderswo eingeäschert und nächtens ins Haus geschmuggelt worden. Ein Rückfall in die Tage der Erklärbarkeit von allem und jedem.

Tatsache ist, daß der Fall der Mary Hardy Reeser von der Staatsanwaltschaft mit dem Vermerk „Unfalltod durch Feuer unbekannter Herkunft“ ad acta gelegt, aber nicht zufriedenstellend abgeschlossen wurde.

Um nichts weniger mysteriös ist der Tod des 92jährigen Dr. J. Irving Bentley aus Coudersport, Nord-Pennsylvania, USA, der gleichfalls zu mehr als 90% in Asche verwandelt worden war. Am Morgen des 5. Dezember 1966 betrat der Angestellte der North Pen Gas Company Don Gosnell das Appartement von Dr. Bentley, um den Gaszähler abzulesen. Dabei fiel ihm ein seltsamer blauer Rauch und ein ungewöhnlicher Geruch auf. Da er Dr. Bentley beim Eintreten nicht bemerkt hatte, wollte Gosnell nach dem alten Herrn sehen. Im Schlafzimmer war der Rauch dichter, von Dr. Bentley keine Spur. Im Badezimmer entdeckte Gosnell, was er nie wieder vergessen sollte. Neben der Wand war ein tiefes Loch in den Boden gebrannt, in dem verschiedene Rohrleitungen sichtbar waren. Am Rande des Lochs lag ein menschliches Bein, etwa ab dem Knie. Der Fuß trug einen glänzenden Lederhausschuh. Es ist verständlich, daß Gosnell wie von Furien gehetzt aus der Wohnung raste.

Wie bei Mrs. Reeser und den anderen Fällen hatte sich das Feuer sozusagen auf einen Punkt konzentriert und sonst alles andere unversehrt gelassen.

Die Untersuchung des Todes von Dr. Bentley wurde ebenso gründlich und verbissen geführt, wie bei Mary Reeser. Das Ergebnis: Null. Schließlich wurde im Schlußbericht „Tod durch Ersticken" angegeben, weil dies bei Feuer durchaus normal ist. Nicht weiter erwähnt wurde der Umstand, daß der Arzt - wenn überhaupt - im Rauch eines *körpereigenen* Brandes erstickt war.

Damit wollen wir es der grausigen Einzelheiten genug sein lassen. Die Liste flammenden Horrors ließe sich noch lange fortsetzen, doch Vollständigkeit soll nicht unser Ziel sein, sondern Begreifen. Weitere, teils noch seltsamere SHC-Fälle spreche ich meinem Buch „Jenseits des Vorstellbaren" an.

Womit wir uns jetzt befassen wollen, ist die Frage, mit welcher Art von Phänomen wir es zu tun haben *könnten.*

Menschen explodieren geradezu in einer Hitze, gegen die ein normales Feuer als lauwarm angesehen werden muß. Dieser Ausbruch ist kurz, intensiv und fokussiert, denn selbst in unmittelbarer Umgebung entzündet sich nichts. Manchmal sprechen Anzeichen wie Brandspuren auf einem Fleck an der Decke unmittelbar über den Toten dafür, daß die Unglücklichen sich regelrecht in Feuersäulen verwandelt haben. Und die Opfer verbrennen nicht immer allein.

Am 26. Februar 1905 wurden die verbrannten Körper der alten Eheleute Kiley von Nachbarn entdeckt. Die verkohlten Leichen waren voll bekleidet, die Kleider unversehrt. 1960 fand man nahe der amerikanischen Kleinstadt Pikeville in Kentucky fünf verkohlte Körper in einem ausgebrannten Auto, das weder in einen Unfall verwickelt gewesen noch auf normale Weise in Feuer geraten war. Bezeichnenderweise saßen die Toten in völlig normaler Haltung im Autowrack, wel-

cher Umstand allein schon den auf den Straßen leider so verbreiteten Feuertod ausschließt.
Der vorher bewußt nicht angesprochene Aspekt des Gemeinschaftstodes (und andere Faktoren) bringt einige zaghafte Theorien über die Entzündung körpereigener Gase ebenso wieder zum Einsturz, wie den 1999 bombastisch verkündeten sogenannten „Docht-Effekt" (es gelingt gelegentlich, Tote sich durch ihr Körperfett selbst verbrennen zu lassen, wobei die Umgebung nicht in Flammen aufgeht. Ein Vorgang, der aber nur unter extrem eingeschränkten Bedingungen möglich ist, so daß die Docht-Theorie die Mehrzahl der Fälle dezent ignoriert).
Man mag Berichte, Zeitungsartikel, Akten und andere Aufzeichnungen aus vergangenen Tagen in Zweifel ziehen, bei dem Fotomaterial, das über die Fälle von spontaner Selbstverbrennung vorliegt, ist dies nicht möglich. Es gibt zahllose Aufnahmen, auf denen sich menschliche Körper erkennen lassen, die ab einem gewissen Bereich übergangslos zu Asche zerfallen sind, wie durch Laser abgetrennte Gliedmaßen, die aus Aschehäufchen herausragen oder neben Brandstellen liegen, die aussehen, als wären sie mit einem riesigen Schweißbrenner erzeugt worden. Und ähnliches mehr, in Hülle und Fülle. Ein Panoptikum des Grauens, das durch seine Unerklärlichkeit eine zusätzliche Dimension des Schreckens erhält.
Einen menschlichen Körper in Asche zu verwandeln ist nämlich alles andere als leicht. Wie man Fachliteratur entnehmen kann, muß beispielsweise in Krematorien eine Temperatur von etwa 1400 Grad Celsius über lange Zeit - oft Stunden - aufrechterhalten werden, um eine Leiche völlig zu verbrennen. Manchmal bedarf es zur gänzlichen Einäscherung zusätzlicher Pulverisierung durch Zerreiben. Leichenbestatter und Gerichtssachverständige berichten, daß menschliche Knochen bei Temperaturen von weit über 1000 Grad Celsius acht Stunden und länger intakt blieben. Somit müssen bei spontaner Selbstverbrennung mindestens Hochofentemperaturen im Spiel sein, deren Quelle rätselhaft ist.
Abgesehen von den bereits bekannten Indizien, demonstriert der Fall des vierzigjährigen Leon Eveille aus Arcis-sur-Aube, Frankreich, der am 17. Juni 1971 zu Schlacke verbrannt in seinem Pkw gefunden wurde, die ungeheure Hitze bei Selbstverbrennung.

Die Scheiben seines Wagens waren geschmolzen. Die bei einem Autobrand normalerweise auftretenden 700 bis 800 Grad Celsius wären dazu nicht in der Lage gewesen. Es ist weit mehr als die doppelte Hitze erforderlich, um Glas zum Schmelzen zu bringen. Damit eröffnet sich ein weiteres Paradoxon. Wie wurde die extreme Temperatur konzentriert, besser gesagt „in Grenzen gehalten“? Erinnern wir uns, daß in vielen Fällen das „Feuer der Hölle“ extrem begrenzt war und Teile des Körpers, wie den Rumpf oder die Beine, überhaupt nicht angriff. Von unbeschädigten Kleidungsstücken oder in unmittelbarer Nähe befindlichen brennbaren Substanzen wie Vorhängen und dergleichen ganz zu schweigen. Eine noch so kleine Hitzequelle von mehr als 1000 Grad Celsius muß in einem geschlossenen Raum alles und jedes in Flammen aufgehen lassen. Muß - hat aber nicht.
Man ist versucht zu glauben, daß Selbstentzündung *so* mysteriös doch nicht sein kann. Immerhin geraten Getreidesilos und Heuschober häufig in Brand, und zwar durch die große Hitze der Fermentation, zu der es durch Feuchtigkeit im Getreide oder Heu kommen kann. Papiermühlen, Scheunen, ja selbst Sprengstoffdepots sind durch Selbstentzündung in Flammen aufgegangen. Auch pulverisierte Kohle und Vogelmist vermögen dies. Möglicherweise gehen manche Kirchenbrände auf Selbstentzündung des Vogelmistes zurück, der sich im Laufe der Jahrhunderte unter den Dächern angesammelt hat.
Man kennt auch die sogenannten „Brennenden Klippen von Weymouth“, in der englischen Grafschaft Dorset, die im neunzehnten Jahrhundert eine regelrechte Touristenattraktion wurden. Eine dicke Kohleschicht, zweieinhalb Meter unter der Erdoberfläche, war der Grund für die regelmäßige Selbstentzündung der „Brennenden Klippen“, die ungefähr sechzig Jahre lang in regelmäßigen Abständen in Flammen standen. Oft über Jahre hinweg.
Gerade unsere genaue Kenntnis vom Phänomen der Selbstentzündung im Reich der Pflanzen und Minerale macht uns die absolute Andersartigkeit der menschlichen Selbstentzündung klar. Hier läßt sich nichts auf erkennbare Ursachen zurückführen. Es gibt kein uns bekanntes Gegenstück für diese Brände in der Natur und die Begleiterscheinungen spotten den Gesetzen der Physik und den Erkenntnissen der Medizin Hohn. So leicht gibt die Wissenschaft allerdings nicht auf.

Ein Rätsel zur Erklärung eines Mysteriums

Feuerbälle, Flammenkugeln und ähnliches geistern durch die menschliche Geschichte und zwar nicht nur als prähistorische bis gegenwärtige UFOs.
Solche Erscheinungen tanzen in Baumwipfeln, schweben durch Räume, umrollen die Füße entsetzter Betrachter und legen auch sonst ein Verhalten an den Tag, das man von Energie, wie wir sie zu verstehen glauben, nicht erwartet. Entsprechend ablehnend reagierte die Wissenschaft und verbannte sie kurzerhand in den Bereich des Esoterisch-Okkulten.
Natürlich gab es auch Gelehrte, die nicht so dachten. Der berühmte französische Astronom Camille Flammarion (1842-1925) sammelte und überprüfte eine große Zahl von Berichten über Kugelblitze, wie man diese Phänomene schließlich nannte. In seiner Sammlung findet man Schilderungen, wie ein Kugelblitz die Türe eines Hauses regelrecht aufstieß und dann eindrang, oder wie ein explodierender Kugelblitz Tiere in einem Stall tötete. Tiere kamen überhaupt oft durch Kugelblitze ums Leben, Menschen nie.
Dies führte sogar zu der Theorie, Kugelblitze hätten einen eigenen Willen und seien den Menschen wohlgesonnen. So zitierte der Autor Vincent H. Gaddis in seinem Buch „Mysterious Fires and Lights" 1967 einige Beispiele von „sich sozial verhaltenden Kugelblitzen", die er Flammarions Sammlung entnommen hat.
Konfrontiert mit dem Mysterium der spontanen menschlichen Selbstverbrennung griffen Physiker unserer Tage auf die nicht weniger exotischen Kugelblitze zurück, die in Gesellschaft von Schneemenschen, Astronautengöttern und anderen Absonderlichkeiten ein Schattendasein am Rande der Forschung fristeten.
Man stellte sich vor, daß kugelförmige Energiekonzentrationen - wie immer diese auch in Form gehalten werden mochten, denn auch das wäre ein Rätsel - unter gewissen, vage formulierten Umständen kurze Radiowellen aussenden könnten. Einfacher gesagt, handelte es sich sozusagen um natürliche Mikrowellenherde. Akzeptiert man diesen Gedanken, so ist es theoretisch denkbar, daß Personen nicht nur innerhalb ihrer Kleidung verbrennen, sondern sogar innerhalb ihrer Haut. Es käme nur auf die Nähe der Feuerbälle, bzw. die Wechselwirkung

des immensen Radiofrequenz-Feldes mit dem menschlichen Körper an.
Eine verlockende Theorie. Mikrowellenherde sind etwas Vertrautes und man weiß, daß sie Substanzen weit schneller - und von innen! - zum Kochen bringen als etwa Gas- oder Elektroherde. Erfährt man weiterhin, daß Mikrowellen unterschiedliche Materialien in verschiedenen Stufen aufheizen können, so scheint die Erklärung perfekt. *Scheint* aber nur.
Leider geht sie einäugig von gelegentlichen Wirkungen der bekannt unberechenbaren Kugelblitze aus, stattet diese dazu noch mit physikalischen Eigenschaften aus, die überhaupt erst festgestellt werden müßten, und ignoriert einander widersprechende Faktoren, die wir gleich kennenlernen werden.
Kugelblitze mögen vieles sein, fliegende Mikrowellenherde sind sie zweifellos nicht. Und selbst wenn sie es wären, würden sie sich äußerst schwer tun, die Bandbreite an Phänomenen zu produzieren, die mit spontaner menschlicher Selbstverbrennung einhergehen.
So wird man es - natürlich nur als Gedankenexperiment - mit dem genannten Küchengerät nicht schaffen, ein menschliches Bein in einem Strumpf, der völlig unbeschädigt bleiben muß, selektiv so zu grillen, daß der Schenkel verkohlt und die Kniegelenke sich öffnen (genau dies geschah bei einem Fall von Selbstverbrennung, über den das *British Medical Journal* 1841 berichtete).
Man verzeihe mir das morbide Beispiel, aber die Fakten sind es auch.
So verlockend es auch sein mag, gleich *zwei* unerklärliche Erscheinungen mit *einer* Gemeinschaftstheorie zu erklären, es klappt nicht. Kugelblitze und spontane Selbstverbrennung lassen sich nur auf *einen* gemeinsamen Nenner bringen: Beide Phänomene sind in ihren Grundzügen feuriger Natur. Das ist aber auch schon alles.
Im engeren Sinne des Wortes sind Kugelblitze gar keine Blitze, denn sie haben mit den Millionen Volt, die vom Himmel zur Erde hinabzucken, wenig gemeinsam. Kugelblitze variieren in der Farbe von fahlem Weiß bis zu tiefem Rot, haben Durchmesser von wenigen Zentimetern bis zu einigen Metern, bewegen sich gemächlich und weisen eine Stabilität auf, die dem Gesetz der Energieausbreitung zu widersprechen scheint. Blitzableiter interessieren sie nicht. Und sie sind, wie schon erwähnt, „menschenfreundlich", eine Eigenschaft, die

wie schon erwähnt, „menschenfreundlich", eine Eigenschaft, die sich kaum mit spontaner Selbstverbrennung in Verbindung setzen läßt.
Der beliebte und glaubwürdige Reverend John Henry Lehn berichtet von einem Erlebnis mit Kugelblitzen, das er im Sommer 1921 hatte. Während eines Gewittersturms drang ein gelber Kugelblitz von der Größe einer Orange *durch* die Vorhänge des geöffneten Fensters, ohne diese zu beschädigen, in Lehns Badezimmer. Dort rollte er um die Füße des erstaunten Geistlichen, sprang in das Waschbecken, wo er die Stahlkette des Gummipfropfens in zwei Teile schmolz. Anschließend verschwand er im Abfluß. Wenige Wochen später wiederholte sich der Vorfall im selben Badezimmer exakt ein zweites Mal, einschließlich des Schmelzens der mittlerweile erneuerten Kette im Waschbecken.
Flammarions Aufzeichnungen berichten permanent von individuellem Verhalten von Kugelblitzen: Eine „brennende Kugel" gelangte durch den Schornstein in ein Bauernhaus, durchquerte einen Raum, in dem sich eine Frau und drei Kinder befanden, rollte weiter in die Küche, Zentimeter an den Füßen des Bauern vorbei, der unverletzt blieb und suchte schließlich den Stall auf, wo sie - als wäre es Absicht - ein Schwein berührte, das tot umfiel. Danach verschwand die Feuerkugel. Ein Kugelblitz stieß eine Tür auf und explodierte in einem Wohnzimmer. Dabei wurde die Katze am Schoß eines Mädchens getötet, dem Mädchen kein Harm zugefügt. Flammarion berichtet auch von einem Fall, wo ein Feuerball an der Spitze eines Baumes erschienen war, sich mit der Bedächtigkeit einer Person, die eine unsichere Treppe hinabsteigt, von Ast zu Ast abwärtshantelte und über den Farmhof rollte, wobei er Wasserpfützen auswich. Am Stalltor standen zwei Kinder. Eines davon gab dem Kugelblitz einen Fußtritt, worauf er mit einer heftigen Explosion zerbarst. Seltsamerweise geschah den beiden Kindern gar nichts, einige der Tiere *im* Stall jedoch wurden getötet. So geht es endlos weiter.
Es gibt zahllose Berichte, Bilder, Stiche und andere Darstellungen von Kugelblitzen, die - meist durch Kamine - in Häuser eindrangen, sich dort umsahen und hernach zerplatzten oder wieder gingen. Manchmal fanden solche Umtriebe in Scheunen oder Ställen statt, wobei oftmals Tiere, aber keine Menschen, getötet wurden, Brennbares wie Stroh aber nicht in Flammen aufging. Man ist fast versucht, solche Erschei-

nungen tatsächlich für so etwas wie eine belebte Energieform zu halten, wie dies beispielsweise der berühmte englische Science-fiction-Autor Eric Frank Russell in seinem SF- Klassiker „Die Todesschranke" (Sinister Barrier) tut, den er Charles Fort, dem legendären Chronisten des Unerklärlichen, gewidmet hat. Soweit wollen wir nicht gehen. Das Belegte ist phantastisch genug.
Da Kugelblitze sich weigern in Labors zu erscheinen und sich auch nicht aus bekannten natürlichen Gegebenheiten vorhersagen lassen, ist das Wissen über sie dürftig. Dennoch hat die Wissenschaft zum Teil auf deduktivem Wege einen Katalog von Eigenschaften zusammengestellt, der zwar bizarr ist, aber wenig Anhaltspunkte für einen Zusammenhang mit spontaner Selbstverbrennung liefert.
Diese feurigen Objekte strömen offensichtlich keine große Hitze aus, sind nicht magnetisch, da sie in der Nähe befindliche Metallgegenstände nicht beeinflussen, werden aber andererseits gelegentlich von Metall angezogen, da sie gerne an Drähten oder Zäunen entlangrollen. Sie dringen anstandslos durch Gardinen und sogar Türen, ohne diese zu versengen, und fügen Menschen keinen Schaden zu, selbst dann nicht, wenn man sie mit der Hand beiseite schiebt.
Die Physik kann wenig zu ihnen sagen. Man weiß nicht, ob ihre Energiequelle elektromagnetischer, elektrischer oder nuklearer Art ist. Möglicherweise ist sie gänzlich andersartiger Natur, was gut zu der Tatsache passen würde, daß die Physik nichts Vergleichbares kennt.
Am 6. März 1952 wurde Santa Clara County in Kalifornien von einem Gewittersturm heimgesucht, der einen ganzen Schauer von Kugelblitzen mit sich führte. Zahlreiche Feuerbälle hüpften auf Hochspannungskabeln, rollten durch Häuser in den Orten San Jose und Gilroy und richteten große Verwirrung, aber kaum Zerstörungen an.
Beispielsweise sprang ein Kugelblitz von einer Fahnenstange auf ein abgestelltes Fahrrad, das weggeschleudert wurde, von dort auf die Spitze des Regenschirms, den der Postbote Walter Bager trug. Der Regenschirm wurde Bager aus der Hand gestoßen, doch weiter geschah ihm nichts. Ein ähnlicher Sturm von Kugelblitzen hatte bereits am 11. März 1946 Illinois in Panik versetzt. Darüber schrieben einige Chicagoer Zeitungen. Die Unmöglichkeit das Geschehene wissenschaftlich zu erklären, führte zu den wüstesten Theorien. Schließlich

akzeptierten sogar die Versicherungen (!) den Vorschlag, die ganze Angelegenheit als einen „Akt Gottes“ anzusehen.
Ein anderer Fall demonstriert die Fähigkeit von Kugelblitzen, die bekanntesten Naturgesetze zu ignorieren, besonders eklatant. (Das macht sie aber nicht zu magisch-esoterischen Gebilden, sondern zu Erscheinungen aus dem Bereich noch nicht entdeckter Gesetzmäßigkeiten.)
Obgleich der Eiffelturm zur Weltausstellung 1889 - also vor weit über hundert Jahren - errichtet wurde, verfügt er natürlich über einen Blitzableiter, der allen Anforderungen gerecht wird.
Am 3. September 1903 konnte der Direktor des Blue Hill Observatoriums, der sich auf einer Europareise befand, beobachten, wie ein Blitz die Spitze des Eiffelturms traf, während gleichzeitig eine flammende Kugel gemütlich die berühmte Eisenkonstruktion abwärts zur zweiten Plattform rollte. Kurz davor verschwand sie.
Untersuchungen zeigten, daß alle Blitze wie erwartet abgeleitet worden waren, während der *Kugelblitz* dem natürlichen Drang zur Erdung nicht nachgegeben hatte. Ein Rätsel.
Es wäre verwunderlich, wenn der Osten dieses Phänomen ignoriert hätte. Hat er auch nicht. Er ist lediglich - wie üblich - nicht redselig. In der Fachpublikation *Missiles and Rocketsvon* April/Juni 1958 berichtete der englische Wissenschaftler Dr. Albert Parry, daß die Sowjets seit 1940 ernsthafte Forschungen in dieser Richtung betreiben. So ist es dem russischen Wissenschaftler Georg Babat im Svettana-Kraftwerk in Leningrad (heute Petrograd) angeblich gelungen, einen kugelförmigen Blitz künstlich zu erzeugen. Nach Babats Tod wurden diese Forschungen von Professor Peter Kapitsa, einem führenden Atomphysiker der ehemaligen UdSSR, weitergeführt. Kapitsa soll eine Theorie entwickelt haben, die die „unmöglichen“ energetischen Eigenschaften von Kugelblitzen ebenso erklärt, wie ihre Beweglichkeit. Viel mehr ist über die russische Kugelblitz-Forschung allerdings seither nicht durchgesickert.
Damit sind wir wieder an den Ausgangspunkt unserer Überlegungen zurückgekehrt. Das Rätsel der spontanen menschlichen Selbstverbrennung läßt sich offenbar durch das Mysterium der Kugelblitze und Feuerbälle nicht erklären. Wir haben lediglich einen weiteren weißen Fleck auf der Karte der Wissenschaft entdeckt und einen interessanten Abstecher in diese faszinierende Region gemacht. Und wir haben ge-

sehen, wie leicht ein unerklärliches Phänomen zu einem anderen führen kann, wenn man sich ernsthaft damit auseinandersetzt.
Eine Vorstellung von den Kräften, die im Spiel sind, wenn ein Mensch von einer Sekunde zur nächsten in Flammen aufgeht und zu Asche zerfällt, haben wir allerdings noch immer nicht.
Da Kugelblitze ihre eigene Nische in der Welt des Unerklärlichen zu belegen scheinen und Selbstverbrennung eine andere, wollen wir - zugegebenermaßen sehr kühn - spekulieren, ob Selbstverbrennung nicht mit einem *dritten* Phänomen verknüpft sein könnte. Und zwar mit PSI.

Flammender Abgang

Es ist eine bekannte Tatsache, daß unzusammenhängend erscheinende Ereignisse manchmal ein Muster erkennen lassen, wenn man einen neuen Blickwinkel wählt. Das wollen wir im Fall der spontanen Selbstverbrennung auch tun, und uns fragen, ob wir nicht auf signifikante Häufungen oder Gemeinsamkeiten welcher Art auch immer stoßen. Siehe da, es gibt sie.

Ein statistisch weit überproportionaler Prozentsatz der Opfer von spontaner Selbstverbrennung wird von Menschen gestellt, die offenbar vom Leben genug hatten, ein Schattendasein führten oder auf die eine oder andere Weise Outsider waren.

Viele waren Alkoholiker, was nichts mit der entsprechenden Theorie des neunzehnten Jahrhunderts zu tun hat. Andere waren ältere, verzweifelte Menschen, die kaum mehr etwas auf dieser Welt hielt. Manche waren arm, behindert und lebten unter unwürdigen Verhältnissen. Natürlich sind auch Wohlbegüterte den rätselhaften Flammen zum Opfer gefallen, doch findet sich unter diesen wieder ein sehr hoher Anteil von Personen, die mit sich und ihrem Dasein nichts anzufangen wußten. Ehe wir diesen vorerst unklaren Gedanken weiterspinnen, zwei Fallgeschichten über spontane Selbstentzündung von Selbstmördern.

Am 18. September 1952 beschloß der 46jährige Gießereiarbeiter Glen Denney aus Louisiana, sich selbst zu töten. Er durchschnitt die Arterien seines linken Armes, der Handgelenke und der Knöchel und starb in einem wahren See aus eigenem Blut. Seltsamerweise aber an Rauchgasvergiftung.

Als man seine Leiche entdeckte, war sie ein loderndes Flammenbündel. Sonst brannte nichts in dem Raum. Die Untersuchungsbeamten vermuteten zuerst, Glen Denney hätte sich zusätzlich mit Kerosin übergossen, doch diese Theorie zeigte fatale Schwächen.

Es wurde kein Behälter für das Kerosin gefunden. Zudem wären übermenschliche Fähigkeiten erforderlich gewesen, um ein Streichholz auch nur zu halten, vom Anzünden gar nicht zu reden, während arterielles Blut in einer Menge von mehr als einem Liter pro Sekunde aus den Gelenken und über die Hände sprudelte. Abgesehen davon er-

gab eine spätere Analyse keine Spuren von Kerosin oder sonst einer entflammbaren Flüssigkeit.
Der Untersuchungsleiter Otto Burma schrieb in seinem Bericht: „Es kann kein Zweifel daran bestehen, daß Denny Selbstmord begehen wollte. Während er diese Absicht ausführen wollte, fing sein Körper aus unbekannter Ursache Feuer."
Ähnliches scheint sich am 13. Dezember 1959 in Pontiac, Michigan, zugetragen zu haben. Der 27 Jahre alte Billy Peterson verabschiedete sich von seiner Mutter und fuhr in seine Garage, wo er mit einem Schlauch die Autoabgase ins Wageninnere leitete. Etwa 40 Minuten nachdem Billy seine Mutter verlassen hatte, bemerkte ein Vorbeifahrender den Rauch in der Garage. Billy Peterson war bereits tot, gestorben an Kohlenmonoxidvergiftung. Das wäre an sich eine natürliche Todesursache gewesen, sofern man beim freiwilligen Einatmen von Autoabgasen davon überhaupt sprechen kann.
Weniger natürlich war der Zustand seiner Leiche. Seine Arme und Beine wiesen extreme Verbrennungen auf und Teile seines Körpers hatten sich in Schlacke verwandelt. Trotzdem waren Oberbekleidung und Unterwäsche vollkommen unversehrt. Wie bei dem Gießereiarbeiter Glen Denney scheint es auch bei Billy Peterson während des Selbstmordes zu spontaner Selbstverbrennung gekommen zu sein, die - möglicherweise - die Leiden verkürzte.
Wenn dies so war, und alles spricht dafür, müßte man spontane Selbstverbrennung als Manifestation eines Selbstzerstörungsdranges ansehen und zur Kenntnis nehmen, daß manche Menschen - oder alle unter ganz spezifischen Umständen, die wir nicht kennen - dazu in der Lage sind. Eine verwegene Hypothese, die zusätzlicher Indizien dringend bedarf.
Spinnen wir diese provokanten Überlegungen weiter, so haben entweder wir alle oder „besonders begabte" Menschen das Potential zur flammenden Selbstvernichtung, das in verzweifelten Situationen, bei grenzenloser Verlassenheit etc. vielleicht bis zum Ausbruch ansteigt bzw. durch einen externen Auslöser zum Ausbruch gebracht wird. Was könnte ein solcher Auslöser sein? Wie wäre es mit einem Erdmagnetfeld?
Es ist nicht gleichmäßig über unseren Planeten verteilt, schwankt in seiner Stärke extrem und übt einen nachgewiesenen, sehr starken Ef-

fekt auf Lebewesen aus. Großangelegte Versuchsanordnungen zeigten unter anderem, daß magnetische Felder die Immunbiologie von Ratten und Mäusen nachdrücklich zu stören vermögen. Nach wenigen Magnetfeldbehandlungen reduzierte sich die natürliche Widerstandsfähigkeit bei den unglücklichen Nagern auf signifikante Weise gegenüber eingespritzten Mikroben (Listeria), die sonst problemlos abgewehrt werden. Ebenso ging die phagozytische Aktivität und die Gesamtzahl der Leukozyten bei den Versuchstieren drastisch zurück. Beim Menschen kennt man schon lange eine erhöhte Krankheitsanfälligkeit, die durch magnetische Störfelder bedingt wird, Stichwort die aktuelle Diskussion über Handy-Maste.

Für unsere Hypothese könnte das bedeuten: Eine Person mit Selbstzerstörungstendenzen und Selbstzerstörungskräften ist in einer besonders kritischen Lebensphase, und *gleichzeitig* steigt das Erdmagnetfeld örtlich sprunghaft an, wie das etwa bei starken Sonnenfleckenaktivitäten nicht selten ist. Das Ergebnis: Spontane Selbstverbrennung. Lassen sich solche Todesfälle nun mit Spitzen im Erdmagnetfeld in Deckung bringen? Sie lassen:

Selbstverbrennung von Elizabeth Clark im Januar und des Ehepaars Kiley im Februar 1905 - Höhe des Erdmagnetfeldes: viermal so stark wie gewöhnlich, sprunghafter Anstieg.

Selbstverbrennung von Madge Knight im November 1943 - Höhe des Erdmagnetfeldes: mehr als viermal so stark wie gewöhnlich, sprunghafter Anstieg.

Selbstverbrennung von Billy Peterson im Dezember 1959 - Höhe des Erdmagnetfeldes: mehr als viermal so stark wie gewöhnlich, sprunghafter Anstieg.

Selbstverbrennung von Olga Worth im Oktober 1963 - Höhe des Erdmagnetfeldes: mehr als viermal so stark wie gewöhnlich, sprunghafter Anstieg.

Selbstverbrennung von Dr. John Irving Bentley im Dezember 1966 - Höhe des Erdmagnetfeldes: mehr als doppelt so stark wie gewöhnlich, sprunghafter Anstieg.

Selbstverbrennung von Grace Walker im April 1969 - Höhe des Erdmagnetfeldes: doppelt so stark wie gewöhnlich, sprunghafter Anstieg.

So frappierend diese Übereinstimmungen auch sind, für eine Theorie von solcher Tragweite, wie die hier vorgestellte, reichen sie als Be-

weise nicht aus. Anders wäre es, ließen sich parapsychologische und pyrotechnische Phänomene eindeutig in Verbindung bringen.
Mit anderen Worten: Wenn es Menschen gäbe, die sozusagen „feueranfällig“ sind, wenn flammende Erscheinungen Hand in Hand mit anderen Paraphänomenen, wie z. B. „Poltergeistern“, einhergingen und ähnliches mehr. Solche Zusammenhänge lassen sich in der Tat und ohne Gedankenakrobatik und statistische Taschenspielertricks herstellen.
Offizielle Berichte und Akten belegen, daß es Menschen gibt, die sich mit Stephen Kings junger Heldin aus seinem Roman „Feuerkind (Firestarter)“ durchaus messen könnten. Der einzige Unterschied bestünde in der Tatsache, daß die betreffenden Männer und Frauen keine bewußte Kontrolle über ihre brandstifterischen Talente zu haben scheinen.
Wie beispielsweise Mrs. Annie Bryan aus Midland, Arkansas. Am Sonntag, dem 9. September 1945, entdeckte sie ein Feuer in einer Schreibtischschublade, ohne daß es für den Mini-Brand eine Ursache gegeben hätte. Am Freitag darauf wurde Mrs. Bryans Heim und seine Umgebung von mehr als dreißig unerklärlichen Bränden heimgesucht. Ihnen fielen Vorhänge, Kleider, Wandtapeten und Möbel zum Opfer. Am nächsten Mittwoch ging eine Scheune in Flammen auf und am Donnerstag wurden weitere Gegenstände ein Raub mysteriöser Flammen aus dem Nichts. Mrs. Annie Bryan hatte keine Feuerversicherung abgeschlossen.
Noch bizarrer war die Brandserie, die im April 1941 auf der Farm von William Hackler nahe Odon, Indiana, wütete. Sie steht in den Akten der Travelers Versicherungsgesellschaft zu Buch und wurde auch im *Colliers-Magazin* im Rahmen einer Werbeaktion für Versicherungen erwähnt. Das erste Feuer brach um acht Uhr morgens an der Westseite des Hauses nahe einem Fenster aus. Damit wurde die örtliche Feuerwehr im Handumdrehen fertig. Kaum waren die Männer in die Feuerwehrstation zurückgekehrt, wurden sie abermals zu Hacklers Farm gerufen. Diesmal brannte eine Lage Papier, die sich zwischen den Federn und den Matratzen eines Bettes im ersten Stock befand. Der Brand hatte bereits eine exotische Note, doch das war erst der Anfang. Zwischen acht und elf Uhr an diesem Tag kam es zu neun weiteren Feuern in allen Teilen des Hauses. Die völlig überforderten Feuer-

wehrmänner aus Odon mußten schließlich Hilfe von der nahegelegenen Elnora-Feuerwehr anfordern. Um elf Uhr nachts war der Spuk schließlich vorbei. Insgesamt achtundzwanzig Brände, die an den unmöglichsten Orten unmotiviert ausbrachen, waren gelöscht worden. In keinem Fall ließ sich eine Ursache feststellen.

Die Umstände waren so seltsam, daß dieses Faktum sogar Eingang in den offiziellen Feuerwehrbericht gefunden hat: „Einige der Brände waren von einer Absonderlichkeit, die sogar leichtgläubige Personen nicht für möglich halten würden", heißt es da. „Ein an der Wand hängender Kalender pulverisierte schlagartig in einer Rauchwolke. Die Beinkleider eines Overalls, der an einer Türe hing, fingen urplötzlich zu brennen an. Eine Bettdecke verwandelte sich vor den Augen der erstaunten Nachbarn, die bei der Brandbekämpfung halfen, zu Asche. Ein Buch, das aus einer Lade genommen wurde, brannte inwendig, ohne daß man dies sofort bemerkte, da Umschlag und Deckel unbeschädigt waren. Keine der erwogenen Erklärungen", so schließt der Bericht, „können als hinreichend für diese Vorgänge akzeptiert werden. Die ganze Angelegenheit ist für Brandsachverständige ein beunruhigendes Rätsel."

Trotz aller Unerklärlichkeit läßt sich in diesem Fall noch keine klare Verbindung zwischen der „Feuer-Epidemie" und bestimmten Personen herstellen. Die Hackler-Familie ließ das Haus schließlich abreißen und es gibt keine Unterlagen, ob sie auch weiter von bizarren Bränden gepeinigt wurde. Bei den feurigen Phänomenen im Umfeld der Familie MacDonald aus Glace Bay, im kanadischen Nova Scotia, scheint eine solche Verbindung erkennbar.

Am Nachmittag des 16. April 1963 brach im Oberstock des MacDonald-Hauses aus ungeklärten Gründen ein Brand aus. Der Schaden war beträchtlich, daher zogen Mr. und Mrs. MacDonald mit ihren drei Adoptivtöchtern in ein Überbrückungs-Quartier.

Zwei Tage später besichtigte ein Versicherungsangestellter den Brandort. Mrs. MacDonald war eben dabei, Schutt und Trümmer aufzuräumen. Während sie und der Mann von der Versicherung miteinander sprachen, trat plötzlich starker Brandgeruch auf. Wieder brannte es im oberen Stockwerk. Mit etwas Mühe konnten sie die Flammen gemeinsam ersticken. Der Versicherungsagent empfahl sich und ande-

re Familienmitglieder trafen ein, um die alten und nunmehr neuen Verwüstungen zu beheben.
Nach wenigen Stunden stand der Oberstock plötzlich wieder in Flammen. Diesmal breitete sich der Brand wie ein Feuersturm aus und konnte von der Feuerwehr nur noch durch die Fenster bekämpft werden. Obgleich Entzündung durch defekte Elektroleitungen nicht möglich war, da der Strom seit dem ersten Brand ausgeschaltet war, beschlossen die MacDonalds das Haus vom Keller bis zum Dach neu verkabeln zu lassen. Gesagt, getan.
Am 16. Mai 1963 - exakt ein Monat nach Beginn des Feuerzaubers - begaben sich Mrs. MacDonald und ihre Tochter in das Haus, um nach dem Stand der Arbeiten zu sehen. Kaum waren sie eingetreten, bemerkten sie starken Rauchgeruch. Der Brandherd erwies sich als Pappendeckelschachtel, die im Badezimmer in einer Wandnische stand. In der Schachtel brannte Papier. Die Feuerwehr kam, löschte und ging. Sie wäre besser geblieben, denn eine halbe Stunde später wurde sie abermals an Ort und Stelle gebraucht. Diesmal brannte es in einem Schlafzimmerkasten sehr heftig. Nachdem sie auch diesem Feuer den Garaus gemacht hatten, versuchten die verwirrten Feuerwehrleute herauszufinden, was eigentlich vor sich ging. Vergeblich. Beide Brandherde waren durch Mauern voneinander getrennt, die sich nur durch die Feuer selbst minimal erwärmt hatten. An keinem der Brandorte gab es irgendeinen Hinweis auf eine Brand*ursache.* Mit dem Gefühl, komplette Idioten zu sein - so sagten die Feuerwehrleute später aus - verließen sie das Haus der MacDonalds. Doch nicht für lange Zeit. Zwei Stunden später waren sie wieder zurück, um einen besonders skurrilen Brand zu löschen.
Die *innere Seite* der Türe eines Küchenwandschrankes hatte Feuer gefangen. In dem Schrank befand sich nichts irgendwie Brennbares, nur Messer, Gabeln, Küchenwerkzeug. Keine ölgetränkten Lappen, keine Chemikalien. Nichts.
Wieder ging es zurück zur Feuerwehrstation. Die unglücklichen Brandbekämpfer schwankten zwischen Nichtbegreifen und Wut, denn der Tag war sehr anstrengend. Nach jedem Einsatz mußten die Tanks gefüllt, die Schläuche zum Trocknen ausgelegt und die Ausrüstung wie auch die Bekleidung gereinigt werden.

Bis auf das Füllen der Tanks hätten sie sich alles andere sparen können, denn nur eine halbe Stunde später stürmten sie wieder in das Heim der MacDonalds. Das Feuer war nur klein, aber der Brandleiter hatte endgültig genug. Er verständigte den Polizeichef, der einen Beamten zur Bewachung des Hauses abstellte. Nachbarn kamen, um den MacDonalds ihr Mitgefühl auszusprechen oder die ganze Angelegenheit zu diskutieren. Die Anwesenheit des Polizisten wirkte beruhigend. Der Spuk schien vorbei.

Bis ein Besucher plötzlich rief: „Es brennt!" Ein Wandbrett rauchte. Man riß es herunter und trat den Glimmbrand aus. Der Polizeioffizier begutachtete den „Tatort". Hinter dem Wandbrett war alles in Ordnung. Es hätte nicht in Brand geraten dürfen. Damit riß die unerklärliche Serie ab.

Da niemand auch nur den Hauch einer Erklärung für die Ursache anbieten konnte, verweigerte die Versicherung die Zahlung. Wie bei den Hacklers verliert sich die Brandspur wieder. Bei den MacDonalds läßt sich jedoch, natürlich nur sehr hypothetisch, eine zarte Verbindung zwischen den Vorgängen und einer Person denken. Diese Person ist Mrs. MacDonald.

Im Jahr der eigentümlichen Vorfälle war Mr. MacDonald, damals 69 Jahre alt, in Ruhestand getreten. Die Familie mußte nun mit einer bescheidenen Pension auskommen. Mrs. MacDonald, vier Jahre jünger als ihr Mann, hatte keine eigenen Kinder. Die MacDonalds waren aber nicht nur Kinder-, sondern auch Menschenfreunde und hatten ihr Leben in den Dienst einer guten Sache gestellt, wie es etwas abgedroschen heißt, hier aber voll zutrifft.

Zahlreiche Adoptivkinder waren von ihnen im Lauf der Zeit liebevoll umsorgt und aufgezogen worden. Zur Zeit der Brandserie lebten drei davon - Mädchen in den Zwanzigern - bei den MacDonalds. Was bedeutet das alles für unsere Überlegungen?

Das Jahr 1963 stellte für die MacDonalds einen gravierenden Einschnitt dar. Geringere Einnahmen bei gleichbleibenden Verpflichtungen, „Pensionsschock" für Mr. MacDonald, stärkere Inanspruchnahme von Mrs. MacDonald. Im großen und ganzen eine Krisenzeit. Und in Krisenzeiten kann es geschehen, daß *manche* Menschen in Flammen aufgehen, *andere* jedoch ihren Gefühlsstau nach außen lenken (in der Psychologie unterscheidet man auch zwischen Auto- und Exo-

Aggressivität). Dies ist zugegebenermaßen eine etwas wacklige Konstruktion, aber vielleicht läßt sie sich abstützen.
Unkontrollierte parapsychologische Phänomene lassen sich in vielen Fällen auf Jugendliche oder Kinder als Quellen zurückführen. Anscheinend hat der noch nicht gebildete - in vielen Fällen auch unverbildete - menschliche Geist einen besseren Kontakt zu seinen unbewußten Ressourcen, während es bei Erwachsenen einer besonderen Kombination von Faktoren bedarf, die wir nicht kennen, um PSI oder Feuerzauber auszulösen.
Gehen wir einmal ganz unverbindlich davon aus. *Ein* Fall von rätselhaften Bränden in Serie ist der wahrscheinlich berühmteste, am meisten publizierte, nachdrücklichst untersuchte. Er nahm seinen Anfang am 7. August 1948 auf der Farm von Charles Willey, zwölf Meilen südlich von Macomb, Illinois.
Die Willey-Familie umfaßte das Ehepaar Willey, beide in den Sechzigern, Willeys Schwager Arthur McNeil sowie McNeils Kinder, Arthur jr. 8 Jahre und Wanet 13 Jahre. McNeil war geschieden und hatte das Sorgerecht für seine beiden Kinder. McNeils Ex-Frau lebte in Bloomington, Illinois.
Die Zusammensetzung und die Familiensituation der Bewohner von Willeys Farm ist von Bedeutung.
Ohne Vorwarnung erschienen am besagten Tag kleine braune Brandstellen auf den Papiertapeten in den fünf Räumen von Willeys Heim. Sie waren ungefähr fünf bis acht Zentimeter im Durchmesser und sahen aus, als hielte eine unsichtbare Hand eine ebenso unsichtbare Flamme an die betreffenden Stellen. Diesem fiktiven Bild auch weiter entsprechend, stieg die Temperatur stetig, bis die Entzündungstemperatur von Papier - mehr als 300 Grad Celsius - erreicht war. Die Wandtapeten flammten auf...
Das ging tagelang so weiter. Nachbarn fanden sich ein, um in den Räumen nach dem Auftauchen von Brandflecken Ausschau zu halten und Wasser darüber zu leeren, das in zahlreichen Kübeln und anderen Gefäßen überall im Haus bereitgestellt wurde.
Fred Wilson, der Feuerwehrchef von Macomb, wurde geholt. Er ordnete die rigorose Entfernung der papierenen Wandtapeten an. Aber umsonst. Die braunen Brandflecken erschienen trotzdem. Auf den blanken Brettern, in Sparren und Latten, sogar am Plafond, an den

ausgefallensten Stellen, zeigten sie sich und wurden heißer und heißer. In der darauffolgenden Woche beschränkte sich die „Brandflecken-Seuche“ nicht länger auf das Innere des Hauses, sondern griff auch auf die Veranda über.

Während dieser Woche brachen ungefähr zweihundert Feuer aus. Durchschnittlich neunundzwanzig pro Tag. Trotz ununterbrochener Beobachtung und sofort einsetzender Brandbekämpfung wurde das Haus der Willeys schließlich ein Raub der Flammen.

Die Familie übersiedelte in die Garage. Dies geschah am Samstag. Am Sonntag, als die Willeys dabei waren, Kühe im Hof zu melken, stand die Scheune plötzlich in Brand. Sie war nicht zu retten. Zwei Tage später kam es in der Molkerei von Willeys Farm zu Reihen-Mini-Feuern, wie sie uns nicht mehr ganz fremd sind. Am Abend desselben Dienstags wurde die zweite Scheune durch Feuer vernichtet. Ein Vertreter von Brandbekämpfungsgeräten, der zu dem Zeitpunkt mit seiner Ausrüstung bei den Willeys vorsprach - womit er in diesen Tagen kein Einzelfall war -, wurde Zeuge des zweiten Scheunenbrandes. Er berichtete von einer Hitze, wie er sie noch nie erlebt hatte und gegen die seine Geräte absolut machtlos waren. (Superhitze klingt auch bekannt.) Am Mittwoch gaben die Willeys und McNeils auf. Sie flohen regelrecht in ein benachbartes Farmhaus, das gerade leerstand. Nun nahm sich die US-Air-Force der unheimlichen Vorkommnisse an.

Lewis C. Gust, der Cheftechniker des Wright-Flugfeldes von Dayton, Ohio, entsandte einen Fachmann zur Willey-Farm. Man hielt es für möglich, daß elektromagnetische Wellen spezifischer Frequenzen und Amplituden verantwortlich waren. Eine Art „Todesstrahlen“, um die damals viele Vorstellungen kreisten.

In einem Interview der *Chicago Sun-Times* meinte Gust: „Angenommen, jemand wäre im Besitz einer Methode, um durch Radiowellen Feuer zu entzünden, so würde sich ein Ort wie Willeys Farm, wo sich die Füchse gute Nacht sagen, als Testgelände anbieten.“ Der Techniker schränkte ein, daß diese Überlegungen etwas weit hergeholt seien, aber man dürfe kein Risiko eingehen.

Die Überlegung war nicht nur weit hergeholt - zumindest was die Unauffälligkeit eines solchen „geheimen“ Tests betraf -, sondern auch falsch. Das ergaben die Untersuchungen der Air-Force-Experten.

Zu diesem Zeitpunkt ging es auf dem - laut Gust abgelegenen und verlassenen - Farmgelände bereits zu, wie auf einem Rummelplatz. Offizielle und selbsternannte Fachleute, Reporter und zahllose Neugierige traten einander auf die Füße. An manchen Tagen hielten sich mehr als tausend Personen auf dem Gelände auf. Die Verwirrung war perfekt, ein Ende des Chaos nicht in Sicht.

So konnte das nicht weitergehen. Eine Erklärung *mußte* gefunden werden, die substantieller war als die bislang vorgeschlagenen unhaltbaren Theorien, die von Fliegenspray über Radiowellen bis zu Erdgas reichten. Da auch Laboruntersuchungen nichts ergaben - beispielsweise stellten sich die analysierten Wandtapeten, die immer wieder zum Entzünden tendierten, als vollkommen normal heraus -, entschied man sich für Brandstiftung.

So lautete das offizielle Statement vom 30. August 1948. Auch den Brandstifter hatte man parat. Es war die 13jährige McNeil-Tochter Wanet, Willeys Nichte. Mit einer Waggonladung an Streichhölzern und unermüdlicher Ausdauer sollte das zarte rothaarige Mädchen alle Feuer - ob klein oder rasender Brand - gelegt haben.

Dieses jeder Vernunft Hohn sprechende Kommuniqué ignorierte alle Zeugenaussagen, die berichteten, daß Brandstellen aus dem Nichts überall aufgetaucht waren. Es attestierte sämtlichen Hausbewohnern, Nachbarn und offiziellen Beobachtern Blindheit oder Schwachsinn und kümmerte sich nicht um die Unmöglichkeit, Brände am Plafond zu entfachen, indem man Streichhölzer hochwirft.

So gekünstelt wie diese Erklärung war auch die „Entlarvung" Wanets zustande gekommen, die zu ihrem „Geständnis" führte, auf dem die gesamten Absurditäten basierten. Und zwar:

In dem Farmhaus, in das die Willeys und McNeils gezogen waren, war ebenfalls ein kleines Feuer aufgetreten. Das verdichtete beim stellvertretenden Marshall Burgard den Verdacht auf Brandstiftung. Er stellte eine Falle von großer Raffinesse: Eine Zündholzschachtel wurde deutlich sichtbar plaziert. Als sie tatsächlich verschwand, befand sich die unglückliche Wanet in der Nähe. Das genügte. Burgard und der Staatsanwalt Keith Scott nahmen das Kind zur Seite. Nach einer Stunde „intensiver Befragung" gestand die 13jährige, der Feuerteufel gewesen zu sein. Ohne Zweifel hätte sie auch den Mord an Abraham Lincoln zugegeben, doch der stand nicht zur Debatte. Kaum jemand

glaubte an Wanets Täterschaft. Gomer Bath, ein bekannter Redakteur der Zeitschrift *Star,* der sich mit den Vorkommnissen besonders ausführlich beschäftigt hatte, brachte diesen Unglauben auch nachdrücklich zum Ausdruck. Egal. Am Ende war jeder zufrieden und die Sache konnte zu den Akten gelegt werden. Der Täter war überführt. Das Abreißen der Brandserie bestätigte dies zusätzlich. Wieso eigentlich?
Wanet war natürlich nicht mit einem Rucksack voll Zündhölzern auf dem Rücken durch die Gegend geschlichen und hatte - unter gelegentlicher Benützung einer Tarnkappe und einer Leiter - unbemerkt Brand um Brand gelegt. Trotzdem dürfte Burgard, wenn auch nicht aufgrund von Scharfsinn, möglicherweise dem tatsächlichen Urheber der Brandserie auf die Spur gekommen sein: Der kleinen Wanet McNeil.
Lassen wir die läppischen Vorstellungen kindlicher Zündelei beiseite und kehren wir zu unserer Hypothese zurück, daß in gewissen Drucksituationen manche Menschen latente Fähigkeiten aktivieren können und ihre Drangsal in Auto-Aggression (z. B. Selbstverbrennung) oder Exo-Aggression (z. B. Brände) ausleben. Und, daß Kinder mit ihrem Unterbewußtsein besonders verbunden sind, in dem dies alles seinen Sitz hat.
Wanet war sehr unglücklich. Sie litt unter der Trennung von ihrer Mutter. Bei ihrem Vater, der von den Sorgen, Wünschen und Bedürfnissen eines jungen Mädchens keine Ahnung hatte, fühlte sie sich nicht geborgen, und das Farmleben war ein einziger Alptraum für sie. Von Tag zu Tag mehr.
Die Psychologin Dr. Sophie Schroeder vom Kinderspital in Illinois charakterisierte die kleine Wanet als völlig normales Kind, das in unerträglichen Familienumständen gefangen und berechtigt verzweifelt war.
Nach dem Medienspektakel im August 1948, der in Wanets „Geständnis“ gegipfelt hatte, wurde das Kind in die Obhut ihrer Großmutter gegeben, wo sie weniger litt. Damit endete auch die Brandserie. Ein Zufall?
Dann wäre auch der Fall der 14jährigen Jennie ein solcher. Dieses Kind wurde im Jahr 1891 von der Familie Mr. und Mrs. Dawson aus dem Belleville-Waisenhaus geholt und adoptiert. Das Mädchen hatte Gehirnhautentzündung. Während ihrer Genesung erlitt sie Anfälle von

Schwindelgefühlen und Schläfrigkeit, die an Trance grenzten. Sie befand sich in diesem entrückten Zustand, als sie plötzlich an die Decke über ihrem Bett deutete und ausrief: „Seht doch!“ Der Plafond brannte. Man löschte. Am nächsten Tag wies sie auf einen Dachgiebel, der in Flammen stand. Kaum war dieser Brand unter Kontrolle, brach eine Reihe von Feuern gleichzeitig in einem Raum des Hauses aus. Dasselbe Phänomen trat unmittelbar darauf auch in einem anderen Teil des Heims der Dawsons auf. Nachbarn eilten zu Hilfe. Sie erlebten Seltsames, das wenig mit einem normalen Hausbrand gemein hatte. Beispielsweise stand ein Teil eines Zimmers in Brand, als plötzlich unerwartet ein Bild auf der ziemlich entfernten, weit gegenüberliegenden Wand aufflammte und in Rauch aufging.

Im Laufe der folgenden Woche ereigneten sich mehrere hundert Brände. Die Brandstellen waren absonderlich, wie wir es bereits kennen: Tapeten, Handtücher, Sparren, Möbel etc. Auch das Feuer selbst kann nicht als normal bezeichnet werden. Allein die extreme Hitze war ungewöhnlich und erinnert deutlich an das Feuer bei spontaner Selbstverbrennung. Die Begleitumstände auch.

So fraßen sich die Flammen, örtlich extrem begrenzt, in weniger als einer Sekunde zentimetertief in Wände hinein. Die auf der anderen Seite liegenden Mauerstellen konnten nicht berührt werden, da sie viel zu heiß waren. Brachte man brennende Objekte aus dem Haus, erloschen die Flammen augenblicklich, statt - wie zu erwarten - durch die Sauerstoffzufuhr aufzulodern.

Mrs. Dawsons Bruder Shier saß in einem Stuhl, als die vor ihm auf dem Boden ruhende Familienkatze plötzlich in Flammen stand. Kreischend raste das Tier ins Freie, wo das Feuer verschwand. Die Brandepidemie brach ab, nachdem Jennie ins Waisenhaus zurückgebracht worden war.

Noch eindeutiger liegen die Dinge bei dem zwölfjährigen Willie Brough aus Turlock, Kalifornien. Er wurde von seinen Eltern verstoßen, da er offensichtlich vom Teufel besessen war. Die engstirnigen Puritaner schrieben Willies Fähigkeit, Gegenstände durch Ansehen in Brand zu setzen, dem Satan zu. Daß der kleine Junge bereits vor seiner Verstoßung die Hölle auf Erden erlebte, ist klar und erhärtet unsere Hypothese.

Er hatte es auch dann nicht besser. Ein Farmer nahm sich seiner an und sandte ihn zur Schule, wo ihm bereits der entsprechende Ruf vorauseilte. An Willies erstem Schultag brachen fünf Brände aus, für die er ebensowenig als herkömmlicher Brandstifter infrage kam wie später die unglückliche Wanet. Die Flammen tauchten auf der Decke, im Pult eines Lehrers, in einem Kasten und auf den Wänden auf. Alle Feuer wurden von Willie entdeckt, wobei die Möglichkeit ausgeschlossen werden mußte, er hätte sie auch gelegt. Das Direktorium und der Lehrkörper traten zusammen, und der kleine Junge mit dem „teuflischen Blick" wurde von der Schule verwiesen. Es kam zu keinen weiteren Bränden.

Diese Fälle müßten genügen, um ein Resümee zu wagen. Hat also die Hypothese Substanz, daß spontane Selbstverbrennung eine Erscheinung ist, die unter gewissen Bedingungen aus den Menschen *heraus-* und nicht von außen über sie *herein*bricht, und somit eine Verbindung zwischen Selbstverbrennung und PSI im weitesten Sinne besteht? Die Antwort muß wohl JA lauten. Gehen wir einen Schritt weiter. *Beweisen* die Beispiele obige Hypothese? Natürlich nicht.

Beweisen läßt sich nämlich gerade noch mit größter Mühe die Behauptung, daß die Erde keine Scheibe sei. Bei vielen anderen „gesicherten" Erkenntnissen beruht ihre Beweisbarkeit primär auf der Abwesenheit eines Gegenbeweises, und die Vorstellungen der neuen Physik werden oft durch *Wahrscheinlichkeitsaussagen* (!) „bewiesen". Albert Einstein sagte, daß überhaupt nichts endgültig zu beweisen sei. Zitat: „Die Relativitätstheorie kann tausend Jahre gültig sein und einen Tag später widerlegt werden."

Es wäre Effekthascherei, den vorgestellten Theorien über die Verknüpfung von unerklärlichen Phänomene miteinander Beweiskraft zuzuordnen. Das können wir nicht, das brauchen wir nicht, das wollen wir nicht. Denn darum geht es überhaupt nicht.

Theorien sind Schall und Rauch; für einen bestimmten Zeitraum gültige Interpretationen von Erscheinungen, die sich wenig darum kümmern, wie man sie deutet. Manche Theorien erweisen sich rundweg als falsch (z. B. das geozentrische System), andere als Teilbereiche einer übergeordneten Gesetzmäßigkeit (z. B. Newtons Mechanik), und weitere sind als Vorstufen zu umfassenderen Einsichten erkennbar (z. B. die Beobachterhypothese der Quantenmechanik).

Die Phänomene bleiben immer dieselben, auch die unerklärlichen. Daß in diesem Buch dennoch immer wieder Deutungen versucht und Theorien umrissen werden, dient nicht dem Zweck, Unerklärliches de facto zu erklären, sondern ist Teil des Plädoyers für eine phantastische Vernunft...

Wir haben bislang einen bescheidenen Ausschnitt aus dem reichhaltigen Katalog des Rätselhaften kennengelernt und spekuliert, ob sich ein Zusammenhang, vielleicht sogar eine Ordnung entdecken läßt. Die korrekte Antwort muß lauten: vielleicht - vielleicht auch nicht.

Nicht selten bedienen sich gefinkelte Anwälte (besonders in TV-Serien) des Kunstgriffs, eine Gegentheorie vorzustellen, die alle Beweise der Staatsanwaltschaft beinhaltet - nur nicht die Täterschaft des Angeklagten. Die Geschworenen haben die Wahl. So geht es auch uns. Gleichwertige, plausible Deutungen liegen vor.

Die Entscheidung fällt schwer, zu bekannt ist der Umstand, daß mehrere Lösungen für ein Problem oft den Kern der Sache verfehlen. Und wenn schon. Soll PSI mit spontaner Selbstverbrennung alles zu tun haben oder auch nichts, mag jedes Phänomen (ob unerklärlich oder nicht) für sich allein existieren oder mit allen anderen verknüpft sein, wie dies das erwähnte EPR (Einstein/Podolsky/Rosen)-Experiment anzudeuten scheint, darauf kommt es nicht an.

Worauf es ankommt, ist umzudenken, zu akzeptieren, daß wir in einem Universum leben, welches nicht nur größer ist, als wir uns vorstellen können, sondern auch seltsamer. Oder, um den Nobelpreisträger Niels Bohr zu zitieren: „Die Welt ist nicht nur verrückter, als wir uns vorstellen, sie ist verrückter, als wir uns vorstellen *können.*“

In diesen fremdartigen Ort wurden wir nicht als unbeteiligte Beobachter hineingeboren, sondern von ihm *geschaffen.* Das Universum zu verstehen, dessen Spiegelbild wir in gewisser Weise sind, wird von Tag zu Tag wichtiger, je näher der von der Menschheit verfahrene Karren auf einen der Abgründe zurast, die wir selbst aufgerissen haben.

Der Nobelpreisträger Steven Weinberg hat diese Notwendigkeit eindrucksvoll formuliert. Er schreibt in seinem Buch „Die ersten drei Minuten - Der Ursprung des Universums“: „...Man begreift kaum, daß dies alles nur ein winziger Bruchteil eines überwiegend feindlichen Universums ist. Noch weniger begreift man, daß dieses gegenwärtige

Universum sich aus einem Anfangszustand entwickelt hat, der sich jeder Beschreibung entzieht und seiner Auslöschung durch unendliche Kälte oder unerträgliche Hitze entgegengeht. Je begreiflicher uns das Universum wird, um so sinnloser erscheint es auch.

Doch wenn die Früchte unserer Forschung uns keinen Trost spenden, finden wir zumindest eine gewisse Ermutigung in der Forschung selbst. Die Menschen sind nicht bereit, sich von Erzählungen über Götter und Riesen trösten zu lassen, und sie sind nicht bereit, ihren Gedanken dort, wo sie über die Dinge des täglichen Lebens hinausgehen, eine Grenze zu ziehen. Damit nicht zufrieden, bauen sie Teleskope, Satelliten und Beschleuniger, verbringen sie endlose Stunden am Schreibtisch, um die Bedeutung der von ihnen gewonnenen Daten zu entschlüsseln. Das Bestreben, das Universum zu verstehen, hebt das menschliche Leben ein wenig über eine Farce hinaus und verleiht ihm einen Hauch von tragischer Würde.“

So endgültig wie Steven Weinberg muß man es nicht sehen. Vielleicht ist uns das Universum doch ein wenig wohlgesonnen. Schließlich stehen nicht alle bekannten - und unbekannten - Phänomene auf der Negativ-Seite zu Buche (wäre es so, gäbe es uns sowieso nicht).

Wenn wir auch unserer Umwelt und allen Arten (in letzter Konsequenz also auch uns selbst) durch unser Verhalten keine Chance geben, so bedeutet das nicht zwangsläufig, daß wir die Suppe auslöffeln müssen, die wir uns eingebrockt haben. Im sogenannten wahren Leben zieht wirkliche Schuld ohnedies nur in den seltensten Fällen Bestrafung nach sich.

Möglicherweise verfügen wir über latente Ressourcen, die erst fünf Minuten *nach* Zwölf aktiv werden (fünf Minuten *vor* Zwölf ist es ja bereits). Man denke nur an die „Macht des Geistes“, an deren Oberfläche wir in den vorhergehenden Kapiteln bestenfalls kratzen konnten. Jedes Ding hat mindestens zwei Seiten. Selbst wenn spontane Selbstverbrennung eine besondere Variante des menschlichen Selbstvernichtungsdranges darstellt und damit unser diesbezügliches vielfältiges Arsenal um eine - man möchte meinen sinnlose - Facette erweitert, so ist eine Gegenkraft zumindest *denkbar.*

Was immer uns an Leiden und Seuchen heimsucht, einige Menschen sind stets immun (sogar AIDS-Immunität gibt es, wie Fälle von HIV-Positiven beweisen, die von selbst wieder negativ wurden). Man darf

daher als reine Hypothese vermuten, daß Feuerfestigkeit, wie sie beispielsweise D. D. Home demonstrierte, so etwas wie eine natürliche Resistenz gegen spontane Selbstverbrennung sein *könnte.*
Ein kühner Gedanke, zugegeben, aber kein unmöglicher. Mehr soll nicht, mehr braucht nicht, akzeptiert zu werden. Damit sind wir schon ein ziemliches Stück Weges gegangen.
Es ist doch so: Wenn man noch nie davon gehört hat, daß Menschen in Flammen aufgehen können, Gegenstände ein Erinnerungsvermögen besitzen, die Zukunft schon heute existiert und ähnliches mehr, liegt die Ablehnung nahe. Der sogenannte gesunde Menschenverstand bäumt sich auf. Nähert man sich jedoch - wie wir - mit aller gebotenen Skepsis schrittweise dem Unbekannten, Unerklärlichen, Phantastischen, so verändert sich das Bild der vielzitierten „Wirklichkeit". Es wird größer, komplexer, wundersamer und weist plötzlich auch im Bereich des Alltäglichen Ähnlichkeit mit jenen bizarren Vorstellungen auf, die die Wissenschaft heute vom Makro- und Mikro-Kosmos hat. Man bekommt zunehmend das Gefühl, den Begriff des Wunders nicht länger definieren zu können. Grenzen lassen sich schon gar nicht mehr ziehen. Treibt man die Konsequenz auf die Spitze, so ist man versucht, sich zu fragen, ob überhaupt irgendwo „Schluß" ist. Eines führt zum anderen, ad infinitum.
Damit wollen wir dem facettenreichen Feuerphänomen den Rücken kehren, zu dem ich in meinem Buch „Jenseits des Vorstellbaren" noch weitere verblüffende Details niedergelegt habe.
Statt dessen wollen wir einen originellen Gedankengang versuchen: Akzeptiert man beispielsweise natürliche Feuerfestigkeit, taucht sofort die Frage auf, ob es vielleicht auch natürliche *Wasserfestigkeit* gibt. Halt, hier sind wir eindeutig zumindest an *eine* Grenze gestoßen, oder? Sind wir nicht.
Am 13. August 1931 widmete die *New York Herald Tribune* einem gewissen Angelo Faticoni, der am 2. August des Jahres im Alter von 72 Jahren in Jacksonville, Florida, gestorben war, folgenden Nachruf: „Angelo Faticoni, der als ‚Der menschliche Kork' bekannt war, da er unbegrenzt auf Wasser liegen konnte, auch wenn Bleigewichte an seinem Körper befestigt waren, ist tot. Faticoni vermochte auf Wasser zu schlafen, sich zu einem Ball zusammenzurollen oder jede andere Haltung einzunehmen. Einmal wurde er in einen Sack eingenäht und

kopfüber ins Wasser geworfen. Er ging trotzdem nicht unter. Nach acht Stunden holte man ihn wieder heraus.
Faticoni unterzog sich freiwillig eingehenden Untersuchungen an der Harvard- Universität. Medizinische Autoritäten waren jedoch nicht in der Lage, irgendeinen organischen Grund für seine Unsinkbarkeit festzustellen..."
Bizarr genug, aber vielleicht ein Einzelfall, eine Laune der Natur, zu wenig, um es als Phänomen zu betrachten. Und wenn Unsinkbarkeit so selten nicht ist?
Am 5. Dezember 1660 sank ein Schiff in der Straße von Dover. Es gab nur einen einzigen Überlebenden. Sein Name war Hugh Williams. 1780, hundertzwanzig Jahre später, exakt wiederum am 5. Dezember, verschwand ein weiteres Schiff in den Fluten der Straße von Dover. Alle an Bord ertranken. Bis auf einen Mann namens Hugh Williams. Am 5. August 1820 kenterte ein Picknick-Boot auf der Themse. Niemand entging dem Ertrinkungstod - ausgenommen ein fünfjähriger Junge. Er hieß Hugh Williams. Im Zweiten Weltkrieg, am 10. Juli 1940, lief ein britischer Trawler auf eine deutsche Mine. Abermals keine Überlebenden - bis auf zwei Männer, Onkel und Neffe. *Beide* trugen den Namen Hugh Williams.
Was soll man davon halten? Ist Unsinkbarkeit somit erblich, oder gehört diese mehr als seltsame Überlebensserie in die Synchronizitätsvorstellungen C. G. Jungs? Sind Menschen, Dinge und Ereignisse in Raum und Zeit tatsächlich nicht durch Kausalität verbunden, sondern durch „Ähnlichkeiten", wie Jung-Anhänger es formulieren? Unwillkürlich wird man an ein Schulheft Napoleons erinnert, das mit den Worten „Sankt Helena, eine kleine Insel" endet, und das Quelle der unterschiedlichsten Interpretationen ist.
Gegen solche geschichtsschwangere Synchronizitäten/Koinzidenzen muten alltägliche Vorfälle vergleichbarer Art trivial an, mögen sie noch so absonderlich sein. Wie zum Beispiel die große „Rosinenpudding-Korrelation".
Der österreichische Biologe Paul Kammerer ging gegen Ende des neunzehnten und zu Beginn des zwanzigsten Jahrhunderts statistischen Forschungen nach und baute dabei eine beachtliche Sammlung von Fällen auf, die vor Synchronizitäten geradezu strotzen.

Am stärksten beeindruckte Kammerer die Geschichte vom Rosinenpudding, der einen Franzosen namens Dechamps über Jahrzehnte hinweg „verfolgte".
Als kleiner Junge erhielt Dechamps in Orleans von einem gewissen Monsieur de Fortgibu ein Stück Rosinenpudding. Zehn Jahre später wollte Dechamps in einem Pariser Restaurant eine Portion Rosinenpudding bestellen. Dies war jedoch nicht möglich, da der ganze Pudding für einen Monsieur de Fortgibu reserviert war. Viele Jahre danach wurde Dechamps zu einem speziellen Rosinenpuddingessen eingeladen. Während er aß, sagte er zu seinen Freunden, jetzt fehle lediglich noch Monsieur de Fortgibu. In diesem Augenblick öffnete sich die Tür und ein sehr alter und bereits vom Tode gezeichneter Mann trat ein. Es war Monsieur de Fortgibu, der Mann aus Dechamps' Kindheit.
Fortgibu - der nicht eingeladen war - hatte eine falsche Adresse erhalten und war in die tafelnde Gesellschaft hineingeplatzt.
Aufgrund solcher Ereignisbündel dachte auch Kammerer an akausale Verknüpfungen jenseits von Ursache und Wirkung; eine der Natur zugrundeliegende Harmonie, die wir schon kennengelernt haben (Stichwort: C. G. Jungs Synchronizität, sowie das EPR-Experiment) oder noch kennenlernen werden (Stichwort: Rupert Sheldrakes morphogenetische Felder).
Je sicherer man auf dem Boden der Tatsachen zu stehen vermeint, desto häufiger gibt er nach. Unter ihm lauert das Exotische, Verwirrende, Unerklärliche, das uns zudem jenen Trost verweigert, an dem wir Halt finden könnten: den Trost, es als unmöglich ad acta zu legen. Der Umgang mit dem Wort unmöglich ist überhaupt nicht leicht. Der amerikanische Science-fiction-Autor Arthur C. Clarke, ein Mann mit wissenschaftlicher Ausbildung (er studierte Physik und Mathematik), hat diese Problematik in zwei prägnante Aussagen verpackt. Die erste - Sf-Fans sprechen enthusiastisch von „Clarkes Gesetz" - lautet: „Wenn ein seriöser älterer Wissenschaftler feststellt, daß etwas möglich ist, hat er mit ziemlicher Sicherheit recht. Wenn er feststellt, daß etwas unmöglich ist, ist er mit großer Wahrscheinlichkeit im Unrecht."
Bekannter und aufrüttelnder ist jedoch das zweite Clarke-Zitat: „Fortgeschrittene Wissenschaft läßt sich von Magie nicht unterscheiden."

Dem braucht man nichts mehr hinzufügen. So gerüstet wollen wir uns an noch größere Seltsamkeiten heranwagen.
Im Leben sind wir - so hat sich gezeigt - von Rätseln umgeben, die nicht selten ihre Quelle in uns selbst haben. Auch der Tod mancher Personen vollzieht sich auf unerklärliche Weise.
Diese Grenze jedoch *muß* die letzte sein. Hinter ihr enden alle Dinge, erklärlich oder unerklärlich. Abermals nein.
Tote finden keine Ruhe (was nicht esoterisch zu verstehen ist). Gespenstisches (das nichts mit „Gespenstern" zu tun hat) geht um und in Grabstätten vor sich. Verbindungen zwischen Diesseits und Jenseits tun sich auf, die mit Okkultismus soviel gemein haben wie eine Kristallkugel mit einem Radargerät. Öffnen wir die Türe zum Anderswo...

Die Unberührbaren

Stirbt ein Mensch, so behalten ihn jene, die ihn geliebt haben, unverändert in Erinnerung. Diese Vorstellung hat etwas Tröstliches. Sie verleiht dem mühsamen menschlichen Dasein einen Hauch von Unsterblichkeit.
Die sterbliche Hülle wird wieder zu Erde. Selbst ausgefeilteste Mumifizierungstechniken vermögen nicht, sie für alle Zeiten zu konservieren, und was von der neuerdings in Mode gekommenen Kryogen(Gefrier)technik zu halten ist, wird sich zeigen, wenn man versucht, in flüssigen Stickstoff eingelagerte Millionäre in naher oder ferner Zukunft wieder zum Leben zu erwecken.
Manche Tote jedoch scheinen vom ehernen Gesetz der Umwandlung der Materie ausgenommen.
Im Juni des Jahres 1955 stießen Bauarbeiter beim Errichten eines Gebäudefundaments nahe Monroe, Louisiana, auf ein vergrabenes Hindernis. Es erwies sich als große Metallkiste, die mit Blei versiegelt war. Die Behörden wurden verständigt. Man öffnete den Behälter und entdeckte, daß es sich dabei um einen Sarg handelte.
Darin lag, wie schlafend, ein junges Mädchen. Sie zeigte keine Spuren von Verwesung, als wäre sie am Vortag gestorben und beerdigt worden. Eine kleine Silbertafel jedoch verriet nicht nur den Namen der Toten - „St. Clair“ -, sondern auch das Datum des Begräbnisses. Es war der 7. September 1814. Die Medizin stand vor einem Rätsel, und steht es immer noch. Die vollkommene Erhaltung von Verstorbenen ist ein mysteriöses Phänomen, das sich durch die Jahrhunderte, gelegentlich sogar Jahrtausende, verfolgen läßt.
Einer der ältesten und zugleich am besten dokumentierten Fälle ist der der Heiligen Cäcilia. Die junge Römerin gehört zu den frühen Märtyrern. Sie wurde im Jahr 177 nach einem mißglückten Enthauptungsversuch durch einen unerfahrenen Scharfrichter sterbend auf dem Boden des Hauses ihrer Familie liegengelassen. Nach drei Tagen erlöste sie der Tod von den schrecklichen Qualen.
Danach wurde ihr Körper in der genauen Haltung ihres Todes - die Hände gefaltet, das Gesicht dem Boden zugekehrt, der Nacken halb durchtrennt - in die Katakomben von St. Callistus gebracht. All dies geschah im Geheimen.

Jahrhunderte später, nämlich 822, wurde Cäcilias Begräbnisstätte dem Papst Pascal I. wie es heißt in einer Vision offenbart. Er ließ sie aus den Katakomben holen und unter dem Altar der Basilika neu bestatten, die ihren Namen trägt. Weitere Jahrhunderte vergingen.

1599 wurde Cäcilias Ruhe durch Restaurationsarbeiten abermals gestört. Ihr Körper war vollkommen intakt, ihre Hände gefaltet, die Nackenwunde deutlich sichtbar. Kein Zeichen auch nur der geringsten Verwesung. Über einen Monat lang wurde das Wunder der Heiligen Cäcilia öffentlich ausgestellt, ohne daß die Luftzufuhr oder andere Einwirkungen irgendeine Veränderung hervorriefen. Seither ruht sie, nach wie vor unverändert, in einem speziellen Sarkophag, was Papst Clemens VIII. veranlaßte. Die marmorne Grabplatte zeigt die junge Frau, wie sie am Tag ihres Todes zu sehen war, und heute nach einer Exhumierung noch wäre...

Es ist kein Zufall, daß es sich bei den frühen Fällen von Verwesungs-Resistenz, oder welchen makabren Terminus man auch wählen mag, meist um Heilige handelt. Immerhin war die Kirche durch viele Jahrhunderte die einzige Organisation, die geschichtliche Dokumentation betrieb. Nicht selten etwas selektiv. Dazu kommt die Schwierigkeit, etwaige Unverändertheit bei Angehörigen des „niederen Standes", aber auch des Adels, überhaupt zu bemerken.

Die Fairneß verlangt zuzugeben, daß die kirchlichen Autoritäten sich ihr Urteil im jeweiligen Einzelfall nicht leicht machten, so sehr sie auch die Vorstellung des Wunders an sich bejahten. Aus diesem Grund verdienen die vatikanischen Berichte die Beachtung, die einer ernsthaften Untersuchung zusteht.

Von allen Wundern, die den Heiligen zugeschrieben werden, ist diese Erscheinung die am besten überprüfbare. Bedauerlicherweise wurde sie von der medizinischen Welt buchstäblich über Jahrhunderte nicht zur Kenntnis genommen, obgleich die kirchliche Kongregation, die mit dem Prozeß der Heiligsprechung befaßt ist, solides Material - wie man heute sagen würde - gesammelt hat. Die jeweiligen Exhumierungen und Untersuchungen fanden nicht kirchenintern statt, sondern unter Zuziehung von neutralen Zeugen und Medizinern. Trotzdem bestand wenig Interesse auf fachlicher Seite.

Die erste wissenschaftliche Dokumentation dieses ebenso fremdartigen wie erstaunlicherweise gar nicht so seltenen Phänomens stammt aus der Feder eines Geistlichen, dem man Akribie und Objektivität attestieren muß. Es war Pater Herbert Thurston, der im späten neunzehnten Jahrhundert eine Katalogisierung solcher Phänomene vornahm.

Dabei stellte sich heraus, daß das Grundphänomen der Nicht-Verwesung mit Begleiterscheinungen einhergeht, die von Fall zu Fall verschieden sein können. Manchmal strömt aus dem intakten Leichnam ein seltsamer Duft, gelegentlich sogar ein wohlriechendes farbloses Öl, dessen Quelle und Zusammensetzung mysteriös bleiben (besonders hinsichtlich der Menge, die im Lauf der Zeit oftmals ein Mehrfaches der Körpermasse beträgt). Es wurde die Abwesenheit von Leichenstarre bemerkt. In einigen Fällen tritt über den Tod hinaus eine Fortsetzung der sogenannten Stigmatisierung auf. In anderen Fällen kommt es zum Nicht-Verlust der Körperwärme, und in einigen wenigen sogar zu Bewegungen der Extremitäten, die sich nicht durch Muskelkontraktionen erklären lassen.

Es nimmt nicht wunder, daß die erwähnten farblosen Öle, die aus den intakten Körpern von Heiligen strömen, als Reliquien betrachtet werden und man ihnen Heilkräfte zuschreibt. Selbst der Umstand, daß sie diese Heilkräfte *tatsächlich* besitzen, was medizinisch belegt ist, hat nichts Rätselhaftes an sich. Hier können die Kraft des Glaubens und ein Placebo-Effekt zur Erklärung herangezogen werden.

Nicht so einfach verhält es sich beim Grundphänomen. Der Gedanke liegt nahe, daß die nicht-verwesenden Toten durch die jeweilige Umgebung konserviert worden seien. Abgesehen von der Vielfalt der Begräbnisstätten und -arten, die, hätten sie Anteil am Nicht-Verwesen, besagtes Phänomen zur Massenerscheinung machen würden, sprechen weitere Tatsachen eine völlig andere Sprache.

So zeigt sich, daß diese seltsame Unberührtheit von jeder Veränderung oftmals unter Bedingungen auftritt, die normalerweise die Verwesung fördern und beschleunigen, einschließlich von Krankheiten, mit denen körperlicher Verfall oder Zerfall verbunden ist. Mit dem Tod schien jedoch die Zeit gleichsam einzufrieren.

Nicht verweste Leichen wurden auch in Massengräbern entdeckt, sozusagen Schulter an Schulter mit anderen, die sich in fortgeschrittenen Stadien der Auflösung befanden. Einige blieben sogar unter Konditionen unberührt, die Fäulnis und Verwesung begünstigen. Da ihre Kleidung vollkommen verrottet war, grub man sie fast nackt, aber sonst völlig intakt aus. Bei manchen Unglücklichen, die wie Hunde verscharrt worden waren, vermochte nicht einmal der direkte Kontakt mit der umgebenden Erde eine Zersetzung hervorzurufen.

Erst im zwanzigsten Jahrhundert tauchen medizinische Theorien über dieses Phänomen auf, das in der Geschichte der Heiligen ausführlich und dokumentarisch niedergelegt ist. Da die nunmehr vorgenommenen Untersuchungen Einbalsamierung ausschlossen, brachte man einen natürlichen Prozeß ins Spiel, der den Namen *Saponification* erhielt. Dabei verwandelt sich das Körpergewebe in eine Ammoniak-Seife. Die Haut bleibt unverändert, ja, wird sogar fester.

Diese seifenartige Substanz nennt man *Adipocere* (vom lateinischen Wort *adeps* für Fett und *cera* für Wachs). Sie bildet sich bei Beerdigungen in besonders feuchtem Erdreich oder in unmittelbarer Nähe von Fäulnis.

Man weiß zwar nicht, warum und wie *Adipocere* in manchen Verstorbenen entsteht, bei anderen wieder nicht, doch die Tatsache, daß dieses „Leichenfett“ zur jahrelangen Erhaltung einzelner Körperpartien führen kann, schien Anlaß zur Hoffnung auf eine sachliche Erklärung zu geben. Doch leider: die betreffende Substanz fehlte in den Körpern Nicht-Verwester, obgleich sie leicht nachzuweisen ist.

Nimmt man einzelne Fälle genau unter die Lupe, erscheinen solche Erklärungsversuche geradezu rührend.

Ein besonders grausames Schicksal wurden dem polnischen Heiligen Andrew Bobola zuteil, dessen verstümmelten, aber sonst unveränderten Überreste als Reliquie in der Warschauer Kirche aufbewahrt werden, die nach ihm benannt ist. Im Jahr 1657 wurde der Märtyrer Bobola von Kosaken gefoltert, an einem Strick hinter einem Pferd von einer Ortschaft zur anderen geschleift und fast gevierteilt. Teile seines Gesichts und seiner Gliedmaßen wurden abgerissen, ehe ein Säbelhieb seinen Qualen ein Ende bereitete. Ohne viel Aufhebens grub man ihn hastig neben vielen anderen in einem Kirchhof in Pinsk ein. Es war ein schwülheißer Sommer, und der Boden dampfte vor Feuchtigkeit. Vierzig Jahre später wurde Andrew Bobola wiedergefunden. Umgeben von zersetzten Leichen und Skeletten bot er denselben Anblick wie am Tag seines Todes. Seitdem fanden immer wieder medizinische Untersuchungen statt.

1917 konnte das Wunder des Heiligen Andrew in einer öffentlichen Ausstellung bestaunt werden. 1922 brachen Truppen der jungen Roten Armee die Ruhestätte des Märtyrers auf. Sie hatten von der wundersamen Unverändertheit gehört und wollten sie mit eigenen Augen sehen. Nachdem sie das getan hatten, ließen sie Bobolas - in der Tat unveränderten - Körper auf dem Boden der Kirche liegen. Nach vielen Umwegen und päpstlichen Ansuchen gelangte der Heilige dorthin, wo er sich nun befindet.
Gelegentlich läßt sich das behandelte Phänomen auch in der weltlichen Geschichtsschreibung entdecken. In solchen Fällen sind die Begleitumstände allerdings oft eher unheilig. Ein interessantes Beispiel bietet das Leben des Deutschritters Christian-Friedrich Kahlbutz. Kahlbutz hatte seine Heimat Brandenburg 1675 unerschrocken gegen die Invasion der Schweden verteidigt, konnte aber sonst wenig Sympathie erringen. Er war ein ausgesprochener Tyrann und Wüstling. So gehörte das damals übliche Recht der „ersten Nacht", das Landesherren und anderen Adeligen den Vortritt im Ehebett jung vermählter Frauen niederen Standes einräumte, zu seinen bevorzugten Steckenpferden. Da kannte er weder Rasten noch Ruhen oder Nachsicht. Neben seinen elf ehelichen Kindern zeugte Kahlbutz mindestens dreißig Nachkommen mit einheimischen Mädchen und Frauen.
Als er einmal von einer Magd namens Maria Leppin einen Korb erhielt, ermordete er den Bräutigam des Mädchens, das ihn zurückgewiesen hatte. Dies brachte ihn vor das fürstliche Gericht und uns in Kenntnis seiner erstaunlichen Geschichte.
Wie auch heute oft nicht anders, retteten ihn seine Macht und sein sozialer Status. Das Gericht sah keinen Anlaß, dem Wort eines Adeligen zu mißtrauen, der noch dazu folgenden flammenden Schwur vor den Richtern ausstieß: „Wenn ich der Mörder bin, so möge der gütige Gott meinen Körper niemals verfaulen lassen!" Dieser „Reinigungseid", eine Prozedur, die damals üblich war, überzeugte das Gericht endgültig. Marias Verlobter war offensichtlich nicht von Ritter Kahlbutz, sondern vom Blitz erschlagen worden.
Nach zahlreichen weiteren Eskapaden und Gewalttaten aller Art starb Christian Kahlbutz 1702 im Alter von 51 Jahren und wurde in der Kirche seines Anwesens in Kampehl, einer kleinen Gemeinde vor den Toren Berlins, beigesetzt.

Mehr als neunzig Jahre später wurde der vollkommen erhaltene Körper des Ritters bei einer Renovierung der Kirche in seinem Sarg entdeckt. Das verwunderte zur damaligen Zeit niemanden, da kaum jemand an seiner Täterschaft gezweifelt hatte.
Ohne Frage haben wir es hier mit einer wilden Mixtur aus Aberglauben, Legendenbildung und verzerrter Überlieferung zu tun. Eines aber ist unbestreitbare Tatsache: die Leiche des Christian Kahlbutz verweste nicht.
1895 führte der weltberühmte Pathologe Rudolf Virchow, der heute vielen Menschen leider nur noch durch sein öffentliches Verzehren eines Brotes mit Milzbrandbakterien-Aufstrich bekannt ist, wodurch er Robert Koch drastisch beweisen wollte, daß es keine „kleinen Tiere" (Bakterien) gibt, die Krankheiten verursachen, eine Autopsie bei Kahlbutz durch. Virchow konnte nicht die geringsten Spuren von Einbalsamierungssubstanzen feststellen und gab zu, daß der Körper nicht nur äußerlich, sondern auch hinsichtlich seiner inneren Organe intakt war. Weitere medizinische Autoritäten aus Berlin vermochten nichts anderes herausfinden. Der Körper des Ritters gab sein Geheimnis nicht preis.
Während der Olympischen Spiele 1936 wurden Besucher in Waggonladungen nach Kampehl gebracht, um die aufgeschnittenen, aber sonst völlig erhaltenen sterblichen Überreste von Christian Kahlbutz zu bestaunen. Ebenso interessant wie mysteriös ist der Umstand, daß auch das Leichentuch des wüsten Ritters seit seinem Begräbnis nicht verrottet ist. Seine Frau Margarethe von Rohr und die gemeinsamen elf Kinder des Ritterehepaars sind schon längst zu Staub zerfallen.
Eingehend dokumentiert sind auch die eigentümlichen Vorgänge, die nach dem Tod des maronitischen Heiligen St. Charbel Makhlouf einsetzten, der 1898 gestorben und in der Einsiedelei von St. Peter und St. Paul im Libanon begraben worden war. Nach den Gebräuchen seines Ordens hatte man St. Charbel ohne Sarg beerdigt. Kurze Zeit später wurde seine Exhumierung angeordnet, da seltsame Lichter um das Grab in Erscheinung traten. Der Heilige zeigte keine Spuren von Verwesung. Nicht einmal der Schlamm, der ihn aufgrund einer vorhergegangenen Flut umhüllte, hatte die leiseste Zersetzung bewirken können.

Der Tote wurde gründlich gesäubert, neu bekleidet und in einem Holzsarg in der Klosterkapelle aufgebahrt. Bald schon begann eine undefinierbare ölige Flüssigkeit aus seinem Körper zu dringen. Sie schien unerschöpflich.
1927 entschloß man sich, den Verstorbenen in einen Zinksarg zu legen und diesen hinter einer Wand einzumauern. Im Jahr 1950 bemerkten Pilger, daß die ölige Substanz durch die Mauer sickerte. Die Gruft von St. Charbel Makhlouf wurde aufgebrochen. Der Heilige lag unverändert wie am Tag seines Ablebens in seinem Zinksarg.
Seither werden Gruft und Sarg einmal jährlich zur Kontrolle geöffnet. Dabei zeigt sich, daß keine Veränderung stattfindet. Bei diesen Gelegenheiten sammelt man die ölige Ausscheidung wegen der Heilkräfte, die ihr in der Tat innewohnen. Allein die Tatsache, daß ein Körper solche Flüssigkeitsmengen zu produzieren vermag, ist ein Rätsel.
In seinen Aufzeichnungen vermerkt Pater Herbert Thurston, daß die oft geheimen Begräbnisorte unveränderter Heiliger der Nachwelt regelrecht „kundgetan" werden. Dies geschieht durch Leuchterscheinungen wie bei St. Charbel Makhlouf oder durch eine Offenbarung, wie sie Papst Pascal I. in Bezug auf die Katakombe der heiligen Cäcilia erfahren haben soll. Solche Feststellungen zu akzeptieren ist natürlich primär Glaubenssache. Beweise für Visionen und überirdische Fingerzeige sind meist schwer bis gar nicht zu erbringen. Erwähnung verdienen diese Phänomene dennoch, da sie mit der unerklärlichen Konservierung (einer tatsächlich existierenden Erscheinung) verknüpft sind, die nicht zu widerlegen oder wegzurationalisieren ist. Auch in zwanzigsten und einundzwanzigsten Jahrhundert ist das Nicht-Verwesen Verstorbener ein Thema, das so tabu ist wie der Tod selbst. Trotzdem wird immer wieder etwas von Leichen ruchbar, die sich weigern, den Weg allen Fleisches zu gehen. Die einzige moderne grundlegende Arbeit darüber, die an die Dokumentation von Pater Thurston anschließt, wurde von Joan Cruz vorgelegt. In ihrem 1977 erschienenen Buch *The Incorruptibles - die Nicht verwesenden* führt sie 102 (!) untersuchte Fälle an. Das ist nur ein kleiner Teil der bekannten, und schließt die folgenden natürlich nicht ein.
Als man im Erscheinungsjahr des Buches im spanischen Städtchen Espartinas einen Einheimischen neben seinem Sohn in der Familiengruft zu letzten Ruhe betten wollte, stellte sich heraus, daß der damals

elfjährige Jose Garcia Moreno, der 1937 an Meningitis gestorben war, keine Spur von Verwesung zeigte. Die Dorfbewohner bestaunten die intakte Leiche des kleinen Jungen in seinen zerfallenen Grabkleidern - unberührt vom alles verschlingenden Fluß der Zeit und der Vergänglichkeit.

Da es sich hier offensichtlich um einen Akt himmlischer Gnade handelte, wandte man sich an den Vatikan um Heiligsprechung. Allerdings mit wenig Erfolg, denn - wie bereits Pater Thurston in seinen Aufzeichnungen besonders herausstreicht - sind nicht Erscheinungen wie Stigmatisierung, Levitation, Visionen oder Nicht-Verwesen die entscheidenden Faktoren für eine Heiligsprechung, sondern ein frommes Leben.

Wie auch immer, das Mysterium bleibt...

Zum Abschluß dieses Teilbereiches wollen wir einen Fall von Leichenmumifizierung aus deutschen Landen unter die Lupe nehmen, der seit Jahrhunderten für Diskussionen sorgt. Er beantwortet einige Fragen, läßt neue entstehen und demonstriert wieder einmal, wie schwer es ist, Phänomene eindeutig einzureihen.

Das Gewölbe ohne Zeit

In seinem 1753 erschienenen Werk *Merkwürdige Reisen durch Niedersachsen, Holland und England* berichtet der Reisende Zacharias Conrad von Uffenbach folgendes von seinem Aufenthalt in Bremen: „Nachdem wir wieder herüber in die Altstadt gegangen, führte uns Herr Löhning in den Dom, um uns was ganz Ungemeines und Sonderbares zu zeigen. Es ist dies ein Gewölbe unter dem Chor, welches eben die Kraft hat, die Cörper unverweslich zu erhalten, wie das in einem gewissen Closter in Frankreich ist, davon soviel Wesens gemacht wird. Dieses Gewölbe ist sehr schön, hoch, hell und groß, und haben etliche Särge lange Jahre darinnen gestanden, ehe man Obenerwehntes von Ohngefehr darinnen gefunden. Es (die Leichen) sind derselben achte, sieben und ein kleiner mit einem Kinde. Sie sind alle ohne Verwesung, Verletzung und den geringsten bösen Geruch. Sie haben nicht allein, wie gedacht, alle Gliedmaßen, sondern auch die Nägel, Zähne, Haare an dem Bart und Kopf. Die Haut sieht weder schwarz, gelb oder sonderlich verändert, sondern fast natürlich von Farbe. Das Fleisch ist aber ganz trocken und hart.“ Soviel zu den im altem Deutsch publizierten Erlebnissen des Reisenden von Uffenbach. Natürlich machte man sich auch in Bremen so seine Gedanken über die nicht unwillkommene, aber dennoch eigenartige Fremdenverkehrsattraktion.

Im Jahr 1760 druckte das *BREMISCHE MAGAZIN zur Ausbreitung der Wissenschaften, Künste und Tugend* einen Aufsatz des Engländers Edgar Bochart ab, der von der Entdeckung eines „nicht verwesten Frauenzimmers“ berichtet. Diese intakte weibliche Leiche war bei Bauarbeiten an der Kirche St. Margareta in Westminster im Erdreich (!) zum Vorschein gekommen. Bochart erging sich ausführlich über die Ursache der- wie er es nannte - Nicht-Fäulung und kam zu dem Schluß, daß hohes Alter die Erklärung sei. Dies drückte er so aus: „...Es ist bekannt, daß in dieser Lebenszeit die vornehmste Feuchtigkeit abzunehmen anfange und Trockenheit darauf folge, das geschieht, wann die Schweißlöcher an der Zahl weniger werden, und die Durchdünstung gar nicht verspüret wird. Das Fleisch hänge fester am Knochen, und der alte Mensch werde zu etwas Ähnlichem wie Dörrobst...“ Dieser Theorie konnte man bereits vor über zweihundert Jahren wenig abgewinnen, wie der Kommentar des Herausgebers des BREMISCHEN MAGAZINs beweist. Er lautete: „Wir haben hier in Bremen ebenfalls solche ausgedörrte und nicht verweste Körper. Es ist ein großer gewölbter Keller unter dem Chor der hiesigen Domkirche, worinnen sich einige geöffnete Särge mit ihren Körpern befinden, welche nun beinahe hundert Jahre hier gestanden, die aber ohne daß sie balsamiert, oder die Eingeweide herausgenommen wären, ganz unverwehrt (unverwest) geblieben... Die natürliche Ursache der Austrocknung muß hier wohl in der *Beschaffenheit des Gewölbes* gesucht werden... Auch heutigen Tages pflegen sie bisweilen todte Hunde, Katzen, etc. hineinzulegen, sie werden in kurzer Zeit hart ausgedorret..."

Der hier nur auszugsweise wiedergegebenen Theorie von der trockenen Luft, die als natürliches Einbalsamierungsmittel agiert, begegnet man nicht zum ersten Mal. Auch nicht zum letzten Mal. Besondere Standfestigkeit gegenüber sachlicher Prüfung war ihr jedoch nicht gegeben. Diese Prüfung ließ allerdings auf sich warten.

1826 meinte der Hamburger Theaterdirektor Friedrich Ludwig Schmidt, ein Mann, der ursprünglich Chirurg werden wollte und daher über elementare medizinische Kenntnisse verfügte, zu den rätselhaften Leichen im Bremer Bleikeller: „Die Sache ist wohl ernsthaft einem Chemiker oder Mediziner vorzulegen" (Handschrift in der Staats- und Universitätsbibliothek Hamburg, II 9, Nr. 2 vom Mai 1826).

Dazu kam es allerdings erst fast achtzig Jahre später, dafür aber in dramatischer Form.

1902 vertrat Arminius Bau die kreative These, im Boden des Bleikellers entstünde ein „Konservierungs-Gas". Dem wollte niemand zustimmen. Einige Zeitungen - darunter die damals schon bedeutende *Frankfurter Zeitung* - ergingen sich in beißender Ironie. Letztere verstieg sich in einem Beitrag vom 14. Januar 1904 zu einer Gegenthese, die gleichfalls absurd war. Die *Frankfurter Zeitung* bekundete die Überzeugung, Kapuzinermönche hätten die Leichen mittels uralter, ägyptischer Geheimrezepte konserviert.

Was die seit einiger Zeit zu Versuchszwecken im Bremer Bleikeller aufgehängten Hühner, Katzen und Hasen betraf, die gleichfalls nicht verwesten, so wärmte der Journalist die alte Theorie von der Lufttrocknung wieder auf. Das ließ den Chemiker Arminius Bau nicht rü-

hen. Besonders die höhnischen Bemerkungen mancher Publikationen wurmten ihn. Ein regelrechter Medienstreit - wie man heute sagen würde - brach aus.
Die ersten Leichen, so konterte Bau, seien von niederem Stand gewesen und regelrecht vergessen worden. Keine Institution, ob öffentlich oder geheim, wäre daran interessiert gewesen, etwa einen zu Tode gestürzten Dachdecker unverändert zu erhalten. Wenn überhaupt, hätte man die sterblichen Hüllen der Erzbischöfe einbalsamiert - was jedoch *nicht* geschah. Bescheiden, aber bestimmt verwies er abermals auf seine Gas-Theorie.
Damit ging es erst richtig los. Es würde zu weit führen, das schillernde Spektrum exotischer Theorien aufzuführen, das Anfang des zwanzigstens Jahrhunderts in der Presse veröffentlicht wurde. Privatgelehrte und Wissenschaftler aller Studienrichtungen meldeten sich zu Worte. Manches klang plausibel, anderes von vorne herein abstrus.
Es ist kein Zufall, daß die Deutungen mit Fortschreiten der wissenschaftlichen Erkenntnisse moderner wurden. So schrieb ein Forscher namens Hjalmar Sander 1918 in der *Naturwissenschaftlichen Wochenschrift* über „Mumifikation und Radioaktivität“, wobei er das Geheimnis des Bremer Bleikellers damit in Verbindung brachte.
Wann immer Strahlen im Spiele sind, fühlen sich Mantiker, Radiästhesisten, Pendler und Wünschelrutengänger angesprochen. Einer von ihnen wollte in den zwanziger Jahren mit Hilfe eines nicht näher beschriebenen „Strahlenapparates“ eine radiumhaltige Solader unter dem Bleikeller entdeckt haben.
Ernsthafte diesbezügliche Untersuchungen, die am 24. Juni 1925 durch Professor Dr. Precht vom Physikalischen Institut der Technischen Hochschule Hannover durchgeführt wurden, zeigten jedoch keine nennenswerte Radioaktivität am fraglichen Platz. Precht kam zu dem Schluß, „...daß keine allzugroße Wahrscheinlichkeit besteht, daß die Mumifizierung mit der Radioaktivität zusammenhängt...“ Präzise Messungen, die Dr. D. Ortlam 1975 während der großen Domrestaurierung mit einem präzisen Szintillometer vornahm, ergaben sogar, daß just im Bereich der Ostkrypta, in der die nicht zersetzten Leichen ruhten, ein extrem niederer Radioaktivitätspegel herrscht.
Das war niederschmetternd. Die Presse dachte ähnlich und die Schlagzeile über das Ergebnis der Untersuchung von Dr. Ortlam laute-

te im *Weser Kurier* vom 9., 10. und 11. Mai 1977: „Geheimnis des Bleikellers ungelöst."
Dieser Headline hätte Dr. Ortlam - würde man ihn gefragt haben - sicher nicht zugestimmt, denn in seinem 1985 publizierten Aufsatz über die „Geowissenschaftlichen Aspekte zur Bremer Domgrabung" präsentiert er eine umfassende Darstellung der Ursachen für die Konservierung der Toten im Bremer Bleikeller (dieser erhielt übrigens seinen Namen nur deshalb, weil im 17. und 18. Jahrhundert in der nicht länger für Gottesdienste genutzten Ostkrypta Blei für die Domdächer gelagert wurde).
Dr. Dieter Ortlams Analyse umfaßt elf Punkte. In ihr werden die großflächige Überdachung des Bremer Doms, die in ihm herrschende Luftfeuchtigkeit, der dagegen knochentrockene Untergrund, die niedere, ausgeglichene Temperatur im Dom, die Abwesenheit boden- und luftlebender Aasfresser und verschiedene andere Faktoren als gemeinschaftliche Ursachen für das Geheimnis des Bleikellers angeführt. Trotzdem befriedigt die Lösung nicht jedermann.
Ein Zusammenspiel vergleichbarer Kräfte ist aus anderen Kirchen bekannt, in denen jedoch keinerlei Konservierung auftritt. Desgleichen findet die zweimalige Übersiedelung der Toten keine Berücksichtigung.
Diese erfolgten aus einer Reihe von Gründen: Krypten, besser gesagt „Gruftkirchen", waren ursprünglich Orte des Märtyrerkultes. Sie kamen dem weitverbreiteten Bedürfnis entgegen, Reliquien zu besitzen. Als die alten, meist frühchristlichen Märtyrer Heiligen jüngeren Datums Platz machen mußten, verloren die Krypten ihre Bedeutung. Die neuen Heiligen erhielten im Kirchenschiff selbst Altäre. Da die Krypten nunmehr aus den Bauplänen „moderner" gotischer Dome verschwanden, wurden sie oft vernachlässigt und zweckentfremdet (so diente beispielsweise die Ostkrypta des Bremer Doms, wie schon erwähnt, zur Aufbewahrung von Bleiplatten als Reserve für Sturmschäden und Dachbrände).
Mit der Reformation fand die liturgische Nutzung von Krypten ihr Ende. Die Bremer Geistlichkeit war daher beglückt, mit den Ende des 17. Jahrhunderts entdeckten Mumien eine echte Attraktion anbieten zu können.

1822 wurde die Mumiengemeinschaft durch Neuzugänge erweitert. Ein Jahr später wurden alle Toten umgesiedelt, was der damalige Pastor Primus Dr. Wilhelm Rotermund so begründete: „Um den Bleikeller (die Ostkrypta) für die Kirche nützlich zu machen, trug man die Mumien im Sommer 1823 in die Kohlenkammer, unter das Conferenzzimmer..."

Diese unangreifbare politische Formulierung bemäntelte in der Tat einen politischen Sachverhalt, und zwar die Tatsache, daß die Domgemeinde knapp bei Kasse war. Das hing mit dem Lüneviller Friedensschluß vom 8. Oktober 1802, dem folgenden Kampf zwischen Reformierten und Lutheranern und mit anderen Zeitumständen zusammen. Gesamtresultat: Der Dom verlor den größten Teil seines Vermögens. Ein Ausweg wurde gefunden, der auch für unsere Ohren vertraut klingt: Man vermietete die Ostkrypta an die Bremischen Kaufleute, die darin Tabak und andere Handelswaren lagerten. Der ehemalige Bleikeller wurde zum Verkaufsschlager, die Kaufleute rissen sich um ihn. Er wechselte vom Wein- zum Bierlager, wieder zurück usw.

Es ist klar, daß die Mumien bei solchen marktwirtschaftlichen Gegebenheiten nicht konkurrenzfähig waren und gehen mußten.

Sie lagen nun etwa eineinhalb Meter höher als früher, doch das beeinträchtigte die mumifizierende Wirkung des Umfeldes in keiner Weise. Zu Testzwecken ins neue Mumiengewölbe gehängte Tierkadaver beweisen dies. Mit ihnen hat es überhaupt eine besondere Bewandtnis. Folgt man ihrer Spur, so reicht diese durch Jahrhunderte und umfaßt eine erstaunlich große Zahl der unterschiedlichsten Tiere, darunter Hunde, Katzen, Truthähne, Habichte, Sperber, Wiesel, Marder, Gänse, Pfauen, Fische usw. usf.

Bereits 1774 berichtet der Engländer Nathaniel Wraxall, der sich mit diesem Phänomen besonders beschäftigt hat, daß es keinen Unterschied machte, ob die Tiere vor undenklichen Zeiten oder erst kürzlich aufgehängt wurden. Zitat: „Und auch sie (die aus den undenklichen Zeiten stammenden Kadaver) sind in einem höchst perfekten Erhaltungszustand. Die Haut, die Schnäbel, die Federn, alles unverändert."

Interessant ist in dem Zusammenhang die Erklärung des Bauherrn Gerhard Meyer, die gezeigten Tiere wären durchaus nicht alle zu Versuchszwecken in das Gewölbe gebracht worden, sondern stammten teilweise aus den unterschiedlichsten Plätzen der Kirche, wo sie be-

reits mumifiziert aufgefunden wurden. Das Phänomen herrscht also im ganzen Dombereich.
1982 kam es zum zweiten Exodus der Mumien. Primär sollte dadurch die Würde des Doms wiederhergestellt werden, da die Bleikellerbesucher immer mehr den Heerscharen zu ähneln begannen, die ins Glottertal geströmt waren, um die „Schwarzwaldklinik" zu besuchen. Finanzielle Gründe waren allerdings auch beteiligt, denn die Restaurierung einer frühgotischen Domkapelle im Südosten wird erheblich bezuschußt, wenn sie vom domeigenen gewerblichen Betrieb (im vorliegenden Fall war das der Bleikeller) getrennt ist.
Die Trennung erfolgte. Seit Anfang Mai 1984 ruhen die mumifizierten Leichen nun in den Kellerräumen unter dem ehemaligen Kreuzgang im Bereich des jetzigen Glockeninnenhofs. Die Besucher des neuen Bleikellers kommen direkt in den Ausstellungsraum (der erstmals tatsächlich ein Keller ist) und nicht zuerst in den Dom, der fast 300 Jahre lang ein Durchlauf zu den Mumien war.
Damit stellt sich die Gretchenfrage: Wird sich auch hier das Phänomen der Mumifizierung bemerkbar machen? Noch ist die Zeit zu kurz. Auf jeden Fall dürfte Dr. Ortlams Analyse der Weisheit letzter Schluß nicht sein. Damit brauchen wir uns aber glücklicherweise nicht zu belasten.
Das Rätsel (oder Nicht-Rätsel) des Bremer Bleikellers ist vielmehr ein bezeichnender Grenzfall, der das Ineinander-Übergehen verwandter, oder verwandt scheinender Phänomene demonstriert. Was seit Jahrhunderten im Bremer Dom vor sich geht, kann eine weitere Facette des Phänomen-Komplexes sein, der mit dem unerklärlichen Nicht-Verwesen Hand in Hand einhergeht. Oder auch nicht.
Viel wahrscheinlicher dürfte es sich in Bremen um ein *lokales* Phänomen und bei „Unberührten" wie der Heiligen Cäcilie oder dem grausamen Ritter Kahlbutz um einen *personenbezogenen* Prozeß handeln.
Ähnliches kann durchaus auf völlig unterschiedliche Ursachen zurückgehen. Das haben wir bereits festgestellt und werden es noch öfter tun. Ganz besonders gilt dies, wenn wir uns nun weiteren seltsamen Erscheinungen zuwenden, die das größte Mysterium von allen - den Tod - begleiten.

Wo das alles seine exakte Wurzel hat, können wir natürlich nicht klären. Vielleicht kann man es niemals. Nehmen wir die Rätsel zur Kenntnis, als weitere Bausteine für ein größeres Weltbild...
Ein Zitat des Bremer Dompredigers Günter Abramzik ist der geeignete Übergang. Er sagte 1976 in Hinblick auf die zu erwartende zweite Umquartierung der mumifizierten Toten: „...daß es offenbar zum Menschenschicksal dazu gehört, daß man auch nach dem Tode keine Ruhe hat..." Manchen scheint dies tatsächlich beschieden zu sein.

Die rastlosen Toten

An einem heißen Nachmittag des 24. August 1943 öffneten Handwerker unter Aufsicht einer Freimaurerdelegation auf Barbados, der östlichsten Insel der Kleinen Antillen, die versiegelte Grabstätte von Sir Evan McGregor, der 1841 hier bestattet worden war. Das Interesse der Auftraggeber galt jedoch nicht Sir Evan, sondern Alexander Irvine, dem Begründer der Freimaurerei auf Barbados. Seine sterblichen Überreste ruhten in der Gesellschaft von Sir Evan McGregor.
Die Krypta selbst war aus dem Stein der Insel herausgemeißelt und ragte etwa eineinhalb Meter über dem Boden auf. Es gab nur einen Eingang in das Grabgewölbe, zu dem eine Treppe in die Tiefe führte. Die Öffnung zur Grabkammer war durch eine versiegelte Türe verschlossen, und dahinter verwehrte noch eine mächtige Steinplatte den endgültigen Zutritt. Stabil und sicher wie ein Atombunker.
Nachdem die versiegelte Türe geöffnet und die riesige Steinplatte vor dem Gewölbe zur Seite gewuchtet worden war, standen die Arbeiter und die begleitenden Logendelegierten vor einer Barriere aus Ziegeln, die sich in der Grabkammer auftürmte und den Eintritt versperrte.
Das war seltsam.
Fluchend machten sich die Handwerker daran, den Eingang freizulegen. Unter dem langsam kleiner werdenden Ziegelberg kam ein metallisches Objekt zum Vorschein. Zuerst wußte man nicht, was das sein konnte, doch mit der Entfernung weiterer Ziegel erkannte man es: Ein Bleisarg.
Auf dem Kopf stehend, lehnte er gegen die Ziegelbarriere, die den Eingang blockierte. Vorsichtig nahmen die Arbeiter die stützenden Ziegel fort, bis der Sarg wieder auf dem Boden ruhte. Die Freimaurerdelegation war mehr als verwirrt.
Wie war der 600 Pfund schwere Sarg McGregors aus seiner Nische an der gegenüberliegenden Wand hierher gelangt? Die Krypta war verschlossen gewesen, die Versiegelung unangetastet. Und was bedeuteten drei kleine Löcher im Sarg selbst?
Das waren nur die simplen Fragen, wie sich sofort zeigen sollte. Der Sarg mit den sterblichen Überresten des berühmten Freimaurers Alexander Irvine fehlte überhaupt. Die Delegierten beschlossen, die Be-

hörden einzuschalten. Diese zogen Fachleute zu. Eine eingehende Untersuchung begann. Das Ergebnis: noch mehr Rätsel.
Alexander Irvine und Sir Evan McGregor waren beide in schweren, bleibeschichteten Metallsärgen in der Gruft bestattet worden. Die Särge standen nebeneinander in separaten Wandnischen. Daran gab es keinen Zweifel. Grabräuber, üble Scherze, Umtriebe irgendwelcher Fanatiker oder Narren und andere menschliche Aktivitäten mußten ebenso ausgeschlossen werden, wie alle bekannten natürlichen Vorkommnisse.
Wer immer für die Vorgänge in der Grabkammer verantwortlich war, mußte in der Lage gewesen sein, die Siegel entweder zu umgehen oder hinterher wiederherzustellen. Auch das Bewegen der gewaltigen Steinplatte konnte nicht als Kleinigkeit bezeichnet werden. Hier endet der „einfache“ Teil.
Der Abtransport des einen Sarges, verbunden mit der Fleißaufgabe, den zweiten Sarg kopfüber gegen den Eingang zu lehnen, den man *vorher* durch eine Mauer aus Ziegeln *unpassierbar* gemacht hatte, war schlichtweg unmöglich. Dem mußten auch die Untersuchungsbehörden zustimmen. Es war und blieb ein Rätsel. Der mysteriöse Vorfall verdrängte sogar die Kriegsberichterstattung des Jahres 1943 in einigen Zeitungen vorübergehend aus den Schlagzeilen. Manche Journalisten erinnerten sich, daß dies nicht der erste Fall von unerklärlichen Geschehnissen in einer Grabkammer *auf der Insel Barbados* gewesen war.
Damit sind wir an einem Punkt angekommen, wo sich das Bizarre mit dem Unwahrscheinlichen vereinigt. Unangenehme Fragen drängen auf Antwort: Manifestieren sich auf dem winzigen Fleckchen Erde namens Barbados Kräfte, die nicht nur rätselhaft, sondern auch einmalig sind? Und wenn ja - welche Kräfte könnten das sein? Oder ist es einfach „Zufall“ (schon wieder dieser verwaschene Begriff), daß man auf Barbados gleich zweimal auf dieses Phänomen gestoßen ist, das zu akzeptieren für den „gesunden Menschenverstand“ eine echte Kraftleistung darstellt? Eine Unklarheit führt zur nächsten.
Ehe das Absurde endgültig die Oberhand gewinnt, sehen wir uns den vorliegenden zweiten - etwas älteren - Fall näher an. Er wurde über einen sehr langen Zeitraum beobachtet und, wenn auch ergebnislos, untersucht. Überhaupt lassen sich die klar eingegrenzten, kontrollier-

baren Gegebenheiten auf Barbados mit etwas Phantasie mit einem großen Labor vergleichen, in dem Vorgänge ablaufen, die niemand versteht, die aber eindeutige Resultate produzieren. Resultate, die auch andernorts - allerdings unter nicht ganz so überschaubaren Bedingungen - auftreten...

Wovon nun die Rede sein soll, ist als „das unruhige Grab", „die wandernden Särge der Chase-Familie" oder ähnliches in die Geschichte der Insel Barbados eingegangen. Sogar in den westindischen Volkslegenden stößt man auf „die kriechenden Särge", deren Ursprünge sich nach Barbados zurückverfolgen lassen.

Machen wir einen Zeitsprung in den Beginn des vorigen Jahrhunderts, zum Friedhof von Christ Church auf Barbados, der sich über die Bay von Oistins an der Südküste der Insel erhebt.

Das Familiengrab der Chase hätte gleichfalls den Vergleich mit einem privaten Atombunker nicht zu scheuen brauchen, wie ihn auch heute noch manche Zeitgenossen aus dem seltsamen Wunsch heraus, in einer verstrahlten Welt noch ein paar Monate durchzuhalten, in ihrem Garten haben. Aus großen, zementierten Korallenblöcken erbaut, maß es 4 x 2 Meter und befand sich zur Hälfte unter, wie über dem Boden. Eine tonnenschwere Marmorplatte garantierte stabilen Verschluß.

Am 31. Juli 1807 fand der erste Sarg darin Platz, nicht aber Ruhe. Es handelte sich bei der betreffenden Leiche um eine Mrs. Thomasina Goddard. Das Begräbnis verlief im Rahmen des Normalen. Nichts Außergewöhnliches kündigte sich an. Schon bald, genau am 22. Februar 1808, wurde der zweite Sarg in das Gewölbe gebracht. Er war wesentlich kleiner, denn in ihm befand sich das Kind Mary Anna Maria Chase, die Enkelin von Mrs. Goddard. Abermals verlief alles reibungslos.

So traf auch der Anblick, der sich am 6. Juli 1812 der Trauergemeinde und den Sargträgern beim Begräbnis von Mary Annas älterer Schwester Dorcas Chase nach dem Öffnen des Gewölbes bot, alle wie ein Donnerschlag. Der kleinere Sarg lag in einer Ecke und Mrs. Goddards Sarg lehnte an einer Wand. Es sah aus, als hätte eine riesige Hand die Särge mutwillig durcheinandergeworfen oder achtlos bei Seite gewischt. Eine sehr starke Hand allerdings, denn die Särge waren mit Blei beschichtet.

Ein Luftzug kam nicht infrage, und Erdbeben von notwendiger Heftigkeit waren keine aufgetreten.
In stillschweigender Übereinkunft wurden die Särge in die ursprüngliche Lage gebracht, der neue dazu gestellt und die Grabkammer wieder verschlossen. Auch wenn man sich bemühte, den Mantel des Schweigens über die seltsamen und der Familienehre abträglichen Vorgänge zu breiten, kursierten natürlich Gerüchte. Die Schwarzen hatten es getan. Schwarze Sklaven waren beim Begräbnis der ersten Chase-Schwester beteiligt gewesen.
Dazu muß erwähnt werden, daß Thomas Chase ein Patriarch, Tyrann und Kolonialherr im übelsten Sinne dieser Worte war. Er behandelte seine schwarzen Sklaven schlechter als Tiere und seine Familie kaum besser. Seiner Tochter Dorcas hatte er das Leben dermaßen zur Hölle gemacht, daß sie Selbstmord beging. All dies wäre auf peinliche Weise breitgetreten worden, hätte das Durcheinander im Gewölbe die Runde gemacht. Dies geschah, wie schon gesagt, trotzdem.
Im Grunde hielt sich die Idee von der Rache der Sklaven nicht. Wenn diese eine Vergeltung an ihrem Schinder gewagt hätten, dann sicher auf eine für sie befriedigendere Weise.
Wenig später schien sich das Problem von selbst zu erledigen. Thomas Chase starb und wurde am 9. August 1812 in seinem Sarg in die Gruft gebracht. Alles war in Ordnung. Die Sensation begann zu verblassen. Bis zum 25. September 1816, an dem sie mit einem Paukenschlag wieder ins Leben gerufen wurde.
An diesem Tag sollte die Leiche des Kindes Samuel Brewster Ames bestattet werden. Man öffnete die Grabstätte und fand die Särge im nun schon bekannten Durcheinander. Diesmal wurde nicht länger gezweifelt: Es *konnten* nur die Schwarzen gewesen sein!
Die Überlegung entbehrte zwar nach wie vor jeder Logik, denn die Verdächtigten hätten eine solche herkulische Arbeit weder unauffällig noch unverraten durchführen können, und waren zudem von abergläubischer Scheu den Toten gegenüber erfüllt, aber das spielte keine Rolle.
Wachen wurden vor dem Grab postiert. Damit schien allen weiteren Grabschändungen durch rebellische Sklaven ein Riegel vorgeschoben.
Am 17. November desselben Jahres erfolgte abermals eine Bestattung. Es handelte sich um einen Erwachsenen namens Samuel Brewster

(nicht zu verwechseln mit dem kleinen Samuel Brewster Ames), der von seiner ursprünglichen Ruhestätte, dem St. Philip-Friedhof, in die Chase Familiengruft umverlegt wurde.

Diese Zeremonie glich bereits einem Volksfest. Eine große Menschenmenge hatte sich versammelt, Wetten wurden abgeschlossen. Wer auf eine Wiederholung der seltsamen Vorgänge Geld gesetzt hatte, gewann. Im Gewölbe herrschte das Chaos.

So heftig waren die einwirkenden Kräfte gewesen, daß der Sarg von Mrs. Goddard, die ihnen als erste „Bewohnerin" der Gruft am längsten ausgesetzt war, in Trümmern lag. Ein ähnliches Schicksal schien auch den anderen Särgen über kurz oder lang bevorzustehen.

So konnte das nicht weitergehen. Da an eine Geheimhaltung ohnedies nicht mehr zu denken war, begann man die Grabkammer nach allen Regeln der Kunst zu untersuchen, Zentimeter um Zentimeter. Das Ergebnis: Null. Die Wände, der Boden, die Decke, die Verschlußplatte, alles befand sich in einwandfreiem Zustand, stabil, solid und unbeschädigt. Nicht eine Maus hätte eindringen oder entkommen können.

In keiner Weise beruhigt brachte man die Särge wieder in ihre korrekte Lage, befestigte die sterblichen Überreste von Mrs. Goddard an einer Wand und trug die verstreuten Bruchstücke ihres Sarges zu einem ordentlichen Häufchen zusammen. Für drei Jahre kehrte Ruhe ein.

Am 17. Juli 1819 sollte das Begräbnis von Thomasina Clarke in dem mittlerweile weltbekannten Familiengrab stattfinden. Diese Zeremonie war aufgrund der vorhergegangenen Ereignisse von internationalem Interesse und nationaler Bedeutung. Neben Hunderten von Neugierigen wohnten der britische Gouverneur von Barbados, Viscount Lord Combermere und zwei weitere Regierungsbeamte der Öffnung der Gruft bei.

Maurer lösten die Vermörtelung der aus Marmor bestehenden Verschlußplatte, und ein Team von Sklaven wuchtete sie zur Seite. Als das Innere des Gewölbes sichtbar wurde, ging ein Aufschrei durch die Zuschauermenge, die in atemlosen Schweigen erstarrt gewesen war. Abermals hatte eine unerklärliche Kraft gewütet.

Keiner der Särge befand sich in der ursprünglichen Position. Nun entschloß sich Lord Combermere zu handfesten Maßnahmen. Der britische Gouverneur war ein alter Soldat, ein Mann der Tat, der im

Kampf gegen Napoleon den Angriff der englischen Kavallerie bei Waterloo hätte führen sollen, wozu es aus rein politischen Gründen dann nicht kam. Menschen haben das Recht, in Frieden in britischer Erde zu ruhen, so lautete seine Überzeugung, und er ging umgehend daran, den Toten diesen Frieden endgültig und für immer zu sichern. Als erste Maßnahme wurde die Gruft nochmals mit äußerst möglicher Genauigkeit untersucht. Dies ergab keinen Hinweis. Daraufhin ordnete man die Särge unverdrossen ein weiteres Mal korrekt an und bedeckte den Boden der Grabkammer mit einer dicken Lage Sand. Sodann wurde das Gewölbe verschlossen und zusätzlich von Lord Combermere und den anderen Beamten persönlich versiegelt. Eine Wache bezog vor dem Eingang Posten. Das sollte genügen. Verstohlenes Eindringen war unmöglich und selbst wenn es jemand gelänge, würde der Sand- Teppich Spuren der geheimnisvollen Sargbeweger konservieren.

Dieses Menschenwerk reichte jedoch nicht, um das Rätselhafte fernzuhalten oder Licht in die Sache zu bringen, wie sich knapp ein Jahr später herausstellte.

Als das Gewölbe am 18. April 1820 abermals geöffnet wurde, war der Anlaß keine weitere Bestattung, sondern der Druck des öffentlichen Interesses. Die allgemeinen Spekulationen, ob vielleicht wieder etwas in der Grabkammer vor sich ging (und wenn ja, was), hatten die Insel in einen Zustand immer unerträglicherer Spannung versetzt. Schließlich hatten auch die Behörden nicht mehr den Nerv abzuwarten, bis jemand verstarb, der in dem unheimlichen Grab seine letzte Ruhe (sofern dieser Ausdruck hier überhaupt angebracht war) finden sollte. Lord Combermere, sein Sekretär Major J. Finch und die Honoratioren Nathan Lucas, R. Bowcher Clarke und Rowland Cotton begaben sich auf den Friedhof, wo Reverend Thomas H. Orderson zu ihnen stieß. Eine Gruppe furchtsam blickender Schwarzer machte sich an die Öffnung der Gruft. Die Siegel waren intakt, niemand konnte demnach eingedrungen sein. Beim Zur-Seite-Schieben der großen Verschlußplatte wurde ein durchdringendes Kratzen hörbar, das nicht nur den abergläubischen Schwarzen einen Schauer über den Rücken jagte. Es hatte seine Quelle in dem befremdlichen Umstand, daß einer der größeren Särge gegen den Eingang lehnte. Das war nur der Anfang.

Alle Särge lagen wie durcheinandergewürfelt herum. Der kleine Sarg des Kindes Mary Anna Maria Chase mußte regelrecht gegen die Rückwand des Gewölbes geschleudert worden sein, und das mit ungeheurer Wucht, denn er hatte ein großes Stück aus der Steinwand herausgeschlagen.

Mit Ausnahme der Spuren, die durch die Bewegung der Särge verursacht wurden, zeigte die dicke Sandschicht am Boden absolut nichts. Eine letzte Untersuchung wurde vorgenommen. Nachdem Maurer die Wände abgeklopft und als solid bestätigt hatten und auch alle anderen Versuche gescheitert waren, irgendeine natürliche Ursache - sei es nun eine Naturkraft oder menschliche Aktivitäten - zu benennen, zog der Gouverneur einen Schlußstrich. Als ehemaliger Soldat allen Unklarheiten mehr als abhold, ordnete er eine praktische Lösung an, die zwar keine Einsicht in das Mysterium brachte, dafür aber endlich Ruhe. Die Särge wurden in ein anderes Gewölbe umquartiert, wo sie noch heute in korrekter Lage ruhen.

Die Chase-Familiengruft blieb geöffnet und leer. Man kann sie auch jetzt noch sehen, kompakt und unerschütterlich wie am ersten Tage. Der einzige Unterschied ist ein großes Fragezeichen in der Deckenplatte. Man hatte es nach der Ausquartierung der Särge hineingemeißelt...

Das Rätsel der rastlosen Toten von Barbados hat noch keine Erklärung gefunden, obgleich man sich bis heute darum bemüht. Die Publikationen darüber sind Legion. Sie reichen vom persönlichen Augenzeugenbericht des Reverends Thomas H. Orderson über Artikel in Publikationen wie *Folk-Lore Journal* oder *Oddities* aus dem Anfang des zwanzigsten Jahrhunderts bis zur Erwähnung in Sachbüchern unserer Tage. Keine Theorie konnte befriedigen. Wassereinbrüche, seismische Einwirkungen und andere Naturgewalten mußten ebenso ad acta gelegt werden, wie der naheliegende - aber unmögliche Gedanke - an Grabschänder.

Es ist bezeichnend, daß der bekannte Science-fiction-Autor Eric Frank Russell in seinem Buch *Great World Mysteries* eine Erklärung präsentierte, die wenigstens peripher einen naturwissenschaftlichen Aspekt einbringt, der nicht sofort widerlegt werden kann. Ihm - dem SF-Autor! - war bei der Betrachtung von Zeichnungen über die Position der Särge vor und nach ihrer „Wanderschaft" aufgefallen, daß sie eine

Rotations- oder Spiralbewegung beschrieben hatten. Welche Kraft allerdings in der Lage sein sollte, *Bleisärge* in einem Muster anzuordnen, wie es Eisenfeilspänen von magnetischen Feldlinien aufgezwungen wird, konnte auch Russell sich nicht vorstellen. Eine bessere These gibt es bis dato nicht. Auch keine Anhaltspunkte für eine fundierte Deutung.

Mit dieser unbefriedigenden, aber nicht zu ändernden Einsicht wollen wir nach weiterem Auftreten dieser unheimlich-bizarren „Kraft“ in Raum und Zeit Ausschau halten.

Begeben wir uns in das England des frühen neunzehnten Jahrhunderts. Dabei verkneifen wir uns die naheliegende Frage, ob die Zeitparallele zu den Vorgängen auf Barbados etwas zu bedeuten hat. Eine Antwort darauf kann es nicht geben.

So liest man im *European Magazine* vom September 1815 von einer Gruft in Stanton, Grafschaft Suffolk, in der ähnlich Unerklärliches mehrmals auftrat. Särge, die in Regalen gestapelt waren, hatten diese verlassen. Der größte davon - er war so schwer, daß acht Träger ihn kaum befördern konnten - war sogar einige Stufen der Treppe ins Gewölbe „hinaufgestiegen“.

Wenn die Berichte exakt sind (Zeichnungen wie im Fall Barbados existieren hier leider nicht), dürfte die Zentrifugal-Theorie Eric Frank Russells zusammenbrechen oder eine Ergänzung benötigen. Doch sehen wir weiter. Drei Jahrzehnte später, 1844, trat das beunruhigende Phänomen abermals zu Tage, diesmal jedoch mit „Begleitmusik“. Schauplatz des makabren Spektakels war das Städtchen Arensburg auf der baltischen Insel (!) Oesel.

Im Juni des Jahres kündigte sich Unheimliches durch das Verhalten der Pferde von Besuchern des örtlichen Friedhofs an. Einige bäumten sich grundlos auf, andere brachen bewußtlos zusammen, und manche fielen einfach tot um. Nicht selten verfiel ein Pferd in Raserei und mußte getötet werden. Dies ereignete sich stets in der Nähe der Gruft der Familie Buxhoewden.

Als eine Totenmesse in der Familienkapelle durch beunruhigende Geräusche aus der nahegelegenen Grabkammer gestört wurde, hielten einige Mitglieder der Buxhoewden-Familie Nachschau. Sie fanden die Särge im wildem Durcheinander. Sofort begannen Gerüchte über

Vampire, Werwölfe, Hexenspuk und Teufelswerk hemmungslos zu wuchern.
Baron de Guldenstabbe, Präsident des Kirchlichen Gerichtshofes in Oesel, leitete eine offizielle Nachforschung in die Wege. Als erstes stattete er dem Gewölbe einen Besuch ab, das mittlerweile wieder verschlossen und versiegelt worden war, nachdem man die Särge wieder korrekt angeordnet hatte. Auch dem Baron bot sich ein unerklärlicher Anblick: abermals hatten die Särge ihren Platz verlassen. Wie sein Leidensgefährte auf Barbados, Lord Combermere, war Baron Guldenstabbe ein Mann von eiserner Entschlossenheit. Er befahl Aufklärung um jeden Preis.
Radikaler als die Behörden von Barbados ließ die baltische Untersuchungskommission den Boden der Gruft aufreißen, um einen geheimen Zugang zu entdecken. Es gab keinen. Auch Grabräuber schieden aus. Abgesehen von der Tatsache, daß diese der Zauberei mächtig hätten sein müssen - was man in diesen Tagen grundsätzlich akzeptiert hätte -, so sprach der Umstand dagegen, daß die Särge unangetastet waren. Alle Beschädigungen stammten von der Wucht ihrer Bewegungen.
Die weitere Vorgangsweise ähnelte der auf Barbados, das Ergebnis auch. Man stellte die Särge wieder in Reih und Glied, streute zwar keinen Sand, dafür aber Asche in der Gruft und in der Kapelle, durch die man ins Gewölbe gelangte, verschloß den Zugang und sicherte ihn durch Siegel. Einige davon raffiniert versteckt. Eine Einheit Soldaten wachte Tag und Nacht. Drei Tage vergingen, dann erfolgte die Nagelprobe. Das Untersuchungskomitee ließ die Gruft wieder öffnen. Alle Siegel waren unbeschädigt. Der Ascheteppich zeigte keinerlei Spuren. Die Särge befanden sich in wüstem Chaos. Manche standen kopfüber, andere lagen wie hingeschleudert. Einer davon mit solcher Wucht, daß er aufgebrochen war und ein Skelettarm herausragte. Die Balten besaßen nicht die Ausdauer der Einwohner von Barbados, die sich mit diesen Spukerscheinungen mehr als acht Jahre herumgeschlagen hatten. Ihnen genügten drei Tage plus Vorspiel. Das Arensburg-Komitee und die Buxhoewden-Familie beschlossen gemeinsam die Umquartierung der Särge. Damit trat auch in diesem Fall Ruhe ein.
Nicht untersucht wurden die Vorgänge, von denen ein Mr. F. C. Paley, der Sohn des Rektors der Universität von Gretford nahe Stamford in

Lincolnshire, England, 1867 in der Zeitschrift *Notes and Queries* berichtet. Dabei handelt es sich um wiederholte Wanderschaft schwerer Blei- und Holzsärge, die jedes Mal in einer lehnenden Haltung an der Wand der Grabkammer ihr Ende fand. Paleys Angaben wurden durch Zeugen bestätigt.
Mit den Ereignissen auf Barbados vom August 1943 verliert sich die Spur der rastlosen Särge schließlich in der Geschichte.
Die Gründe dafür mögen mannigfaltig sein. Vielleicht kann sich die „Kraft“ in unserer technologischen Epoche nicht mehr manifestieren, weil sie z. B. von dem riesigen Spektrum an elektromagnetischen Wellen überlagert wird. das wir produzieren. Möglicherweise spielt die Änderung der Begräbnispraxis eine Rolle. Wahrscheinlich liegt alles ohnedies ganz anders. Wir wissen es wieder einmal nicht.
Es ist und bleibt phantastisch. Auch wenn es uns das Gefühl vermittelt, ein eisiger Finger würde unsere Wirbelsäule hinunter streichen, so müssen wir akzeptieren, daß es so etwas wie eine „Unruhe nach dem Tode“ gibt. Die kritische Frage ist: Haben wir es mit einem örtlich begrenzten Phänomen zu tun oder hängt es mit bestimmten Personen zusammen?
Noch scheint sich das bereits bekannte Problem ähnlicher Vorkommnisse mit möglicherweise grundverschiedenen Ursachen nicht zu stellen. Das Phänomen der wandernden Särge präsentiert sich ziemlich einheitlich und ist als solches eindeutig lokaler Natur, gebunden an einen geographischen Ort oder an eine bestimmte Gruft (hier läßt sich keine Unterscheidung treffen). Auf jeden Fall beendeten die Särge stets ihre Bewegungen, wenn sie anderswo hingebracht wurden. Gänzlich anders würde sich die Situation bei individuellen „Umtrieben“ von Toten darstellen. Wenn es das gibt, ist die Analogie zur Konservierung von Leichen augenscheinlich: Im Bremer Bleikeller eine *örtliche* Erscheinung, bei den in unterschiedlichster Umgebung bestatteten Einzeltoten zweifellos ein *persönlichkeitsbezogenes* Mysterium.
Die Vorstellung einer fremden Naturkraft, die in Grüften ihr Unwesen treibt, ist beunruhigend. Der Gedanke an tatsächliche *Aktivitäten von Verstorbenen* hat jedoch eine ganz andere Dimension. Er läßt das Blut in den Adern gefrieren. Trotzdem werden wir ihn wohl oder übel akzeptieren müssen.

An der Schwelle zum Jenseits...

Obgleich er erst vierzig Jahre alt war, wußte Dr. A. H. Herring aus der Ortschaft Red Hand im US-Bundesstaat Louisiana im Juni des Jahres 1883, daß er nicht mehr lange zu leben hatte. Er machte sein Testament und gab minutiöse Anweisungen hinsichtlich seiner letzten Ruhestätte.

Sein Körper sollte so lange in einem Ziegelgewölbe bestattet werden, bis eine Überführung auf den Familienfriedhof in Georgia möglich war. Dessen nicht genug, schrieb er genau vor, daß seine Leiche in einen Metallsarg zu legen sei, der durch Verlöten hermetisch zu versiegeln wäre. Dieser mußte seinerseits in einem größeren Sarg aus Pinienholz eingeschlossen werden. Dann erst durfte der Transport in das Ziegelgewölbe erfolgen, welches hernach sorgfältig zugemauert werden mußte. Alle diese seltsamen Vorgaben wurden buchstabengetreu durchgeführt.

Zweieinhalb Jahre später entschloß sich die Familie des Verstorbenen, ihn nicht nach Georgia zu bringen, sondern nahe seinem Heim auf dem Red Hand-Friedhof zu bestatten. Man öffnete das Gewölbe. Schon dabei entdeckte man Sonderbares.

Beim Zumauern des Gewölbes war eine breite Pinienholzplanke als obere Abdeckung verwendet worden. Auf ihr lagen die durch Mörtel zusammengehaltenen Ziegel.

Als dieses Dach abgetragen wurde, erregte die Verfassung der Pinienholzplatte Erstaunen. Ihre Unterseite war feucht, und es ließen sich darauf deutlich die Umrisse einer menschlichen Gestalt erkennen, vergleichbar mit dem verschwommenen Bild eines schlecht einjustierten Dia-Projektors. Die Abbildung selbst ähnelte einer Röntgenaufnahme.

Die großen Venen und Arterien waren in dunklem Rot sichtbar, die Lungen etwas heller, der Gehirnbereich hob sich weißlich ab und das Skelett - speziell die Rippen - war deutlich auszumachen. Als Licht auf dieses Phantombild fiel, begann es zu verblassen, allerdings so langsam, daß zahlreiche Zeugen es noch sehen konnten. Das dunkle Netz der Blutbahnen blieb sogar einige Wochen lang erkennbar. Damit bei weitem nicht genug.

Die Erscheinung setzte sich im Inneren des Piniensarges fort. Hier dampfte gleichfalls alles vor Feuchtigkeit und auf der Innenseite des Sargdeckels prangte ein weiterer Bildabdruck, oder wie man es sonst nennen will.

Von Grauen erfaßt, beschloß man, nicht weiter zu forschen und begrub Dr. Herring, ohne die letzte Schranke vor dem Unheimlichen - den Metallsarg - aufzubrechen.

...und wieder zurück?

Das Sprichwort „tot und begraben“ drückt zu Recht aus, daß damit etwas - sei es eine Sache oder eine Person - seinen endgültigen Abschluß gefunden hat. Aus, Ende...
In vergangenen Jahrhunderten war man sich da nicht so sicher. Im 17. Jahrhundert, einer Epoche wuchernden Aberglaubens, in der die Scheiterhaufen der Inquisition immer noch den Himmel erleuchteten, war eine Gegenüberstellung von Mordverdächtigen und Ermordeten an der Tagesordnung. Die Gerichte waren davon überzeugt, das Opfer würde in Gegenwart des Täters auf diesen weisen, zu bluten anfangen oder sonst ein Zeichen geben. Dies galt als schlüssiger Beweis, hinreichend für ein Todesurteil oder noch Schlimmeres. Es ist müßig zu sagen, daß alle Personen, die aufgrund einer solchen „Beweisführung“ auf unterschiedlichste Weise vom Leben zum Tode befördert wurden, mit Sicherheit Justizirrtümer waren. Immerhin rief man in jenen Tagen auch Tiere in den Zeugenstand oder testete die Unschuld von Hexen durch Ertränken. Gelegentlich aber stößt man auf Vorkommnisse, die den Rahmen von Aberglauben und Wahn sprengen. Fälle, die sich auch heute noch rekonstruieren und beurteilen lassen. Fälle, die mit tanzenden Särgen so sehr, oder so wenig verwandt sind, wie ein jahrhundertelang erhaltener Heiliger in feuchter Erde mit einer Mumie in einem konservierenden Kellergewölbe.
Ein solcher Fall läßt sich im Jahre 1629 entdecken, und dank der exakten Berichterstattung einer Persönlichkeit, der man auch nach den Maßstäben des einundzwanzigsten Jahrhunderts Sachlichkeit zugestehen muß, analysieren. Die betreffende Persönlichkeit ist John Mainard - genannt „Old Serjeant“ -, ein berühmtes Mitglied des „Langen Parlaments“ von König Charles I. von England. John Mainard wird noch heute als Rechtsgelehrter von großer Einsicht und Objektivität, fernab von Verblendung und Fanatismus betrachtet. Er könnte auch heute Recht sprechen.
Als er 1690 im Alter von 88 Jahren verstarb, fand sich der für uns interessante Bericht in seinem Nachlaß - jedes Wort in Mainards Handschrift. Es geht dabei um den Mord an der jungen Ehefrau und Mutter Joan Norkot aus Hertfordshire. Joan war überall sehr beliebt, so daß die Bluttat allgemeines Entsetzen und Geschrei nach Bestrafung des

Täters hervorrief. Der oder die Mörder hatten Joan die Kehle von einem Ohr bis zum anderen aufgeschlitzt und ihr das Genick gebrochen (die Reihenfolge der Gewalttaten blieb unklar). In unseren Tagen wäre niemand auf die Idee gekommen, es könnte ein Selbstmord vorliegen. Damals schon. Die Behörden begnügten sich mit der ortsbekannten Tatsache, daß Joan und ihr Ehemann Arthur immer wieder Streit hatten, um eine Verzweiflungstat der unglücklichen jungen Frau anzunehmen, die von Arthur in der fraglichen Nacht allein gelassen worden war. Wie man sich den Hals durchschneidet und dann das Genick bricht - oder umgekehrt - schien nicht klärungsbedürftig.
Das Opfer wurde begraben, und die Behörden legten den Fall zu den Akten. Damit gaben sich Joans Freunde und Nachbarn nicht zufrieden. In den folgenden Wochen nahmen die Gerüchte und die öffentlichen Diskussionen einen solchen Umfang an, daß etwas geschehen mußte. Außerdem war es immer wieder zu ganz konkreten Beschuldigungen von Joans Mann und anderen Familienmitgliedern gekommen. Man entschloß sich zur beliebten Konfrontation von Opfer und Verdächtigen.
Wir würden uns mit dieser morbiden Praxis angewandten Unrechts nicht auseinandersetzen müssen, gäbe es in diesem speziellen Fall nicht einen gravierenden Unterschied zu Vergleichbarem. Und zwar die seit der Tat vergangene Zeit. Als man Joan zu diesem bizarren Zweck exhumierte, lag sie bereits dreißig Tage in der Erde. Die Verwesung hatte eingesetzt, daran ist nicht zu rütteln. Entsprechend den Gepflogenheiten wurde die sogenannte „Berührungsprüfung“ durchgeführt. Der Hergang wird aus den Akten ersichtlich, von Augenzeugen belegt. Am verläßlichsten ist jedoch zweifellos die persönliche Niederschrift von John Mainard. Sie lautet: „...die vier Angeklagten (der Ehemann, Joans Schwester Agnes, ihr Schwager John Okeman und ihre Schwiegermutter Mary Norkot) wurden aufgefordert, die Tote zu berühren. Als sie dies taten, begann sich auf der Stirne der Toten Schweiß zu bilden, der ihr in großen Tropfen über das Gesicht rann. Dieses, eben noch wie Aas wirkend (so ein Augenzeuge), nahm dabei eine gesunde, normale Gesichtsfarbe an, und dann öffnete die Tote ein Auge. Dreimal. Gleichzeitig bewegte sie den Ringfinger in einer zeigenden Bewegung dreimal, wobei Blut auf den Boden tropfte...“. Das war der Beweis. Wenig später brach Arthur Norkots Alibi

zusammen - er war nicht bei Freunden gewesen, wie er behauptet hatte -, und andere Indizien gelangten ans Tageslicht. Schlußendlich wurden Arthur Norkot, seine Mutter und Joans Schwester Agnes für schuldig befunden und zum Tode verurteilt. John Okeman kam davon. Das Tatmotiv blieb unklar. Es wurde angenommen, daß Arthur seine Frau der Untreue verdächtigte und in den beiden anderen Frauen willige Komplizinnen fand, da sie auf Joans Jugend und Schönheit sowie auf ihre Stellung im Haushalt eifersüchtig waren.

Ein völliges Rätsel jedoch bleiben die Vorgänge bei Joans Exhumierung. Selbst die an den Haaren herbeigezogene Vorstellung einer Beerdigung bei lebendigem Leibe scheidet aus, bzw. würde auch nichts erklären, denn Joan lag seit einem Monat unter dem Rasen und befand sich unwiderlegbar in Zersetzung.

Es gibt also nur *eine* Möglichkeit, die sich öffnende Türe zu einem mehr als schaurigen Unbekannten wieder zuzuschlagen: Kein Wort von alledem zu glauben.

Wollen wir das? Ist die Welt, wenn wir alle Berichte über diesen Vorfall als erlogen und erstunken ansehen, niedergeschrieben von abergläubischen Narren und bezeugt von ebensolchen, wieder heil? Sind Diesseits und Jenseits wieder fein säuberlich getrennt? Wohl kaum. Zu oft öffnet sich diese geheimnisvolle Tür, und nicht immer läßt sich dies wegrationalisieren. Wie ist das also mit dieser und der anderen Welt?

Einer solchen Frage kann man sich nur mit äußerstem Fingerspitzengefühl nähern. Und vor allem - sachlich. Das klingt widersinnig, ist doch das Jenseits von jeher dem Glauben, der Religion, dem Geistigen vorbehalten. Daran soll selbstverständlich nicht gerüttelt werden. Die persönliche Überzeugung jedes Menschen ist heilig.

Unsere Überlegungen finden auf einer *nicht-persönlichen* Ebene statt, auf der Ebene der Beweisführung für eine phantastische Vernunft. Herkömmlichen Spiritismus, individuelle okkulte Erfahrungen, „Zeugenaussagen“ über jenseitige Welten wollen wir überhaupt nicht berücksichtigen oder nur dort streifen, wo etwas Überprüfbares, Konkretes mitspielt. Ansonsten stehen nur Fakten, oder wenigstens Indizien, zur Diskussion. Und davon gibt es mehr, als man gemeinhin glauben würde. Ihre Interpretation ist und bleibt eine persönliche Angelegenheit, jedem Leser auch persönlich vorbehalten.

Botschaften, Botschaften, Botschaften

Lebendig bestattet zu werden gehört zu den furchtbarsten Alpträumen. Edgar Allan Poe, der Meister des subtilen Horrors, hat diesem namenlosen Grauen nicht grundlos ein literarisches Denkmal gesetzt. Jahrhundertelang versuchten die Menschen, diesem Schicksal vorzubauen. Sie ließen sich verbrennen, Herzstiche geben oder raffinierte Alarmsysteme in ihren Särgen oder Grüften installieren. Erst die moderne Medizin konnte diesem Schrecken ein Ende machen. Allerdings nicht immer und überall.

In der uralten Kleinstadt Camerino in Italien arbeiteten einige Parapsychologen im Sommer 1950 mit einem örtlichen Medium namens Maria Bocca. „Und *das* soll ein sachlicher Einstieg sein?“ mögen Sie jetzt denken. „Seancen, Medien, okkulter geht es wohl kaum.“ Nur Geduld, der Fall wird ganz konkret, haarsträubend konkret.

Die Sitzung verlief wie tausende andere auch, die wir zu Recht in diesem Buch nicht erwähnen. Das Medium befand sich in Trance, murmelte unzusammenhängende Sätze und verhielt sich wie alle „Kontakt-Medien“. Plötzlich eine „Verbindung“. Eine gewisse Rosa Menichelli meldete sich. Ihre Wiege stand im etwa sechs Meilen entfernten Castel-Raimondo, ihr Totenbett war jedoch in Camerino. Auf dem Friedhof von Camerino war sie - so lautete ihre entsetzliche Botschaft - lebend begraben worden, und sie wünschte nun, exhumiert zu werden, damit anderen diese schreckliche Erfahrung erspart bleibe. Eine makabre Story, aber kein Einzelfall im Riesenberg dokumentierter Jenseitsbotschaften. Bis hierher nicht.

Unter den bei der Seance Anwesenden befand sich auch Dr. Guiseppe Stoppolini, Professor für Anatomie an der Universität von Camerino, ein Arzt und Psychologe von internationalem Ruf, der schon viele Ehrungen und Auszeichnungen erhalten hatte. Die Behörden gaben dem Ansuchen dieses bedeutenden Mediziners auf Exhumierung von Rosa Menichelli, verehelichte Spadoni, unverzüglich statt. Die Spitalsakten zeigten, daß die Unglückliche im Alter von nur 38 Jahren am 4. September 1939 an Kindbettfieber, verbunden mit Herzschwäche, gestorben und zwei Tage später auf dem Ortsfriedhof, Grab 10, Reihe 47, bestattet worden war.

Prof. Dr. Stoppolini wollte absolut sichergehen und zog die lokalen Behörden zu. Gemeinsam mit Dr. Mateo Marcello von der Camerino-Gesundheitskammer, dem Pathologen Dr. Alfredo Pesche, drei Behördenvertretern und dem Fotografen S. Manfrini, wohnte er der Graböffnung bei.
Der Inhalt des Sarges war erschütternd. Die Haltung der Leiche ließ auf einen grauenvollen Todeskampf schließen. Rosa Menichelli war mit absoluter Sicherheit im Koma beigesetzt worden. Für die Zeitungen war dies ein gefundenes Fressen. Dr. Stoppolinis gleichzeitig gestartete Kampagne für obligatorische Leicheneinbalsamierung hatte Erfolg. Viele italienische Gemeinden änderten ihre Bestattungspraxis, um solche Unglücksfälle in Zukunft zu verhindern. Der komplette Fall kann in offiziellen Akten und zahllosen Presseartikeln nachgelesen werden.
Nicht gelöst werden konnte allerdings die Frage nach der Quelle der Information. Erinnern wir uns: Die Beerdigung fand 1939 statt und die Seance 1950. Woher also kommt diese wahre Botschaft *elf Jahre* nach dem Tode von Rosa Menichelli Spadoni? Um hier eine (selbst paranormale) diesseitige Erklärung zu finden, müßte man schon sehr gewagte Gedankenakrobatik betreiben. Doch sehen wir weiter, vielleicht finden sich noch mehr Bausteine für dieses phantastische Puzzle. Sie finden sich in der Tat, und zwar in Form einer „Verschwörung im Jenseits".
An einem ruhigen Herbsttag am Beginn zwanzigsten Jahrhunderts machte sich das Schreibmedium Mrs. Verrall im Arbeitszimmer ihrer eleganten Wohnung bereit, eine der ihr bereits vertrauten Botschaften zu empfangen. Ein wohlbekanntes Gefühl hatte der Lehrerin am Newnham College von Cambridge gesagt, daß es wieder einmal so weit ist. Sie wußte, daß bald eine fremde Kraft ihre Hand lenken ihr Informationen aus dem Anderswo zu übermitteln würde.
Nach einigen Minuten begann sie zu schreiben. "Schreiben Sie die Teile auf", war der erste Satz, und dann weiter: "Zusammengefügt werden sie ein Ganzes ergeben." Was sie in der Folge niederschrieb, konnte sie selbst nicht lesen, ja nicht einmal entziffern. Die Zeichen waren Altgriechisch. Ein später hinzugezogener Sprachwissenschaftler übersetzte das Geschriebene als ein wenig bekanntes Zitat von Aristoteles. Der "Absender" der kryptischen Nachricht war wieder lesbar:

Frederic Myers, ein Mann, den Mrs. Verrall sehr gut kannte, und der 1901 gestorben war. Wie üblich, leitete sie die Niederschrift an die renommierte „Society for Psychical Research“ weiter, zu deren Begründern auch ihr Mann gehört hatte. Erst viel später erfuhr sie, daß sie bei einer „Verschwörung“ mitgewirkt hat, die - eine andere Erklärung gibt es nicht - offenbar im Jenseits geschmiedet und fast sieben Jahrzehnte lang im Diesseits ausgeführt wurde.
Als "astrale Verschwörer" gaben sich die Gelehrten Frederic Myers, Henry Sidgwick, Edmund Gurney, Henry Butcher und der Altphilologe und Literaturwissenschaftler Arthur Woolgar Verrall zu erkennen. Letzterer hatte sich nach seinem Tod im Jahr 1912 anscheinend dem Jenseits-Komplott seiner Ex-Kollegen angeschlossen. Alle fünf waren angesehene Wissenschaftler der unterschiedlichsten Disziplinen, und darüber hinaus Mitglieder der besagten „Society for Psychical Research“ gewesen.
Bei der Society handelt es sich um eine durch und durch seriöse Vereinigung, die 1882 unter dem Vorsitz des Cambridger Humanisten Professor Henry Sidgwick gegründet worden war, um sich der wissenschaftlichen Erforschung paranormaler Phänomene zu widmen. Sie sah ihre Aufgabe in der Trennung von echten und vorgetäuschten Phänomenen. Die „Society for Psychical Research“ sandte Fachleute zu Seancen, öffentlichen Auftritten von Medien, Hellsehern und Wundertätern aller Art. So mancher Scharlatan wurde trotz raffiniertester Tricks und komplizierter Ausrüstung von diesen Spezialisten entlarvt.
Diese heute noch bestehende Organisation ist über jeden Zweifel erhaben. Unter ihren Präsidenten findet man drei Nobelpreisträger, elf Angehörige der Royal Society, einen Premierminister von Großbritannien und achtzehn Professoren, darunter fünf Physiker. Ein Angehöriger des Council war beispielsweise Arthur Koestler.
Den Mitgliedern der Vereinigung waren die Probleme der Beweisführung bei so diffizilen Phänomenen vertrauter als irgend jemanden sonst. Es war ihnen vollkommen klar, daß die Unterscheidung, ob eine „Botschaft aus dem Jenseits“ tatsächlich von dort kam oder auf telepathische Fähigkeiten des Mediums zurückzuführen war (von denen dieses gar nichts wissen mußte), ungeheure Schwierigkeiten aufwarf. Gerade in dieser Seriosität und Fachkenntnis mußten die fünf „Ver-

schwörer“ eine einzigartige Gelegenheit gesehen haben, einen Beweis für das Leben im Jenseits zu liefern. Eine Herausforderung, der sie sich anscheinend mit wissenschaftlicher Sorgfalt und Methodik hatten. Sie arbeiteten einen Plan aus. Er war kühn und, zwangsläufig von extremer Komplexität - und: er *mußte* im Jenseits ausgearbeitet worden sein, denn es läßt sich kein „irdischer“ Hinweis darauf entdecken. Nur der Plan selbst...

Die von den jenseitigen Urhebern gesandten Bruchstücke wurden - wie von ihnen offenbar beabsichtigt und erwartet - durch die Society als solche erkannt. Die für Jenseitsbotschaften via automatisches Schreiben zuständige Mitarbeiterin Alice Johnson bemerkte, daß eine Reihe von Niederschriften bekannter Schreibmedien, darunter Mrs. Holland aus Indien, Schwester des Schriftstellers Rudyard Kipling, Mrs. Leonora Piper aus Boston, Massachusetts, Dame Edith Lyttleton aus England, sowie die von Mrs. Verrall, und später ihrer Tochter Helen, erstaunliche Ähnlichkeit aufwiesen, obgleich sie aus verschiedenen Ländern, ja Kontinenten, und Jahren stammten.

Gemeinsam mit dem Forscher. J. G. Piddington und anderen filterte Mrs. Johnson Puzzlesteine mit eindeutigen Gemeinsamkeiten heraus. Beim Zusammensetzen der, in mehreren Sprachen abgefaßten Fragmente - die für die Empfänger unverständlich waren und zudem in der Regel weit über ihren Bildungsstand lagen - zeigten sich klare Verläufe.

So wurden einige lateinische Sätze, die Mrs. Verrall empfangen hatte, kurz darauf von Mrs. Holland, die nichts von Mrs. Verralls Aufzeichnungen wußte, fortgesetzt. Zusammen ergaben sie eine kurze Geschichte Roms, eines der Lieblingsthemen von Frederic Myers. Arthur W. Verrall wiederum erwähnte in einer Botschaft "Das Ohr des Dionysios", eine in den Felsen von Syrakus gehauene Grotte und Flüstergalerie, wo der Tyrann Gefangene gehalten hatte, um sie zu belauschen. Verrall pflegte seine Frau damit aufzuziehen, weil sie die Geschichte nicht gekannt hatte.

Das Raum-und-Zeit-Puzzle umfaßt insgesamt über 3000 Teilbotschaften und erstreckte sich über mehrere Jahrzehnte. Die letzte Nachzüglerbotschaft von Myers ging im Jahr 1972 an den jungen englischen Sensitiven Matthew Manning und schloß mit den Zeilen: "Versucht weiter das Geheimnis des Lebens nach dem Tode zu finden. Wenn ihr es aber findet, wird euch niemand glauben."

Das Geniale - und gleichzeitig Beweiskräftige - an diesem System war, daß sich erst beim Zusammensetzen der Teile ein klares Bild ergab. Jeder Empfänger erhielt nur ein Bruchstück, mit dem sich wenig anfangen ließ. Die einzelnen Themen waren aus Spezialgebieten gewählt, auf denen die fünf verstorbenen Gelehrten überragendes Detailwissen besessen hatten. Sie enthielten Einzelheiten, die nachweisbar nur den Toten bekannt gewesen waren. Zu einem Ganzen zusammengesetzt, konnten die Nachrichten fast mit Sicherheit nur von den fünf toten „Absendern“ stammen.

Auch begann der Plan sich erst nach und nach herauszuschälen, von Informationsteil zu Informationsteil jedoch immer schneller. Dazu trugen die anfangs verwirrenden, mit wachsendem Verständnis jedoch hilfreichen „Stolpersteine“ bei, welche die fünf Forscher in die einzelnen Fragmente eingebaut hatten: Passagen in Griechisch oder Latein oder hintergründige Zitate und Inhalte, die den Empfängern der Botschaften nicht bekannt sein konnten.

Dieses Ereignis ist unter dem Namen *Cross Correspondences/Kreuz-Korrespondenz* sowohl in die Annalen der paranormalen Wissenschaft als auch in die der Geschichte eingegangen. Trotz eingehender, immer wieder neu ansetzender Untersuchungen ist es bis heute nicht gelungen, dieses Phänomen als Selbsttäuschung oder Betrug zu erklären. Man konnte es nur rekonstruieren.

Frederic Myers war ein überzeugter Anhänger des Lebens nach dem Tode gewesen und hatte seine Studien auf den Bereich des automatischen Schreibens konzentriert. Als Ex-Präsident der „Societyfor Psychical Research“ war er wie kein zweiter über die Schreibmedien, ihren Bildungsstand und andere Besonderheiten informiert. Wie es scheint, war er die treibende Kraft der „Verabredung im Jenseits“, der Architekt des Planes und der Mann, der den ersten Schritt tat.

Auch die Idee, durch extreme Verschlüsselung und Fragmentierung von Informationen über dem Wissensniveau der Schreibmedien den Einwand telepathischer Querverbindungen der Empfänger von vornherein zu unterlaufen, wäre ihm durchaus zuzutrauen. Es lohnt sich also, die *Cross Correspondences* unter die Lupe zu nehmen. Sie erzählen ihre Geschichte selbst.

Erste Kontaktversuche, die noch keine konkreten Informationen enthielten, begannen bereits 1904. Am 12. Januar dieses Jahres erhielt das in Indien lebende Schreibmedium Mrs. Alice Fleming, besser bekannt als Mrs. Holland, folgende Botschaft von Myers: „Wenn es möglich wäre, daß auch die Seele selbst stürbe, so würde ich sterben vor unstillbarer Begierde, euch zu erreichen und zu erzählen, daß alles, das wir uns ausgemalt haben, nicht halb so wundervoll ist wie die Wahrheit..."
Einem anderen Medium in den USA, Mrs. Piper, teilte er mit: „Ich versuche es mit all meiner Kraft... beweisen will ich, daß ich Myers bin..."
Und dann wieder durch Mrs. Fleming/Holland: „Ich bin ganz schwach vor Verlangen - wie kann ich mich nur zu erkennen geben?" Zwei Jahre später begann der konkrete Informationsfluß aus dem Jenseits (nehmen wir dieses einmal als gegeben hin), dessen letzter, vereinzelter Nachzügler 1972 registriert wurde.
Es würde zu weit führen, die komplexen Gedankengänge und verschlüsselten Hinweise in den einzelnen Fragmenten aufrollen zu wollen, obwohl gerade diese Struktur das Um und Auf der *Cross Correspondences* darstellt und sie von der Legion anderer Jenseitsbotschaften unterscheidet.
Auch wenn Jenseitsbotschaften im neunzehnten Jahrhundert und in der ersten Hälfte des zwanzigsten Jahrhunderts fast als normal betrachtet wurden, so gab es dennoch niemals vorher oder nachher einen ganzen "Betriebsausflug ins Diesseits", wie den der fünf toten Verschwörer.
Eines läßt sich mit Sicherheit feststellen und wird selbst von den größten Skeptikern zugegeben: Wenn es sich bei diesem feinmaschigen Netz aus Informationsteilen, das Kontinente und Dekaden umspannt, um ein Betrugsmanöver handeln sollte, dann würde es die bombastische Bezeichnung „Weltverschwörung" rechtfertigen. Gewinn brächte diese Verschwörung allerdings niemandem. Lassen wir noch einige spektakuläre Berichte über Wortmeldungen aus dem Jenseits Revue passieren, die man ebenfalls als frappierend und kaum widerlegbar bezeichnen muß.
Am 15. Oktober 1926 nahm der international berühmte Fachmann für orientalische Sprachen Dr. Neville Whymant unfreiwillig an einer Se-

Seance bei einem befreundeten Ehepaar, Richter William Cannon und Frau, teil. Dr. Whymant hatte nicht das geringste für Esoterik oder Spiritismus übrig, und war unangenehm berührt, als er den okkulten Charakter der Einladung erkannte. Spielverderber wollte er aber auch nicht sein.

Das Medium war ein Mann namens George Valiantine, der die Fähigkeit zur „direkten Stimm-Projektion“ besitzen sollte. Dieses Phänomen ist für sich bereits eigentümlich genug, manifestiert es sich doch in Worten oder Tönen, die mitten im Raum entstehen, ohne daß das Medium die Lippen bewegt. Bauchreden kann es nicht sein, und das Installieren von versteckten Lautsprechern ist manchmal auf Bühnen möglich; bei den Cannons muß dies aber ausgeschlossen werden. Unwillig ließ Dr. Whymant das Spektakel über sich ergehen. Seine Stimmung schlug jedoch jäh um, als eine chinesische Flöte zu hören war, gefolgt von einer Stimme, die ihn in fehlerlosem Altchinesisch - eine Form, die nur von wenigen Fachleuten noch beherrscht wird - ansprach: „Grüße, Sohn der Gelehrigkeit und Leser seltsamer Bücher! Dieser unwürdige Diener verneigt sich vor solcher Größe.“

Dr. Whymant antwortete sogleich im selben uralten Hoch-Chinesisch: „Friede mit Dir, Erleuchteter. Dieser ungeschliffene Knecht erbittet Deinen Namen und Deinen erhabenen Stand.“ Darauf erklärte der Unsichtbare: „Mein Name ist K‘ung. Man nennt mit Fu-tzu, und mein niederer Stand ist Kiu (Konfuzius). Ich habe zahllose Jahre verschwendet und kein Ende einer Straße erreicht. Darf ich Deinen erhabenen Namen und Stand erfahren?“

Der Wissenschaftler war gegen seinen Willen mitgerissen. Er begann die Stimme nach Auslegungen von Stellen in der konfuzianischen Lehre zu fragen, über die sich die Experten nicht einigen konnten. Die Antworten waren, soweit er - einer der führenden Fachleute auf diesem Gebiet - es beurteilen konnte, korrekt. Nun wollte er es ganz genau wissen und ersuchte seinen unsichtbaren Gesprächspartner um Aufklärung einiger unverständlicher Passagen in alten chinesischen Gedichten, von denen mindestens eines von Konfuzius selbst stammte oder unter seiner Anleitung entstanden war.

Er erhielt diese Aufklärung. Die Stimme zitierte sogar einige Verse, die nicht einmal Dr. Whymant bekannt waren, aber existierten, wie der Gelehrte später herausfand. Mehr noch, Konfuzius‘ Geist - oder wer auch immer sprach - entwirrte Unklarheiten in der frühen chinesischen Literatur, an denen sich die Fachleute seit Jahrhunderten die Zähne ausbissen.

Dr. Whymant vermochte keine rationale Erklärung für diesen Vorgang anzubieten. Die Unterhaltung war in jahrtausendealtem Chinesisch geführt worden, wie es Konfuzius gesprochen hatte. Ein Idiom, das seit vielen hundert Jahren zu den toten Sprachen zählt. Es war natürlich möglich, daß man ihm eine komplizierte Show mit geheimen Lautsprechern vorgespielt hatte, doch wären dafür die Dienste eines Sinologen von noch umfassenderem Wissen als seinem eigenen notwendig gewesen. Eine mehr als unwahrscheinliche Erklärung - aber keine unmögliche.

Noch aufwendiger hätte ein Betrug im folgenden Fall in die Wege geleitet werden müssen, wobei niemand von diesem profitiert hätte. Das Medium arbeitete nicht als solches, sondern war eine 28jährige Universitätssekretärin aus Indianapolis. Die junge Frau mit Namen Patricia Kord ließ sich von ihrem Onkel Richard Cook regelmäßig hypnotisieren, um häufig auftretende Kopfschmerzen loszuwerden. Während einer solchen Behandlung legte sie plötzlich ein unerwartetes Verhalten an den Tag. Ihr Atem wurde heftig, der Puls sank alarmierend und aus ihrem Mund drang eine Stimme, die mit ihrer eigenen nichts gemein hatte. Sie klang wie die eines Mannes.

Er (?) gab sich als Soldat der Konföderierten Armee während des Sezessionskrieges zu erkennen. Stockend nahm die Geschichte des jungen Gene Donaldson Gestalt an. Er war ein Farmjunge aus der Umgebung von Shreveport in Louisiana gewesen, hatte sich aus Begeisterung den Rebellen (wie die Südstaatler bezeichnet wurden) angeschlossen und verlor ein Auge durch eine Yankee-Kugel in der Schlacht von Shiloh im Juli 1862, als A. J. Johnston und Beauregard General Grant vor Pittsburgs Landing in Tennessee angriffen. Gezielte Fragen von Cook ergaben schließlich eine ausführliche, detaillierte Schilderung vom Leben und Sterben Donaldsons. Sie enthielt zahllose Einzelheiten von Menschen und ihren persönlichen Umständen, Lebensbedingungen der Zeit vor damals fast 100 Jahren und von Kriegsereignissen. All das wurde von dem Tonbandgerät festgehalten, das Patricias Onkel gleich zu Beginn eingeschaltet hatte.

Nun begann das Rätselraten. Weder Cook noch seine Nichte kannten Shreveport oder waren auch nur in der Umgebung gewesen. Auch war ihnen ein Soldat Donaldson ebenso fremd wie die weitere Geographie oder die militärischen Vorgänge im Zusammenhang mit seinem Tod während des Gemetzels von Nashville.

Monate später gestattete Richard Cook einigen Journalisten, die Tonbandaufnahmen zu hören. Dies führte zu Schlagzeilen in zahlreichen US-Zeitschriften. Reporter einiger Nashviller Blätter wollten es genau wissen und begannen in Unterlagen über den Bürgerkrieg zu wühlen. Tatsächlich stieß man im National-Archiv in Washington auf Gene Donaldson. Er hatte zu den Louisiana- Freiwilligen gehört, die sowohl bei Shiloh als auch bei Nashville gekämpft hatten.

Donaldsons ausführliche Tonbandangaben über die Umstände seines Todes erlaubten es Historikern, diesen als Folge des Kampfes um Shy's Hill einzugrenzen, eines unbedeutenden Gefechts im Rahmen des weitverzweigten, blutigen Ringens von Nashville. Auch Donaldsons persönliche Geschichte ließ sich mit vielen Einzelheiten rekonstruieren. Sie stimmte in allen Punkten mit den Angaben aus dem Jenseits überein.

Bedenkt man den ungeheuren Aufwand, den speziell der persönliche Teil erforderte - Reporter der *Shreveport Times* recherchierten wochenlang mit der Ausdauer und der Spürnase von Bluthunden -, so bleibt *zumindest* die *Frage* unbeantwortet, ob sich für Cook und Patricia Kord eine derartige Vorarbeit gelohnt hätte, um für einen flüchtigen Moment im Licht der Öffentlichkeit zu stehen. Abgesehen davon, ob ihnen dies überhaupt möglich gewesen wäre.

Noch problematischer wird die Beweisführung bei einer anderen Jenseits-Botschaft herausragender Natur, zu deren Klarstellung das Medium selbst beträchtliche Anstrengungen unternahm. Aber eines nach dem anderen.

Der flammende Untergang des deutschen Luftschiffs *Hindenburg* beim Andocken in Lakehurst, New Jersey, am 6. Mai 1937 gilt als das Abschlußkapitel in der Geschichte der einst so stolzen Zeppeline oder Luftschiffe, die wie riesige silbrig glänzende Zigarren oder fremde Raumfahrzeuge majestätisch über den Himmel schwebten. Für das britische Imperium war dieses Kapitel der Luftfahrt jedoch schon sie-

ben Jahre früher zu Ende gegangen, und zwar am 5. Oktober 1930, 2.00 Uhr früh.
Bereits 1924 hatte die englische Regierung den Bau einer großen Flotte von Passagier-Zeppelinen in Auftrag gegeben, um die britische Präsenz rund um den Globus auch in der Luft zu dokumentieren. Die Krönung sollten zwei Riesen der Luft sein, R 100 und R 101, gebaut von der *Airship Guarantee Company,* einer Vickers-Tochter. Beide verkörperten einen Standard, der sogar weit über dem des späteren *Graf Zeppelin* lag. 140000 Kubikmeter Wasserstoff sollten nicht nur ihr Eigengewicht von jeweils 90 Tonnen tragen, sondern zusätzliche 60 Tonnen Nutzlast, bzw. Last und Passagiere. Es waren schwebende Gegenstücke zur schwimmenden *Titanic,* denn auch sie boten ein Maximum an Luxus und Komfort.
Mit einer Geschwindigkeit von hundert Kilometern pro Stunde würden sie Englands Glanz und Glorie in alle Himmelsrichtungen transportieren. R 100, der erste der beiden Giganten, erfüllte diese Vorstellungen auch glänzend. Über R 101 waltete jedoch vom ersten Strich auf dem Reißbrett an ein Unstern.
Aus Konkurrenzgründen wurde die R 101 nicht vom erfahrenen Vikers-Team in Howden, sondern von einer Mannschaft des Luftfahrtministeriums in der ehemaligen Militärluftschiff-Basis in Cardington, nahe Bedford, errichtet. Dieselbe Kurzsichtigkeit führte zu einer Ablehnung der angebotenen Mitarbeit von Barnes Wallis, einem damals bereits legendäreren Techniker und Konstrukteur, der an der erfolgreichen Konstruktion von R 100 maßgeblichen Anteil gehabt hatte. Eine Reihe weiterer Unterlassungen, Eigensinnigkeiten und Vertuschungen folgte. All diese Unsinnigkeiten hatten ihre Quelle im erbarmungslosen Druck, den der Luftfahrtminister Lord Thomson of Cardington auf das Team ausübte. Er wollte der nächste Vizekönig von Indien werden und stellte sich vor, daß es seinen diesbezüglichen Bestrebungen propagandistisch sehr nützen würde, wenn er bei der Empire-Konferenz in London im Oktober seinem Luftschiff R 101 entstiege, das eben von einer Reise zum Subkontinent zurückgekehrt war.
Trotz allen Peitschenschwingens war der Riese der Lüfte erst Anfang Oktober fertig. Der Trip nach Indien und wieder zurück zu Beginn der Konferenz würde gerade noch zu schaffen sein. Am Abend des 4. Oktober 1930, genauer 18.36 Uhr, machte die R 101 von ihrem Ver-

ankerungsmast los und begann ihre verhängnisvolle Reise ins Verderben, und in die Unterlagen der Jenseitsforschung.

In - wie sich hinterher zeigte - viel zu geringer Höhe überquerte sie London, den Ärmelkanal von Hastings kommend und erreichte französisches Territorium in der Nähe von Dieppe. Die letzte Nachricht der R 101 an ihre Basis in Cardington meldete eine Position von 24 Kilometern südlich von Abbeville und endet mit dem launigen Abschlußkommentar: „Nach einem exzellenten Abendessen rauchten die hochgestellten Passagiere ihre Zigarren und begaben sich nach Sichtung der französischen Küste zu Bett, um sich von der Anstrengung der Abreise zu erholen. Alle wichtigen Systeme funktionieren zufriedenstellend. Die Mannschaft befindet sich auf normaler Überwachungsroutine.“ Die nächste Nachricht kam - aus dem Jenseits.

Um zwei Uhr morgen des folgenden Tages wurde der 57jährige Eugen Rabouille durch ein vom Himmel kommendes Dröhnen bei seiner Tätigkeit des Fallenstellens gestört. Während er wie versteinert nach oben starrte, sah er einen riesigen Körper gemächlich abwärtstaumeln und auf einem nur etwa 100 Meter entfernten kleinen Hügel aufschlagen. Im nächsten Augenblick brach die Hölle los. Eine Druckwelle warf ihn zu Boden, gleißender Feuerschein und ein titanischer Explosionsknall betäubten seine Sinne. Sekundenlang gellten schreckliche Schreie aus dem Inferno, schattenhafte Gestalten bäumten sich im grellen Schein der Flammen.

Rabouille rappelte sich auf und floh. Er war der einzige Zeuge der letzten Momente des stolzen Luftschiffes R 101, das in einer Regennacht nahe Beauvais in Nordfrankreich seine Besatzung, bis auf sechs Mannschaftsmitglieder, und 48 Passagiere - darunter der Urheber des Desasters, Lord Thomson - in ein flammendes Grab gerissen und dabei das Vertrauen der britischen Regierung in Zeppeline mit vernichtet hatte.

Diese Geschichte ist ebenso dramatisch wie tragisch, aber leider nicht extrem ungewöhnlich. Weit befremdlicher sind andere Vorkommnisse, zu denen es vor - und erst recht nach - dem Todesflug der R 101 kam. Die Vorgeschichte beginnt mehr als zwei Jahre früher. Damals hatte niemand in der Regierung oder unter der Bevölkerung den geringsten Anlaß, an ein Ende der Ära der Luftschiffe überhaupt zu denken, eine Einstellung, die sich bis zum Tag des Absturzes nicht änderte. Zieht man die Geheimniskrämerei und bewußt geschürte Euphorie beim Bau von R 101, verbunden mit dem Erfolg der R 100, in Rechnung, so dürfte in diesen Tagen keinerlei Zweifel in den Herzen so gut wie aller Briten gewohnt haben. Trotzdem erfolgte eine ganz konkrete Warnung, wenn auch auf unorthodoxe Weise.

Am 13. März 1928 - während die Fertigstellung der R 101 im Gange war, der jedermann mit Zuversicht entgegensah - unternahm der Kriegsheld Captain W. R. Hinchcliffe den Versuch einer Atlantiküberquerung. Er startete vom Cranwell-Flughafen in Ostengland und wurde nie mehr gesehen.

Drei Tage später erhielt eine Mrs. Beatrice Earl über ihr *Ouija-Brett* (ein Hilfsmittel bei Seancen, das an sich nicht auf der Ebene unserer Argumentation liegt, aufgrund der speziellen Umstände in diesem Fall aber Erwähnung verdient) eine Nachricht von Hinchcliffe. Er verlangte, daß man seine Frau verständige. Sie sollte Kontakt mit ihm aufnehmen.

Über den begeisterten Spiritisten Sir Conan Doyle als Mittelsmann und ein Medium wurde die gewünschte Verbindung hergestellt. Dabei äußerte Hinchcliffes Geist unter anderem: „Ich muß etwas über das neue Luftschiff (R 101) sagen. Das Fahrzeug wird die Belastung nicht aushalten." Er drang darauf, daß der Navigator der R 101, sein alter Freund Staffelführer Johnston, informiert werden sollte. Dies beunruhigte die Männer von Cardington in keiner Weise. Hinchcliffes letzte Warnung langte ein, als die R 101 sich bereits Frankreich näherte. Sie lautete: „Der Sturm erhebt sich. Nur ein Wunder kann sie noch retten."

Nochmals: Okkultismus im üblichen Sinne hat keinen Platz im Rahmen ernsthafter Überlegungen, doch sollte man auch nicht in das andere Extrem verfallen, Indizien unter den Teppich zu kehren, nur weil sie aus einer anrüchigen Ecke kommen. Auf diesem schmalen Grat zwischen Humbug und Geisterglaube wollen wir uns weiter vorantasten.

Für das Folgende ist es wichtig festzuhalten, daß die Ursachen des Absturzes einige Zeit völlig unklar waren. Die Serie von Unterlassungen, Fehlern, Vertuschungen, Pressionen, persönlichen Motiven etc., die den Grundstein für die Katastrophe gelegt hatte, kam erst später ans Tageslicht.

Eine Gerichtskommission wurde eingesetzt. Sie hatte es nicht leicht. Alle Passagiere und Offiziere waren umgekommen. Die einzigen Überlebenden - sechs Mannschaftsmitglieder mit untergeordneten Funktionen, die sich nicht in der Zentralkabine befunden hatten - konnten wenig über den Hergang des Fluges aussagen, und noch weniger über die Unglücksumstände.

Im April 1931 verkündete die Kommission das Ergebnis der Untersuchung: Durch Gasverlust hatte die R 101 an Höhe verloren, war in einen Abwärtswind geraten und aufgrund ihrer geringen Flughöhe von nicht einmal 100 Metern (kaum mehr als die Hälfte der Länge der R 101) abgestürzt. Es war eine gute Vermutung, mehr nicht. Eine Zeugenaussage hätte den königlichen Beamten die Arbeit wesentlich erleichtern können. Leider stammte sie vom toten Captain der R 101 und fand daher begreiflicherweise keinen Eingang in die offiziellen Nachforschungen. Trotzdem war sie sachlich korrekt, daran läßt sich nichts ändern. Ihr Zustandekommen hätte sich in einem amtlichen Bericht jedoch eigentümlich ausgenommen.

Zwei Tage nach dem Absturz versammelte sich eine ziemlich gemischt zusammengesetzte Gesellschaft im *National Laboratory of Psychical Research* in West-London. Das Laboratorium wurde von einem wohlhabenden Privatmann namens Harry Price betrieben, dem die Erforschung psychischer Phänomene ein persönliches Anliegen war. Price muß als ernstzunehmender Fachmann betrachtet werden, vergleichbar mit den Mitgliedern der *Society for Psychical Research,* die ihn gelegentlich als Experten konsultierte. Price verabscheute spiritistischen Hokuspokus und hatte schon manchen faulen Zauber entlarvt, da er als talentierter Hobby-Magier über das Rüstzeug verfügte, Scharlatanen auf die Schliche zu kommen. Auch war Price um echte Unterscheidung zwischen Jenseits-Botschaften und Telepathie (bewußt oder unbewußt) bemüht.

Die von Price initiierte Seance hatte überhaupt nichts mit dem Absturz der R 101 zu tun, sondern sollte eine Auseinandersetzung zwischen Price und Sir Arthur Conan Doyle weiterführen, die zu Lebzeiten des geistigen Vaters von Sherlock Holmes kein Ende gefunden hatte. Für Conan Doyle stellten die strengen Maßstäbe, die Price an seine Jenseitsforschungen anlegte, eine Mischung aus Beamtenmentalität und

Ignoranz dar, während Price Doyles Spiritismusgläubigkeit als unkritisch ablehnte.

Conan Doyle hatte Price einen „Beweis“ versprochen. Einige Monate nach Doyles Tod, wollte ihm Price Gelegenheit geben, diesen Beweis anzutreten. Wie es für Price typisch war, wählte er ein Medium von untadeliger Reputation, eine Amerikanerin namens Eileen Garrett (1893-1970), die stets zustimmte, ihre Fähigkeiten jeder vorgeschlagenen Untersuchung zu unterziehen. Weiterhin waren ein australischer Journalist mit Namen Jan Coster und ein Stenograf anwesend. Um möglichst korrekte Versuchsbedingungen zu schaffen, gab Price den Anwesenden keinerlei Vorinformationen. Niemand wußte um den Zweck der Seance. Mrs. Garrett hielt den Reporter für einen wissenschaftlichen Beobachter, wie Price sie meistens hinzuzog. Jan Coster, Skeptiker durch und durch, erwartete nichts.

Zu Beginn verlief die Seance normal. Ein „Kontrollgeist“ meldete sich. Informationen von einem verstorbenen Freund wurden an Price weitergegeben. Von Conan Doyle keine Spur.

Plötzlich ging eine dramatische Veränderung mit Mrs. Garrett vor. Sie geriet in Erregung, Tränen drangen aus ihren Augen und sie rief den Namen Irving oder Irvin. Dann begann sie mit einer anderen Stimme zu sprechen, die Worte hastig abgehackt, der Tonfall drängend, wie bei einer Meldung in höchster Gefahr. Der Inhalt ließ den Journalisten aufhorchen. Er lautete: „Die Zelle des Luftschiffs war von Haus aus viel zu schwer für die Maschinenleistung, besonders das Mittelstück. Auch die Maschinen viel zu schwer. Mußte deshalb fünfmal zurück zum Stützpunkt, Schubkraft viel zu gering.“

Die fremdartige Stimme, mit der Mrs. Garrett nun sprach, überschlug sich. Panik schien den Sprecher ergriffen zu haben, der wie ein Maschinengewehr weiterkeuchte: „Unser Schub ist zu gering, falsch berechnet worden. Kontrollstelle informieren... Diese Idee mit den neuen Antriebsmotoren völlig verrückt. Ein Triebwerk ist defekt... Ölpumpe verstopft... Das Kohle-Wasserstoff-System ist falsch, furchtbar falsch... Wir fliegen viel zu niedrig, genauso wie bei den Probeflügen, viel zu kurze Probeflüge. Niemand hat das Luftschiff wirklich gekannt. Viel zu kleine Luftschrauben. Treibstoffeinspritzung unzureichend, Luftpumpe versagt, Kühlung ganz schlecht... Zusatzmotor kann nicht mehr benutzt werden. Flugapparat ist einfach zu schwer und die Ladung viel zu groß für diesen langen Flug... Zuviel Gewicht, zuviel, zuviel... Geschwindigkeit mangelhaft, Schiff schaukelt beängstigend... starke Reibung an der Außenhaut, sie reibt sich aneinander... mit der Maschine stimmt irgendetwas nicht... wir können nicht steigen... alle Versuche schlagen fehl, wir gewinnen keine Höhe mehr... Für einen so langen Flug ist das Wetter viel zu schlecht... Außenhaut ist völlig durchnäßt und das Schiff senkt seine Nase alarmierend. Es ist unmöglich, wieder hochzukommen. Sind völlig hilflos. Haben fast die Dächer von Achy gestreift... Halten uns an der Eisenbahnlinie entlang..."

Tatsächlich ergab die spätere Gerichtsuntersuchung unter anderem: „...daß die Plane nicht mehr elastisch genug war, außerdem viel zu schwer. Das Mittelstück ist vollkommen falsch angebracht worden... es ist viel zu schwer und hat Übergewicht, was die Maschine bei weitem überfordert..." Auch der Hergang stimmte.

Bereits diese Vorgänge müßte man als schwer erklärbar klassifizieren, doch sie waren nur der Auftakt zu noch frappierenderen Ereignissen. Der Journalist Jan Coster, der den gesamten Hergang in Kurzschrift festgehalten hatte, blieb vorerst skeptisch. Dennoch veröffentlichte er die Story, da sie sicher viele Leser interessieren würde. Unter diesen befand sich auch Will Charlton, der mit dem Bau der R 101 zu tun gehabt hatte. Er bat Harry Price um eine Kopie des Protokolls der Seance.

Nachdem er und andere Fachleute die Aufzeichnungen eingehend studiert hatten, gab er eine erstaunliche Stellungnahme ab. „Es scheint eindeutig", erklärte Charlton, „daß in dieser Seance Originalinformationen aus der Erfahrung des verstorbenen Captains der R 101, Fliegerleutnant H. Carmichael *Irvin,* gegeben wurden, so als wäre er persönlich anwesend gewesen." Für Charlton und seine Kollegen waren die Aufzeichnungen „ein erstaunliches Dokument, das mehr als vierzig hochtechnische und vertrauliche Einzelheiten darüber enthielt, was an jenem Unglückstag passiert war." Damit noch nicht genug. Drei Wochen später fanden die unerklärlichen Ereignisse eine Fortsetzung. Abermals nicht geplant.

Zu den mittelbar von der Katastrophe Betroffenen gehörte auch Major Oliver Villiers vom zivilen Luftfahrtministerium, ein Veteran des Ersten Weltkrieges, Fliegeras und alles andere als ein Freund von Mysti-

zismus. Der Major hatte viele Freunde durch den Absturz verloren. Besonders nahe ging ihm der Tod von Sir Sefton Brancker, Direktor der Zivilluftfahrt und Villiers Vorgesetzter im Ministerium.
Spät in der Nacht hatte Major Villiers plötzlich das überwältigende Gefühl, sein Freund Irvin wäre mit ihm im Raum, und er hörte in seinem Kopf die wohlvertraute Stimme des R 101-Captains. Irvin wollte dringend mit ihm sprechen, konnte es aber offensichtlich so nicht. Dieses Erlebnis erschütterte den hochdekorierten Kriegshelden und eingefleischten Realisten derart, daß er einem Bekannten davon erzählte, der sich für Spiritismus interessierte. Dieser arrangierte eine Seance mit Eileen Garrett, an der Villiers, zwar von äußerster Peinlichkeit erfüllt, doch unter einem unwiderstehlichen Zwang teilnahm. Sie fand am 31. Oktober 1930 statt und nahm von Beginn an einen außergewöhnlichen Verlauf.
Sozusagen die Flucht nach vorne antretend, begann Villiers ein Frage-und-Antwort-Gespräch mit Captain Irvin, der sich durch Mrs. Garrett schon bald gemeldet hatte. Bei späteren Seancen erweiterte sich der Kreis astraler Gesprächspartner um weitere Teilnehmer des Todesfluges, einschließlich Sir Sefton Brancker.
An diesem Punkt wären Gedanken wie „einmal muß es genug sein, *das* ist doch wirklich *zu* absurd" oder ähnliche verständlich. Schließlich sind selbst vernünftige Zeitgenossen wie Major Villiers nicht vor Wunschdenken oder Wahnvorstellungen gefeit. Besonders in Extremsituationen. So einfach liegen die Dinge jedoch nicht.
Verfolgt man die Protokolle der Dialoge zwischen Major Villiers und seinen körperlosen Freunden, so stößt man auf Informationen, die Villiers weder selbst besessen noch auf telepathischem Wege (von wem auch immer) erhalten haben *konnte*. Einige auszugsweise Beispiele zeigen, wie schwer es ist, sich auf all das einen Reim zu machen.
Villiers: Versuch mir zu erzählen, was sich am Samstag und Sonntag abgespielt hat.
Irvin: Sie (die R 101) war um viele Tonnen zu schwer. Amateurhaft konstruiert. Hülle und Streben aus mangelhaftem Material.
Villiers: Einen Moment, alter Freund. Laß uns am Anfang beginnen.

Irvin: Gut. Am Nachmittag vor dem Start ist mir aufgefallen, daß der Gasdruckanzeiger schwankte. Das bedeutete ein Loch oder einen Gasaustritt im Bereich der Ventile, den ich nicht lokalisieren konnte.
Villiers: Erklär das bitte genauer. Ich verstehe nicht.
Irvin: Die alten Goldschläger-Häute sind zu porös und nicht stark genug. Durch die konstante Bewegung der Gassäcke, die wie Blasebalge wirken, kommt es zu dauerndem inneren Überdruck, wodurch Gas an den Ventilen austritt. Ich habe den Chefingenieur darüber informiert. Schon damals habe ich gewußt, daß wir so gut wie zum Tode verurteilt sind. Später, als die Wetterkarten hereinkamen, habe ich mich mit Scottie und Johnnie (zwei andere Offiziere) zusammengesetzt. In Hinblick auf die Gasprobleme kamen wir zu der Ansicht, daß ein fahrplanmäßiger Start noch das Beste wäre. Die Wettervorschau war schlecht, aber wir hofften, daß wir den Kanal überqueren und in Le Bourget festmachen konnten, ehe die Schlechtwetterfront da war. Wir hatten alle drei ziemliche Angst. Scottie sagte noch: "Paßt auf, es wird uns erwischen, aber in Gottes Namen, wir wollen grinsen wie die verdammten Cheshire-Katzen, wenn wir an Bord gehen und England mit sauberen Händen den Rücken kehren."

Ein zugegebenermaßen verblüffender Informationsstrom aus dem Mund einer Dame, die mit absoluter Sicherheit ein Ventil nicht von einem Flaschenzug unterscheiden konnte. Es kommt noch erstaunlicher.

Auch der von Irvin erwähnte Scott(ie) meldete sich zu Wort. Mit ihm führte Villiers folgende Unterhaltung:

Villiers: Wo lagen die Schwierigkeiten? Irvin sah in der Spitze des Luftschiffes die Ursache des Problems.
Scott: Ja, Ärger mit dem Tragbalken und der Maschine.
Villiers: Das möchte ich genauer wissen. Können Sie vielleicht die richtige Stelle angeben? Wir haben die einzelnen Streben alphabetisch durchnumeriert.
Scott: Das oberste ist O und dann A, B, C usw. abwärts. Sehen Sie einmal auf Ihre Zeichnung. Es war Steuerbord 5c. Auf unserem zweiten Flug entdeckten wir eine Strebe, die zwar noch in einem Stück, aber stark überdehnt war. Sie belastete die Hülle ganz extrem.
Villiers: Sie sind ganz sicher, daß die Strebung nicht doch zerbrochen war und die Hülle durchstoßen hatte?

Scott: Nein, sie war wirklich nicht gebrochen, sondern nur angeknackst. Daß sie die Außenhülle aufgeritzt hat, wäre möglich. Dieser Riß in der Plane bei Steuerbord 5c könnte eine unnatürliche Druckverlagerung bewirkt haben, die dann zum Absturz führte. Aber da war noch etwas viel Schlimmeres, nämlich der viel zu starke Druck auf die Gasbehälter und der Wind, der uns sehr zusetzte. Dieser extreme Außendruck in Zusammenhang mit den viel zu schwachen Ventilen (die auch von Irvin erwähnt worden waren) führte offenbar dazu, daß das Ventil herausgerissen wurde und das Gas sich an der Rückstoßflamme des Motors entzündete.“

Ein Vergleich mit den Analysen der Gerichtskommission zeigte, daß alle Angaben, die Villiers während seiner Gespräche mit den toten Opfern der R 101 erhalten hatte, sachlich ebenso korrekt waren, wie jene bei Irvins Erstkontakt, als er Conan Doyie die Show stahl.

Es liegt auf der Hand, daß dieser Fall, der anscheinend Jenseitskontakte aus dem obskuren Dunkel spiritistischer Sitzungen auf die Ebene sachlicher Beweisführung hob, zahllose Widerlegungen nach sich ziehen mußte.

Luftfahrtexperten verbissen sich in Details, die nicht ganz zu stimmen schienen oder erklärten eine Flugschiffbesatzung, die sehenden Auges in ihren Untergang steuerte, für geistesgestört und taten solche Aussagen als absurd ab.

Die Diskussion wogte hin und her und ist bis zum heutigen Tage nicht verstummt. Viele Gegenargumente lassen Zweifel aufkommen, andere scheinen an den Haaren herbeigezerrt. Besonders der Einwand, Offiziere würden nicht wider besseres Wissen selbstmörderische Befehle ausführen, wirkt an den Haaren herbeigezogen. Dergleichen ist im Gegenteil die Regel - und nicht nur in Diktaturen. Zu einem endgültigen Urteil wird es wohl niemals kommen.

Trotzdem spricht mehr gegen eine „natürliche“ Erklärung als für sie. Und zwar: Es ist unwiderlegbar, daß einige an den Seancen beteiligte Personen kein Fachwissen besaßen, daß einige der Aussagen *nur* von Irvin kommen *konnten* (speziell der Hinweis auf die Wasserstoff-Karbon-Mischung, die nicht nur neu, sondern auch geheim war, wie auch die Erwähnung von Achy, einem winzigen Dörfchen nördlich von Beauvais, das auf den meisten Landkarten gar nicht zu finden ist) und daß Harry Price ein Mann von absoluter Integrität war, den man nicht täuschen konnte.

Dasselbe läßt sich auch über das Medium Eileen Garrett sagen. Damit kommen wir zu einer weiteren Besonderheit, die dazu geführt hat, daß dieser Fall hier aufscheint: Mrs. Garretts Wunsch, niemanden - auch sich selbst nicht - in die Irre zu führen, war so ausgeprägt, daß sie beispielsweise die „New Yorker Parapsychologische Vereinigung" gründete, die Scharlatane und Wirrköpfe erbarmungslos und mit großem Fachwissen entlarvte.

Als Eileen Garrett 1970 im Alter von 77 Jahren starb, widmete ihr der Forscher und Schriftsteller Archie Jarman, der sich sofort nach dem Bekanntwerden der R 101 Affäre eingehend damit beschäftigt hatte, eine ganze Kolumne in der Zeitschrift *Psychic News.* Dabei ging er auch auf diesen Fall ein. Er schrieb, daß Mrs. Garrett ihn gebeten hatte, die Angelegenheit so gründlich wie möglich zu untersuchen.

In Jarmans eigenen Worten: „Daraus wurde eine ganz schwerwiegende Angelegenheit, die 6 Monate Zeit benötigte und 455 Druckseiten an Ergebnissen brachte. Man unternahm zwei Reisen nach Frankreich, um die letzen Absturzzeugen von Beauvais zu finden. Luftfahrtsachverständige wurden befragt, ein Zusammentreffen mit dem Erbauer des Dieselmotors der R 101 fand statt, woran auch der betagte, aber sehr rüstige Pilot des Schwesternschiffes R 100 teilnahm. Immer wieder wurden technische Sachverständige zugezogen, Navigationsmappen untersucht und das technische Wissen von Mrs. Garrett unter die Lupe genommen.

Dieses war gleich Null, sie wußte kaum, wie man einen Spielzeugballon aufsteigen läßt. Bald war ich (Jarman) mit Astronomie, Aerodynamik, Geodätik wie auch mit den politischen Zusammenhängen und den skandalösen Hintergründen der ganzen Angelegenheit sehr vertraut. Es war der technische Aspekt dieses Falls, der ihn einzigartig macht, und ich meine tatsächlich einzigartig... Meiner Ansicht nach ist es wirklich absurd, anzunehmen, Eileen habe ihre Informationen durch irdische Quellen erhalten..."

Dieser Ansicht *mußten* sich im Lauf der Zeit die meisten Skeptiker zähneknirschend anschließen. Viele von ihnen unterliefen die lästige Jenseitskomponente durch Ausweichen auf das nicht weniger umstrittene, aber wenigstens diesseitige Gebiet des Paranormalen. Harry

Price selbst drückte in einem Schreiben an Sir John Simon, den Vorsitzenden der gerichtlichen Untersuchungskommission des R 101-Desasters, die Meinung aus, es läge vielleicht keine Kommunikation mit den Geistern der Crew vor, sondern Mrs. Garrett hätte auf ungeklärte Weise Zugang zu Informationen gehabt, die in Raum und Zeit gespeichert sind. Wenn auch nicht mit diesen Worten.

Diese Erklärung wird bei vergleichbaren Fällen gerne verwendet, wie etwa das berühmte Musik-Medium Rosemary Brown. Da die englische Hausfrau nur über eine sehr bescheidene Musikausbildung verfügt, steht die Fachwelt völlig ratlos den *neuen* Kompositionen gegenüber, die Mrs. Brown von Komponisten aus dem Jenseits diktiert werden. Abgesehen davon, daß die Hausfrau zu solchen Meisterstücken in keiner Weise befähigt wäre, haben die Experten bei den Jenseitskompositionen eindeutig die „Handschrift" von Musikgiganten wie Beethoven, Bach, Chopin, Brahms, Schumann, Debussy, Grieg, Berlioz, Rachmaninov, Monteverdi oder Liszt identifizieren können. Es gibt noch weitere Beispiele, die aufzuzählen den Platz sprengen würde..

Bleiben wir kurz beim springenden Punkt der Erlangung von Informationen aus dem Irgendwo, um den wir vielleicht nie ganz herumkommen. Man erinnere sich an den bereits erwähnten Edgar Cayce, der auf ungeklärte Weise im Schlaf Wissen erlangen konnte, das ihm im Wachzustand völlig fremd war.

Mit etwas Gedankenakrobatik kann man sich eine Kombination von paranormalen Fähigkeiten (etwa Telepathie, gepaart mit Präkognition) vorstellen, die in Verbindung mit einigen Konzepten der neuen Physik (beispielsweise die Einstein/Rosen-Brücke, das Gleichzeitigkeitskonzept und der Kausalitätsverlust) so etwas wie ein Anzapfen „kosmischen Wissens" ermöglichen könnten.

Damit hätte man auch gleich besonders störende Fälle von Reinkarnation in den Rahmen exotischer, aber immerhin nicht-astraler Theorien integriert. Tatsächlich gibt es eingehend überprüfte Wiedergeburts-Berichte, die herkömmlichen Erklärungsversuchen unerschütterlich trotzen. Der bekannteste ist wohl der von Morey Bernstein untersuchte Bridey Murphy/Ruth Simmons-Fall. Nicht so bekannt, aber ebenso unerschütterlich ist das sogenannte „Watseka-Wunder" aus dem Jahr 1878, als im Städtchen Watseka, US-Bundesstaat Illinois, der Geist

eines verstorbenen Mädchens nachgewiesermaßen einige Wochen lang im Körper des Nachbarskindes „logierte".
Wir brauchen uns damit nicht im Detail zu beschäftigen, da die ernstzunehmenden von ihnen immer folgendes Muster zeigen: Eine Person erinnert sich an ein früheres Leben, an Einzelheiten, die ihm (oder ihr) völlig fremd sein müßten. Manchmal beginnen die Betreffenden auch in fremden Sprachen flüssig zu sprechen, nicht selten in solchen, die nur von einigen wenigen Fachleuten identifiziert und verstanden werden können. Geht man diesem "früherem Leben" nach, so zeigen sich die Angaben als stimmig und dem jeweiligen Medium als völlig unzugänglich. Manchmal fördern Reinkarnations-Berichte sogar bislang Unbekanntes zu Tage.
Soweit so unverständlich.
Auf jeden Fall gibt es *eine* Parallele zwischen Wiedergeburts-Phänomenen und Jenseits-Botschaften, die keinen astralen Aspekt haben *muß*. Sie lautet: „Unmögliche" Informationen gelangen in das menschliche Bewußtsein. Davon haben wir schon gehört. Neu ist die Natur der Information und ihre „Vitalität". Der Information ist sozusagen lebendig, meldet sich selbst, steht Frage und Antwort...
All das scheint wenig geeignet, Klarheit zu bringen. Bizarre wissenschaftliche Konzepte (verwirrend wie die Einkommensteuererklärung), Stimmen aus dem Jenseits, die vielleicht von ganz wo anders herstammen, nachgeprüfte Wiedergeburten, die dennoch nichts beweisen - wie kann man sich da noch zurechtfinden? Offen gesagt: gar nicht. Das wäre auch zuviel verlangt, immerhin bemühen sich Philosophen, Denker und Forscher aller Richtungen seit Jahrtausenden ohne Erfolg, den Schleier vor dem Jenseits zurückzuziehen.
Den Ehrgeiz brauchen wir gar nicht zu haben. Dieses Buch bietet weder Patentlösungen an noch verbindliche Erklärungen. Nur Bausteine für eine größere Wirklichkeit, in der auch das Phantastische - sorgsam getrennt vom Absurden! - seinen Platz hat. Eine solche Betrachtungsweise läßt durchaus mehr als eine Deutung desselben Phänomens zu. Warum auch nicht? Es wäre nicht das erste Mal in der Geschichte der menschlichen Erkenntnis.
Besonders in unseren Tagen ist die Auswahl groß, wenn es um das unverständliche Treiben im subatomaren Bereich geht. Ob man der Meinung anhängt, in jeder Mikrosekunde würden neue Universen ent-

stehen, oder sich in einem Kosmos heimeliger fühlt, der verschwindet, wenn man ihm keine Aufmerksamkeit widmet, ist den Naturphänomenen wohl ziemlich gleichgültig, nicht aber den Forschern. Obgleich alle diese Konzepte wenig Ähnlichkeit mit der legendären „Weltgleichung“ aufweisen, so hat doch jedes von ihnen seine Verfechter, die ihrerseits zu neuen Erkenntnissen gelangen. Einstein verabscheute das Chaos und brachte dies in dem berühmten Satz „Gott würfelt nicht“ zum Ausdruck. Die Naturgesetze - und Niels Bohr - konnten dem nicht zustimmen. Wie es scheint, regiert der Zufall und nicht die Super-Kausalität, nach der sich Einstein so sehnte.

Niemand kann sagen, ob der Zufall sich nicht dereinst als minderer Knecht einer Meta-Ordnung Einsteinscher Prägung erweisen wird. Dann haben sie beide recht - Einstein *und* Bohr.

Das Jenseits, so möchte man meinen, verdient denselben Stellenwert wie alle anderen Ziele menschlichen Erkenntnisstrebens. Es ist nur - wie wir gesehen haben - sehr schwer zu fassen, trügerischer noch als Vakuumfluktuation oder Schwarze Löcher.

Verstorbene melden sich ganz konkret oder scheinen in Nachgeborenen wiederzukommen. Nicht wenige solcher Fälle bestehen auch auf dem Prüfstand schärfster Untersuchungen. Besonders signifikante haben wir mit ihren frappierenden Einzelheiten kennengelernt. Sie beweisen offensichtlich etwas. Die Frage ist nur: *was?*

An dieser Stelle lohnt es sich, ein Phänomen in Augenschein zu nehmen, das diese Problematik besonders verdeutlicht. Es handelt sich dabei um ein Paradebeispiel aus dem Fundus des Esoterischen, das bislang primär auf dieser Ebene erörtert wurde. Die sogenannte „seriöse“ Jenseits-Forschung hat es bis dato nicht einmal ignoriert, wie Karl Valentin sagen würde. Das ist bedauerlich, denn die damit verbundenen Weiterungen sind ungeheuerlich. Außerdem bietet es gute Ansätze zu einer sachlichen Analyse, die wir nun versuchen wollen, da sie - nach meinem Wissen - in dieser Form bis dato noch nicht erfolgt ist. Treten wir also in Verbindung mit einem mitteilsamen, gut informierten Etwas aus dem Jenseits, oder schöpfen wir aus einer Quelle universeller Kenntnis in der Art eines „kosmischen Computers“. Jeder nach seinem Geschmack...

Bücher aus dem Nichts

An einem Abend im September 1963 machte die Lyrikerin Jane Roberts aus Elmira im amerikanischen Bundesstaat New York aus heiterem Himmel eine - sagen wir außersinnliche - Erfahrung, die nicht nur ihr ganzes Leben ändern, sondern die Welt mit einem der seltsamsten Phänomene konfrontieren sollte.

Nach dem Abendessen setzte sich die junge Frau im Wohnzimmer an den Tisch, um an ihren Gedichten zu arbeiten. Sie hatte es sich bei Kaffee und Zigaretten bequem gemacht. Neben ihr döste der Familienkater Willy auf der blauen Decke. Eine entspannte Situation, die auf keine dramatische Wendung hindeutete. Mit ungeheurer Wucht wurde Jane plötzlich von Vorstellungen überfallen, die ihr neu und fremd waren. Ihr Gehirn schien sich in eine Empfangsstation für nie gekannte Ideen verwandelt zu haben, die mit der Gewalt eines Sturzbaches hereinströmten. Sie hatte keine Kontrolle mehr über ihren Geist und ihren Körper. Während ihr Schädel vibrierte, von unbekannten Eindrücken und Gefühlen erschüttert, saß sie starr aufrecht, ihre Hand schrieb unaufhörlich, geführt von einem fremden Willen. Jane befand sich ohne Vorwarnung auf einem „Trip“ (man kann es kaum anders nennen). Sie meinte, an mehreren Orten gleichzeitig zu sein, stürzte durch materielle Gegenstände hinein ins Universum und hatte das ganz starke Empfinden, gewaltiges Wissen würde jeder Zelle ihres Körpers eingepflanzt. Dann riß diese dröhnende Verbindung mit einer anderen Seinsebene - wie Jane diese aufrüttelnde „Offenbarung“ wahrnahm - so jäh wieder ab wie sie begonnen hatte. Als ihr Bewußtsein zurückkehrte und sie wieder sie selber war, entdeckte sie ihre eigene Niederschrift. Die Aufzeichnungen hatten sogar einen Titel. Er lautete: *Das physische Universum als Gedankenkonstruktion.*

Dieser Vorfall beeindruckte sie so sehr, daß sie beschloß, ein Buch darüber zu schreiben (von diesem ist hier aber nicht die Rede). Obgleich weder sie noch ihr Mann Rob von Spiritismus eine Ahnung hatten, begannen die beiden als Nachwirkung von Janes eigentümlichem Erlebnis sozusagen unverbindlich in dieser Richtung zu experimentieren. Zuerst mit dem bereits bekannten *Ouija-Brett,* das auch für Amateure keine „Bedienungsprobleme“ aufwirft. Tatsächlich begann

das Brett Kontakt-Botschaften zu buchstabieren. Eine Persönlichkeit aus dem Jenseits hatte sich gemeldet, die ihren Namen mit *Seth* angab. Gleich vorweg: Was wie einer der altbekannten Okkult-Berichte beginnt, wird in eine Dimension hineinwachsen, die unsere Vorstellung von Raum und Zeit, Diesseits und Jenseits nachhaltig erweitern kann. Nur Geduld. Zwischen Jane und Seth etablierte sich schnell eine so feste Verbindung, daß auf das Brett verzichtet werden konnte. Sie sollte über einen sehr langen Zeitraum bestehen bleiben. Die junge Frau und ihr astraler Gesprächspartner führten ausgedehnte Unterhaltungen während Jane sich in Trance befand, die automatisch bei Kontaktbeginn einsetzte. Dabei wurde eine ungeheure Fülle von Informationen „aus dem Jenseits" übermittelt.
Anfangs nahm Jane Roberts an, daß die Quelle all dieser Vorgänge kein körperloses Irgendetwas, sondern ihr eigenes Unterbewußtsein war. Ein naheliegender Gedanke, der allerdings beim weiteren Fortgang der Ereignisse immer schwerer aufrechtzuerhalten ist.
Besagter Seth erklärte, daß Janes Niederschrift *Das physische Universum als Gedankenkonstruktion* seine erste Kontaktaufnahme gewesen sei, und begann weitere Informationen zu diktieren. Daraus entstand ein zusammenhängendes Manuskript von mehr als sechstausend Schreibmaschinenseiten - ein Buch aus dem Nichts. Weitere folgten. Sie sind als das *Seth-Material* in die Esoterik eingegangen. Diese erstaunlichen Niederschriften verdienen allerdings größere Aufmerksamkeit, denn sie setzen sich mit Materie und Energie, Raum und Zeit, Realität und Kausalität, Struktur der menschlichen Psyche, Kosmogonie, Wahrscheinlichkeit, Gottesbegriff, Reinkarnation und anderen Themen auseinander, von denen man üblicherweise in Seancen nichts hört, schon gar nicht in Form eines umfassenden Weltbildes. Genau das ist nämlich das Seth-Material: ein komplexes, sachlich konkretes und faszinierendes Weltbild, das auch auf dem Prüfstand der Wissenschaft nicht zusammenbricht.
Je mehr Seths Erklärungen ihr eigenes Wissen zu übersteigen begannen, bis sie schließlich lichte Höhen der Abstraktion erreichten, desto sicherer wurde Jane, daß sie tatsächlich Empfängerin - und nicht Ursprung - dieses unbegreiflichen Informationsstroms war. Dem werden auch wir uns schon bald anschließen müssen. Damit erhebt sich die Frage, womit man es de facto zu tun haben könnte. Für Jane Roberts

ist Seth „ein Energiepersönlichkeitskern, der nicht mehr in der physischen Form zentriert ist.“ Damit läßt sich nicht sehr viel anfangen. Vielleicht sind Seths persönliche Aussagen über sich selbst und seine Ziele hilfreicher: „...Ich bin ebensowenig ein Produkt von Ruburts (so nannte Seth Jane Roberts) Unterbewußtsein, wie sie ein Produkt meines Unterbewußtseins ist. Auch bin ich keine sekundäre Persönlichkeit. Ruburt verfügt über eine ziemlich seltene Anlage, die unsere Kommunikation ermöglicht. In meiner Psyche gibt es etwas, das man als transparente, dimensionale Ausbuchtung bezeichnen kann, die fast wie ein offenes Fenster wirkt. Eine multidimensionale Öffnung, durch die andere Realitäten - zum Beispiel eure - wahrgenommen werden können. Die physischen Sinne machen die meisten von euch unzugänglich für diese offenen Kanäle, die ein Betreten eures Raum-Zeit-Gefüges durch psychologische Ausbuchtungen, wie Ruburt eine besitzt, gestatten...

Ich bin frei von Raum und Zeit, mein Wesen ist multidimensional, wie ihr es in eurer dreidimensionalen Form nicht verstehen könnt. Der Seth, der zu euch spricht, ist nur ein Fragment eines größeren Ganzen, Teilbild eines Gesamtwesens, das ich euch nicht schildern kann... Ich habe keinen physischen Leib und werde trotzdem ein Buch schreiben (es sollten mehrere werden). Durch Ruburt. Darin werde ich euch Erkenntnisse vermitteln, über euch selbst, die Welt und das Universum. Ihr sollt erfahren, daß es keine Vergangenheit, Gegenwart oder Zukunft gibt. Ich sage euch, was der Tod ist und was danach kommt. Ein neues Bild will ich euch geben von der physischen Realität, von der Natur der Materie und vom Wesen des Geistes und des Bewußtseins. Es wird ein Kapitel über die wahrscheinlichen Götter und die wahrscheinlichen Realitätssysteme geben. Es wird ein Schlußkapitel geben, in dem ich den Leser auffordere, sich der Realität, in der ich existiere und seiner eigenen inneren Realität bewußt zu werden.

Dies ist also mein Entwurf für das Buch. Ich werde es während unserer Sitzungen diktieren. Dies ist der Titel für unser Buch: *Gespräche mit Seth - Von der ewigen Gültigkeit der Seele...*“ Nun ja.

Das Buch wurde geschrieben und unter dem bezeichneten Titel publiziert. Man kann es als Weltbestseller bezeichnen, was für sich nichts bedeuten muß. In den vergangenen Jahrzehnten ist das Seth-Material - mittlerweile angewachsen auf vier umfangreiche Bücher und eine un-

übersehbare Flut von Publikationen - zu einer Grundlage esoterisches Wissens geworden. Glaubensbekenntnis für Esoteriker, Okkultisten und Parapsychologen spezieller Richtungen. Die entscheidende Frage aber bleibt: Ist es *mehr?*
Ganz sicher haben wir eine außergewöhnlich ergiebige Fundgrube an Gedanken über das Sein, Materie, Raum und Zeit, Wirklichkeit, Religionen, Träume, die Seele, andere Bewußtseinsebenen und Dimensionen und viele weitere Bereiche vor uns, die Philosophen und Forscher seit undenklichen Zeiten beschäftigen. Darum nochmals: Woher stammt dieses Wissen?
Jane Roberts selbst hatte größte Mühe, das Unglaubliche des Geschehens zu akzeptieren. Sie war sich nie ganz sicher, ob Seth nicht doch eine Spaltpersönlichkeit ihrer selbst war, obgleich sie keine Vorstellung davon hatte, wie dieser ungeheure Wissensschatz in ihr Unterbewußtsein gelangt sein könnte. Mehrmals ließ sie sich von Ärzten und Psychologen untersuchen, die ihre völlige geistige und körperliche Gesundheit bestätigten. Von Parapsychologen vorgenommene Telepathie- und Hellseh-Tests ergaben eine außergewöhnliche ASW (Außersinnliche Wahrnehmung)-Begabung, was auch nichts bewies oder widerlegte, da Seth von einer solchen bei Jane/Ruburt gesprochen hatte.
Auch aus der Wahl des Namens *Seth* ließ sich keine Querverbindung zu Jane Roberts' Vergangenheit oder sonstigem Background ableiten. Im alten Ägypten war der Gott Seth die kosmische Macht des Dunklen und Zerstörerischen. Die Genesis kennt Seth als einen der Söhne Adams, dessen Samen Gott als Ersatz für den ermordeten Abel gepflanzt hatte. In der Gnosis begegnen wir Seth als einem der sieben Archonten, der sieben welterschaffenden Mächte - genauer gesagt Engel - welche die letzte und niederste Ausstrahlung der Gottheit repräsentieren. Eine sehr frühe Sekte bezeichnete sich selbst als Sethianer. Nichts von alledem hatte für die Lyrikerin Jane Roberts irgendeine Bedeutung gehabt.
Seths Selbstdarstellung - wenn man sie einmal als gegeben annehmen will - ist von mystischer Verschwommenheit, was nicht grundsätzlich dagegen sprechen muß. Viele der Konzepte, mit denen speziell die Physik heute die Welt, in der wir leben, zu beschreiben sucht, sind um keine Spur gegenständlicher. Damit sind wir bei einem Punkt ange-

langt, an dem man konkret einhaken könnte, um Licht in das Seth-Material zu bringen. Bei Seths *Werk.* Umfassend genug ist es ja. Wir wollen die Widerlegungshypothesen, die interessanterweise fast ausschließlich aus dem Gebiet der Geisteswissenschaften, einschließlich Psychologie und Psychiatrie kommen, beiseite lassen (Naturwissenschaftler haben sich damit gar nicht abgegeben, was bedauerlich ist, wie sich zeigen wird). All diese Erklärungen versuchen Jane Roberts als einzige Quelle der Seth-Botschaften zu identifizieren. Die Möglichkeit haben wir von Haus aus berücksichtigt und brauchen uns daher nicht lang und breit nochmals damit auseinanderzusetzen. *Beweisen* läßt sich *diese* These nämlich nicht.
Aufschlußreicher ist die umgekehrte Vorgehensweise: Konnten Fachleute im Seth-Material Aussagen entdecken, die auf ein *besonderes* Wissen schließen lassen? Dazu der US-Professor an der New Yorker Columbia Universität, Raymond van Over: "... Mich persönlich hat Seths Behandlung des Themas der Projektion der Persönlichkeitsfragmente beeindruckt, das deutlich an die Tradition des Doppelgängers deutscher Herkunft und seiner speziellen Spielart des Vardöger anknüpft... (Ein Tip des Autors: Mehr über das Doppelgängerphänomen findet sich in meinem Buch „Jenseits des Vorstellbaren". Zurück zu Professor Over.)
Die Idee als Realität ist ein Konzept, das sich durch die Jahrhunderte, von Platon bis zu den Philosophen unserer Tage, verfolgen läßt... Es gibt im Seth-Material Hinweise, deren Inhalte so bedeutend sind, daß sie unsere volle Aufmerksamkeit verdienen. So erwähnt er zum Beispiel die Existenz symbolischer Figuren, die im menschlichen Bewußtsein zu identifizierbaren Gestalten werden und einen besseren Erfahrungsaustausch ermöglichen. Das erinnert frappant an die vom Schweizer Psychoanalytiker Carl Gustav Jung postulierten, im Unbewußten beheimateten *Archetypen...*" (Ende Zitat Professor Over). Ähnliche Stellungnahmen finden sich noch einige. Sie befriedigen nur mäßig, da sie stark interpretierenden Charakter haben. Auch wenn sie einleuchten. Klarheit könnte man vielleicht auf einer Ebene erlangen, die Deutungen weit weniger zuläßt: auf der naturwissenschaf
Betrachtet man das umfangreiche Seth-Material unter diesem
so stößt man immer wieder auf ganz präzise Aussagen, die ei

en wenig sagen, bei einem Physiker aber sofort zu einem Aha-Erlebnis führen.

Seths beiläufige Erklärung, daß auch unbelebte Dinge wie Nägel oder Steine ein „Gedächtnis" haben, wird von den meisten Menschen für ein Gleichnis gehalten werden. Wir aber erinnern uns an die in einem vorhergehenden Kapitel erwähnten Fähigkeiten speziell begabter Personen, Gedächtnisinhalte von toten Dingen aufnehmen zu können, Stichwort „Psychometrie". Und diese Information ist nur ein Brosamen.

Mit größter Bereitwilligkeit hat der erstaunliche Seth Informationen von sich gegeben, die nicht nur die neuesten Erkenntnisse der theoretischen Physik reflektieren, sondern sie oft sogar auf eine Weise anschaulich erklären (soweit dies überhaupt möglich ist), die man sich in Sachbüchern wünschen würde. Nun, behaupten kann man viel. Ich habe darum einige ganz besonders signifikante Stellen aus dem Seth-Material herausgefiltert und stelle sie als Zitat den entsprechenden physikalischen Erklärungen gegenüber, die man in jedem Fachwerk nachlesen kann. Die Parallelen sind verblüffend, wie Wissenschaftler offen zugeben müssen:

Seth: „Ihr wählt eine bestimmte Handlung aus verschiedenen möglichen aus. Die anderen wahrscheinlichen Handlungen bleiben aber ebenso gültig. Ihr könnt jedoch in andere wahrscheinliche Realitäten flüchtige Einblicke nehmen und den Widerhall möglicher Handlungen spüren. Es gibt also wahrscheinliche Erden. Ihr existiert inmitten des wahrscheinlichen Realitätssystems wahrscheinlicher Welten..."

Aus „Mehrfachwelten - Entdeckungen der Quantenphysik" von Paul Davies: An der Überlagerungsfähigkeit von Wellen und an der Tatsache, daß sich quantenmechanische Zustände als Überlagerung anderer Zustände verstehen lassen, kommt auch Everett (der geistige Vater der Mehrfachwelten-Deutung der Quantenphysik) nicht vorbei - es sind unüberwindbare Grundzüge der Quantentheorie. Everett lehnt diese Prinzipien daher auch nicht ab, sondern zieht im Gegenteil eine logische Konsequenz daraus: wenn die wellenähnliche Überlagerung real ist (und davon geht er aus), dann ist auch der Hyperraum real. Für Everett sind all die anderen Welten nicht bloße Möglichkeiten, die nicht verwirklicht worden sind, weil sie im „Kampf um die beobachtete Wirklichkeit" unterlagen - er sieht diese anderen Welten als ebenso real an, wie die Welt, in der wir leben - Mehrfachwelten. Dann aber, so folgt daraus, leben wir nicht länger in einer speziellen Welt dieses Hyperraums, dann ist der Hyperraum selbst unsere Heimat... Dieses Bild unterscheidet sich sehr von der Kopenhagener Interpretation... (was ein weiteres Indiz für die phantastische Natur allen Seins ist; Anmerkung des Autors).

Seth: „Die Natur der Materie wird mißverstanden. Ihr nehmt sie in einem gewissen Stadium wahr. Atome und Moleküle sind nur in bestimmten Stadien präsent. Ihre Aktivität läßt sich nur innerhalb eines Spielraums beobachten. Die größere Realität des Atoms außerhalb der Beobachtung entgeht euch vollkommen. Es fluktuiert in einem berechenbaren Rhythmus. Die Wissenschaftler sind sich der Anwesenheitslücken im Leben des Atoms nur schwach bewußt..."

Aus dem Vortrag „Die Quantentheorie der Science-fiction", gehalten von Dr. Peter Schattschneider an der Technischen Universität Wien:

„Die von Niels Bohr und Mitarbeitern entwickelte Vorstellung, ‚Kopenhagener Deutung' genannt, besagt, auf den Punkt gebracht, folgendes: Ein physikalisches Objekt - etwa Licht, oder ein Elektron - ist zunächst nicht durch makroskopische, meßbare Größen beschreibbar. Es existiert lediglich in einem dem Beobachter unzugänglichen Hyperraum. Eine Messung an dem System bedeutet einen Eingriff: Das Hyperraum-Gebilde tritt mit dem Meßapparat in Wechselwirkung - verursacht zum Beispiel eine chemische Reaktion im Silberbromid einer Photoplatte - und wird selbst durch den Meßapparat verändert. Das Meßergebnis wird als Projektion, gewissermaßen als Schattenwurf des Hyperraumgebildes auf eine Wand, interpretiert. Wir können die Wand verstellen, dies entspricht den verschiedenen Experimenten, die man sich ausdenken kann, und dann verändert sich auch der Schatten. Einmal erscheint er als Welle, ein andermal als Teilchen. Ein physikalisches Objekt ist *an sich* weder Welle noch Teilchen, sondern wird erst durch einen Meßprozeß als solche(s) existent..."

Seth: „Diese Punkte werden als solche nicht erkannt, gehören aber einer Sphäre an, die ihr doppelte Realität nennt und enthalten ein großes Energiepotential. Sie sind Ausbuchtungen und liefern einen großen Teil der Zeugungsenergien, die die Schöpfung zu einer kontinuierlichen machen. Euer Raum ist mit diesen Punkten angefüllt. Sie stellen Anhäufungen von Spuren reiner Energie dar und sind winziger als jedes Elementarteilchen. In der Nachbarschaft dieser Punkte sind die physikalischen Gesetze Schwankungen unterworfen. Sie sind nicht sichtbar, lassen sich aber mathematisch ableiten und sind als intensive Energie spürbar. Ihre Schwankungen haben mit dem Wesen der Zeit zu tun. Sie sind unsichtbare Kraftwerke. Aus diesem Gewebe von elektromagnetischen Einheiten werden die Elementarteilchen der physischen Materie aufgebaut..." *Aus der Fachliteratur:* Im Jiffy-Bereich (1^{-43} sec) wird die Raumzeit gequantelt und die Struktur des Raums schaumig granuliert. Fluktuationen (Energieausbrüche, Wurmlöcher, Chaos) regieren, nehmen permanente Anleihen bei der „Heisenberg-Bank" und führen zu Vorgängen, die man als virtuelle Teilchenentstehung, bzw. Vakuumfluktuation bezeichnet. Wäre es möglich das Vakuum anzuzapfen, stünde unbegrenzte Energie zur Verfügung, bei einem Niveausturz könnte das Universum sogar explodieren.

So - nach diesem Brocken muß man erst einmal Luft holen. Er ist nicht leicht zu verdauen und auf den ersten Blick nicht voll durchschaubar. Auch ist die Gegenüberstellung nicht zwingend. Andere Auslegungen sind denkbar, manche Vergleiche können nur von Physikern auf ihre Aussagekraft beurteilt werden, über die wiederum geteilte Meinung herrschen kann (und herrscht). Alles zugegeben. Auch die Selektivität der Auswahl. Beweise sind das keine, aber Indizien. Um mehr geht es hier - wie schon oft betont - auch gar nicht.

Natürlich läßt sich nicht mit Sicherheit feststellen, ob der multidimensionale Seth im Hyperraum, im Jenseits oder in Jane Roberts Geist beheimatet ist. Eines aber wissen wir schon: die Informationen existieren. Sie zeigen auf jeden Fall keine Ähnlichkeit mit Jenseits-Botschaften, wie sie im Spiritismus an der Tagesordnung sind und gleichen wenig den Beschreibungen jenseitiger Gefilde, die man gewohnt ist. So einfach liegen die Dinge nicht.

Viele Aussagen Seths haben eindeutig naturwissenschaftliche Inhalte, die mit den bekannten okkult-naiven Weltbildern soviel gemein haben wie die Hohlweltlehre mit den neuen Großen Vereinheitlichten Theorien (GUT) der modernen Kosmogonie. Auch wenn man den hier gebrachten Vergleichen zwischen Seth-Informationen und theoretischer Physik nicht in allen Punkten zustimmen will, so kommt man um *ein* Zugeständnis nicht herum: Aus dem persönlichen Wissensschatz der Lyrikerin Jane Roberts *können* sie nicht stammen. Diese Möglichkeit mußte schon vor Jahren ad acta gelegt werden. „Gespräche mit Seth" und die Nachfolgewerke bleiben *Bücher aus dem Irgendwo...*

Damit befinden wir uns wieder am Anfang und sind der Jenseitsfrage um keinen Schritt nähergekommen. Wir umkreisen sie nur. Immer noch bietet sich zur These „echter" Jenseits-Botschaften die Vorstellung des Anzapfens von so etwas wie universellem Wissen als gleichberechtigte Alternative an. Beide Betrachtungsweisen haben ihre Vorzüge. Daher wollen wir methodisch bleiben und zum Jenseitsaspekt zurückkehren. Das nicht weniger faszinierende Konzept eines kosmischen Wissens, das in der modernen Naturwissenschaft (unter dem Terminus „Informationspool") ebenso herumgeistert, wie in uralten Weisheitslehren und Mythen als „Akasha-Chronik" oder anderes, haben wir schon gestreift und werden später auch noch darauf eingehen.

In der Jenseitsproblematik scheint eine sachliche Beurteilung auf unüberwindliche Schwierigkeiten zu stoßen. Alles, was bisher angeführt wurde - von Joan Norkot bis Seth - *kann* das Leben nach dem Tode beweisen, *muß* aber nicht.

Ein Ansatz für eine mögliche Beweisführung wurde noch nicht ins Spiel gebracht: die Jenseits-Forschung des zwanzigsten und einundzwanzigsten Jahrhunderts. Das hat seinen guten Grund. Erst sollte gezeigt werden, wie trügerisch der Boden ist, auf dem sich selbst eine sachliche, streng wissenschaftliche Analyse bewegen muß. Und er wird auch nicht zwangsläufig fester, wenn Fachleute die Sache in die Hand nehmen.

Der Tod und das Jenseits auf dem Prüfstand

Die Amerikaner, bekannt für flotte, aber oft sehr prägnante Sprüche haben den Satz geprägt: „Gibt es Leben *vor* dem Tod?“ Dieser makabre Gag verliert bei der Betrachtung der Welt, in der wir unser Dasein fristen, zwar etwas an Absurdität, bleibt aber dennoch nur ein morbides Wortspiel.

Das „Nachher“ ist es, worum alles kreist. Geboren werden ist - ein weiteres Sprichwort - ein Verbrechen, denn es wird mit dem Tode bestraft. Das wissen wir so lange es Menschen gibt. Ebensolang bemüht man sich um einen Ausweg aus diesem Dilemma, das seit dem zwanzigsten Jahrhundert unter um die bedrückende Möglichkeit (manche sprechen von Wahrscheinlichkeit) des Artentodes durch menschengemachte Apokalypsen erweitert wurde. Ausweglosigkeit zur Potenz. Der Glaube an ein Weiterleben bietet einen Halt, den die wissenschaftliche Jenseitsforschung bislang schuldig geblieben ist. Oder doch nicht?

Zwar kennt man seit Jahrhunderten zahllose Berichte von Kontakten mit Verstorbenen, Jenseitsreisen, Materialisationen etc. etc., doch diese ließen sich - ihr Inhalt einmal nicht angezweifelt - auch ohne das Jenseits erklären. Manchmal genügen dazu psychologische Faktoren, gelegentlich müßte man Paraphänomene wie Telepathie, Psychokinese, Präkognition usw. bemühen, die zwar auch phantastisch, aber im Diesseits angesiedelt sind. Diesen Erkenntnisprozeß haben wir nachvollzogen. Selbst jene Fälle, die nicht auf die Weise zu erklären sind - wir haben sie eingehend kennengelernt -, führen auf die eine oder andere Weise in die Sackgasse. Manche Forscher glauben, den Ausweg aus diesem Dilemma gefunden zu haben. Der bekannteste von ihnen ist Dr. med. Raymond A. Moody. Er untersuchte mehr als 150 Fälle von Todes- und Jenseitserlebnissen und konnte dabei Gemeinsamkeiten entdecken, die eine sachliche Aussage zuzulassen scheinen. Untersucht man den Hergang des Sterbens methodisch, so zeigt sich, daß offenbar alle Menschen diesen gefürchteten Vorgang auf annähernd gleiche Weise erleben. Dr. Moody rekonstruierte den Ablauf in etwa wie folgt: „Ein Mensch liegt im Sterben. Während sich seine körperliche Bedrängnis ihrem Höhepunkt nähert, hört er, wie der Arzt ihn für tot erklärt. Mit einemmal nimmt er ein unangenehmes Geräusch wahr, ein durchdringendes Läuten oder Brummen, und hat zugleich das Gefühl, sich sehr rasch durch einen langen, dunklen Tunnel zu bewegen. Danach befindet er sich plötzlich außerhalb seines Körpers, aber immer noch in derselben Umgebung wie zuvor. Wie ein Beobachter blickt er nun aus einiger Entfernung auf seinen eigenen Körper. Zuerst von starken Gefühlen aufgewühlt, gewöhnt er sich immer mehr an seinen merkwürdigen Zustand. Wie er entdeckt, besitzt er immer noch eine manifeste Struktur, die sich am ehesten mit ‚nichtkörperlichem Körper' umschreiben ließe.

Bald dringen neue Eindrücke auf ihn ein. Andere Wesenheiten von seiner eigenen, neuen Art nähern sich dem Sterbenden, um ihn zu begrüßen, und ihm beizustehen. Er erkennt bereits verstorbene Verwandte, Freunde, liebe Menschen sowie ein unbekanntes, leuchtendes Wesen, das Liebe und Wärme ausstrahlt, wie er sie noch nie erfahren konnte, oder je für möglich gehalten hätte.

Ohne Worte zu gebrauchen, fordert ihn das Lichtwesen auf, sein Leben als Ganzes zu betrachten und zu bewerten. Es hilft dabei mit, indem es ein Panorama der wichtigsten Lebensstationen des Sterbenden in gedankenschneller Rückschau an ihm vorbeiziehen läßt. Dann kommt es zu einer dramatischen Wendung: Der Betreffende nähert sich einer Schranke oder Grenze, die - das weiß er ganz genau - die Trennlinie zwischen dem irdischen und dem folgenden Leben darstellt. Dieser, als erschreckend empfundene Moment kann früher oder später kommen, je nachdem wie lange der jeweilige klinische Tod dauert, bzw. noch kürzer, wenn ein Mensch diesem nur ganz nahe gewesen war.

In jedem Fall hat die Vorstellung einer Rückkehr ins Leben zu diesem Zeitpunkt nichts Positives an sich. Die Sterbenden sträuben sich, wollen hinüber, dem Licht, der Wärme, der Geborgenheit zu, wo glückliche Wesen auf sie warten, um sie als einen der ihren willkommen zu heißen. Vergeblich. Auch wenn die Umkehr wie eine Rückkehr in einen dumpfen Alptraum gefürchtet wird, so sieht der Sterbende ein, daß der Augenblick seines Todes noch nicht gekommen ist. Trotz inneren Widerstandes vereinigt er sich wieder mit seinem materiellen Körper.

Bei späteren Versuchen, anderen Menschen von diesem Erlebnis zu berichten, gibt es große Probleme. Er vermag keine menschlichen

Worte zu finden, die beschreiben könnten, was ihm widerfuhr. Versucht er es, stößt er auf Ablehnung oder Hohn. Ganz sicher aber hinterläßt die Todeserfahrung bei allen Befragten tiefe Spuren: Jede Angst vor dem Sterben ist für immer verschwunden. Nicht selten wird es sogar herbeigesehnt. Fast immer führen Personen, die ‚zurückgeholt' wurden, von diesem Geschehen an ein bewußtes, ausgeglichenes Leben voll Gelassenheit und Einkehr. Gleichgültig, wie es vorher beschaffen war. Jeder Zweifel an der Möglichkeit eines Weiterlebens nach dem Tode ist ausgeräumt. Die Unsterblichkeit wird aufgrund persönlicher Erfahrung als beglückend real betrachtet..." Wissenschaftler wie Dr. Moody haben das Sterbeerlebnis und die Vorgänge im Zwischenreich, an der Schwelle zum Jenseits, mit absoluter Sachlichkeit untersucht und die obengenannte Gemeinsamkeit der Phänomene eindeutig festgestellt, auch wenn nicht jeder Befragte den Ablauf ganz genau so erlebte. Damit stellt sich die ultimate Frage: Kann man hier von einem *Beweis* für die Unsterblichkeit sprechen? Leider nicht, so gerne man auch möchte.

Die Tatsache, daß in unmittelbarer Todesnähe bei allen Menschen derselbe trostspendende Mechanismus abläuft, beweist ebensowenig das ewige Leben, wie etwa die Stimmen von Konfuzius oder des Captains der R 101 tatsächlich aus dem Jenseits kommen *müssen*. Im Falle der Jenseitsforschung von Dr. Moody und anderen läge sogar eine diesseitige Erklärung viel näher als beispielsweise bei der R 101 oder der *Cross Correspondences*.

Im Laufe der Millionen Jahre dauernden Evolution des Homo sapiens sind in unseren Körpern eine Vielzahl von genetischen Programmen aller Art akkumuliert worden, von denen wir nur einen sehr bescheidenen Prozentsatz bislang entdeckt haben. Und selbst bei denen wissen wir nicht wirklich, wie sie eigentlich funktionieren. Die Homöostase, die unsere Körpertemperatur einigermaßen stabil hält und biochemische Prozesse und diverse Funktionsabläufe im Organismus steuert, ist ein gutes Beispiel für unsere Ratlosigkeit.

Auf jeden Fall hat Mütterchen Natur auf vielfältige Weise dafür gesorgt, daß ihre Schützlinge für vielerlei schlimme Erfahrungen gerüstet sind. Denken wir nur an die körpereigenen Schmerzkiller, die sogenannten *Endorphine* (endogene Morphine), die in bestimmten Situationen ohne unser bewußtes Zutun, aber sehr zu unserem Nutzen, aktiviert werden. Die Stunde des Todes ist sicher ein Zeitpunkt, an dem wir jede nur denkbare Hilfe dringend brauchen. Vielleicht gibt es auch dafür ein genetisches Programm, das in diesem Moment der größten Angst zum Leben erwacht und das Unvermeidliche versüßt. Wenn dem so ist, funktioniert es ausgezeichnet. Das zeigen die Berichte. Für diese These würde der Umstand sprechen, daß einzelne Phasen des Ablaufs eindeutig persönlich gefärbte Züge aufweisen, so verkörpert etwa das „Lichtwesen" stets unzweideutig ein höheres Etwas, das mit dem individuellen Background, mit der Religion oder mit den speziellen Erwartungen des Sterbenden verknüpft ist. Es stammt also primär aus seinem eigenen Geist - was aber andererseits auch wieder nichts beweist. Genausogut könnte der Übertritt ins Jenseits für jeden Menschen in einer Weise erfolgen, die nur auf ihn zugeschnitten ist. Ist die Jenseits-Forschung damit in derselben Sackgasse wie Spiritismus und Okkultismus?

Im ersten Augenblick sieht es so aus. Reihenuntersuchungen wie die von Dr. Moody haben ihren Wert für den ordnenden Forschergeist, können aber den menschlichen Wunsch nach Unsterblichkeit nicht befriedigen. Die einzige wissenschaftlich gesicherte Tatsache im Zusammenhang mit dem Weg allen Fleisches ist die Erkenntnis, daß nichts verloren gehen kann. Allerdings vermag das Wissen, sich nach dem Tode als unstrukturierte Wärmestrahlung im Universum bis zu dessen fernem Ende auszubreiten, wenig Trost zu spenden. Was wir uns wünschen - und gerne hieb- und stichfest bewiesen hätten -, ist eine unsterbliche Seele oder ein ewiger Fortbestand der Persönlichkeitsstruktur, um es modern aus- zudrücken. Genau dafür scheinen Wissenschaftler einen *Beweis* gefunden zu haben!

Ein Fingerabdruck der Seele

Wie schon bei vielen wissenschaftlichen Revolutionen ist es das Zusammenfügen einzelner Erkenntnisse aus scheinbar getrennten Bereichen, aus dem neues, umfassenderes Wissen entsteht. Als der englische Neurologe Dr. Walter Grey in den sechziger Jahren des zwanzigsten Jahrhunderts eine Maschine konstruierte, die auf Gedankenwellen reagierte - er nannte sie *machina speculatrix* -, wurde der Physiker und Kybernetiker Jean Jacques Delpasse auf die Arbeiten des eigenwilligen Arztes aus Bristol aufmerksam. So kam es, daß Professor Delpasse einen späteren Versuch Dr. Greys von Anfang an mit Interesse verfolgte - und weiterdachte...

Dr. Grey hatte eine Versuchsperson, deren Hirnstromkurven mittels Elektroden aufgezeichnet wurden, einen Fernseher immer wieder einschalten lassen. Dabei zeigte sich auf dem EEG-Gerät, daß jedesmal *vor* dem Einschalten ein Stromstoß im Gehirn der Versuchsperson entstand. Eine *Bereitschaftswelle.* Darauf änderte Dr. Grey die Anordnung: Die Elektroden wurden direkt mit dem TV-Gerät verbunden und die Bereitschaftswelle elektronisch verstärkt. Nun konnte der Kandidat den Fernsehapparat allein dadurch einschalten, daß er daran *dachte,* dies zu tun. Die dabei entstehende Bereitschaftswelle war der Auslöser.

In dieser Phase hatte Delpasse eine Eingebung, die man nur als genial bezeichnen kann. Er folgerte, daß es bei oftmaligem Wiederholen des Versuchs zur Prägung von *Gedächtnismolekülen* kommen würde, in denen die Bereitschaftswelle als fester Bestandteil der Gedächtnissubstanz im Gehirn festgeschrieben wäre. Hier sind einige erklärende Worte angebracht.

Der Mensch wird nämlich - traurig, aber wahr - ohne Geist geboren. Bei der Geburt enthält die Großhirnrinde des Säuglings nur einen Bruchteil der späteren Nervenzellen, die noch nicht einmal miteinander in Verbindung stehen. Auch wenn ein Elternpaar mit leuchtenden Augen davon schwärmen mag, welche großen Fähigkeiten, edlen Charaktereigenschaften und sonstigen Anlagen der kleine Erdenbürger von der Natur mitbekommen hat, so kann sich die Neurophysiologie dem schwärmerischen Vergleich eines jungen Menschen mit einer Knospe, die alle Anlagen bereits in sich trägt und nur noch der Ent-

faltung harrt, nicht anschließen. Erst durch Informationen von außen bilden sich sogenannte *bevorzugte Bahnen,* in denen Nervenimpulse laufen, und die aus dem Zellhaufen einen Zellverband machen. Langsam beginnt das Gehirn zu arbeiten, die Zellanzahl wächst - der Geist entsteht, einschließlich Gedächtnis und Bewußtsein. Unter Mitwirkung von Ribonukleinsäure (RNS, bzw. RNA) werden Eiweißmoleküle gebildet, in denen Gedächtnisinhalte engrammiert sind.
Schlußendlich verfügt der Erwachsene im Normalzustand über mehr als 100 Milliarden Neuronenzellen, deren Kommunikation über die erwähnten bevorzugten Bahnen reibungslos abläuft. Es würde zu weit führen, den Aufbau des menschlichen Gehirns, die neurochemischen und anderen Vorgänge in seinem Inneren und ähnliches mehr ausführlicher darzulegen. Zudem ist die Wissenschaft noch Lichtjahre davon entfernt, tatsächlich zu verstehen, was unter unseren Schädeldecken tagein, tagaus vor sich geht. Für uns wichtig ist die Tatsache, daß ein Teil unseres Geistes - das Gedächtnis - aus Materie besteht, eben aus Gedächtnis*molekülen.* Daran gibt es nichts zu rütteln. Es kommt noch schlimmer: Unsere gesamte Persönlichkeit könnte eine materielle Basis haben. Die Wissenschaft hält es für denkbar, ja für wahrscheinlich, daß durch ein Zusammenwirken von Impuls, bevorzugter Bahn und Gedächtnismolekül eine neue Art von Molekül entsteht, das man als Charaktereigenschaft definieren muß. Etwa das Persönlichkeitsmolekül *Mißtrauen* durch die Verknüpfung der genannten Wirkungsfaktoren mit dem durch lange Zeit aufgebauten Gedächtnismolekül *böse Erfahrung.*
Das ist deprimierend. Wenn der Geist Materie ist, die Persönlichkeit eine Ansammlung vernetzter Moleküle, dann erwartet uns fürwahr das Große Nichts. Trotz Jenseitsforschung und astraler Kontakte. Experimente mit Plattwürmern, Ratten und anderen Tieren, die gezeigt haben, daß Gedächtnis „eßbar" ist, scheinen diese niederschmetternde Schlußfolgerung zu untermauern. (z. B. fanden untrainierte Ratten ebenso schnell aus einem Labyrinth heraus, wie trainierte, wenn man ihnen die pulverisierten Gehirne der trainierten Ratten zu fressen gab).
Für Professor Delpasse jedoch war sie eine Herausforderung. Er sah darin die einmalige Chance, eine Spur der Seele auch dann noch aufzunehmen, wenn sie den Körper verlassen hatte und dieser unwiderruflich gestorben war. Die Schranke, vor der Dr. Moody hatte kapitu-

lieren müssen, konnte überschritten werden. Natürlich nur dann, wenn es für den menschlichen Geist ein Nachher gab.
Sollte er trotz eines materiellen Gewandes nämlich doch unsterblich sein, sollte das Bewußtsein als energetische oder „astrale" Struktur erhalten bleiben, so müßte es möglich sein, einen bestimmten Teil des Bewußtseins, das Gedächtnis, zu *markieren.* Über den Tod hinaus. Delpasse hatte durch Dr. Greys Fernseh-Versuch eine Vorstellung, wie dies zu bewerkstelligen sei. Vorerst nur eine theoretische, denn die Versuchsperson müßte dazu ein *Sterbender* sein. Das warf unüberwindliche Schwierigkeiten auf. Schließlich ist es in Demokratien nicht üblich, mit Sterbenden herumzuexperimentieren, und an eine freiwillige Mitarbeit unter dem Motto „Sterben Sie erst einmal, dann werden wir weitersehen" war auch nicht zu denken. Hier trat der Zufall (wieder einmal) auf den Plan. Bei einem kybernetischen Symposium, dem auch Professor Jean Jaques Delpasse beiwohnte, berichtete der Neurologe Professor William Jongh van Amsynck von einer Technik, die Delpasse aufhorchen ließ.
Amsynck, der auch an der Kybernetik sehr interessiert war, gehörte zu den ersten, die in der Medizin Bio-Feedback-Methoden anwandten. Heute bereits eine voll anerkannte Therapietechnik zur Behebung von Schlaflosigkeit, Milderung von Migräne, Bekämpfung nervöser Erscheinungen, Senkung von Bluthochdruck (Hypertonie), waren Amsyncks Ansätze der medizinischen Nutzung des Bio-Feedbacks vor etwa drei Jahrzehnten richtungsweisend.
Er konstruierte für Hypertonie-Patienten Blutdruckmeßgeräte, die jede Druckänderung akustisch anzeigten. Bei Druckerhöhung erfolgte ein nervenzerfetzend schriller Summton, während Drucksenkung von einem angenehmen Glockenzeichen begleitet wurde. Dadurch waren die Patienten nach kurzem Üben in der Lage, ihren Blutdruck langfristig einfach dadurch unter Kontrolle zu halten, daß sie den einen Ton hören wollten und den anderen nicht. Auch sind viele Menschen imstande, die Frequenz ihrer eigenen Gehirnwellen mittels Feedback zu beeinflussen. Dies ist heute ebenso bekannt wie akzeptiert. Amsyncks Patienten gehören zu jenen, die mit den Möglichkeiten des Bio-Feedback in therapeutischer Form als erste in Berührung gekommen sind.

Was Delpasse bei Amsyncks Ausführungen sofort faszinierte war eine Besonderheit: Alle Patienten, mit denen der Vortragende arbeitete, litten am Hypertonus, einer Krankheit, die nicht selten zum Gehirnschlag oder zum Tod führte. Mit einem Mal hatte er die idealen Bedingungen für das *Delpasse-Experiment.*
Wenn Professor Amsynck bereit war, in sein Trainingsprogramm auch den Walter Grey-Versuch einzubauen, bedurfte es keines Sterbenden mehr, um der Seele nachzuspüren, denn nun würde eben ein Trainierter vielleicht sterben. Professor William Jongh van Amsynck war bereit. Seine Patienten auch.
Es machte ihnen großen Spaß, durch reine Willenskraft einen Bildschirm zu aktivieren. Besonders für die schon sehr Geschwächten war es eine echte Erleichterung. Allerdings trat dabei ein Ermüdungseffekt auf, der beim Bio-Feedback-Training nicht unbekannt ist. Nach einiger Zeit nimmt die Fähigkeit zur willentlichen Erzeugung von Gehirnströmen - im vorliegenden Fall der Bereitschaftswelle, die den Fernseher einschaltete - ab. Dagegen gibt es Abhilfe. Eine elektromagnetische Strahlungsquelle kann die erlahmenden Kräfte wieder ankurbeln. An der damaligen Universität von Leningrad war die Aufhebung durch Übertraining bewirkter Gehirnblockaden auf diese Weise erfolgreich praktiziert worden. Auch das Delpasse-Amsynck-Experiment kam dadurch wieder in Gang.
Nochmals zwischendurch: Was hier vielleicht wie Science-fiction klingt, ist Tatsache. Es handelt sich um eine sachlich durchgeführte, medizinisch-kybernetische Therapie, vollzogen von ernsthaften Wissenschaftlern mit untadeligem Ruf und seriösen Motiven. Ihr Anliegen war primär das Wohlergehen der Kranken, verbunden mit einem Forscherdrang, der nicht nur - wie in der Physik - Raum und Zeit durchbrach, sondern sogar die Schranke zum Jenseits. Dies geschah, als eine siebenundsechzigjährige Patientin eine hypertone Massenblutung erlitt. Um ihre Gehirnaktivitäten zu überwachen, wurde sie an ein EEG-Gerät und an die Walter Grey-Versuchsanordnung angeschlossen.
Trotz aller Bemühungen war der Tod nicht aufzuhalten. Die Gehirnströme erloschen. Im Moment des endgültigen Hirntodes jedoch tauchte die Bereitschaftswelle auf, *der Fernsehmonitor schaltete sich ein.* Dieser an sich schon beachtliche Vorgang markierte das „Hin-

übergehen". Nun fehlte noch der endgültige, alles entscheidende Beweis dafür, daß der Geist *nicht* an die Materie gebunden war, auch wenn er durch sie gebildet wurde: *Das Weiterbestehen des Signals im Jenseits.* Wie konnte man dieses aber orten, wenn die drei Stufen des Sterbens - Gehirntod, klinischer Tod, Zelltod - abgeschlossen und das biologische Ende damit unwiderruflich war?

Alles, was vorher registriert wurde, lag noch auf der Ebene der Untersuchungen von Dr. Moody. In dieser dramatischen Phase nach dem endgültigen Tod entschloß sich Professor van Amsynck die elektromagnetische Strahlungsquelle einzusetzen, durch die sich bei seinen Patienten die Fähigkeit zur Erzeugung der Bereitschaftswelle wiederbeleben ließ.

Das Unvorstellbare gelang: *Der Delpasse-Effekt erschien auf dem Bildschirm.* Natürlich beweist dies nicht mit Sicherheit, daß man auf diese Weise der erhalten geblichenen Persönlichkeitsstruktur eines Verstorbenen ein Signal aus dem Jenseits entlocken konnte, aber die Wahrscheinlichkeit ist groß. Um diese Wahrscheinlichkeit bis an die Grenze der Gewißheit heranzuführen, nahm Amsynck eine Reihe von Kontrollversuchen vor. Sie erbrachten bei Patienten, die niemals mit der Walter Grey-Versuchsanordnung geschult worden waren, die erwarteten Null-Resultate. Weder bei Ausfall der Hirnströme, noch durch späteren Einsatz der Strahlungsquelle ließ sich der Delpasse-Effekt hervorrufen. Es bedurfte offensichtlich der vorherigen Bildung der entsprechenden Gedächtnismoleküle. Diese jedoch ließen sich auch dann noch aufspüren, wenn der Körper tot war und die Verwesungs-Enzyme ihre Auflösungsarbeit begonnen hatten.

An sich hätte das Ergebnis dieser erstaunlichen Untersuchung, die eigentlich die jahrtausendalte Frage nach dem Weiterleben *positiv* beantworten könnte, wie eine Sensationsmeldung um die Welt laufen müssen. Anscheinend ist sie jedoch im Medienalltag aus politischem Spektakel, dramatischen Sportereignissen, herzzerreißenden Schicksalen gekrönter Häupter etc. etc. unter die Räder gekommen. Publiziert wurde sie jedenfalls, und das Thema selbst verliert niemals seine Aktualität, wie beispielsweise eine Studie über Erfahrungen am Rande des Todes (near-death experiences, NDEs) aus dem Herbst 2000 zeigt. Sie erfolgte am General Hospital von Southampton unter Federführung des beratenden Neuropsychiaters am Institute of Psychiatry in

London, Dr. Peter Fenwick, sowie des Forschers und Krankenhausarztes Dr. Sam Parnia, und hat neue Beweise vorgelegt, die andeuten, daß das Bewußtsein oder die „Seele" über den Tod hinaus fortbestehen kann.
O-Ton Dr. Parnia: „Ich begann als Skeptiker, aber nachdem ich nun alle Beweise gegeneinander abgewogen habe, glaube ich, daß da etwas dran ist. Letztendlich geht alles auf die Frage zurück, ob der Verstand oder das Bewußtsein vom Gehirn hervorgerufen werden... Wenn jedoch das Gehirn wie ein Zwischenglied ist, das den Verstand manifestiert, wie ein Fernseher als Zwischenglied fungiert, um die Wellen aus der Luft in Bild und Ton zu manifestieren, können wir zeigen, daß der Verstand noch da ist, nachdem das Gehirn tot ist. Und das ist wohl das, was NDEs andeuten."
Wir wollen uns nun mit der absolut tröstlichen Erkenntnis, daß die Unsterblichkeit zumindest wahrscheinlicher ist als das Gegenteil, wieder dem Diesseits und seinen Rätseln zuwenden. Wie mit dem Tod kann jeder von uns mit manchen davon nämlich unerwartet konfrontiert werden. Zum Beispiel mit seinem eigenen Verschwinden...

In Luft aufgelöst

Das Verschwinden von Menschen ist nichts Ungewöhnliches. Der Ehemann, der nur mal schnell ein Päckchen Zigaretten holen geht und Jahre später eine Postkarte aus Südamerika an seine Frau und die zehn Kinder schreibt, hat bereits Sprichwortcharakter. Andere werden entführt, geraten auf Abwege, fallen Mördern in die Hände, die es - im Gegensatz zur Aussage der meisten Filme und Romane - doch verstehen, die Leichen ihrer Opfer spurlos verschwinden zu lassen. Eine endlose Liste, die Jahr für Jahr um zigtausende Personen länger wird. Die meisten Fälle haben normale Ursachen (wenn man dieses Wort für kriminelle Akte, verantwortungslose Handlungen, Wahnsinn und ähnliche, zutiefst menschliche Aktivitäten verwenden will). Aber nicht alle.

Gräbt man etwas tiefer, so sieht man sich plötzlich mit Ereignissen konfrontiert, die eine Gänsehaut entstehen lassen. Wie ein unsichtbarer Angler aus einer anderen Dimension, oder woher auch immer, scheint ein unbegreifliches Etwas oder eine nicht bekannte Naturkraft Personen aus unserer Daseinsebene herauszufischen. Einzeln, in Gruppen, Schiffsladungen, Divisionsstärke - je nach Belieben. Es scheint keine Begrenzung für dieses beunruhigende Phänomen zu geben, und auch kein Hindernis. Flugzeuge verschwinden für immer in einer Wolke, Menschen gehen um eine Hausecke und kommen nie an, sie betreten einen Raum und werden nie mehr gesehen. All dies ereignet sich „zu Land, im Wasser und in der Luft“, mit einem Wort: *überall.* Möglicherweise auch im Weltraum, doch diese Verkehrswege sind noch zu unerschlossen, um natürliches und unnatürliches Verschwinden auseinanderhalten zu können.

Menschliche Fischer werfen einen Fang wieder zurück, der ihnen nicht zusagt. Ein Brauch, der vielleicht auch anderswo gepflegt wird. Am 25. April 1977 löste sich der chilenische Armeekorporal Armando Valdes während seines Dienstes in der Stadt Putra vor den Augen von sechs Soldaten buchstäblich in Luft auf. Während die Suche nach ihm noch im Gange war, erschien er fünfzehn Minuten später wieder. Unerklärlicherweise zeigte der Kalender von Valdes Armbanduhr, daß für ihn fünf Tage verstrichen waren. Auf seinem Gesicht sprießte ein

Fünf-Tage-Bart. Der Korporal selbst hatte keine Erinnerung an seine fünfzehn Minuten/fünf Tage-Abwesenheit.
Die meisten anderen werden offenbar nicht als „zu leicht“ empfunden. Beispielsweise die amerikanische Hausfrau Martha Wright. Im Winter des Jahres 1975 fuhr sie mit ihrem Mann Jackson nach New York. Im Lincoln Tunnel hielt Jackson an, damit Martha die Scheiben des Wagens vom Schnee säubern konnte. Als Martha die Rückscheibe reinigen wollte, verschwand sie. Für immer.
Selbst mit sorgfältiger Planung ist es nicht leicht, ab dem zwanzigsten Jahrhundert erfolgreich auf Dauer unterzutauchen. Diese leidvolle Erfahrung müssen jugendliche Ausreißer, Alimentationsflüchtlinge, Steuerhinterzieher, Eheleute, die mit jüngeren Partnern „ein neues Leben beginnen wollen“, Verbrecher aller Spielarten, Ex-Diktatoren und allerlei Aussteiger Jahr für Jahr machen. Andere wiederum, beispielsweise Menschen, die ihr Gedächtnis verloren haben, sind dankbar, wenn sie in den engen Maschen des Netzes hängenbleiben, das unsere Zivilisation um die Erde gelegt hat. Trotzdem gelingt es natürlich so manchem, alle Brücken hinter sich abzubrechen und den Rest seines Lebens unerkannt, wo und mit wem er will, zu verbringen.
Nicht jedes rätselhafte Verschwinden ist unerklärlich. Darum ist Vorsicht geboten. Auch wir wollen die Zügel nicht schießen lassen. Zu leicht ist man versucht, fremdartige Mächte bei Vorgängen zu vermuten, die in Wirklichkeit nur vom besonderen Geschick eines Menschen, alle Spuren zu verwischen, Zeugnis ablegen. Hier zeigt sich ein gravierender Unterschied zu anderen Attacken aus dem Unsichtbaren wie etwa spontaner Selbstverbrennung: der *mögliche Wunsch* zum Verschwinden. Problematisch wäre natürlich auch der Umkehrschluß, daß ein unerklärliches Verschwinden kein solches ist, wenn ein Motiv oder ein Nutznießer (z. B. ein Erbe) zu entdecken ist. Fürwahr ein heikles Thema, bei dem die Glaubwürdigkeit von Zeugen in vielen Fällen eine entscheidende Rolle spielt. Desgleichen Schlußfolgerungen, Vermutungen, Wahrscheinlichkeiten, Indizienbeweise, kurzum fast alles, was die objektive Beurteilung eines Sachverhaltes erschwert. Entsprechend behutsam wollen wir versuchen, Vermutungen von Fakten, Berichte von dokumentierten Tatsachen und Möglichkeiten von gesichertem Wissen zu trennen.

Viele Theorien ranken sich beispielsweise um das Verschwinden des amerikanischen Schriftstellers Ambrose Bierce während der Mexikanischen Revolution, um den Verbleib des k-u.k.-Frühaussteigers Erzherzog Johann Salvator, der unter dem Namen Johann Orth den Dreimastschoner „Santa Margherita" befehligte, im Sommer 1890 von Buenos Aires nach Valparaiso aufbrach, aber nie ankam, und um andere prominente Abgängige.
Solchen Fällen Beweiskraft zuzuordnen, wäre unsachlich. Der Strudel des mexikanischen Bürgerkrieges ließ mehr als einen Menschen zum namenlosen Toten werden, und das Schicksal der „Santa Margherita" wäre ohne den berühmten Exzentriker Johann Salvator/Orth ohne viel Aufhebens als „vermißt auf See" eingestuft worden. Die offizielle Lesart spricht ohnedies von einem Untergang im Atlantik, mit großer Wahrscheinlichkeit zu Recht. Auch von ihren Bewohnern grundlos verlassene Gebäude - wie z. B. der Eilean Mor-Leuchtturm auf den Flannan-Inseln vor der Westküste Schottlands, dessen drei Wärter im Jahr 1900 spurlos verschwanden - lassen viele Deutungen offen. So kommt man nicht weiter. Am besten ist systematisches Vorgehen ohne viel Interpretieren.
Nehmen wir zuerst das Verschwinden zu Lande (Einzelpersonen, Gruppen, Menschenmassen), dann jenes zu Wasser und schließlich dasselbe Phänomen - wenn es ein solches ist - im Luftraum ebenso wertfrei unter die Lupe, wie wir das bei Korporal Valdes und Martha Wright getan haben, und überlegen dann, was dies alles bedeuten könnte. (Auf den Meeren und in der Atmosphäre handelt es sich aus naheliegenden Gründen meist um das Verschwinden von mehreren Menschen.)

Zielscheibe jedermann

Geht man einmal rein hypothetisch davon aus, daß Unerklärliches für das Verschwinden von Menschen verantwortlich ist - seien es nun nichtirdische Angler, die ihre Ruten nach uns auswerfen, oder Falltüren zu anderen Dimensionen, die ohne Vorwarnung aufklappen -, so liegt der Gedanke an ein permanentes Phänomen nahe. Wahrscheinlich sind schon Neandertaler verschwunden, die nur mal schnell ein Mammut jagen wollten, doch darüber wissen wir natürlich nichts. Desgleichen lassen sich aus mittelalterlichen oder Renaissance-Dokumenten, die von Zauberei und Hexenwahn strotzen, kaum sachliche Informationen herausfiltern. Es gibt natürlich Ausnahmen.
Am 24. Oktober 1653 befand sich ein Soldat der spanischen Armee, dessen Name aus den offiziellen Aufzeichnungen nicht hervorgeht, auf Wache in Manila, der Hauptstadt der damals spanischen Philippinen. Einen Tag später tauchte er in Mexiko auf, neuntausend Meilen entfernt und ebenfalls spanisches Territorium. Er hatte keine Ahnung, was ihm geschehen war. Das interessierte die Militärrichter wenig, die ihn wegen Desertion zum Tode verurteilten. Um doch noch Glauben zu finden, gab der Soldat an, der Gouverneur der Philippinen sei vor kurzem gestorben, ein Umstand, der bei einer Entfernung von neuntausend Meilen erst Monate später bekannt werden konnte. In seltener Großmut beschloß das Gericht, die Todesstrafe so lange auszusetzen, bis eine eventuelle Nachricht von den fernen Philippinen eintraf. Dies geschah tatsächlich nach der notwendigen Zeitspanne. Der Soldat wurde freigesprochen und entlassen. Die Freude, haarscharf dem Tode entronnen zu sein, währte für den Unglücklichen nur kurz, denn er wurde umgehend wieder verhaftet. Diesmal von der Inquisition. Die Anklage lautete auf Zauberei. Den Beweis dafür hatte er selbst bereits geliefert.
Erste Ansätze zu bescheidener Sachlichkeit ohne schwarze Magie und Teufelswerk dürfte man etwa ab dem 18. Jahrhundert erwarten. Und da haben wir auch schon einen Bericht über rätselhaftes Verschwinden...
Im Juli des Jahres 1768 verschwand der ehemalige Soldat und Schneider Owen Parfitt aus einem Kranken-Rollstuhl, in dem er vor dem

Eingang seines Bauernhauses gesessen hatte, direkt neben einer belebten Straße. Dieser Vorfall in der kleinen englischen Stadt Shepton Mallet wurde durch den Umstand zum Mysterium, daß der siebenundsiebzigjährige Parfitt seit Jahren völlig gelähmt war und seinen Körper ohne fremde Hilfe keinen Zentimeter bewegen konnte. Sein Verschwinden wurde Minuten später entdeckt, trotzdem fanden die Suchtrupps, die sofort ausschwärmten, keine Spur von ihm. Die Nachforschungen waren gründlich - man durchstöberte Felder und Wälder, suchte Flüsse und Gräben mit Netzen ab - und erstreckten sich bis zur sechs Meilen entfernten Domstadt Wells. Parfitts Aufenthalt blieb ungeklärt.

In dem Zusammenhang lohnt sich die Vorwegnahme eines Falles, der zweihundert Jahre später verblüffende Parallelen zum Fall Parfitt aufweisen sollte. Auch damals verschwand ein Mann auf rätselhaft Weise, der sich aus eigener Kraft keinen Zentimeter hätte bewegen können.

In einer Nacht des berühmt-berüchtigten 68er-Jahres des zwanzigsten Jahrhunderts hatte ein neunzehnjähriger Angehöriger des medizinischen Korps der U.S.-Streitkräfte in einem Militärkrankenhaus auf Hawaii ein rätselhaftes Erlebnis. Der angehende Mediziner unterhielt sich oft einem etwa sechzigjährigen Patienten, der allein in einem Sechs-Mann-Zimmer lag. Der Späthippie war, von LSD oder anderen Rauschmitteln benebelt, in einen LKW gelaufen. Mit schweren Frakturen am Ober- und Unterschenkel lag völlig demobilisiert er in einem Streckverband mit stählerne Fixierstangen, die durch die Ober- und Unterschenkelknochen seiner beiden Beine gebohrt und mit Zuggewichten versehen waren. Was sich außerhalb der Reichweite seiner Arme befand, war für ihn so entfernt, als wäre es sich auf dem Mond. Als der junge Mann seine erste Runde machte, sprach er wie meistens mit dem einsamen Unfallopfer. Bei der zweiten Runde gab es eine Überraschung. Der Patient war verschwunden. Die Fixierstäbe aus Edelstahl lagen in Reih und Glied auf dem Bett, die Gewichte hingen am Ausleger - das Bett aber war leer. Alarm. Krankenhauspersonal und Militärpolizei durchsuchten die Station und die unmittelbare Umgebung. Der Verschwundene blieb verschwunden.

Konnte er die Stäbe selbst entfernt und sich kriechend davongemacht haben? Er konnte nicht. Die Fixierstäbe, die bei komplizierten Fraktu-

ren durch die Knochen geführt werden, haben die Aufgabe, Knochenfragmente zu fixieren, damit sie in ihrer ursprünglichen Formation wieder zusammenwachsen. Die exakte Ausrichtung des Streckverbandes wird durch Gewichte besorgt, die der Vorrichtung den notwendigen Neigungswinkel geben. Sowohl das Einsetzen, die Justierung und die schlußendliche Entfernung der Apparatur ist zeitraubend und so schmerzhaft, daß der Vorgang nur in Vollnarkose durchgeführt werden kann. Ein Patient, der auch nur den Versuch machte, die Stäbe herauszubekommen, würde beim ersten Rütteln vor Schmerzen das Bewußtsein verlieren. Die Vorstellung, der Betreffende hätte die Stäbe entfernt, fein säuberlich neben einander auf dem Bett aufgereiht und wäre - mit komplizierten Brüchen an beiden Beinen - blutströmend auf den Ellenbogen heimlich davongerobbt, war lächerlich. Ein Ding der Unmöglichkeit. Dazu kam noch, daß der Wachraum, in dem der junge Pfleger während seines Nachtdienstes beim Schreibtisch saß, gegenüber dem fraglichen Krankenzimmer lag, und sich der gesamte Gang im Blickfeld befand.
Eine Stunde nachdem im Krankenhaus und in der unmittelbaren Umgebung das Unterste zu oberst gekehrt worden war, lag der Verschwundene wieder in seinem Bett (sein Wiedererscheinen unterscheidet diesen Fall von dem Owen Parfitts, aber auch nur das). Die Fixierstäbe steckten wieder in seinen Beinen, die Gewichte hingen, der Streckverband saß völlig korrekt, als wäre er niemals entfernt worden. Der junge Zeuge konnte sich die unheimlichen Geschehnisse niemals erklären, auch nicht nachdem er selbst ein renommierter Arzt geworden war. Dieser Fall, dem der Autor Hartwig Hausdorf nachgegangen ist, bekommt durch die medizinisch unangreifbaren Fakten kaum zu widerlegende Beweiskraft. Nach diesem Zeitsprung wieder zurück zur chronologischen Vorgangsweise.
Vier Jahrzehnte nach dem Parfitts Verschwinden stößt man auf einen weiteren Fall von unerklärlichem Verschwinden, der damals ziemlichen Staub aufwirbelte. Die britische Regierung setzte Himmel und Hölle in Bewegung, Kaiser Napoleon Bonaparte leistete tatkräftig Hilfe. Das Ergebnis war Null. Es handelt sich dabei um das mysteriöse Dematerialisieren - anders läßt es sich nicht bezeichnen - des britischen Gesandten in Wien, Benjamin Bathurst. Im November 1809 reiste der junge, als geschickt bekannte Diplomat mit wichtigen Depe-

schen nach England zurück. Die napoleonischen Kriege befanden sich im vollen Gange. Österreich war gerade entscheidend bei Wagram geschlagen worden. Der Korse hielt Europa fest im Griff. Seine Spione lauerten überall. Bathurst wählte darum aus Sicherheitsgründen komplizierte Umwege und bediente sich falscher Namen. Diese Machinationen sind aber nicht der Hintergrund seines Verschwindens. Am 26. November hatten er und sein Diener ungefähr die Hälfte des gewundenen Rückwegs hinter sich gebracht und machten in der kleinen brandenburgischen Stadt Perleberg Station, wo die Pferde gewechselt werden sollten.

Alles verlief ohne besondere Vorkommnisse. Die vier Insassen der Kutsche, Bathurst und sein Diener sowie zwei weitere Reisende, speisten im Posthaus. Um neun Uhr sollte die Reise weitergehen. Als das Gepäck aufgeladen war und es losgehen konnte, ging Bathurst aus irgendeinem Grund hinter die Postkutsche - und wurde nicht mehr gesehen. Eine sofortige Suche in der Umgebung führte zu nichts. Zu Anfang glaubte man an gewaltsame Entführung, auch wenn diese mit geradezu überirdischer Geschicklichkeit hätte ablaufen müssen. Die Affäre schlug Wellen in der politischen Landschaft der damaligen Zeit. Die englische Regierung setzte eine Belohnung von 1000 Pfund - eine beträchtliche Summe - aus, die von der Familie Bathursts verdoppelt wurde. Trotz dieser starken Verlockung konnte niemand einen Hinweis geben. Im Frühjahr 1810 nahm Bathursts junge Frau die Suche nach ihrem verschollenen Mann auf. Sie reiste kreuz und quer durch Deutschland und Frankreich, ausgestattet mit einem Paß von Napoleon persönlich, der an einem Image als friedliebender, kooperativer Monarch interessiert war. Die Angelegenheit bewegte die Gemüter noch lange Zeit, nachdem die umfassenden Nachforschungen aufgegeben worden waren.

Zahlreiche Ränke, politische Intrigen und dunkle Umtriebe - wie etwa der Mord an dem Doppelagenten Comte d'Entraigues, der vorgab, mehr über Bathursts Verschwinden zu wissen - ließen alles nur noch ominöser erscheinen. Die allgemeine Vermutung blieb, daß der britische Diplomat von den Franzosen gekidnappt wurde, wenn auch niemand zu erklären vermochte, wie die Entführer sich hinter der Kutsche verbergen und ihr Werk hätten tun können, ohne bemerkt zu werden. In einem deutschen Bericht liest man: „Das Verschwinden

des englischen Gesandten sieht wie Zauberei aus. Es ist, als ob sich der Boden unter seinen Füßen aufgetan und ihn verschlungen hätte, ohne auch nur die geringste Spur zu hinter- lassen."
Solche Fälle sind geheimnisvoll, aber nicht zwangsläufig unerklärlich. Andere verdienen beide Adjektive: In einer Novembernacht des Jahres 1878 wurde der sechzehnjährige Farmersohn Charles Ashmore zum Brunnen geschickt, um einen Eimer Wasser zu holen. Als er nicht wiederkam, ging sein Vater nachsehen. Die Fußspur - im Schnee deutlich erkennbar - endete mitten im Hof. Er blieb verschwunden. Ähnliches widerfuhr dem elfjährigen Oliver Larch am Weihnachtsabend des Jahres 1889. Auch er wollte Wasser holen und erreichte den Brunnen niemals. Seine Fußspuren endeten abrupt im Schnee. Fast identisch ist der Fall von Oliver Thomas. Er war ebenfalls 11 Jahre alt, und sollte - gleichfalls am Weihnachtsabend - Wasser holen. Es gelang ihm nicht einmal, den Brunnen zu erreichen, wie die Fußspur im Schnee beweist, die auf halbem Wege aufhört. So geschehen 1909. Manchmal kommt es an gewissen Orten für einige Zeit zu einem gehäuften Auftreten von solchen Vorgängen. Im Juli und August des Jahres 1892 verschwand eine so große Zahl von Personen auf rätselhafte Weise in Montreal, Quebec, daß Zeitungsüberschriften wie „Wieder jemand abgängig" bereits erwartet und als alltäglich empfunden wurden.
Die *New York Sun* vom 14. August 1902 widmete dem unerklärlichen Verschwinden von fünf Männern aus der Stadt Buffalo, jeder für sich, doch alle im August, einen ausführlichen Artikel.
Die Liste ließe sich endlos fortsetzen. Bis in unsere Tage. Wenn auch viele Fälle einen direkten Beweis schuldig bleiben, so lassen sie sich doch meist nur dann rational erklären, wenn man so etwas wie eine „Weltverschwörung" annimmt, die noch dazu jedes vernünftigen Motivs entbehrt. Welchen Grund kann man sich beispielsweise vorstellen, daß eine Gruppe Menschen ein absurdes Lügengewebe spinnt, um das Verschwinden eines kleinen Jungen zu erklären? Im Fall der Verabredung zur Vertuschung eines Unfalls oder eines Verbrechens wäre jede andere Story plausibler - und unverdächtiger - gewesen.
Es geht dabei um den sieben Jahre alten Dennis Martin, der mit seinem Vater und einigen Verwandten im Sommer 1969 einen Ausflug in die Great Smoky Mountains unternahm. Die Erwachsenen verloren

den kleinen Dennis keinen Moment aus den Augen. Trotzdem verschwand er plötzlich, während er neben seinem Vater herlief.
Bizarr und unheimlich, das muß man zugeben. Absolut jenseits jedes auch noch so konstruierten Erklärungsversuchs liegen die Dinge, wenn es zu Massenverschwinden kommt.

Vom Erdboden verschluckt

In den USA kennt man die sogenannten „Geisterstädte“. Sie entstanden meist im Zuge des Goldrausches und wurden von ihren Bewohnern nicht selten über Nacht verlassen wenn die Claims versiegten, Minen geschlossen wurden. Die Produzenten von Wildwestfilmen sind für die billigen Kulissen dankbar. In das Reich der Legende gehört allerdings, daß das Aufgeben solcher Geisterstädte so schlagartig erfolgte, daß auf den Spieltischen Chips zurückblieben oder halbgefüllte Whiskeygläser an den Theken der Saloons. Die Wirklichkeit ist, wie immer, skurriler als manche Legenden. Es gibt tatsächlich Orte, Städte, Gemeinschaften, deren Einwohner sich offenbar mitten im Alltag spontan entschlossen haben, auf eine Wanderschaft ins Nichts zu gehen. Und das seit Jahrhunderten.

Ein früher, aber immer wieder untersuchter Fall ist das Verschwinden der Siedler der Roanoke-Insel nahe dem heutigen North-Carolina. Die Siedlung wurde 1585 von dem englischen Seefahrer, Eroberer und Gründer der ersten amerikanischen Kolonie „Virginia“, Sir Walter Raleigh (1552-1618), gegründet, der hauptsächlich dafür bekannt ist, daß er seine Jacke auf eine Wasserpfütze legte, damit eine Dame trocken Fußes darüber gehen konnte.Als Raleigh aus England zurückkehrte, wo er Ausrüstungsgegenstände, Werkzeuge und weitere Auswanderer holte, fand er die Siedlung vollständig verlassen vor. Er konnte sich das nicht erklären. Es sollte für immer ein Rätsel bleiben.

In England entdeckte man durch Luftfotografie Hunderte von verlassenen Dörfern. Rund um den Globus gibt es Tausende. Nicht alle davon wurden in geschichtlich fernen Zeiten von ihren Einwohnern aus unerforschlichem Grund mit unbekanntem Ziel aufgegeben (sofern freiwilliges Entfernen die Ursache ist, was niemand zu sagen vermag).

Durch den Bericht des Trappers Joe Labelle veranlaßt, begab sich ein Trupp der berühmten königlichen berittenen kanadischen Mountain Police im November 1930 in ein Eskimodorf in Nordkanada. Es war leer und bot genau das Bild, welches US-Geisterstädte nur in Anekdoten aufweisen: Sämtliche Gegenstände des täglichen Lebens waren vorhanden, und das in einer Weise, als ob die Eskimos alle zusammen

für einen Moment vor ihre Behausungen getreten wären. Um nie zurückzugehen.
Dies deckte sich exakt mit der unheimlichen Erzählung des Trappers. Labelle war ein alter Freund der friedfertigen Eskimos in ihrer kleinen Ansiedlung, fünfhundert Meilen entfernt von der Stadt Churchill, in der die berittene Polizei eine Station hatte. Als Joe seine eingeborenen Freunde wieder einmal besuchen wollte, begrüßte ihn bedrohliche Stille. Der eisige Wind, der vom Anjikuni-See herüberwehte, ließ die Häute hin- und herflappen, die vor den Türöffnungen der Hütten hingen. Kein Hund bellte, niemand war zu hören. Eisige Kälte strich das Rückgrat des Trappers entlang, ein Gefühl, das nichts mit der niederen Außentemperatur zu tun hatte. Er blieb am Dorfrand stehen und rief laut. Keine Antwort. Das war sehr, sehr ungewöhnlich. Vorsichtig näherte er sich der ersten Hütte und hob die Rentierhaut an, um in das Innere zu blicken. Leer. Er rief nochmals. Stille.
Eine Stunde lang streifte Labelle durch das Dörfchen, starrte in die Zelte und Hütten, suchte irgendeinen Hinweis auf den Verbleib der Eskimos. Vergeblich. Töpfe mit Essen hingen über Feuerstellen, als wäre die Köchin für einen Augenblick weggerufen worden. Gewehre, das kostbarste Gut der Eskimos, standen in Ecken gelehnt herum. Kein Besitzer einer solchen Waffe trennte sich dort davon, sie war mehr als ein materieller Wert, sie garantierte das Überleben. Genauso wie die Hunde. Trotzdem waren auch die Hunde zurückgelassen worden. Labelle und später die Polizisten entdeckten die Hunde der Eskimos. An Baumstümpfe gebunden, tot, verhungert, nachdem sich ihre Herren wie alle anderen auf eine Reise ins Nichts gemacht hatten. Und das ohne Vorbereitung. Der Trapper stieß bei seinem Herumstöbern auf eine Kinderkleidung aus Seehundfell, in der die elfenbeinerne Nadel so steckte, wie dies der Fall ist, wenn man eine Näharbeit kurz unterbricht.
Für die Polizei schied jeder normale Sachverhalt aus. Kein Eskimo würde sein Dorf auch nur für kurze Zeit verlassen, geschweige denn, weiterziehen und seine Waffen, Hunde, Schlitten zurücklassen. Das war undenkbar. Irgend etwas mußte die Eingeborenen zum Mitkommen gezwungen oder zum fluchtartigen Verlassen des Dorfes veranlaßt haben, wobei selbst die gesamte, nicht am Körper getragene Kleidung zurückblieb. Spuren eines Kampfes oder einer Anwesenheit

Fremder gab es nicht. Am Seeufer lagen die Kajaks des Stammes, darunter jenes des Anführers, wie Labelle feststellte. Die von der Polizei zugezogenen Fachleute verbrachten Wochen, um das Rätsel zu lösen. Es gelang nicht.

Die Frage, warum ein ganzer Eskimostamm mitten in der eisigen Kälte des Frühwinters ohne jede Ausrüstung oder Schutz sein Dorf verlassen hatte, blieb ebenso offen, wie jene, wohin die freundlichen Eingeborenen gekommen waren. Selbst die absurde Vorstellung einer gemeinsamen Bootspartie mit katastrophalem Ende war unhaltbar. Die Boote waren da, und die *gesamte* Einwohnerschaft hätte an einem solchen Unternehmen ohnedies nicht teilgenommen. Versierte Fährtensucher konnten keinen Hinweis auf eine Wanderschaft durch die kalte Tundra aufspüren - ein Vorgehen, das unter den gegebenen Umständen ohnedies den Ausbruch gemeinsamen Wahnsinns vorausgesetzt hätte.

Bekanntlicherweise sind die „Mounties“ eine Polizeitruppe, die niemals aufgibt. Dieses Mysterium als unerklärlich hinzunehmen und zur Tagesordnung überzugehen, war für die Beamten ausgeschlossen. Mit ihrer sprichwörtlichen Zähigkeit machten sie sich auf die Suche nach den verschwundenen Eskimos. Nach Wochen hatten sie ein riesiges Gebiet abgesucht, doch für den Verbleib der Vermißten gab es nicht den kleinsten Hinweis. Sackgasse. Wenn man sich sehr bemüht, kann man annähernd natürliche Ursachen für das Verschwinden winziger, isolierter Populationen wie die der Siedler von Roanoke oder der Eskimos inmitten der kanadischen Einsamkeit konstruieren. Beispielsweise einen plötzlichen, kollektiven Todestrieb, der - ausgelöst durch ein Virus, Sonnenprotuberanzen oder was auch immer - geschlossene Menschengruppen ins Meer oder in eisige Weiten treiben mag.

Problematisch wird diese Betrachtungsweise, wenn die betreffenden Gruppen größer und straff organisiert sind. Wie dies bei Armee-Einheiten der Fall ist.

Im Jahr 84 nach Christi erhob sich das nördliche Königreich von Brigantia unter seinem Herrscher Arviragus gegen die römische Vorherrschaft. Allerdings nicht lange. Vierunddreißig Jahre später versuchten sie es nochmals, worauf die Neunte römische Legion in Marsch gesetzt wurde, um die eine Generation früher erteilte Lektion zu wiederholen. Sie verließ ihre stark befestigte Basis im brigantischen Herzland - und verschwand ohne die geringste Spur. Die Aufständischen waren dafür nicht verantwortlich und rühmten sich dessen auch niemals.

Römische Aufzeichnungen aus der Zeit Marc Aurels, die 28 Legionen vermerken, lassen die Legio IX Hispania vermissen, deren Aufgabe unmittelbar nach ihrem Verschwinden von der Legio VI Victrix übernommen worden war. Obgleich sich manche Historiker mit der Vorstellung nicht befreunden können, eine ganze Legion hätte sich in Luft aufgelöst, und wenig stichhaltige Erklärungen anbieten, bleibt der Marsch der "Unglücklichen Neunten", wie sie damals im Römischen Imperium genannt wurde, geschichtliche Tatsache.

Wenn man bedenkt, daß eine römische Legion in voller Stärke sechstausend Mann umfaßte, so ist es fürwahr ungewöhnlich, daß weder die intensiven Nachforschungen der imperialen Behörden noch archäologische Spurensuche späterer Jahrhunderte auch nur den winzigsten Überrest der Neunten ans Tageslicht fördern konnten. Kein Schild, kein Schwert, kein Legionssignum, kein Grabstein, nichts. Auch keine persönliche Erinnerung.

Man mag einwenden, daß ein Vorfall, der fast zweitausend Jahre zurückliegt, nicht mit absoluter Verläßlichkeit zu untersuchen ist. Dies hat für vergleichbare Unerklärlichkeiten aus dem zwanzigsten Jahrhundert keine Gültigkeit.

Die Schlacht von Gallipoli im August 1915 bewirkte nicht nur eine Wende in der Strategie des Ersten Weltkrieges - von nun an gruben sich die Armeen ein, und Schützengräben überzogen den Kontinent wie ein Netz von schwärenden Wunden -, sondern ist ein weiteres Kapitel im Buch des Unerklärlichen.

Winston Churchills Plan, in den Dardanellen - dem früheren Hellespont -, der etwas 65 Kilometer langen schmalen Meerenge an der türkischen Halbinsel, die das Mittelmeer mit dem Schwarzen Meer verbinden, zu landen, Konstantinopel zu erobern und so eine Verbindung nach Rußland aufzubrechen, durch die das russische Millionenheer gegen die Mittelmeermächte geführt werden konnte, kostete viele Soldaten das Leben. Fast fünfzigtausend von ihnen fanden den Tod auf dem Schlachtfeld, starben an der Ruhr und an andern Krankheiten oder wurden vermißt. Zweihundertundsiebenundsechzig davon verschwanden. Und das auf eine selbst für Kriegsbedingungen so exoti-

sche Weise, daß der kommandierende Generalmajor Sir Jan Hamilton dem englischen Kriegsminister Earl Horatio Herbert Kitchener eine besondere Meldung darüber machte.
Wie es schien, war Oberst Sir H. Beauchamp mit einem Großteil seines Bataillons, das zum Norfolk-Regiment der 163. ostenglischen Brigade gehörte, in einer Wolke verschwunden. Aus dieser tauchten die Männer - 16 Offiziere und 251 Soldaten - nie wieder auf. Ihr Verbleib ist ebenso rätselhaft, wie der eines chinesischen Truppenteils, der mehr als zehnmal so groß war. Man schrieb das Jahr 1939. Während der Zweite Weltkrieg in Europa erst seinen Anfang nahm, waren die japanischen Expansionsanstrengungen im Fernen Osten bereits seit fast zwei Jahren im vollen Gange, die schließlich durch die damit verbundene unvermeidliche Konfrontation mit den USA den *Weltbrand* entfachen sollten.
Die japanische Dampfwalze bewegte sich auf Nanking zu. Der Oberst der chinesischen Armee Li Fu Sien hatte 3100 Mann zur Verfügung, um die kaiserlichen Elitetruppen aufzuhalten. Ein unmögliches, ein selbstmörderisches Unterfangen. Sechzehn Meilen nördlich von Nanking bezogen die chinesischen Verteidiger Stellung. Der Oberst erteilte seine letzten Befehle und begab sich in sein Hauptquartier, eine Meile hinter den Linien. Am nächsten Morgen blieben die Feldtelefone tot. Dies beunruhigte den Oberst noch nicht. Die Überraschung stand ihm erst bevor: Die gesamte Armee-Einheit war verschwunden. 2988 Soldaten waren über Nacht abhanden gekommen. Lediglich ein kleiner Truppenteil von 113 Mann, die eine nahe Brücke bewachen sollten, befand sich noch auf seinem Posten.
Im ersten Moment liegt der Gedanke an Desertion nahe. Die Japaner waren nicht aufzuhalten, jeder Versuch bedeutete den sicheren Tod. Fahnenflucht zieht zwar die Todesstrafe nach sich, aber man muß erst gefaßt werden. Auch die moralische Verpflichtung zum Durchhalten bis zum letzten Blutstropfen, von der die Kriegspropaganda aller Länder großzügig Gebrauch macht, vermag den Selbsterhaltungstrieb nur in besonderen Fällen auszuschalten.
Immerhin desertierten im Ersten Weltkrieg in Rußland etwa eine Million Mann fast augenblicklich, als Deserteure in der russischen Armee nicht länger hingerichtet wurden. So einfach kann man es sich im vorliegenden Fall doch nicht machen. Die 2988 Soldaten hatten sich in

völliger Stille entfernt, unbemerkt von ihren Kameraden an der Brücke oder von sonst irgendwem. Die Brücke selbst war nicht überquert worden. Auch nicht von japanischen Einheiten, die eine *solche* Entführung ohnedies kaum hätten bewerkstelligen können. Keiner der Verschwundenen tauchte jemals wieder auf. Weder während des Krieges noch nach dem Krieg.

Da all dies im Dunkel der Nacht und ohne Zeugen vor sich ging und auch die Mehrzahl der anderen Vorfälle nicht unmittelbar beobachtet werden konnte, erhebt sich die Frage, ob diese stets in gleicher Weise ablaufen. Die Geschichte verzeichnet nämlich noch mehr Fälle von dematerialisierten Armeen und Truppeneinheiten.

Viertausend gut ausgebildete Soldaten mit voller Ausrüstung errichteten während des Spanischen Erbfolgekrieges in den Pyrenäen ihr Nachtlager neben einem kleinen Fluß. Am nächsten Morgen brachen sie auf, formierten sich in Reih und Glied und verschwanden in einer Hügelkette. Und zwar für immer. Zahlreiche Soldaten anderer Einheiten beobachteten ihren Abmarsch, doch niemand sah sie jemals zwischen den Hügeln wieder hervorkommen.

Ähnliches ereignete sich 1858 in Indochina. 650 Mann der französischen Kolonialtruppen befanden sich auf einem 15-Meilen-Marsch nach Saigon. Sie marschierten über offenes Gelände, als sie plötzlich mit ihrer gesamten Bewaffnung und Ausrüstung, allen Transportfahrzeugen und Lasttieren vom Nichts verschlungen wurden.

Diese Vorgänge sind in offiziellen Berichten und persönlichen Niederschriften festgehalten, doch nicht mit der Genauigkeit und Detailvielfalt, die man sich wünschen würde, um wenigstens den Hauch einer Ahnung zu haben, was für Phänomene auftreten. Selbst wenn, wie im Fall des Farmers David Lang, der am 23. September 1880 nahe Gallatin, Tennessee, verschwand, zahlreiche Zeugenaussagen vorliegen, so erlaubt ihr Tenor, Lang habe sich im wahrsten Sinne des Wortes „in Luft aufgelöst“ wenig Schlußfolgerungen. Andere Zeugenaussagen sind informativer.

Kehren wir noch einmal zum tragischen Feldzug auf der türkischen Gallipoli-Halbinsel zurück. Hier findet sich eine Zahl von Augenzeugen für das Verschwinden des erwähnten britischen Truppenteils, dessen Freilassung England übrigens als erstes nach der türkischen Kapitulation 1918 von den Besiegten forderte. Ein Ansinnen, dem das

geschlagene Osmanische Reich nicht entsprechen konnte, da türkische Truppen mit der vermißten Einheit niemals in Berührung gekommen waren oder auch nur von ihr wußten.
In einer gemeinsamen Aussage beschrieben am 21. August 1915 die Pioniere der Abteilung 3 der Feldkompanie Nr. 1 des Australisch-Neuseeländischen-Expeditionskorps (ANZAC), F. Reichardt, R. Newnes und J. L. Newman, den Vorfall des 12. August 1915 bei Hügel 60, Sulva Bay, so: „...Wir befanden uns in einem Beobachtungsstand, der den Hügel 60 um ungefähr 100 Meter überragte. Der Tag begann ganz klar. Es war keine Wolke in Sicht, bis auf sechs oder acht Wolken, die alle genau die gleiche Form - etwa wie ein Brotlaib - aufwiesen, und über Hügel 60 hingen. Trotz einer steifen südlichen Brise veränderten diese Wolken weder ihre Form, noch trieben sie davon.
Direkt unter dieser Wolkengruppe befand sich eine bis auf die Erde reichende, gleichfalls unbewegliche Wolke, die ebenso geformt war wie die anderen. Sie maß etwa 245 Meter in der Länge, 65 Meter in der Höhe, 60 Meter in der Breite, war völlig undurchsichtig und wirkte so kompakt wie ein fester Körper. Von unserem Beobachtungsstand aus konnten wir die Seiten und Enden der Wolke gut sehen, die ungefähr 300 Meter von der Kampfzone entfernt in dem von Engländern besetzten Gebiet in einem ausgetrockneten Flußbett oder einer abgesunkenen Straße (Kaiajik Dere) ruhte. Dann sahen wir, wie ein britisches Regiment von einigen hundert Mann, die Norfolks, auf dieser Straße - oder in diesem Flußbett - zur Höhe 60 heraufmarschiert kam. Offensichtlich, um die Kampftruppen auf dem Hügel zu verstärken. Als sie bei der eigenartigen Wolke anlangten, marschierten sie ohne zu zögern geradewegs in sie hinein, aber keiner kam wieder heraus. Als der letzte Soldat der hintersten Reihe in der Wolke verschwunden war, hob sie vom Boden ab, stieg langsam auf, bis sie die anderen, ähnlich aussehenden Wolken erreicht hatte, die zu Beginn dieses Berichts beschrieben wurden.
Während der ganzen Zeit hatte sich die Wolkengruppe seltsamerweise nicht von der Stelle bewegt, doch sowie die einzelne, vom Boden kommende Wolke sie erreichte und auf selber Höhe war, glitten sie alle in nördlicher Richtung auf Thrazien (Bulgarien) zu davon. Nicht ganz eine Stunde später waren sie aus unserer Sicht verschwunden.

Dies alles wurde auch noch von zweiundzwanzig Männern der Abteilung Nr. 3 der Feldkompanie Nr. 1 des Neuseeländischen Expeditionskorps (NZE) aus den Schützengräben auf der Rhododendron-Befestigungsanlage, ungefähr 2,5 Kilometer südwestlich Hügel 60, beobachtet..."

Der Vorgang, welcher zwar im Rahmen des ersten großangelegten Völkergemetzels der menschlichen Geschichte keinen bedeutenden Platz einnimmt, dies aber durch Merkwürdigkeit wieder wettmacht, wurde immer wieder auf Schwachstellen abgeklopft. Minimale Ungereimtheiten - leichte Abweichungen bei einzelnen Zeugenaussagen - konnten ausgegraben werden, doch sie beweisen lediglich die bekannte Tatsache, daß das bewußte Erinnerungsvermögen nicht die Präzision eines Computers aufweist. Das Faktum des Verschwindens eines ganzen Truppenteils in einer Wolke - und das am hellichten Tag blieb unerschütterlich.

In manchen Fällen von geheimnisvollem Verschwinden spielen Wolken oder auch mysteriöse Nebel eine Rolle. Beispielsweise im Juli des Jahres 1881 im Zusammenhang mit rätselhaften Vorgängen um den US-Schoner „Ellen Austin" und um ein nicht identifiziertes, verlassenes Schiff im Atlantik.

Am 14. des Monats entdeckte der Ausguck der „Ellen Austin" einen treibenden Zweimast-Schoner ohne Flagge, Namen oder sonstiges Identifikationsmerkmal. Kapitän Baker von der „Ellen Austin" beschloß, das Schiff zu entern. Da absolute Windstille herrschte, dauerte es einige Tage, bis es gelungen war, an das treibende Schiff heranzumanövrieren. Kapitän Baker und sechs Mannschaftsmitglieder gingen an Bord. Das unbekannte Schiff war menschenleer. Die Rettungsboote hingen vollzählig in ihren Halterungen, und die äußerst wertvolle Ladung schien unangetastet. Letzteres freute Baker. Er und seine Männer konnten sich zwar nicht erklären, was auf dem namenlosen Schiff vor sich gegangen sein mochte, aber die Aussicht auf ein fettes Bergungsgeld beschäftigte sie mehr. Baker beorderte eine Minimannschaft auf den Zweimaster, damit dieser - mit der wertvollen Ladung! - der „Ellen Austin" bis nach New York nachsegelte. Zwei Tage später endete die Windstille. Ehe die gemeinsame Fahrt beginnen konnte, setzte schlagartig ein heftiger Sturm ein, der beide Schiffe gründlich durchschüttelte. Auf die Signale, die von der „Ellen Austin" zum anderen

Schoner gesandt wurden, erfolgte keine Reaktion. Abermals wurde das namenlose Schiff nach Andockmanövern betreten. Zum Entsetzen aller waren die Männer verschwunden, die es notdürftig bemannen sollten. Kapitän Baker wollte eine weitere Notmannschaft hinüberschicken, doch er fand keine Freiwilligen.

Als er eine außerordentlich große Belohnung bot, erklärten sich einige Beherzte für einen zweiten Versuch bereit, aber erst nachdem man sich auf rigide Sicherheitsmaßnahmen geeinigt hatte. Jeder der Männer bekam ein Gewehr, und die Schiffsglocke sollte jede Viertelstunde angeschlagen werden, zum Signal dafür, daß alles O.K. war. Darüber hinaus erlaubte Kapitän Baker den Männern, bei der geringsten Gefahr - sei sie normal oder übernatürlich, wie er wörtlich betonte - ein Rettungsboot zu Wasser zu lassen und zur "Ellen Austin" zu rudern. Nun segelten beide Schiffe los. Nach kurzer Zeit bildete sich ein wolkenartiges Gebilde, eher schon ein Nebel, um das fremde Schiff. Er wurde dicker und dicker. Die Mannschaft der „Ellen Austin" rief ihren Kameraden in der mittlerweile mit Blicken nicht mehr zu durchdringenden „Wolke" aufmunternde Worte zu. Keine Antwort, aber auch kein Schuß. Plötzlich wurde die Glocke mehrmals angeschlagen. Dann Stille.

Der Nebel wurde dünner und verflüchtigte sich schließlich. Als er noch nicht ganz verschwunden war, hätte die Silhouette des anderen Schiffes sichtbar werden müssen, doch sie wurde es nicht. Nachdem der Nebel sich gänzlich aufgelöst hatte, spiegelte sich das Sonnenlicht auf einem glatten Ozean. Das Schiff einschließlich seiner Notbesatzung war verschwunden. Keine Planke trieb im Wasser, kein Rettungsboot war in Sicht, kein Mann schwamm auf die „Ellen Austin" zu...

Das Verschwinden in wolkenartigen Gebilden, in aus dem Nichts entstehenden Nebelbänken, die ebenfalls eine merkwürdige Unempfindlichkeit gegen Luftströmungen zeigen und in anderen, nicht ganz natürlich wirkenden Dünsten ist so selten nicht. Ob das unbemerkte Abhandenkommen von Einzelpersonen, Gruppen oder ganzen Menschenmassen - als welche man eine fast 3000 Mann starke chinesische Armeeeinheit oder eine komplette römische Legion wohl bezeichnen kann - immer hinter einem verhüllenden Nebelschleier vor sich geht, kann man leider nicht beantworten. Manches spricht dafür, einige Beobachtungen decken sich, noch mehr ist ungewiß. Mit all dem läßt sich nicht einmal die Hypothese stützen, man habe es mit einem einzigen Phänomen zu tun, dem einmal ein Mensch, dann wieder Tausende zum Opfer fallen. Unterschiedliche Personenzahlen mögen ebenso von Bedeutung sein, wie die jeweilige geographische Lage des Phänomens. Wir wissen es nicht. Vielleicht haben wir es mit variierenden Manifestationen derselben Erscheinung zu tun, vielleicht mit voneinander unabhängigen Vorgängen. Wieder einmal muß Ähnliches nicht Gleiches oder Verwandtes sein. Wie auch immer - mit rechten Dingen kann es nicht zugehen.

Dieses Gefühl verstärkt sich noch, verläßt man den - wie sich gezeigt hat alles andere als sicheren - Erdboden und macht sich mit der bedrückenden Tatsache vertraut, daß Schiffe nicht nur untergehen und Flugzeuge nicht nur abstürzen, sondern auch verschwinden können. Mit Mann und Maus. Manchmal verschwinden auch *nur* Mann und Maus...

Natürlich ist es ungleich schwerer, zu Wasser und in der Luft Spuren zu verfolgen bzw. eine *unnatürliche* Spurenlosigkeit mit an Sicherheit grenzender Wahrscheinlichkeit zu konstatieren. Trotzdem ist es in manchen - gar nicht so wenigen - Fällen möglich. Wie es scheint, kennt das Unbekannte keine örtliche Begrenzung und keine Zurückhaltung.

Wasserstraßen ins Nichts

Wenn von unerklärlichem Geschehen auf den Weltmeeren die Rede ist, denkt man fast automatisch an das schon klassische Rätsel der *Mary Celeste.*

Seit 1872, als der Zweimaster *Mary Celeste* am 5. November dieses Jahres von New York in Richtung Genua losgesegelt war und einen Monat später von der englischen Brigg *Dei Gratia* von der Mannschaft verlassen zwischen den Azoren und der portugiesischen Küste treibend entdeckt wurde, hat dieses Geheimnis die Gemüter bewegt. Ausgelöst wurde die bis heute nicht verstummte Diskussion vom Vertreter der britischen Admiralität in Gibraltar, F. Solly Flood, der in seinem Bericht nach London schrieb: „Die Unversehrtheit und der gute Zustand des Schiffes, der sich bei der Bergung zeigte, waren so merkwürdig, daß ich mich zu einer genauen Untersuchung gezwungen fühlte."

Üblicherweise bedeutet der Bergungsanspruch auf verlassene Schiffe kein großes Problem, da diese meist in desolatem Zustand - ohne Masten, teilweise unter Wasser etc. - aufgefunden werden. Nicht so die *Mary Celeste.* Sie war vollkommen intakt. Die Ladung befand sich an Bord, unangetastet. Alles sprach für einen jähen, unvorbereiteten Aufbruch, nichts aber für eine Katastrophe, die normalerweise Ursache dafür ist, daß ein Schiff aufgegeben werden muß. Im Mannschaftsquartier standen die Seekisten der Besatzung. Es gab keinerlei Hinweise darauf, daß die Männer gepackt hatten, um von Bord zu gehen. Vielmehr waren sie offensichtlich in größter Eile irgendwohin gestürzt, da sie nicht nur den Inhalt ihrer Seekisten zurückließen, sondern auch ihre Gummistiefel, Pfeifen und vieles andere, das ihnen lieb und wert bzw. lebenswichtig sein mußte. Ein offenes Medizinfläschchen deutete darauf hin, daß der Benutzer nicht mehr in der Lage gewesen war, es mit dem Korken wieder zu verschließen.

Die Koje, in der die Gattin von Kapitän Benjamin Spooner Briggs mit ihrer zweijährigen Tochter Sophia geschlafen hatte, war ungemacht, ein Versäumnis, das bei einer Frau aus Neuengland mit Sarah Briggs Erziehung nur durch „höhere Gewalt" zu entschuldigen war. Auch alles andere in der Kabine deutete auf ein unerwartetes, möglicherweise

ungewolltes Verlassen ohne Widerstand: Kleiderkisten, Nähkörbchen mit Garn, Knöpfen, Nadeln usw., Bücher, ein Harmonium, ein Schrank mit Instrumenten, der Schreibtisch standen dort, wo sie offensichtlich hingehörten.
Man wird unwillkürlich an ein gewisses Eskimodorf erinnert...
Die von Mr. Flood angeregte Untersuchung wurde mit größter Gründlichkeit und Verbissenheit durchgeführt. Von Anfang an hatte das Zurücklassen einer Ladung im - damals enormen - Wert von über 30 000 Dollar zu Verdacht Anlaß gegeben. Entsprechend mißtrauisch gingen die Beamten ans Werk. Sie fanden viel Seltsames, aber keinerlei Beweise für den Versuch eines Versicherungsbetrugs oder irgendwelche Machinationen um eine Bergungsprämie zu ergaunern.
Im Schiffskörper der *Mary Celeste* waren keine Schäden festzustellen, keine Explosion hatte stattgefunden, kein Feuer gewütet. Das Schiff befand sich in weit besserer Verfassung als viele andere, die auf der Atlantikroute fuhren. Mysteriös waren lediglich zwei Einschnitte entlang des Schiffsrumpfes. Wie mit einem scharfen Instrument eingeritzt, verliefen diese Rillen auf beiden Seiten des Rumpfes, beginnend am Bug in etwa einem halben Meter Höhe über dem Wasserspiegel bis zum Heck. Sie stellten nicht die geringste Gefahr für die Seetüchtigkeit des Zweimasters dar und waren kein Indiz für ein natürliches Vorkommnis, wie eine Kollision mit einem anderen Schiff oder einem Riff. Flood sah in diesen unnatürlichen Beschädigungen einen Versuch, betrügerisch den Zusammenstoß mit Felsklippen vorzutäuschen, drang mit dieser Meinung aber nicht durch. Mehr und mehr verbiß er sich in die mysteriöse Angelegenheit. Flood wird als wichtigtuerisch und kleinlich, dabei aber auch gewissenhaft beschrieben. Eine Kombination von Eigenschaften, die schon zur Entlarvung so manchen Betrugsmanövers geführt hat.
Als er und sein Untersuchungsteam an Deck und an der Reeling braune Flecken entdeckten und weitere auf der Schneide eines reichverzierten italienischen Schwertes, das unter der Kapitänskoje lag, verdoppelte Flood seine Anstrengungen. Und seine Verbissenheit. Er ließ auf eigene Kosten eine Analyse der Flecken vornehmen, die für ihn nur Blut sein konnten, weigerte sich aber dann seltsamerweise, das Ergebnis dieser Analyse dem britischen Gouverneur oder sonstwem bekanntzugeben. Nicht einmal Horatio J. Sprague, dem Konsul der

Vereinigten Staaten in Gibraltar, gelang es, Flood zum Überlassen einer Kopie der Analyse zu bewegen. Um nichts weniger zäh als Flood, schaffte Sprague es dennoch, eine Abschrift zu erlangen. Allerdings brauchte er dazu vierzehn Jahre.

Sprague übermittelte diese Abschrift 1887 an die US-Behörden, in welcher der untersuchende Mediziner Dr. J. Patron folgendes späte Urteil abgibt: „Ich habe von den rotbraunen Flecken mittels einer Spachtel eine Schicht abgetragen, und zwar von jenen auf Deck, auf der Hauptreeling und auf dem italienischen Schwert. Aus den damit durchgeführten Versuchen und Untersuchungen (sie werden in der Folge ausführlich dargelegt) fühle ich mich zu der Aussage autorisiert, daß diese Substanz nach dem derzeitigen Stand der Wissenschaft mit Blut nichts zu tun hat." Wahrscheinlich stammte die eingetrocknete Flüssigkeit, die Solly Flood und auch der Untersuchungsrichter Sir James Cochrane liebend gerne als Beweis für ein Verbrechen angesehen hätten, aus einem Behälter an Bord der *Mary Celeste.* Von diesem berichtete der erste Maat Oliver Deveau von der *Dei Gratia*, der mit zwei Mann am 5. Dezember 1872 als erster die treibende *Mary Celeste* betrat.

Mit Piraterie, Meuterei, einem theoretischen Kampf zwischen verbrecherischen und aufrechten Besatzungsmitgliedern und ähnlichen herkömmlichen Deutungsversuchen ließ sich dem Rätsel nicht beikommen. Noch mysteriöser wurde es durch den Umstand, daß das Schiff ohne Mannschaft und führerlos mehr als fünfhundert Meilen auf dem vorgesehenen Kurs geblieben war - trotz unruhiger See, Stürmen und nicht festgelaschtem Steuerrad. Dies ergab sich aus der letzten Eintragung im Logbuch.

Diese Eintragung ließ nicht den Schluß zu, daß alle Besatzungsmitglieder, einschließlich der Kapitänsfrau mit ihrer kleinen Tochter, unmittelbar danach ohne Federlesens das Schiff verlassen hatten, sondern sie erweiterte das Geheimnis lediglich um eine neue Facette. Wäre die Mannschaft auch nach der Eintragung lange genug an Bord gewesen, um über diese Entfernung zu navigieren, so würde ihr spurloses Verschwinden nur noch seltsamer. Die merkwürdigen Begleitumstände blieben von solchen Überlegungen unberührt. Schlußendlich mußten die Behörden und Flood die Waffen strecken.

Im März 1873 fällte der Gerichtshof sein Urteil. Darin erklärten sich die Untersuchungsbeamten für nicht in der Lage, die Ursache für das Verlassen der *Mary Celeste* anzugeben oder eine Rekonstruktion der Vorgänge an Bord anzubieten. Es war das erste Mal in seiner Geschichte, daß der Gerichtshof in einer solchen Angelegenheit zu keinem klaren Spruch kam.

Der *Dei Gratia* wurde eine Prämie zugesprochen, die etwa einem Fünftel des Wertes der *Mary Celeste* mit ihrer Ladung entsprach. Das Unglücksschiff kehrte in den Besitz des Eigners James Winchester zurück, der es umgehend verkaufte. Den Ruf als Geisterschiff wurde es niemals los. Als solches ging es in die Geschichte der Seefahrt ein. Seit nunmehr über hundert Jahren ist das Schicksal der *Mary Celeste* zum Synonym für rätselhaftes Verschwinden auf den sieben Meeren geworden. Sachliche Erklärungsversuche wechseln sich mit Theorien ab, die abstruser nicht sein könnten; Buchmarkt und Filmschaffen wurden um eine weitere Anregung zu hemmungslosem Produzieren bereichert. Die New Yorker Versicherungsgesellschaft „Atlantic Mutual Insurance Company“ hat ein eigenes Mary-Celeste-Museum eingerichtet, das einen Vergleich mit manch anderen nicht zu scheuen braucht.

Läßt man eine kleine Auswahl der gängigen „rationalen“ Erklärungen Revue passieren, so kommen einem selbst die hanebüchensten UFO-, Raum/Zeit-Falten- oder Dimensionslöcher-Theorien gar nicht mehr weither geholt vor. Ein bedenkliches Zeichen für die „vernünftigen“ Deutungen. Man mutmaßte, ein Krake könnte das Schiff angegriffen und ein Besatzungsmitglied nach dem anderen durch die Bullaugen mit seinen Fangarmen herausgezerrt haben. Noch origineller ist die Vorstellung, die Mannschaft hätte sich Seitenplattformen gebaut, um bei einem Wettschwimmen zuzusehen. Diese brachen ab und alle ertranken. Damit wären auch gleich die seltsamen Rillen an den Seitenwänden erklärt.

Recht einleuchtend klingt der Gedanke, Wasser und Nahrung könnten verseucht gewesen sein und die Besatzung zu Wahnsinnshandlungen getrieben haben. Beispielsweise zum kollektiven oder individuellen Sprung in die eisige See. So war es aber nicht, da die Mannschaft der *Dei Gratia* die Vorräte der *Mary Celeste* weiterverwendete und niemand erkrankte.

Es gibt natürlich noch andere Erklärungen ohne Riesentintenfische oder außerirdische Entführer. Sie alle aber lassen Fragen offen, gehen von wackeligen Voraussetzungen aus und kehren einzelne ungeklärte Faktoren unter den Teppich.

Nur zwei Jahre nachdem die *Mary Celeste* zu solcher Berühmtheit gekommen war, endete die Laufbahn des Zweimasters für immer in Haitis Golf von Gonave. Wer will, kann ihre geschwärzten Planken auch heute noch auf dem Korallenriff der Rochelois-Bank sehen, wo sie weit entfernt von ihrer Geburtsstätte Nova Scotia in den tropischen Gewässern der Karibik ein einsames Grab gefunden hat. Ihre Legende jedoch lebt weiter, bis ihr eine wirkliche Erklärung den Garaus macht. Und das dürfte nie geschehen...

Damit können wir uns nicht zufriedengeben. Das Rätsel der *Mary Celeste* weist zwar viele der Charakteristika von unerklärlichem Verschwinden auf, aber es ist bestenfalls ein Indizienbeweis. Zufriedenstellender für unsere Gedankengänge wäre so etwas wie das Verschwinden einer Schiffsbesatzung vor Zeugen, entfernt vergleichbar mit den Norfolks, die in eine Wolke marschierten und sie nie mehr verließen. Solche Vorfälle dürfte es doch wohl kaum gegeben haben - oder doch?

Der Schoner *J. C. Cousins,* ein dreißig Meter langer Zweimaster, der ursprünglich einem Millionär als Luxusjacht diente, hatte andere Eigner gefunden und stand nun im Lotsendienst. Im Oktober 1883 lag das Kommando in den bewährten Händen von Kapitän H. A. Zeiber, einem erfahrenen Seemann und Lotsen.

An diesem klaren und ruhigen Oktobertag war der Schoner aus seinem Hafen Astoria in Oregon, der für seine Lachskonserven berühmt ist, ausgelaufen, um eine französische Barke durch die heikle Flußmündung in den Zielhafen zu führen. Zeibers Schiff manövrierte durch die trügerischen Untiefen der Westküste, vorbei an gefährlichen Sandbänken und ging nahe Fort Stevens vor Anker, wie der Ausguck von Cape Disappointment deutlich sah. Zeiber wartete auf den Gezeitenwechsel, der seinen Zweimaster aufs offene Meer zu seinem Rendezvous tragen sollte.

Auch die Mannschaft des Schleppers *Mary Taylor* konnte die verankerte *J. C. Cousins* deutlich sehen. Um fünf Uhr nachmittags zog der Schoner den Anker auf und machte sich mit der Ebbe auf den Weg zu dem französischen Schiff. Dies konnten auch die Küstenwachen auf dem Canby-Leuchtturm klar erkennen. Plötzlich geschah Seltsames. Ohne Signal oder erkennbaren Grund schwang die *J. C. Cousins* herum. Geradewegs auf die Küste zu - und auf die Sandbänke und Untiefen, die zu vermeiden Kapitän Zeibers Job war. Die Zuschauer auf den verschiedensten Beobachtungsplätzen verfolgten das beunruhigende Geschehen mit wachsendem Erstaunen, dann mit Besorgnis und schließlich mit Entsetzen. Die *J. C. Cousins* steuerte mit steigender Geschwindigkeit ihrem Untergang entgegen. Ohne auch nur den Versuch eines Ausweichmanövers oder einer Notankerung zu machen, krachte sie schließlich gegen die Sandbank von Clatsop Spit. Alle Augen waren auf die Katastrophe gerichtet, viele davon durch Fernrohre oder Feldstecher verstärkt.

Niemand verließ das gestrandete Schiff. Kein Notsignal ertönte. Die Küstenwache eilte herbei. Die Rufe der herannahenden Rettungsmannschaft blieben ohne Echo. Kein Wunder, denn auf der *J. C. Cousins* befand sich kein Mensch. Nichts zeugte von irgendeinem dramatischem Geschehen. Die Rettungsboote hingen in ihren Vertauungen, alles wirkte durchaus friedlich - wenn auch extrem unheimlich. Der Kombüsenofen war noch warm. Desgleichen die Kartoffeln in einem Topf. Die Mannschaftsquartiere befanden sich in tadellosem Zustand. Die letzte Eintragung im Logbuch in Kapitän Zeibers Handschrift lautete: „Alles in Ordnung."

Ein besonders gruseliges Detail stellte eine *noch glimmende* Zigarre dar, die in einem Aschenbecher lag. Sie mußte kurz zuvor abgelegt worden sein.

Es konnte niemals auch nur andeutungsweise geklärt werden, was sich an diesem Tag ereignet hatte. Die Fakten sind unumstößlich und bleiben rätselhaft: Ein kleines Schiff, das vom Moment seines Auslaufens unter ständiger Beobachtung stand - und das nicht nur mit freiem Auge, sondern auch durch Fernrohre -, wurde plötzlich herrenlos, ohne daß eine einzige Person ins Wasser sprang oder eine andere Art von Verlassen bemerkt wurde. Der Kapitän und seine Crew hatten sich buchstäblich in Luft aufgelöst, zwischen zwei Zügen an der Zigarre sozusagen. Weder Zeiber noch ein anderes Besatzungsmitglied tauchte je wieder auf, tot oder lebendig.

Zwar segelte die *J. C. Cousins* nicht vor Zeugen in eine Nebelbank, um sich darin zu verflüchtigen, aber niemand vermag anzugeben, was an Bord passiert war, ehe die Mannschaft verschwand.

In anderen Fällen verschwinden Schiffe komplett. So spurlos und so geheimnisvoll wie die Mannschaft der *J. C. Cousins.*

Die *Iron Mountain* war ein mächtiger Heckraddampfer, der seinem Namen alle Ehre machte, ein Brocken von einem Riverboat. Sechzig Meter lang und mehr als zehn Meter breit beförderte die *Iron Mountain* Passagiere und Ladung sicher ans Ziel. Das letzte Ziel allerdings bleibt unbekannt.

An einem strahlenden Junimorgen des Jahres 1872 verließ die *Iron Mountain* Vicksburg mit einer Reihe von Frachtkähnen im Schlepptau. Vierhundert Ballen Baumwolle sollten nach Louisville gebracht werden. Von dort aus würde es weitergehen nach Cincinnati und schlußendlich Pittsburgh. Eine gute Ladung, 55 Passagiere an Bord, prächtiges Wetter, das alles sorgte für gute Stimmung an Bord des Schiffes, das an diesem Tag auch noch seinen achten Geburtstag feierte. Beobachter sahen die *Iron Mountain* um eine Kurve des Ohio-River verschwinden, doch niemals tauchte sie hinter der Flußbiegung wieder auf. Sie hätte ebensogut geradenwegs ins Weltall gedampft sein können. Vielleicht war sie das auch.

Etwas später sah sich ein anderer, den Fluß herunterkommender Heckraddampfer gezwungen, einer Reihe von treibenden Frachtkähnen im letzten Moment auszuweichen. Die Mannschaft dieses Schiffes, der *Iroquois Chief,* war dadurch nicht sofort alarmiert. Dergleichen kam schon einmal vor. Doch dann fiel den Männern auf, daß die Schleppleine nicht - wie erwartet - gerissen, sondern durchgeschnitten war. Eine Maßnahme, zu der Schleppschiffer nur in höchster Bedrängnis Zuflucht nehmen.

Was immer der *Iron Mountain* widerfahren war, es hatte sie blitzartig und spurlos von der Erd- bzw. Flußoberfläche verschwinden lassen. Alles Suchen fruchtete nichts. Wäre sie explodiert, hätten die Trümmer den Ohio meilenweit bedeckt, besonders die auf Deck gestapelten Baumwollballen und Melassefässer. Ihr Schicksal wird als unerklärt in den Annalen der Flußschiffahrt vermerkt.

Ein Jahr später widerfuhr einem anderen Schiff ein ähnliches Schicksal, wobei es zu weit größerer öffentlicher Resonanz kam. Das war nicht weiter verwunderlich, denn diesmal handelte es sich nicht um irgendeinen Flußdampfer, sondern um die berühmte *Mississippi Queen,* eine Titanic der Flüsse, was die luxuriöse Ausstattung und ihren Ruf als eleganter, schwimmender Palast anging.

Die *Mississippi Queen* war mit Passagiervormerkungen bis zur Jahrhundertwende ausgebucht. Menschenmassen säumten regelmäßig die Flußufer, wenn das majestätische Schiff vorbeidampfte. Nicht selten reisten Familien von weit her und warteten Stunden, um dieses beeindruckende Schauspiel mitzuerleben. So hatte auch ihr Aufbruch am 17. April 1873 Volksfestcharakter. Musik spielte auf, Zuschauer winkten, Stimmengewirr und Rufe schallten über das Wasser, als das erlesene Stück Schiffsbaukunst in Richtung Süden nach New Orleans Fahrt aufnahm. Geringere Schiffchen beim Überholen durch kurze Hornstöße grüßend, entschwand sie in der Ferne. Sie kam nie in New Orleans an.

Zwölf Stunden nach der vorgesehenen Ankunftszeit begannen die etwas beunruhigten Eigner, Telegramme an alle Stationen entlang der Fahrtroute auszusenden. Die *Mississippi Queen* war zwar noch niemals überfällig gewesen, aber die Möglichkeiten, auf einem Fluß verlorenzugehen, waren ungleich begrenzter als auf offenem Meer. Ein spurloses Verschwinden unter solchen Bedingungen schien eigentlich undenkbar. Bald schon wurden die Besitzer eines Besseren - bzw. Schlechteren - belehrt.

Die antelegrafierten Städte meldeten, daß das Schiff nirgendwo über die Zeit hinaus aufgehalten worden sei. Sie war mit Volldampf dahin gebraust, von vielen Menschen beobachtet. Wenige Minuten nach Mitternacht lag sie noch im Fahrplan und auf Kurs. Danach verlor man sie ganz kurz aus den Augen. Niemand sollte sie je wiedersehen. Als eindeutig feststand, daß irgendetwas mit dem Luxusschiff geschehen sein mußte, begann eine großangelegte Suchaktion. Das Flußufer wurde durchgekämmt, Boote schwärmten auf dem Wasser und zogen Ketten wie eiserne Netze zwischen sich her. Wenn nur eine Decksplanke von dem verschwundenen Dampfer übriggeblieben wäre, hätte man sie entdeckt.

De facto wurde gar nichts gefunden - nicht die allerkleinste Spur von der Besatzung, den Passagieren, der Ladung oder vom mächtigen Schiff selber. Wohl nur eine Atomexplosion wäre in der Lage gewesen, so gründliche Arbeit zu leisten, was keine wilde Spekulation darstellen soll, sondern nur die Ratlosigkeit in diesem Fall und in anderen Fällen dokumentiert. Natürlich besitzt Amerika kein Monopol auf solche Phänomene.

Am Morgen des 14. Dezember 1928 wurde in Montevideo das dänische Schulschiff *Kobenhaven* zum Auslaufen vorbereitet. Fünfzig Seekadetten, die noch an einer Feier im dänischen Konsulat teilnahmen, würden in Kürze an Bord gehen und nach einer letzten Fahrt als Kadetten als vollgültige Seeleute in ihre Heimat Dänemark zurückkehren. Es war in der Tat ihre letzte Fahrt.

Kurz vor Mittag dampfte die Die *Kobenhaven* aus dem Hafen von Montevideo. Sie passierte einige kleine Fischerboote, näherte sich dem offenen Wasser - und verschwand. Hereinkommende Schiffe waren ihr nicht begegnet, obgleich dies ein Ding der Unmöglichkeit darstellte. Wie ihre anderen Leidensgefährtinnen hatte eine unbekannte Kraft auch die *Kobenhaven* vom spiegelglatten Meer weggerissen. Schlagartig, spurlos, unerklärlich.

Es würde zu weit führen, immer neue Fälle dieser Art aufzuzählen. Tatsache bleibt: Solange eine offizielle Schiffsregistrierung existiert - also seit mehr als dreihundert Jahren -, verschwinden immer wieder Seefahrzeuge aller Größen, zivile oder militärische. Ihre Zahl ist erschreckend und statistisch unwahrscheinlich, das heißt: *So viele* Unglücksfälle *dürften* eigentlich gar nicht in jener Grauzone des Unerklärlichen auftreten, die Versicherungen von der Zahlung entbindet und fruchtlose Nachforschungen zu einem erfolglosen Ende bringt. Wir haben einige besonders signifikante ausführlich begutachtet und festgestellt, daß Unerklärliches seine Hand im Spiel hat.

Dabei brauchten wir dem Bermuda-Dreieck, der berüchtigten Teufelssee und anderen verrufenen Örtlichkeiten, über die tonnenweise Publikationen existieren, keine gesonderte Aufmerksamkeit zu widmen. Eine grundsätzliche Stellungnahme ist ohnehin nicht möglich, andernfalls gäbe es keinen Berg an unterschiedlichen Theorien, Hypothesen und Erklärungsversuchen (außerirdisch, multidimensional oder natürlich). Zweifellos muß man auch bei größter Skepsis zugeben, daß vieles von dem, was im Bermuda-Dreieck - wie auch an anderen „neuralgischen Punkten" unseres Globus - geschah bzw. immer noch geschieht, nicht ganz geheuer *ist.*

Damit wollen wir es bewenden lassen. Entscheidend für die Auseinandersetzung mit einem Fall sind nur *tatsächlich* mysteriöse Begleiterscheinungen. Rätselhaftes findet Erwähnung, ob es nun im Bermuda-Dreieck oder in Nachbars Hinterhof geschehen ist. Pseudo-Unerklärliches nicht, auch wenn es sich in einem noch so legendenumrankten Eckchen der Erde zugetragen hat. Der Hergang wird in allen Einzelheiten dargelegt. Pro und Kontra nicht verschwiegen. Das Urteil hat der Leser.

Dies nur zur Erinnerung, denn jetzt verlassen wir die Flüsse und Meere und wenden den Blick in die lichten Höhen der irdischen Lufthülle. Auch dort ist ein reges Verschwinden an der Tagesordnung, das mit der Unzugänglichkeit der Atmosphäre nicht immer zu erklären ist. Schiffstrümmer können in unergründliche Tiefen versinken. Was aber in der Luft ist, *muß* wieder herunter. So meint man wenigstens...

Luft hat keine Balken aber anderes...

Seit sich der Mensch aufgerichtet und begonnen hat, die Welt mit fragenden Augen zu betrachten, war sein Blick immer wieder in den Himmel gerichtet. Er überlegte, welche seltsamen Mächte, Kräfte oder Gottheiten dort ihren Sitz hätten. Herabzuckende Blitze ließen ihn erschauern, und im Flug und in der Form der Wolken vermeinte er geheime Botschaften zu erkennen. Mit dem Vormarsch der Naturwissenschaften wurden die Götter in höhergelegene Gefilde verdrängt. Erscheinungen wie Blitz und Donner verloren ihren mystischen Charakter. Vieles war nun erklärlich, aber bei weitem nicht alles.
Als der Mensch den Luftraum zu erobern begann, folgte dieser theoretischen Erkenntnis die praktische Erfahrung: Irgendetwas teilt das Firmament mit uns. Handelt es sich dabei um eine bewußte Macht, so muß sie als extrem tolerant bezeichnet werden, denn sie vergreift sich nur recht selten an unseren schwerfälligen Flugmaschinen. Ist es eine Naturkraft, so agiert sie diskret, im Verborgenen und unter unbekannten Voraussetzungen. Vielleicht sind es auch mehrere. Wir wissen - wie üblich - wenig bis gar nichts.
Wie läßt sich beispielsweise das tumultöse Geschehen am Himmel über Mill Run, einem Städtchen nahe Pittsburgh, Pennsylvania, einreihen, das am 28. Juli 1874 von Hunderten Menschen beobachtet wurde und einer verheerenden Naturkatastrophe voranging?
Was geschah, war theoretisch unmöglich: Zwei Wolken stießen frontal zusammen, nachdem sie auf Kollisionskurs gewesen waren. Wolken werden vom Wind getrieben, und der kann auf gleicher Höhe nicht in verschiedene Richtungen wehen, schon gar nicht gegen sich selbst. Von dieser Problematik wurden die beiden wolkenartigen Gebilde offenbar wenig berührt, die damals über Mill Run erschienen. Sie wiesen auch keine große Ähnlichkeit mit bekannten Wolkentypen auf. Beide waren dichte schwarze Massen, umgeben von einem rot leuchtenden Ring. Die eine kam aus dem Nordosten den Horizont herauf, die andere aus Südwesten. Wie zwei überirdische Lebewesen bei einem Kräftemessen in einer himmlischen Arena, steuerten die fliegenden Kolosse aufeinander zu. Viele der von Schrecken befallenen Zuschauer erklärten, sie hätten den Eindruck von riesigen Kriegsschif-

fen gehabt, die in Schlachtposition manövrierten und einander schließlich rammten. Dieser Eindruck wurde durch die titanischen Blitze verstärkt, die zwischen den schwarz-roten Wolkenungetümen wie Geschützfeuer hin- und herzuckten.
Als der Zusammenstoß erfolgte, schien die Hölle ihre Pforten zu öffnen. Der Himmel explodierte, und die Erde erbebte. Viele dachten an das Jüngste Gericht. Dies fand an jenem Julitag des Jahres 1874 zwar nicht statt, wohl aber eine lokale Sintflut. Nach dem Inferno am Firmament strömten ungeheure Wassermassen herab, die in Minutenschnelle Zäune, Brücken, Menschen und Vieh mitrissen. Hundertfünfzig Personen kamen in den Fluten ums Leben, die tosend durch das Tal fegten. Eine Katastrophe dieses Ausmaßes hatte es dort noch nie gegeben. In das Entsetzen über die Verheerungen mischte sich ein zusätzlicher Horror, ausgelöst von der Seltsamkeit des Erlebten. Auch heute weiß niemand, was eigentlich vor sich gegangen ist.
Es wäre verlockend, Parallelen zu der „Kompakt-Wolke“ zu ziehen, in der die britischen Soldaten des Norfolkregiments auf Nimmerwiedersehen verschwanden, aber unzulässig. Das eine muß mit dem anderen absolut nichts gemein haben, mit Ausnahme der Unerklärlichkeit. Statt uns in wilden Spekulationen zu ergehen, kehren wir lieber zum ursprünglichen Thema des Verschwindens zurück. Auch hier treffen wir auf das mittlerweile vertraute Muster: Menschen lösen sich einzeln in Luft auf (auch in der Luft) oder dematerialisieren in Gruppen, mit oder ohne ihre Fluggeräte.
Als der Multimillionär Alfred Loewenstein am 4. Juli 1928 vom britischen Flughafen Croydon nach Brüssel flog, ahnte er nicht, welche Konsequenzen sein Besuch der Toilette der dreimotorigen holländischen Fokker VII haben sollte. Mitten über dem Ärmelkanal suchte Loewenstein diese auf und verließ sie anscheinend nie wieder. Eine Weile später kam Loewensteins Privatsekretär Arthur Hodgson die lange Abwesenheit seines Arbeitgebers seltsam vor, und er sprach darüber mit dem Kammerdiener Fred Baxter, der neben zwei Stenotypistinnen und dem Piloten zu Loewensteins persönlicher Reisecrew zählte. Der Diener hielt Nachschau und fand die Toilette leer vor. Die Außentüre der Passagierkabine, Loewensteins alleinigem Refugium, war nicht verschlossen. Anscheinend war er aus dem Flugzeug gefal-

len. Was hatte sich abgespielt? Eine zufriedenstellende Erklärung wurde nie gefunden.
Die mit der Untersuchung des eigenartigen Verschwindens Beauftragten schlugen vor, der Millionär hätte den Ausstieg mit der Toilettentür verwechselt. Eine absurde Theorie, die durch einen einzigen Blick auf den Konstruktionsplan der Fokker VII widerlegt wird. Also Selbstmord oder ein Anfall von Geistesverwirrung. Auch diese These hat Lücken, denn die Ausstiegstür ließ sich im Flug nur ein kleines Stück mit größter Kraftanstrengung aufdrücken. Man könnte es dabei bewenden lassen, gäbe es nicht einen ähnlichen Fall, der *keine* Erklärung zuläßt. Dazu vorab ein makabres Resümee: Sanitäre Anlagen scheinen bei Flugreisen einen besonderen, zusätzlichen Risikofaktor zu repräsentieren.
Diese leidvolle Erfahrung mußte Jerrold I. Potter aus Kanakee, Illinois, machen als er 1968 mit seiner Frau in einer DC-3 nach Texas flog, um an einer Convention des Lions Clubs in Dallas teilzunehmen. Da er dort nie anlangte, kann er dazu allerdings keine persönliche Aussage machen.
Mr. Potter war ein US-Bürger in mittleren Jahren, der zur gehobenen Mittelschicht zählte. Gegen Ende des Fluges suchte er die Toilette im Heck der Maschine auf. Dabei wechselte er ein paar Worte mit seinem Bekannten James Shaive, dem Präsidenten des Lions Clubs von Ottawa, Illinois. Danach betrat er die Toilette. Minuten später wurde die DC-3 von einer Erschütterung durchlaufen, für die man Luftturbulenzen verantwortlich machte. Als ihr Mann längere Zeit nicht wiederkam, bat Mrs. Potter eine Stewardeß, nach ihm zu sehen. Vergeblich. Der fünfundfünfzigjährige Jerrold I. Potter befand sich nicht mehr an Bord.
Mangels jeder anderen denkbaren Möglichkeit vermutete man wenig originell, Potter habe den Ausstieg mit der Toilettentür verwechselt; eine Theorie, die zu der Zeit noch absurder war als 40 Jahre vorher im Fall Loewenstein. Im Jahr 1968 war Sicherheit bei Flugreisen längst gesetzlich vorgeschrieben und ein Werbeargument aller Fluggesellschaften. Jede Unregelmäßigkeit wird im Cockpit von Signaleinrichtungen aller Art angezeigt. Ein Abfliegen mit offener Ausstiegstür ist ebenso unmöglich wie der Gedanke, Mr. Potter habe selbstvergessen die DC-3 im Flug verlassen und *hinter sich* die Türe geschlossen. Ab-

gesehen davon, daß auf der Innenseite des Ausstiegs in großen weißen Buchstaben die Warnung prangt: WÄHREND DES FLUGES NICHT ÖFFNEN, ist dieser mit einer Kette gesichert. Will man trotzdem Selbstmord begehen, muß ein großer Griff um 180 Grad gedreht werden, der die beiden Verschlußbolzen zurückzieht. Um all dies unbemerkt auszuführen, hätten Mannschaft und Passagiere im Tiefschlaf liegen müssen.

Ein Vorfall wie dieser unterscheidet sich gravierend von den „letzten Flügen" berühmter Luftpioniere wie Amelia Erhart oder Paul Redfern. Er kann auch nicht mit dem Verschwinden von Fliegerassen wie der Franzose Georges Guynemer, der Deutsche Max Immelmann und andere gleichgesetzt werden. Auch wenn die Begleitumstände oft ungeklärt sind, unter denen komplette Flugmaschinen samt Besatzung auf Nimmerwiedersehen entschwinden, so sind sie meist nicht unerklärlich. Solches war in den beiden Weltkriegen bedauerlicherweise an der Tagesordnung. Auch in Friedenszeiten geschieht derartiges und wird dann als besondere Tragödie angesehen. Nicht aber als Mysterium. Manchmal jedoch vereinigen sich Tragödie *und* Mysterium, wie im Fall des Militärzeppelins bzw. Beobachtungsballons L-8.

Während des Zweiten Weltkriegs waren solche Fluggeräte zur Erkennung und Abwehr von U-Booten ein vertrauter Anblick an der Westküste der USA. Aus diesem Grund beunruhigte der Zeppelin, der bei Fort Funston in Kalifornien auf zwei Fischer am Ufer zutrieb, diese in keiner Weise. Sie versuchten, das Luftschiff zu bergen und ergriffen die hängenden Bodenleinen, doch ein Luftstoß riß es wieder aus ihren Händen, nachdem die beiden mehr als hundert Meter über den Strand geschleift worden waren. Der herrenlose Zeppelin driftete gegen eine Klippe, wobei sich eine der hundert- fünfzig Kilo schweren Wasserbomben löste, ohne zu detonieren. Von dieser Last befreit, schoß der „Blimp" - so lautete die Bezeichnung dieses Typs, abgeleitet vom englischen Wort *limp*, was soviel wie schlaff bedeutet bzw. in diesem Fall das Fehlen eines Innengerüstes verrät - erneut aufwärts. Ungefähr eine halbe Stunde später ging er auf einer Straße in Daly City, südlich von San Francisco, nieder. Die Besatzung, Leutnant Ernest D. Cody und Kadett zur See Charles E. Adams, waren nicht in der Kanzel.

Dies wäre an sich nicht weiter rätselhaft gewesen, die Begleitumstände waren es dafür in reichem Maße. Eine deshalb damit befaßte mili-

tärische Untersuchungskommission rekonstruierte den Hergang auf die Minute genau. Dabei schälte sich jedoch kein sinnvoller Tatbestand heraus, sondern das krasse Gegenteil.
Die beiden erfahrenen Offiziere hatten um exakt 6 Uhr morgens am 16. August 1942 die Gondel der L-8 bestiegen, die sodann vom Moffett-Flugfeld der Marinebasis auf der Insel Treasure Island in der San Francisco Bay aufstieg. Das Wetter war sonnig und trocken und es waren kaum Wolken zu sehen. Ein schöner Sommertag. Ideale Flug- und Beobachtungsbedingungen. Etwa zwei Stunden lang ergab der regelmäßige Funkkontakt keine besonderen Vorkommnisse.
Um 7.55 Uhr meldete Leutnant Cody, daß sie auf 100 Meter heruntergingen, um einen Ölfleck aus der Nähe zu begutachten. Für die eigentümlichen Vorgänge, die daraufhin erfolgten, gibt es zahlreiche Augenzeugen unter den Besatzungen von zwei bewaffneten Patrouillenbooten und zwei Fischkuttern.
Die vier Wasserfahrzeuge befanden sich in etwa unterhalb der L-8 und manövrierten vorsichtshalber zur Seite, als der Zeppelin herabstieg. Nur für den Fall eines möglichen Wasserbombenabwurfs. Dazu kam es nicht, sondern die L-8 wurde, als sie bis auf etwa 100 Meter gesunken war, plötzlich wieder aufwärts gerissen, und verschwand in einer Wolke, wo sie einige Zeit verblieb. Wenige Minuten später, um 8.05 Uhr, versuchte der Flugplatzkontrollturm mit dem Zeppelin Kontakt herzustellen, doch keiner der beiden Offiziere meldete sich. OS2U Kingfisher-Suchflugzeuge wurden ausgesandt. Ihnen präsentierte sich die ehemals leichte, nebelhafte Wolke der frühen Morgenstunden als dicke, undurchdringliche Wolkenbank, so massiv, daß sie diese nicht zu durchstoßen wagten und in einer Höhe von 700 Metern darüber blieben.
In den mehr als zwei Stunden bis zum Absturz der L-8 wurde der Zeppelin von den Suchflugzeugen und einem Pan-American-Clipper schemenhaft in der Wolke gesehen. Zuletzt schwebte er für einen Moment über dem merkwürdigen Wolkengebilde, ehe er kurz darauf wie ein Stein abwärts stürzte und wenig später von den beiden Fischern entdeckt wurde. Zu diesem Zeitpunkt war die Kanzel mit absoluter Sicherheit bereits leer gewesen.
Der Verbleib von Cody und Adams ist bis heute ungeklärt. Die gesamte Einrichtung der L-8 war intakt und an Ort und Stelle, ein-

schließlich der Fallschirme und des Gummifloßes. Das Fehlen der beiden hellgelben Schwimmwesten bedeutete nichts, denn die Besatzung hatte sie zu tragen, wenn der Zeppelin sich über dem Meer befand. Es gab keinerlei Beschädigungen, auch kein Wasser in der Gondel. Die Zündung war angestellt, ein Gashebel ganz und der zweite halb offen. Das Funkgerät arbeitete einwandfrei. Wie zu erwarten, erfolgte eine groß angelegte Suchaktion unter Einsatz aller Mittel, die der Küstenwache, der Air Force und der Navy zur Verfügung standen. Die beiden Offiziere blieben unauffindbar.

Fest steht, daß die L-8 niemals tiefer als 100 Meter herabkam. Bei diesem Sinkmanöver war sie gesehen worden. Zwei herausfallende Körper - noch dazu in knallgelben Rettungswesten - wären ebensowenig unbemerkt geblieben, wie deren selbst kurzfristigstes Treiben im Pazifik. Dies gilt auch für mögliche Fetzen der Schwimmwesten, die überhaupt nicht versinken konnten. Einen freiwilligen Sprung aus dieser Höhe hätte die Besatzung ohne Fallschirm kaum durchgeführt. Doch die Fallschirme befanden sich an Bord. Wie man es auch dreht und wendet, das Rätsel ist nicht zu lösen. Dieser Ansicht waren auch die Untersuchungsbehörden.

Die Wolke fand keine besondere Berücksichtigung. Auch wir wollen sie nicht zum Sitz dämonischer Kräfte hochstilisieren, sondern uns lediglich daran erinnern, welche Rolle wolkenartige Gebilde möglicherweise beim Verschwinden von Personen und Objekten spielen können. Und das wiederholte Male...

Am Nachmittag des 10. Juli 1930 hob eine kleine Flugmaschine vom örtlichen Flughafen von Corpus Christi, Texas, ab, um fünf Geschäftsleute in ihre Heimatstadt Kansas City zurückzubringen. Es war ein perfekter Start bei klarem Himmel. Dies berichtete der sechste Mann der Gruppe, Frederick H. Dierks, der noch in Texas zu tun hatte und der abfliegenden Maschine mit seinen Freunden nachblickte. Wenige Minuten später tauchte sie in eine dunkle, kompakte Wolke ein, die wie ein Fremdkörper am Firmament hing - und explodierte. Die Trümmer regneten fünf Meilen vom Aransas-Paß entfernt auf die Erde.

Farmer, die sich in unmittelbarer Nähe der Katastrophe befanden, sagten übereinstimmend aus, das kleine Flugzeug sei augenblicklich

nach dem Verschwinden in der dunklen Wolke von der Katastrophe getroffen worden.
Im März 1952 befand sich der britische Wing Commander J. Baldwin, ein Fliegeras des Zweiten Weltkrieges, mit seiner Staffel auf einem kurzen Erkundungsflug längs der koreanischen Küste. Sein Düsenjäger verschwand in einer Wolke - und blieb darin.
Seltsam genug, aber wir wollen uns jeden Kommentars enthalten. Auf jeden Fall zeigt sich, daß das berüchtigte Bermuda-Dreieck kein Monopol auf rätselhaftes Verschwinden zu Wasser und in der Luft besitzt. Die Fairneß gebietet allerdings, jenen verrufenen Winkel des Atlantischen Ozeans nicht völlig totzuschweigen - schon gar nicht mit der Begründung, er sei *zu* umstritten. Schließlich verschwinden im „Dreieck des Todes", wie der amerikanische Sachbuchautor Vincent H. Gaddis diesen Bereich nannte, seit längerer Zeit Schiffe und Flugzeuge mit erschreckender Regelmäßigkeit. Und das, ohne Trümmer, Ölflecken, Leichen oder sonst irgendetwas zu hinterlassen. Die Begleitumstände sind auch sonst kaum als normal zu bezeichnen. Manchmal verlieren Piloten einfach die Orientierung, wie im Fall des berühmten „Flug 19".
Als der Leiter der fünf Avenger-Torpedobomber am 5. Dezember 1945 um 15.45 Uhr auf den Funkspruch des Towers am Luftstützpunkt Fort Lauderdale in Florida antwortete, er könne seine Position nicht angeben, löste dies Verwunderung aus, denn Leutnant Charles C. Taylor war ein erfahrener Pilot. Es war schlichtweg absurd, daß er seine Position nicht kennen sollte. Die Staffel war von der Küste Floridas nur 250 Kilometer nach Osten geflogen, um Anflugübungen auf ein Zielschiff durchzuführen, danach wäre der Kurs 60 Kilometer nach Norden gegangen. Reinste Routine, selbst für Fluganfänger ein Kinderspiel. Erstaunt gab der Tower die Anweisung, Taylors Gruppe solle den vorgeschriebenen Kurs West nehmen. Die Antwort des Leutnants löste Alarm aus: „Wir wissen nicht, wo Westen ist. Alles ist verkehrt... fremdartig... Wir erkennen überhaupt keine Richtung mehr. Nicht einmal der Ozean sieht so aus wie sonst."
Trotz längeren Funkverkehrs mit genauen Fluganweisungen fand die Staffel unbegreiflicherweise die Orientierung nicht wieder. Die Piloten waren nicht in der Lage anzugeben, ob sie nach Westen bzw. in welche Richtung sie überhaupt flogen. Ihre Stimmen wurden schwä-

cher und schwächer und verstummten gänzlich. Alles, was von ihnen blieb, war die Legende vom „Flug 19", über die zahllose Bücher, Artikel und Stories verfaßt wurden und die sogar Verfilmungen nach sich zog.

Sie zog noch etwas nach sich. Ein Martin Mariner-Flugboot stieg zur Rettung der verschollenen fünf Bomber mit ihrer Vierzehn-Mann-Besatzung auf. Die große und mächtige Maschine war für den Katastropheneinsatz vorgesehen. Dreiundzwanzig Meter lang, mit einer Flügelspannweite von siebenunddreißig Metern und einem verstärkten Rumpf, dem auch harte Landungen wenig anzuhaben vermochten, hatte sich dieser Typ bislang auch in bedrohlichen Situationen vortrefflich bewährt. Die dreizehn Mann der Crew konnten als Veteranen bezeichnet werden. Auch die Rettungs- und Überlebenseinrichtungen ließen keinen Wunsch offen. Zwanzig Minuten nach dem Start war keine Funkverbindung mit dem Flugboot mehr möglich. Es war ebenso spurlos verschwunden wie die Maschinen, zu deren Rettung es aufgebrochen war. Es gab Gerüchte, aber nichts Konkretes. Der Untersuchungsausschuß der Marine kam zu keinem Ergebnis. Ein Offizier meinte: „Sie verschwanden so vollständig, als wären sie zum Mars geflogen", ein ungewollter Vorgriff auf spätere phantastische Deutungsversuche.

Obgleich dieses begrenzte Seegebiet zwischen dem Golf von Mexico und den Bahamas Stoff für viele Seiten mit Beschreibungen rätselhaften Verschwindens zu Wasser und in der Luft liefern kann, und das darüber veröffentlichte Material Bibliotheken füllt, verlassen wir es trotzdem. Die schiere Masse der Fälle - sie geht in die Hunderte - beweist wenig. Eine runde Million Quadratkilometer Wasser bietet Platz, um alle Flotten der Welt verschwinden zu lassen, auch wenn das Bermuda-Dreieck auf einem Globus mehr als bescheiden aussieht. Dennoch ist das regelmäßige Fehlen von Wrackteilen eine Besonderheit. Gefährliche Zonen gibt es allenthalben, doch fast alle Schiffe, die am Kap der Guten Hoffnung, am Kap Hoorn, in der Großen Australischen Bucht, bei Sable Island oder wo auch immer ein nasses Grab fanden, haben Wracks oder Spuren von Wracks hinterlassen. Desgleichen herabstürzende Flugzeuge, deren Ölflecke und schwimmenden Überreste auf allen sieben Meeren ein untrügliches Zeichen für das Vorhergegangene sind. Nicht so im „Teufelsdreieck". Genug davon.

Stellt man alle Erklärungsversuche einander gegenüber, die „realistischen“ und die „phantastischen“, dann drängt sich folgende Erkenntnis auf: Nicht *alles* im Bermuda-Dreieck ist unerklärlich - aber *manches schon* (ähnliche Sätze lassen sich erstaunlich häufig in offiziellen Untersuchungsberichten entdecken). Nach diesem kleinen Exkurs wieder zurück zum Thema „Rätsel der Luft“.

Wie es bisher scheint, kommt nicht alles herunter, was hinaufgestiegen ist. Einiges verschwindet. Wir wissen nicht wohin. Gelegentlich aber kommt etwas von oben, das wir ganz sicher nicht dorthin befördert haben. Und das ist gar nicht so wenig, dafür aber bizarr und unheimlich...

Die Schleusen des Himmels

Frosch- und Fischregen sind ein alter Hut. Nicht, daß man eine wirkliche Erklärung für sie hätte, aber man kennt sie eben schon. Tatsache ist, daß die über solche Phänomene vorliegenden Berichte mehrere Bücher füllen würden (und es schon getan haben). Rings um den Globus kommen Lebewesen heruntergeprasselt: Frösche, Kröten, Lurche aller Arten, Fische der unterschiedlichsten Sorten, wie von einem astralen Festmahl.

Tonnen von Uferschnecken und Einsiedlerkrebsen fielen während eines Gewitters am 28. Mai 1881 auf die Cromer Gardens Road und die anliegenden Felder der englischen Stadt Worchester. Die Bewohner sammelten sie in Säcken, Töpfen usw. auf und verkauften sie auf dem Markt.

Schauer von Fröschen und Kröten findet man auf alten Darstellungen abgebildet. Seit der Antike kennt man derartiges, wenn auch nicht die Ursache. Fische, Frösche, Krebse oder Schnecken haben kein Monopol, auch wenn sie zu den häufigsten Objekten zählen, die unnatürlicherweise herabregnen. In Alabama fielen so viele Aale vom Himmel, daß die Farmer damit ihre Felder düngten, lebende Eidechsen waren es am 28. Dezember 1857 in Montreal, Kanada, und Muscheln am 9. August 1892 in Paderborn.

In seiner *Natural History of Ceylon* (1861) berichtet Sir James Tennant von einem wolkenbruchartigen Schauer nach dem „eine Vielzahl kleiner silberner Fische im Schotter der Landstraße zuckte und hüpfte". In auffälligem Gegensatz dazu steht ein weiterer Fall aus Indien, in dem ein Fischregen auf marschierende Soldaten niederging, wobei lebende Fische in den Soldatenmützen hängen blieben, von denen sie geschüttelt wurden, um mit Curry für den General zubereitet zu werden (geschildert in Major J. Harriotts *Struggles Through Life,* 1808).

Die Reihe ließe sich endlos fortsetzen. All das klingt zwar irgendwie liebenswürdig-skurril, aber nicht wirklich bedrohlich und erinnert an Himmelsgaben in der Art von Manna, auch wenn es rätselhaft genug ist, daß die vom Himmel fallenden Objekte nach Untersuchungen in den meisten Fällen offenbar in der Luft nach Gewicht, Form und Grö-

ße selektiert werden. Anders läßt sich die geordnete Struktur nicht erklären, die die meisten Fälle aus lichten Höhen am Boden zeigen. Dies ist nur die eine Seite der Medaille. Nicht alles, was aus himmlischen Höhen auf die Erde stürzt, ist uns vertraut, und so manches erzählt von Vorgängen in höheren Gefilden, die uns erschauern lassen.
So kann man in der *Philadelphia Times* aus dem Jahr 1896 lesen, daß Hunderte Vögel aus heiterem Himmel auf die Straßen von Baton Rouge, Louisiana, gefallen seien. Es war ein zusammengewürfeltes Sortiment an Vogelarten (Spechte, Wildenten, Spottdrosseln, unbekannte Vögel, die an Kanarienvögel erinnerten), die eines gemeinsam hatten: Sie waren schon tot gewesen, *bevor* sie auf dem Boden aufschlugen. Erklärungen gab es viele, keine hielt einer Überprüfung stand.
Ein möglicherweise ähnliches Schicksal erlitten im Januar 1969 Hunderte von Enten. Mitten im Flug über St. Mary's City, Maryland, wurden sie buchstäblich in der Luft zerschmettert. Es war, als hätten sie sich im Zentrum einer Explosion befunden. Einer unsichtbaren und unhörbaren allerdings, denn viele Beobachter auf der Erde bemerkten nur die herabfallenden Enten. Sonst nichts. Untersuchungen ergaben, daß die unglücklichen Tiere *in der Luft* auf rätselhafte Weise zigfache Rippenbrüche und innere Blutungen erlitten hatten.
Es hat auch schon stinkende Fischregen gegeben. Beispielsweise am 19. Februar 1830, als die Einwohner von Jelalpur in Indien verwesenden, zum Teil kopflosen Fischen bombardiert wurden (1833 von James Prinsep aufgrund der eidesstattlichern Aussagen von neun Augenzeugen im *Journal of the Asiatic Society of Bengal* ausführlich dargestellt).Das hört sich schon weniger pittoresk an. Es kommt noch schlimmer. Ehe wir uns eingehend mit dem „großen Metzgerladen über den Wolken“ befassen, einige weitere skurrile Geschosse aus dem Firmament, die zwar rätselhaft, aber nicht gruselig sind.
Es ist natürlich auch keine Kleinigkeit, von einem Stein aus der Luft getroffen zu werden. Im Jahr 1922 ereignete sich in Chico, Kalifornien, eine berühmte Serie von Steinfällen. Im Mai desselben Jahres kam es in Südafrika zu ähnlichen Ereignissen, die allerdings mit einer bestimmten Person in Verbindung zu stehen schienen, ohne daß eingehende Beobachtungen irgendeine Erklärung ermöglichten.

Eine Apotheke in Johannesburg lag seit Monaten unter einem regelrechten Bombardement von Steinen aus dem Himmel. Wie dies bewerkstelligt wurde, vermochte niemand zu sagen. Schließlich vermutete man, eine junge „Hottentottin“ (sofern der Ausdruck heute noch gestattet ist), die in der Apotheke arbeitete, sei die Urheberin. Die Polizei umlauerte die Schwarz - von Beschatten kann man in diesem Fall nicht mehr sprechen -, zwang sie, dahin und dorthin zu gehen und wurde aus der Tatsache nicht schlau, wieso nach wie vor Steine herabregneten. Und dies stets in der Umgebung der Beobachteten. Niemand konnte sie geworfen haben. Wochenlange Ermittlungen blieben absolut fruchtlos, wobei die Nervenkraft der Beamten aufs äußerste beansprucht wurde, da es weiterhin vor ihren Augen Steine regnete. Gräbt man tiefer, so stellt man mit Befremden fest, daß Steinregen trotz seiner Unerklärlichkeit mit einer Häufigkeit auftritt, die ihn schon fast zum Alltagsphänomen macht. Natürlich nur fast. Aufzeichnungen darüber reichen bis in biblische Zeiten und noch weiter zurück. Die Römer berichten von einem aus- gedehnten Steinregen, der auf dem Mons Albanus niederging, als Tullus die Sabiner besiegte. Chronisten haben Listen angelegt, in denen mehr als 2000 solcher Fälle als beglaubigt registriert werden und eine noch größere Zahl als ungewiß aufscheinen. Einige Kostproben:
Am 7. November 1492 krachte bei Ensisheim ein gewaltiger Stein vor dem gesamten Heer Maximilians I. hernieder, und am 13. September 1768 schlug ein kiloschwerer Brocken vor Zeugen in der Nähe der französischen Ortschaft Luce auf dem Boden auf. In der *Times* vom l. Mai 1821 liest man: „Auf ein Haus in Truro, Cornwall, geht weiterhin Steinregen nieder, obwohl es tagelang bewacht und der Fall durch den Bürgermeister, durch Soldaten und andere untersucht worden ist.“ In unseren Tagen, genauer am 27. Oktober 1973, wurden zwei Angler bei Skaneatles, New York, durch eine Serie von Steinen aufgeschreckt, die in ihrer Nähe in den See klatschten. Sie suchten die Umgebung ab, entdeckten jedoch keinen Steinwerfer. Ein Kieselschauer zwang sie zum Aufbruch und folgte ihnen bis zum Auto. Als sie kurz anhielten, um sich umzuziehen, regnete es abermals Steine auf sie. Dies wiederholte sich mehrmals. Immer wieder kamen die Steine hageldicht auf die Bedauernswerten herab.

Wie Geologen der University of Syracuse feststellten, handelte es sich um Steine aus lokal vorkommenden Steinarten. Eine Erklärung, wieso diese vom Himmel fielen, konnten die Fachleute nicht bieten, schon gar nicht für die eigenartige Personenbezogenheit des Phänomens. Wissenschaftler versuchen immer wieder, dergleichen mit „ungewöhnlichen Winden" zu erklären, erregen damit aber meistens nur das Mitleid jener Kollegen, die bereit sind zuzugeben, daß die Sache völlig mysteriös ist. Die früher grassierende Meteoriten-Theorie hatte niemals auch nur ein Fünkchen wissenschaftlicher Richtigkeit in sich. Vergleichbare Probleme werfen auch die soliden Eisbrocken auf, die ab und zu herabdonnern und mit normalen Hagelschloßen, seien sie noch so groß, soviel zu tun haben, wie ein Schneeball mit einer Lawine. Bereits der berühmte französische Astronom Camille Flammarion setzte sich damit auseinander. Dieser Wissenschaftler, der für das Ungewöhnliche aufgeschlossen war, wie auch seine erwähnten Studien über Kugelblitze und Feuerbälle beweisen, berichtet von einem 4,5 Meter langen, 2 Meter breiten und 3,5 Meter hohen Eisblock, der zur Zeit Karls des Großen zur Erde schmetterte.
1802 ging in Ungarn ein halber Kubikmeter Eis nieder. 1828 kam bei Candeish in Indien ein Eisblock mit einer Seitenlänge von fast einem Meter herab. Ein echtes Ungetüm war der Eisblock, der am 13. August 1849 in Ord, Rosshire, niederging. Laut *Times vom* darauffolgenden Tag wies er einen Umfang von sechs Metern auf und muß etwa eine halbe Tonne gewogen haben.
Auch das zwanzigste Jahrhundert kennt dergleichen. 1921 regneten große Eisklumpen in Portland, Oregon, vom Himmel, begleitet von Stücken weißen Materials, das wie Porzellan aussah. Eine Fläche von mehr als 30 Quadratmetern wurde bedeckt.
Eine Farm im Exmoor bei North Molton, Devon, war im November 1950 mit Eisklumpen in Tellergröße übersät. Die Londoner *Evening News* vom 9. November des Jahres erwähnt ein makabres Detail, das an den Tod der Tausende von Schafen erinnert, die im Mai 1877 in Texas durch ein Eisbombardement getötet wurden. Zwischen den Eisbrocken auf dem Farmgelände im Exmoor lag ein totes Schaf. Ein 6,5 Kilogramm schweres Eisstück hatte ihm den Hals durchtrennt.

Ähnliches widerfuhr am 10. Januar 1951 einem Zimmermann bei Düsseldorf. Er wurde auf dem Dach seines Hauses von einem 15 cm dicken und fast 2 Meter langen Eisspeer durchbohrt.
Am 4. Juli 1953 erlitten auf der American Avenue in Long Beach, Kalifornien, mehrere geparkte Autos durch große Eisklumpen, die vom Firmament kamen, schwere Beschädigungen.
Mit einem Grenzfall, der mehrere Aspekte des Phänomens der Geschosse aus höheren Regionen vereinigt, bekamen es die beiden Illustratoren George Brinsmaid und William Shannon am 22. Dezember 1955 zu tun. Sie waren in Brinsmaids Wagen zur RCA Service Company in Alexandria, Virginia, unterwegs und befanden sich eben auf dem Mt. Vernon Highway, als ein fast 30 cm langer gefrorener Fisch wie eine Granate auf ihre Windschutzscheibe krachte. Er mußte aus großer Höhe heruntergekommen sein, denn die Wucht des Aufpralls schlug ein Loch von über 30 Quadratzentimetern in das bruchfeste Glas. Es befanden sich keine Flugzeuge in der Nähe.
Bis hierher scheinen natürliche Erklärungen noch irgendwie denkbar, wenn auch konstruiert. Am unfundiertesten ist die Flugzeugtheorie, denn schon lange vor dem Auftreten von Flugzeugen stürzten die unglaublichsten Dinge aus dem Firmament. Meteorologen nahmen sich der Eisstücke an und formulierten die Hypothese, sie stammten von einer riesigen Eisplatte in höheren Schichten der Atmosphäre. Auch diese Hypothese hielt nicht. Es gab keine schwebenden Eisplatten und wenn, hätte von einer solchen niemals *die* Menge Eis pro Zeit- und Flächeneinheit abbröckeln können, die tatsächlich am Boden ankam. Für die Fisch-, Frosch-, Schnecken-, Schlangen-, Aal-, Spinnen-, Krebs- und anderen Tierregen wurden Wirbelwinde verantwortlich gemacht. Sie würden, so meinte man, solche Kleintiere in die Luft reißen und andernorts wieder freigeben. Über ihr offensichtlich selektives Vorgehen (Schlamm, Wasser, Steine, Pflanzen, andere Lebewesen wurden nicht mittransportiert) breitete man ebenso den Mantel des Schweigens, wie über das Faktum, daß auch bei völliger Windstille Tiere vom Himmel prasseln. So einfach kann man es sich wirklich nicht machen. Außerdem fallen Gegenstände nicht immer im Freien zu Boden.
Einen Moment, werden Sie nun denken, soll das heißen, daß derartiges auch in geschlossenen Räumen geschehen ist? Das wäre unglaub-

lich. Passiert ist es dennoch. Vielleicht verbirgt sich in dieser wohl exotischsten Facette des an sich schon rätselhaften Geschehens ein Fingerzeig auf die Richtung, in der man nach einer Lösung suchen muß. Mal sehen, was davon zu halten ist.
Für den *San Francisco Chronicle* vom 3. März 1929 repräsentierte ein Regen von Schrotkugeln, der durch mehrere Tage *in* einem Büro in Newton, New Jersey, niederging „das größte Geheimnis der Geschichte dieser Stadt". Eine Auffassung, der man sich kaum verschließen kann. Noch dramatischer ist ein Geschehen, über das man in der *Madras Mail* vom 5. März 1888 erfährt. Diesmal handelte es sich nicht um so winzige Objekte wie Schrotkugeln, sondern um Ziegelsteine. Sie begannen in einer Schule bei Government House in Madras, Indien, in den Räumen herabzuregnen. Dieses Phänomen hielt in Gegenwart von dreißig Ermittlern - die nichts ermitteln konnten - fünf Tage an. Mangels jeglicher Idee für eine enthüllende Vorgangsweise, folgte man der Anregung der Geistlichkeit, einen Ziegel mit einem weißen Kreuz zu bezeichnen und in die Mitte des „befallenen" Klassenzimmers zu legen. Zum allgemeinen Erstaunen kam ein Ziegel identischer Größe mit einem *schwarzen Kreuz* aus der Luft und blieb exakt auf dem „Köderziegel" mit dem weißen Kreuz liegen. Kommentar unmöglich.
Nicht weniger Verblüffendes begab sich im indischen Pondicherry. Wie das *Bulletin of the Sri Aurobindo International Centre of Education* in seiner Ausgabe vom Februar 1974 berichtete, kam es im Dezember 1921 in einigen Räumen des Sri Aurobindo Ashram zu einem regelrechten Regen von Ziegelstücken. Eine Untersuchung förderte weder einen Schuldigen noch eine Ursache zu Tage. In Küche, Hof und Treppenhaus regnete es ununterbrochen weiter Ziegel. Wie schon im Fall der jungen Schwarzen in Südafrika fiel auch hier der Verdacht schließlich auf eine bestimmte Person, und zwar einen jungen Küchenhelfer. Damit sind die Parallelen nicht zu Ende, denn das Phänomen begleitete den jungen Mann wie ein halbes Jahr später die „Hottentottin". Man sperrte ihn in einen fensterlosen Raum ein. Auch dort begann es Ziegel zu regnen, die den „Übeltäter" sogar verletzten. Ergebnis: Ratlosigkeit.
Was kann man *dazu* sagen? Wenn solche Vorkommnisse - von denen es noch mehr geben soll - auf Tatsachen beruhen, ist jeder noch so be-

scheidene Deutungsversuch zum Scheitern verurteilt. Mehr noch, es würden so viele andere Phänomene (z. B. PSI) hineinspielen, daß heillose Verwirrung das Ergebnis sein muß. Das wollen wir erst gar nicht riskieren. Ein bequemer Ausweg wäre es, solche Berichte und Zeugenaussagen kurzerhand als Wahnvorstellungen und Lügengeschichten abzutun. Bizarr genug sind sie ja.

Wir brauchen diesen Ausweg nicht, denn wir wollen das Phantastische nicht auf Biegen und Brechen erklären, sondern nur akzeptieren. Phänomene sind oft nicht nur rätselhaft, sondern auch schwer einzuordnen. Damit haben wir schon Bekanntschaft gemacht und werden es noch. Möglicherweise ist dieselbe Kraft dafür verantwortlich, daß Dinge entweder in einem Gebäude materialisieren oder aus großer Höhe niederstürzen. Die Wahrscheinlichkeit spricht zwar eher dagegen, aber etwas Genaues weiß man nicht, wie es so schön heißt. Diese Unklarheit schadet kaum. Sie demonstriert nur abermals, wie wenig wir über die Welt wissen, in der wir leben, und die zugrunde zurichten wir eben mit Ausdauer und Einfallsreichtum im Begriff sind. Wie auch immer, eines steht fest: Dinge kommen von oben herunter, die kein Mensch - auch kein Wind - auf natürliche Weise hinaufgeschafft hat. Wie sich zeigt, gehören Kleintiere, Eisbrocken oder Steine zu den sozusagen simpleren Objekten aus lichten Höhen. Es gibt auch größere, lebende...

Am 27. Oktober 1956 berichtete der *San Francisco Chronicle* über einen Javaneraffen, der im kalifornischen San Mateo im Garten einer Mrs. Faye Swanson tot aufgefunden worden war. Am Morgen des 26. Oktober hatte Mrs. Swanson den toten Affen in einer Lage entdeckt, die auf einen Sturz aus größerer Höhe schließen ließ, bei dem er ihre Wäscheleine getroffen und einen massiven Holzpfahl abgeknickt hatte. Polizei und Flugsicherung stellten Ermittlungen an, weil sie an einen Sturz aus einem Flugzeug glaubten, aber zum fraglichen Zeitpunkt war über San Mateo kein Flugzeug unterwegs gewesen, so daß der amtliche Sprecher keine Erklärung für den vom Himmel gefallenen Affen geben konnte.

Der amerikanischen Journalisten und langjährige Leiter der beliebten englischen Radioserie über unerklärliche Phänomene "Strenger Thai Science" Frank Edwards erwähnt in 1964 in *Strange World* einen ähnlichen Fall, der sich 1960 ebenfalls in Kalifornien ereignet hatte.

Das Ehepaar Tucker in Long Beach hörte an einem Herbsttag dieses Jahres einen schweren Aufprall, dem ein schmerzliches Grunzen folgte. Im Garten hinter ihrem Haus entdeckten sie einen eineinhalb Meter langen Alligator, der anscheinend soeben dort gelandet war. Ein vom Himmel gefallener Alligator erscheint fürwahr wie der Gipfel des Absurden. Trotzdem kennt man nicht nur diesen Fall.

So findet sich in der *New York Times* vom 26. Dezember 1877 folgende Meldung über junge Alligatoren, die in Südcarolina bei wolkenlosem Wetter auf die Erde heruntergefallen waren: „Dr. J. L. Smith aus Sirverton Township, der eine neue Terpentinfarm einrichtete, wurde auf etwas aufmerksam, das zu Boden fiel und auf sein Zelt zukroch. Bei näherer Betrachtung erwies es sich als ein Alligator. Binnen weniger Augenblicke erschien ein zweiter. Das weckte die Neugier des Doktors, der sich nach weiteren Tieren umsah und im Umkreis von 200 Metern weitere sechs entdeckte. Die Tiere waren alle durchaus lebendig und etwa 30 Zentimeter lang. Sie kamen auf hochgelegenem sandigen Boden etwa zehn Kilometer nördlich des Savannah Rivers herab. "Nicht zu vergessen den erfrorenen Alligator, der 1892 in Wisconsin - weit nördlich seiner Heimat im Südosten der USA – aufgefunden wurde. Auch er war buchstäblich vom Himmel gefallen. Was aus dem Blau des Firmaments auf die Erde fällt, ist ein unglaubliches Sammelsurium an Eigentümlichkeiten. Nimmt man dieses - sowie anderes, Gruseligeres, von dem wir danach hören werden - unter die Lupe, so fällt es schwer, sich vorzustellen, daß vielleicht paranormal begabte Menschen für das *gesamte* Spektrum an solchen Phänomenen verantwortlich wären.

Wie es vielmehr scheint, haben wir es wieder einmal mit *ähnlichen* Phänomenen aus *verschiedenen* Quellen zu tun. Jene in luftigen Höhen dürften nicht auf menschliche Umtriebe zurückzuführen sein. Sehen wir doch, was das himmlische Füllhorn noch alles bereithält. Die Auswahl ist erstaunlich: Salzkristalle, Kupferlegierungen, Klinker und Alabaster, Hagel aus Natriumkarbonat, Salpetersäureregen (in einer Zeit, da Umweltverschmutzung und Industrieabfälle noch unbekannt waren), ein Klumpen aus Glassplittern und fast reinem Zink (er ging in Cannifton, Ontario, nieder), vielfarbige, zum Auffädeln durchbohrte Glasperlen (sie fielen in der indischen Stadt Bijori fast ein Jahrhundert lang vom Himmel), Nägel, Schrauben und Muttern, ja

selbst Geld (dieser Traum wurde im April 1957 für die Bewohner der französischen Stadt Bourges Wirklichkeit, als Tausende von Tausendfrancscheinen zur Erde flatterten).
Besonders der letzte Vorfall verleiht diesem unerklärlichen Phänomen eine fast sympathische Note. Das täuscht. Es fallen auch Dinge vom Himmel, die von unaussprechlichen Schrecknissen zu berichten scheinen. Ein Horror, der - vielleicht - auf jene wartet, die unerklärlich verschwinden. Hoffen wir das Gegenteil...
Blutregen gehört zu den ältesten Legenden. Er wird seit Jahrhunderten als Strafe, böses Omen und ähnliches angesehen und gefürchtet wie die Pest. Die Wissenschaft konnte ihn als harmlos identifizieren - bedauerlicherweise nicht zur Gänze.
Bereits im Jahr 1608 gelang es einem Forscher, zahlreiche rote Flecken an Wänden und Mauern in Aix-en-Provence als Ausscheidungen einer bestimmten Schmetterlingsart zu entlarven. Die Bürger zogen allerdings die Deutungen der Priesterschaft vor und glaubten weiterhin an Teufelsblut, das herabgeregnet war. Heute weiß man, daß der immer wieder auftretende „Rote Regen" zwar kein Märchen ist, aber seine Färbung zumeist durch Lehm, Sand etc. erhält. Nichts Unnatürliches. Leider nicht immer.
Schon aus dem Jahr 826 nach Christi findet sich bei dem fränkischen Geschichtsschreiber Gregor von Tours die Beschreibung eines Regens aus echtem Blut, das im Großraum Paris aus einer Wolke fiel und die Kleidung der Menschen durch Gerinnung brettsteif machte. Damit machen wir Bekanntschaft mit Vorgängen, die den einige Seiten zuvor kreierten Begriff des „großen Metzgerladens über den Wolken" durchaus rechtfertigen. Es drängen sich sogar noch drastischere Formulierungen auf.

Da droben aber ist's fürchterlich

Mit gewisser Beunruhigung haben wir bereits davon gehört, daß etwas Undefinierbares, auf jeden Fall Unsichtbares, Vögel im Flug umbringt oder schwer verletzt. Dies könnte nur die Spitze des Eisberges an „himmlischen" Alpträumen sein.

Am 15. Mai 1890 regnete eine rote Flüssigkeit auf Messignadi in Kalabrien nieder. Diesmal handelte es sich nicht um eine blutähnliche Substanz, sondern tatsächlich um Blut. Genauer gesagt Vogelblut, wie der italienische Wetterdienst feststellte. In dem betreffenden Artikel in *Popular Science News,* 35/104, äußerten die Meteorologen die Vermutung, ein Vogelschwarm sei in einem Sturm zerfetzt worden. Peinlicherweise geht aus den Aufzeichnungen derselben Fachleute des Wetterdienstes hervor, daß zu dieser Zeit Windstille herrschte. Auch die Frage nach dem Verbleib der zu dem Blutregen gehörenden Vogelleichen wurde weder aufgeworfen noch beantwortet. Einige Jahrzehnte zuvor, am 17. August 1841, waren die farbigen Arbeiter auf einem Tabakfeld durch einen roten Regen in ihrer Tätigkeit gestört worden. Große, dunkelrote Tropfen klatschten auf die Tabakblätter. Entsetzt holten sie den Pflanzer und einen Professor Troost. Diese fanden das Feld mit stinkenden Fetzen übersät vor.

In einem Artikel des *American Journal of Science* vom Oktober 1841 identifizierte Professor Troost die makabren Fundstücke als Muskelgewebe und Tierfett. Einer näheren Stellungnahme enthielt er sich. Schlußendlich wurde eine Erklärung gebastelt, die zufriedenstellte und dem Geist der Zeit entsprach: Alles war ein provokanter Scherz der schwarzen Arbeiter gewesen, die damit zu ähnlichen Sündenböcken gestempelt wurden, wie die dunkelhäutigen Begräbnisarbeiter bei den wandernden Särgen von Barbados.

So leicht können wir es uns allerdings nicht machen, denn jenseits der Wolken sind keine Afrikaner am Werke. Daher konnten sie selbst bei vorhandener Bereitschaft, ihnen alles und jedes in die Schuhe zu schieben, für die Vorgänge des 8. März 1867 nicht verantwortlich gemacht werden. Wie *Scientific American* berichtete, ging an diesem Tag ein regelrechter Regen von Fleischfetzen in Kentucky nieder. Die einzelnen Stücke maßen acht bis zehn Zentimeter im Quadrat und waren einwandfrei frisch, wie Forscher konstatierten. Einer von ihnen war kaltblütig genug, um einige zu probieren und fand sie wohlschmeckend. Wie Wildbret oder Hammelfleisch. Der morbide Gedanke an ein Schlachthaus in höheren Sphären drängt sich immer mehr auf. Die damals zusammengekleisterte Erklärung trägt wenig dazu bei, ein Gefühl des Grauens abzubauen. Sie lautete, ein Schwarm von Bussarden habe die Fleischbrocken hervorgewürgt. Na, ja.

Am 9. August 1869 fielen hunderte Pfund zerkleinerter Fleischstücke auf das Gelände der Hudson-Farm in Los Nietos, Kalifornien. Sie erinnerten - so makaber das auch klingt - an Geschnetzeltes für Riesen. Die Größe der einzelnen Stücke variierte von Dollarmünzen bis Handgröße. Zeugen berichten, daß das Fleisch ganz frisch war, jedoch dann schnell zu verwesen begann. Erklärung Null - nicht einmal Sklavenverschwörungen.

Ein ähnliches Bild bot sich am 3. März 1876 in Bath County, Kentucky. Nach den Niederschriften von Investigatoren aus einem College in Lexington war eine halbe Wagenladung Frischfleisch, fein säuberlich in Streifen geschnitten (viele davon noch blutig) vom Himmel gefallen und bedeckte hügelige Felder. Die Fleischfetzen waren vor zahlreichen Augenzeugen herabgetrudelt. Sonst hatten die Zeugen nichts gesehen. Nicht erklärbar, aber beklemmend. Im zwanzigsten Jahrhundert ist der Horror nicht zum Stehen gekommen. Brasilianische Zeitungen erwähnen einen Regen aus Fleisch und Blut, der am 27. August 1968 fünf bis sieben Minuten lang auf eine etwa einen Quadratkilometer große Fläche zwischen Cocpava und Sao Jose dos Campos fiel.

Man fragt sich, ob das immer schon so gegangen ist. Es ist klar, daß speziell Berichte von blutig mysteriösen Vorgängen immer unzuverlässiger werden, je mehr sie in Zeiten zurückgehen, in denen Teufelswerk und Hexenspuk alltäglich war. Zumindest in der Vorstellung der Menschen. Eine Ausnahme stellt vielleicht die urkundliche Erwähnung eines Regens von Fettklümpchen dar, der im Frühjahr 1695 bei Spaziergängern in den irischen Grafschaften Limerick und Tipperary höchstes Mißfallen erregte. Die Klümpchen hatten einen Durchmesser von zweieinhalb Zentimetern, waren dunkelgelb, weich, klebrig und übelriechend. Die Bevölkerung nannte sie „Butter“. Dieser Vorfall sei nur wieder einmal als ein Beispiel in den Raum gestellt, wie verlokend es ist, alles und jedes zu mystifizieren. Es ist natürlich denkbar, daß vor über dreihundert Jahren eine weitere Variante des Phänomens beobachtet wurde, das „Küchenabfälle“ herunterregnen läßt. Ebenso wahrscheinlich ist jede andere - auch natürliche - Erklärung. So wurde am 14. August 1819 in einem Vorgarten des Ortes Amtierst in Massachusetts ein kugelförmiges Etwas aus einer Substanz gefunden, die man als „anders als alles, was Menschen je gesehen hatten“ bezeichnete. Das Objekt war ballonförmig, ca. 20 Zentimeter im Durchmesser und zweieinhalb Zentimeter dick. Als man die dünne Haut abzog, kam eine lederfarbene Schicht mit der Konsistenz weicher Seife zum Vorschein. Widerwärtiger, stickiger Geruch machte sich breit. Nach ein paar Minuten nahm die Kugel eine dunkle Farbe wie Blut an und löste sich in Flüssigkeit auf. Ein unerklärliches organisches Artefakt aus den Himmeln? Organisch schon, aber nicht unerklärlich. Einige Jahre später wurde der Fund als gelatineartiger Pilz entlarvt, eine Form des gallertartigen Pilzes *Nostoc.*

Können wir deswegen schon aufatmen? Wird sich schließlich auch Fleisch- und Blutregen harmlos erklären lassen? Es sieht nicht so aus. Im Gegenteil. Indizien für eine natürliche Betrachtungsweise gibt es zur Stunde noch keine. Dafür solche für die Vermutung, daß vieles noch schlimmer ist, als es zuerst den Anschein hat. Das sind böse Worte, die einer Untermauerung bedürfen. Beispielsweise müßte eine halbe Kuh vom Himmel fallen oder vergleichbar Monströses sich ereignen. So etwas dürfte wohl ins Reich der Phantasie gehören. Bedauerlicherweise nicht. Der Autor Michael Harrison erwähnt in seinem Buch VANISHINGS (Verschwinden) genau einen solchen Fall, geht aber auf Einzelheiten nicht ein. Auch ohne diese kann man mit Fug und Recht als gegeben annehmen, daß „dort droben“ Ungeheuerliches vor sich geht. Zu unserem Leidwesen geht Ungeheuerliches auch hier unten vor sich.

Was immer über den Wolken Dinge tut, die wir lieber nicht so genau wissen wollen, scheint auch in allen anderen Gefilden unseres Planeten heimisch zu sein. Wie Scarlet Pimpernell (Hauptfigur aus dem Roman „Die scharlachrote Blume“ von Baroness Orczy) ist es mal hier, mal dort, vielleicht zugleich an jedem Ort. Genausogut können es (wieder einmal) verschiedene Erscheinungen sein, die uns übel wollen. Doch nicht nur uns...

Der „Jack the Ripper“ der Tiere

Regisseure und Drehbuchautoren von Horrorfilmen scheinen eine ebenso unerschöpfliche wie blutige Phantasie zu haben, die sie befähigt, einem danach gierenden Millionenpublikum immer neue Schrecknisse vorzusetzen. Manchmal jedoch ist eine Story schon sehr konfus. Was kann einen Schreiber auf die Idee bringen, harmlose, wiederkäuende Kühe und Rinder zur Zielscheibe rätselhafter Angreifer zu machen, die den unglücklichen Tieren furchtbare Verstümmelungen beibringen? Um die Unwahrscheinlichkeiten noch zu steigern, nehmen diese Untaten die Form einer Seuche an, rufen die Behörden auf den Plan, lösen eine Hexenjagd auf Sekten, Kultisten sowie verdächtige Elemente aller Art aus und führen zu einer Neuauflage des UFO-Wahns der fünfziger Jahre. Dramaturgisch kein besonders ausgereiftes Filmdrehbuch, oder? Das kann es auch nicht sein, denn es beruht auf Tatsachen.

Der 1982 entstandene Film „Der schleichende Tod“ (Endangered Species) verarbeitet wahre Vorgänge, die keinen Sinn und Zweck zu haben schienen (ausgenommen vielleicht den, Terror zu verbreiten). Es geht um unerklärliche Verstümmelungen von Vieh in weiten Teilen der Vereinigten Staaten von Amerika und in anderen Ländern rund um den Erdball. Ein unheimliches Geschehen, das jetzt, während Sie diese Zeilen lesen, irgendwo auf unserem Globus gerade vor sich gehen kann. Unbemerkt, rätselhaft und unheimlich. Beginnen wir mit einigen Fällen aus der jüngeren Vergangenheit.

Am 25. Mai 2000 fanden Camper westlich des kleinen Ortes Chama in Neu Mexiko, nahe der Grenze zu Colorado, zwei übel zugerichtete Kühe. Einem der Tiere fehlte der Kopf, dem anderen die Zunge. Außerdem wurden in der Nähe die vier Beine eines Elchs gefunden - von Kopf, Hals oder Torso keine Spur.

An einem strahlenden Sommermorgen des 5. August 1999 erwartete den US-Rancher Milo Hauck auf seiner Farm in Menno, Bundesstaat Süd Dakota, ein furchtbarer Schock. Einer seiner Preisbullen lag in einer seltsamem Haltung auf dem feuchten Untergrund - tot und auf bestialische Weise verstümmelt. Die Genitalien und das Rektum waren mit einem ovalen rasiermesserscharfen Schnitt entfernt worden. Blut gab es ebensowenig wie irgendwelche Spuren. Völlig unerklärlich war

der Umstand, daß eine Länge Stacheldraht des Weidezauns sich *unter* dem 800 Kilogramm schweren (!) Kadaver befand, der ein Stück in dem weichen Boden eingesunken war. Das riesige Tier war offensichtlich aus großer Höhe heruntergefallen.
Am 10. März 1989 wurden fünf verstümmelte Kuhleichen fein säuberlich in einer Reihe liegend auf der Wyatt-Ranch in Hampstead County, Arkansas, entdeckt. Alle Tiere waren trächtig gewesen. Neben einer der Kühe lag die Gebärmutter inklusive Kalb. Dazu der Pathologe und Hämatologe Dr. John Altshuler, der eine führende Kapazität über Tierverstümmelung ist: "Die Veränderung der Gefäßstruktur deutet auf hohe Temperaturen hin. Daraus ergibt sich die Schlußfolgerung, daß der an den Tieren vorgenommene Eingriff sehr schnell und unter Einsatz von Hochtemperaturschneidern, zum Beispiel Laser, abgewickelt wurde." (Mehr über Dr. Altshuler in meinem Buch „Wer beherrscht die Welt?“).
Das sind nur einige der aktuelleren Fälle in einer langen Reihe, die weit zurückreicht. Das Ausmaß an Tierverstümmelungen ist mittlerweile geradezu epidemisch zu nennen. In den USA, in Kanada, Mexiko, Puerto Rico, Panama, Brasilien, auf den kanarischen Inseln, in Europa und in Australien gehen die Opfer in die Hunderttausende. Seit einiger Zeit ist der unsichtbare Tierzerteiler auch in Japan tätig Obgleich es in Japan schon früher einige Fälle gegeben hatte, ging es 1989 richtig los. Am 31. August wurden auf der Wadai-Farm am Rande des Ortes Hayase eine verstümmelte Kuh der Gattung Japan-Schwarzhaar gefunden. Wie üblich keine Spur von den entfernten Organen, Hautteilen, etc. und kein Blutstropfen. Genug der makabren Einleitung. Womit haben wir es zu tun?
In großem Maße hat das Gemetzel vor etwa vierzig Jahren begonnen. Eine Ende ist nicht in Sicht. Im Gegenteil. An einem frühen Novembermorgen des Jahres 1963 fand ein Farmer in Gallipolis, US-Bundesstaat Ohio, auf einer seiner Weiden gräßlich verstümmelte Rinderleichen. Der Anblick war so schrecklich, daß er sich übergeben mußte. Der Fall erregte Aufmerksamkeit, die sich wieder legte. Bis zum 9. September 1967, an dem die Leiche eines Wallachen namens "Snippy" auf der Harry King-Ranch nahe Alamosa im San Luis Tal in Süd-Colorado entdeckt wurde (Alamosa ist 65 Kilometer von Chama entfernt, dem Ort unseres Eingangsfalles vom Mai 2000).

„Snippy“ brachte die Lawine ins Rollen. Das Lieblingspferd einer Mrs. Berle Lewis befand sich nicht "nur" in der bekannten Verfassung als hätte sich ein Wahnsinniger mit einem riesigen Seziermesser über das unglückliche Tier hergemacht, sondern es war - was nicht soviel beachtet wurde - *radioaktiv verstrahlt.* Auch andere Umstände wiesen auf Tierverstümmler mit modernster, um nicht zu sagen hypermoderner Ausrüstung hin. Ein Pathologe aus Denver entdeckte zudem, daß die gesamte Gehirnflüssigkeit Snippys auf unbekannte Weise entfernt worden war. Unruhe breitete sich aus. Der Fall von 1963 wurde wieder ausgegraben und nicht länger als isolierter Vorgang betrachtet. Dergleichen Bestialisches ist nicht neu. Erste brauchbare Aufzeichnungen über rätselhafte Rinderverstümmelung stammen aus dem Jahr 1810. Wahrscheinlich hat es sich immer schon ereignet und ist in geschichtlichen Zeiten im Meer an Blut untergegangen, das zu vergießen die Lieblingsbeschäftigung des Homo sapiens war und ist.

Die Merkmale des unheimlichen Geschehens, das Vergleiche mit Jack the Ripper laut werden ließen, sind ziemlich identisch: Die toten Tiere wirken wie fein säuberlich zerlegt. Blut und Gehirnflüssigkeit fehlt zur Gänze. Gehirn, Darmteile, Hautpartien, die Genitalien, Augen, die Zunge und andere Organe wurden mit superheißen Instrumenten entfernt, beziehungsweise wurden geometrische Stücke aus den Tieren herausgestanzt. Gewöhnlich erwischt „es“ die unglücklichen Tiere des Nachts. Fuß-, Reifen-, Huf- oder sonstige Spuren gibt es nicht, auch keine Anzeichen eines Kampfes. Obwohl die Kadaver keinen Tropfen Blut mehr in sich haben, hält man am Boden neben oder unter den Tieren vergeblich nach Blutspritzern oder Blutflecken Ausschau. Die Verstümmelungen haben niemals am Ort des Auffindens stattgefunden. Manche Opfer wurden unter Wasser seziert, andere haben keinen heilen Knochen im Leibe, als wären sie aus großer Höhe auf ihren Fundort heruntergestürzt. Man denke an die bereits erwähnte halbe Kuh, die aus heiterem Himmel zur Erde gefallen ist.

Die Opfer liegen nicht nur auf Weiden herum, sondern auf Highways, neben Häusern, Farmen und militärischen Einrichtungen (nicht selten neben Raketensilos), und überall sonst in der Gegend. Sie sind mit Stahlkabeln in Baumwipfeln oder an den höchsten Punkten von Tafelbergen befestigt. Gelegentlich werden sie in Brunnen hineingestopft.

Manche der Tiere strahlen radioaktiv wie die Leiche des Pferdes "Snippy".
Neben vielen verstümmelten Tieren findet man Kreise aus abgestorbenem Gras, oder Gras in der Umgebung hört auf zu wachsen. Tiere, die mit den später verstümmelten Grasfressern die Weide geteilt haben, mutieren nach der Verstümmelung ihrer "Kollegen" zu Mißgeburten (bei einem Rind beulte sich die Stirne aus, und bei einem anderen wuchsen die Klauen so stark, daß sie sich einrollten). Blätter in der Nähe verwelken. Fliegen, die auf einem verstümmelten Kalb gesessen waren, starben und blieben an Bäumen kleben (in der Natur unbekannte "Laborfliegen").
Nahe Bäume sind geknickt und Zäune flachgewalzt, vergleichbar mit Anflugschneisen für Flugmaschinen, wie *wir* sie nicht besitzen. Tatsächlich wurden und werden bei vielen Fällen Lichter am Himmel und andere UFO-Phänomene gemeldet, einschließlich der Sichtung von Außerirdischen, die sich auf den Weiden materialisieren. Sonstiges wurde von den unsichtbaren Verstümmlern allerdings nicht bemerkt, obgleich Behörden, US-Farmer und Selbsthilfegruppen aller Art Planquadrataktionen durchführten, bei denen Gebiete mit Herden durch Barrikaden, Stacheldrahtverhaue und ähnliches hermetisch abriegelt wurden. Keine Maus hätte hier durchschlüpfen können - der unsichtbare Schlächter konnte es, denn die Metzelei ging auch in diesen zernierten Arealen ungehindert weiter. Immer größer werdende Belohnungen wurden ausgesetzt. Vergeblich.
Angesichts der schaurigen Tatsachen, muten die behördlichen Erklärungen geradezu rührend an. "Raubtierfraß" hieß es offiziell. Bussarde, Hyänen und sonstige Aasfresser hätten sich an den toten Wiederkäuern gütlich getan. Nicht einmal Schmeißfliegen wurden ausgeschlossen, die von all den bezichtigen Tieren wohl die größten Probleme haben dürften, Rinderleichen mit Kabeln in Baumkronen anzubinden oder in Brunnenschächte hineinzuquetschen.
In einigen Bundesstaaten der USA brach ab Ende der sechziger Jahre des vorigen Jahrhunderts Panik aus. Es hatte derartige Verstümmelungs-Orgien gegeben, daß der lokale Notstand ausgerufen werden mußte. Farmer organisierten Schutztruppen, Belohnungen wurden ausgesetzt. Jeder belauerte jeden - vor allem aber seine Rinder. Dessen ungeachtet gingen die Verstümmelungen weiter.

1970 kam es zu weiteren Verstümmelungen, noch immer ziemlich vereinzelt. 1973 setzte eine Epidemie ein, die nicht endenden sollte und die zu Anfang in der Öffentlichkeit hohe Wellen schlug.

In einem Zeitraum von nur sechs Wochen - beginnend am 30. November 1973 - wurden im nördlichen Zentralkansas 44 Kühe auf unerklärliche Weise dahingeschlachtet und zerlegt. Im Sommer 1974 kam es zu weiteren 100 Vorfällen in Süd-Dakota, Nebraska und Iowa. Im Herbst des Jahres konzentrierte sich die Aufmerksamkeit des „Rinder-Jack the Rippers" auf Minnesota. 1975 verlegte er seine Aktivitäten in Richtung Süden. Im Februar tauchten zerstückelte Tierleichen in ganz Texas und Oklahoma auf. Nun begann sich so etwas wie Widerstand zu organisieren. Mangels irgendeines Anhaltspunktes, wem sie ans Leder gehen sollten, um ihr Vieh zu schützen, boten die Züchter Belohnungen an.

Am 21. Februar setzte die *Oklahoma Cattlemen's Organisation* größere Summen für jeden Hinweis aus, der zur Ergreifung und Überführung der Personen führte, die unter den Rindern wüteten. Im Juni bot auch die *Elbert County Colorado Livestock Association* namhafte Belohnungen, nachdem sich in diesem Bundesstaat in vier Monaten 36 Verstümmelungen ereignet hatten. Obgleich es an Geldgier nicht mangelte, erfolgte kein einziger brauchbarer Hinweis. Das Gemetzel war in der Zwischenzeit weitergegangen. Im März und April hatte das Phänomen abermals in Kansas zugeschlagen. Im Juni suchte es Colorado heim und nahm zwischen August 1975 und Mai 1976 epidemische Formen in Montana, Idaho und Teilen von Wyoming an. In der Mitte der siebziger Jahre des vorigen Jahrhunderts kam es zu solchen Verstümmelungs-Orgien, daß Hysterie um sich griff. Der Umstand, daß alle Nachforschungen ins Nichts - oder zu wilden Spekulationen - führten, trug wenig zur Beruhigung der Lage bei. Danach verringerten sich die Fälle, lediglich in Arkansas und New Mexico kam es 1978 und 1979 zu einem spektakulären Wiederaufleben. Auch in unseren Tagen tauchen immer wieder tote Rinder und Kühe auf, die wie von Vampiren ausgesaugt und von einem Irren seziert wirken.

Das anhaltende Gemetzel erregte schließlich ein Aufsehen, das zu offiziellen Untersuchungen und vielen anderen Folgeerscheinungen - wie den genannten Film - führte. Gemüter erhitzten sich, die Medien taten das ihre, um die makabre Story auszuschlachten, Verfechter aller

möglichen Theorien gerieten einander in die Haare. Mittlerweile überschwemmt eine Welle von Rinderverstümmelungen die USA, die kein Ende zu nehmen scheint. Amerika hat sich, wie an vieles andere, auch daran ebenso gewöhnt wie an die Rauschgiftlawine oder an die Verslummung der Städte. Bekanntlich ist nichts ungeheuerlich genug, um lange Zeit in den Medien zu erscheinen. Warum sollte gerade das bedauerliche Schicksal einiger Grasfresser einen Unterschied machen? Wir wollen trotzdem wissen: Läßt sich dieses Massaker nun irgendwie erklären oder nicht? Versuche wurden genug unternommen.
1979 führten die Behörden des Bundesstaates New Mexico in Zusammenarbeit mit der *Federal Law Enforcement Assistance Administration* (LEAA), die überregionale Befugnisse hatte, eine aufwendige Studie durch. Die Rancher hielten vom ersten Moment an nichts von dieser Aktivität, denn die LEAA war eine bekannt verschwenderische, dafür aber unfähige Organisation. Man argwöhnte, die ganze Sache habe nur den Zweck, der Bevölkerung Sand in die Augen zu streuen und die Gemüter zu beruhigen. Die Tatsache, daß die- Leitung der Untersuchung dem früheren FBI-Mann Kenneth Rommel übertragen worden war, verstärkte noch das Mißtrauen.
Das Schlußergebnis scheint diese Vorbehalte zu bestätigen. Es wurde ein Jahr später veröffentlicht und nannte als alleinige Täter Raubtiere. Eine Wiederholung der offiziellen Lesart, wie sie in zahlreichen Polizeiberichten - speziell in Arkansas - zu finden ist. Schon damit stimmten die Züchter überhaupt nicht überein. Nun waren sie endgültig ergrimmt. Proteste wurden laut. Man wies darauf hin, daß Rommel lediglich fünfzehn tote Kühe untersucht und als Basis für seine Schlußfolgerungen verwendet hatte. Keine davon - so die Rancher - sei ein klassischer Verstümmelungsfall gewesen.
Von Anfang an gab es Skeptiker, die alles für Massenpsychose hielten. Nach ihrer Meinung waren Wölfe, Hunderudel, Coyoten, Raubvögel, Wiesel, Stinktiere, ja sogar Fliegen (!), usw. usf. die Verstümmler und Transporteure (!) der Opfer, was gänzlich ins Groteske abglitt.
Ein Experiment, dessen Ausgang das Sheriff-Büro von Washington County, Arkansas, im Oktober 1979 bekanntgab, schien die Raubtier-Theorie zu erhärten. Am 4. September hatte man eine kranke Kuh getötet und in die Mitte eines Feldes gelegt. Zwei Polizisten der Ar-

kansas State Police, Sergeant Rick O'Kelley und Sergeant Doug Fogley, beobachteten den Kadaver und fertigten Fotografien an. Nach 33 Stunden wiesen die sterblichen Überreste der Kuh gewisse Parallelen zu den verstümmelten Tieren auf. Bussarde und Schmeißfliegen hatten sich an den Augen, dem Blut und den Genitalien gütlich getan. Sonst war niemand dem toten Tier nahegekommen. Damit war eine natürliche Erklärung gefunden. Die ungeklärten Punkte konnten vergessen oder anderen Raubtieren zugeschrieben werden, die sich im beobachteten Fall durch die Anwesenheit der beiden Police Officers eben nicht herangewagt hatten.

Eine Peinlichkeit dieser Theorie sticht besonders ins Auge: Gerade *wenn* sie stimmen würde, *müßte* sie falsch sein. Sie widerlegt sich auf nachgerade klassische Weise selbst. Die ins Treffen geführten Erscheinungen wären nämlich *so* natürlich, daß sie fast bei jedem toten Rind auftreten müßten. Solches wäre uns ebenso vertraut, wie das selbst bei weit selteneren Naturphänomenen der Fall ist. Und es müßte weit häufiger passieren. Der Viehbestand in den USA geht in die Hunderte Millionen. Die Vorstellung, von diesen Massen würden im Lauf von zehn bis zwanzig Jahren nur etwas über 8000 Stück einsam verenden und Raubtieren und Aasfressern zur Verfügung stehen, ist absurd.

Wie man es auch dreht und wendet, die Zahl der Verstümmelungen ist groß genug, um Angst zu verbreiten, aber viel zu klein, um alltägliche Ursachen wie Tierfraß zu haben. Das sporadische Auftreten, die zeitweilige Häufung der Verstümmelungen, der Transport der Tiere vom Tat- zum Fundort, all das gibt der Raubtiertheorie den Rest. Schade, man wäre beruhigter gewesen.

Beruhigt waren auch die Menschen in den betroffenen Gebieten in keiner Weise. Sie hielten wenig von Stellungnahmen dieser Art. Weit gängiger waren die Vorstellungen, Außerirdische - oder der CIA - machten unheilige Versuche an unschuldigen amerikanischen Kühen, Satanisten trieben ihr Unwesen, Motorradgangs vergingen sich in sadomistischer Weise an den Tieren oder wollten den Farmern einfach eins auswischen etc. etc. Die Handlung des erwähnten Films bezieht ihre Spannung aus solchen Überzeugungen. Wie nicht anders zu erwarten, wurden fliegende Lichter, seltsame Himmelserscheinungen und durch die Wälder schleichende Exoten - fremde Raumfahrer oder

Ungeheuer- gemeldet. Es ist bedauerlich, daß Wahn und (mögliche) Wirklichkeit wieder einmal nicht zu trennen sind.
Auf jeden Fall stieß man 1975 in Gregg County, Texas, auf einen geheimen Satanskult. Diese „Söhne des Satans", wie sie sich nannten, wurden beschuldigt. Schwarze Messen mit blutigen Tierstücken abzuhalten. Anderswo in Texas mußte eine Motorradbande mit der für solche Gruppen nicht ungewöhnlichen Bezeichnung „Jünger des Teufels" ähnliche Verdächtigungen über sich ergehen lassen. Heraus kam bei all dem nichts. Ob Rocker oder Satanisten, sie wären bei nächtlichen Pirschgängen ganz sicher den Ranchern oder deren Aufpassern in die Hände gefallen, die seit dem Beginn der Verstümmelungen so manche Nacht bei den gefährdeten Tieren wachten. Und das nicht unbewaffnet. Selbst eine großangelegte Planquadrataktion, bei der 640 Quadrat-Acres hermetisch abgeriegelt wurden, führte zu nichts. Die Verstümmelungen gingen unvermindert - und spurenlos - weiter. Sogar der Gedanke an eine moderne Neuauflage der Rancherkriege des 19. Jahrhunderts wurde geäußert, mußte aber wieder fallengelassen werden.
Am Ende konnte keine Gruppierung der Täterschaft überführt und keine Naturerscheinung als Ursache identifiziert werden. Die bereits erwähnten Absonderlichkeiten am Rande machen das makabre Geheimnis noch monströser. Die Viehverstümmelungen bleiben ein beklemmendes Mysterium. Noch dazu beschränkt es sich, wie gesagt, keineswegs nur auf Rinder, was schon der Fall des Pferdes Snippy in Gallipolis, Ohio, der ersten „offiziellen" Tierverstümmelung, zeigt. Drei Jahre nach Snippy kam es in derselben Gegend übrigens zu einem Fall, über den man sich heute noch nicht einig ist, ob er eine „klassische Tierverstümmelung" darstellt, oder etwas anderes, nicht weniger Unheimliches.
Im Frühnovember des Jahres 1966 verschwand auf der anderen Seite des Ohio-Flusses der deutsche Schäferhund eines Mr. William Watson. Eine Woche später wurde die Leiche des abgängigen Hundes in der Mitte eines Feldes neben der Georges Creek Road außerhalb von Gallipolis gefunden. Die Begleitumstände waren seltsam bis gruselig. Das kniehohe Gras des Feldes war rund um den Hundekadaver flach niedergepreßt, so daß sich ein exakter Kreis von sechs Metern Durchmesser ergab. Im Zentrum der Hund. In seinem Körper war je-

der einzelne Knochen gebrochen, besser gesagt zerschmettert. Anzeichen eines Kampfes oder Blutspuren - bzw. Spuren überhaupt - ließen sich nicht entdecken, auch deutete der Zustand des Hundes auf kein bekanntes Raubtier. Selbst Kommunisten, Wahnsinnige oder die CIA hätten derartiges nur mit ungeheurem Aufwand - und sicher nicht geheim - bewerkstelligen können.
Stellvertretend für alle oft rührenden Erklärungsversuche die offizielle Stellungnahme des *National Investigation Committee on Aerial Phenomena* (NICAP) zum Fall des Pferdes Snippy: Eine Tätergruppe hatte sich zu Snippy auf das Feld begeben, dort unbemerkt einen Trog aufgestellt und ein riesiges Dreibein mit einem Flaschenzug aufgebaut. Dann ergriffen sie das Pferd, hingen es mittels Flaschenzug und Dreibein über den Trog und vollführten ihr grausig-sinnloses Werk. Danach verschwanden sie ebenso unauffällig. Irgendwie fällt es angesichts solcher Schlußfolgerungen leichter, an Vampire oder Aliens zu glauben.
Mehr über Cattle Mutilation in meinem Buch „Jenseits des Vorstellbaren" sowie in „Wer beherrscht die Welt?". In „Jenseits des Vorstellbaren gehe ich einer möglichen Verbindung von Tierverstümmelung mit SHC nach (auch das gibt es), und in „Wer beherrscht die Welt?" nehme ich auch noch das neuartige Phänomen der Menschenverstümmelung „Human Mutilation" unter die Lupe. Zu letzterem ein paar Worte:
Die Art der seit mehr als einem Jahrzehnt auftretenden Verstümmelung von *Menschen* deckt sich fast hundertprozentig mit der bei den Tieren. Das gilt auch für den verlangsamten Verwesungsprozeß, den viele der verstümmelten Rinder, Hühner, Schweine, Rehe, Lamas, Schafe, Ziegen und anderes Getier ebenfalls aufweisen.
Der Anblick der verstümmelten männlichen Leiche, die am 29. September 1988 in der Umgebung des Guarapiranga-Wasserreservoirs in Brasilien aufgefunden wurde, war schrecklich. Was einmal ein menschlicher Körper gewesen ist, sah aus wie das Ergebnis eines wahnsinnigen Chirurgen mit unbekannten Instrumenten. Das gesamte Blut des Unglücklichen war bis zum letzten Tropfen abgezogen und seine Augen, Ohren sowie seine Zunge und einige weitere Organe mit chirurgischer Präzision entfernt worden. Der Körper wies haarscharfe Schnittwunden auf. Die kauterisierten, also bei großer Hitze verkohl-

ten Wundränder ließen auf den Einsatz von High Tech-Lasern schließen. In den Armen fanden sich symmetrische Löcher. Obwohl der Tod bereits vor einigen Tagen eingetreten war, gab es seltsamerweise keine Anzeichen von Verwesung. Besonders haarsträubend ist der Umstand, daß er Unglückliche während des Großteils der monströsen Prozedur am Leben gewesen sein dürfte, wie Mediziner anhand verschiedener Merkmale konstatierten.
Die Zahl derartig zugerichteter Opfer ist mittlerweile so groß, daß solche Verstümmelungen offiziell den Indianern zugeschrieben und als "Skalpierungen" in den Akten geführt werden. Da die bei dem grausigen Geschehen angewendete Technik dermaßen fortgeschritten ist, daß sie sich kaum in den Händen von Einheimischen befinden dürfte, die Ritualmorde vollführen, oder schlicht und einfach - und nicht ganz unverständlich - Rache am Weißen Mann nehmen wollen, wurden andere Vermutungen laut. Beispielsweise der Gedanke an eine Organ-Mafia auf der Jagd nach „Ersatzteilen“. Ein unmenschliches, aber extrem einträgliches Geschäft, das in vielen südamerikanischen Ländern bereits ungeheure Dimensionen angenommen hat. Solche Organisationen machen sich in der Regel über arme Slumbewohner, Heimatlose, Flüchtlinge und andere Entwurzelte her, nach denen kein Hahn kräht. Allerdings ähneln unfreiwillige Organspender mehr zerfetzten, ausgeweideten Kadavern, als den mit höchster Exaktheit zerteilten Opfern unsichtbarer Sezierer. Organraub gleicht weit mehr einer schnellen Schlächterei, als einer "Präzisionsarbeit".
An der Entleerung des gesamten Blutes würden Organ-Mafiosi schon aus Zeitmangel scheitern. Weil die Gefäße nach Entnahme von etwa einem Drittel der Gesamtblutmenge kollabieren, müßte unablässig Salzlösung nachgefüllt werden, um auch den Rest des Blutes absaugen zu können. Ein langwieriger Vorgang, den die unbekannten Täter auf eine uns unbekannte Weise kompensiert haben, da in einigen Verstümmelungsfällen nur wenig Zeit zur Verfügung stand.
Die monströs verstümmelte Leiches des Brasilianers von 1988 erinnerte UFO-Forscher an den Fall von Sergeant Jonathan P. Louette, dessen Überreste im Jahr 1956 (als von Organtransplantation noch lange nicht die Rede war) in vergleichbarer Verfassung auf dem Raketenversuchsgelände White Sands in New Mexico, USA, aufgefunden wurden - und an die bekannte Tierverstümmelung.

Obwohl die Beamten, die die Obduktionen der menschlichen Opfer vorgenommen haben, nichts von den Tierverstümmelungen wußten, ähnelten ihre Berichte in fast allen Punkten frappierend jenen über die verstümmelter Tiere. Wie auch immer: Immer wieder vergreift sich irgendetwas an den Tieren unseres Planeten, seit einigen Jahren auch am arroganten Homo sapiens. Dabei waren wir doch der Meinung, das Monopol zu besitzen, mit allem, was da kreucht und fleucht nach Lust und Laune verfahren zu können - unsere Mitmenschen eingeschlossen. Anscheinend ist dies ein Irrglaube. Es gibt Gemetzel, für die der Mensch - ausnahmsweise - nicht verantwortlich ist.
Leider werden wir nie erfahren, was ein großer schwarzer Hund aus Nordkarolina zu berichten hätte, der - möglicherweise - dem unsichtbaren „Jack the Ripper" der begegnet ist und davonkam. Dies ist eine reine Spekulation, aber eine faszinierende...
Besagter Hund, ein großer Köter unbestimmbarer Rasse, gehörte drei jungen Leuten, die gerne durch die Wälder streiften und auf die Jagd gingen. Sie hatten ihren Hund auf Furchtlosigkeit erzogen, und furchtlos war er auch. Keine Kreatur, egal wie groß, vermochte ihn in die Flucht zu schlagen. Bei einem Jagdausflug wurden die vier von einem schweren Regen überrascht. Glücklicherweise befand sich eine Waldhütte in der Nähe. Sie zündeten eine Petroleumlampe an, machten ein Feuer und richteten sich häuslich ein. Mitten in der Nacht wurden sie durch ihren Hund geweckt. Er knurrte, heulte, war völlig aus dem Häuschen. Einer der drei wollte den Hund hinauslassen, doch als er zur Türklinke griff, ertönte draußen eine Art Fauchen. Wie ein Blasebalg. Dem Hund standen die Haare zu Berge, er preßte die Schnauze gegen den Türspalt und scharrte wie rasend. Den jungen Männern wurde mulmig. Sie machten die Laterne an und luden ihre Gewehre. Die Waffen im Anschlag öffneten sie die Türe. Außer sich vor Erregung schoß der Hund wild bellend und knurrend in die Dunkelheit. Heulend verschwand er in der Ferne. Eine Viertelstunde verging. Die Männer begannen sich Sorgen um ihren vierbeinigen Gefährten zu machen. Obgleich ihnen alles andere als wohl in ihrer Haut war, beschlossen sie, nach ihm zu suchen. Da winselte es vor der Tür. Der Hund war wieder da. Er war gesund und wohlbehalten und wies weder Kratz- noch Bißspuren auf. Sein pechschwarzes Fell aber war *schneeweiß* geworden. Nicht nur physiologisch ein Rätsel...

Kein Kommentar zu dieser seltsamen Story, die der französische Autor George Langelaan in seinem Buch „Die unheimlichen Wirklichkeiten" berichtete, nur soviel: Ob ein einzelnes Phänomen für all das verantwortlich ist oder ein ganzes Sortiment macht im Grunde keinen Unterschied. Tatsache ist, daß Unbekanntes existiert. Irgendwo „da draußen". Wir sind ihm ausgeliefert. Das sind wir zwar den meisten Naturkräften auch, doch die kennen wir wenigstens. Was unsere Tiere, und nunmehr auch uns selbst, attackiert, wissen wir nicht. Von der Beruhigung, daß es wenigstens uns selbst nicht an den Kragen geht, mußten wir uns bereit verabschieden. Tatsache ist: Es geht auch uns an den Kragen, und das nicht zu knapp.

Unsichtbare Sadisten

Die Vorstellung, unerwartet in Flammen aufzugehen, ist ebenso unerquicklich wie der Gedanke, durch eine Flugzeugtoilettentür ins Irgendwohin zu stürzen. Solange solche Bedrohungen noch das Flair der Naturkraft haben, können wir sie einigermaßen gelassen hinnehmen. Spontane Selbstverbrennung wäre - wenn man es sich aussuchen könnte - sicherlich dem Flammentod auf der Autobahn vorzuziehen, und so mancher würde sich vielleicht gerne im letzten Moment durch eine Toilettentür aus einem abstürzenden Flugzeug sonstwohin absetzen. Zudem bleibt die tröstliche Erkenntnis, daß wir schon ganz andere Naturerscheinungen enttarnt und uns dienstbar gemacht haben (man denke nur an den Wasserstoff-Helium-Zyklus der Sonne, den wir in Wasserstoffbomben kopieren - wenn auch nicht sehr nutzbringend). Kein Platz für Selbstberuhigungen dieser Art findet sich in einem Weltbild mit unsichtbaren Angreifern, die *bewußt* agieren. Trotz aller Beschwichtigungstheorien weisen die Verstümmelungen der Tier- und letztlich auch Menschenkörper eine Selektivität auf (man könnte geradezu von „Messerführung" sprechen), die einer Naturerscheinung kaum zu eigen ist.

Die Brutalität ist fast schon menschlich zu nennen, lediglich der *Modus operandi* liegt im Dunkel. Nur extrem abgebrühte oder scheuklappenbewehrte Zeitgenossen dürften etwa beim Anblick einer der besonders hergenommenen Gallipolis-Kühe von 1963 vom nackten Grauen verschont bleiben. Dem unglücklichen Tier fehlten nämlich nicht nur, wie bekannt, Blut und zahlreiche Organe, es war auch wie mit einem. riesigen Schwert oder einer Schere fein säuberlich in zwei Teile zertrennt worden. Und was sich bei den Menschenverstümmelungen an ebenso Monströsem wie sorgfältig Durchgeführtem abspielt, spricht für sich selbst. Mehr Dämon als Naturkraft ist hier am Werk, möchte man meinen. Ein Etwas, das auch die „Krone der Schöpfung" auf seiner Liste zu haben scheint.

Seit Jahrhunderten tauchen immer wieder Berichte über gezielte Angriffe auf Menschen, häufig Kinder, auf. Einige davon lassen sich vielleicht mit Auto-Aggression erklären, sozusagen eine „unheilige", amoklaufende Spielart der Stigmatisierung. Andere vielleicht mit PSI-Effekten. Manche gar nicht. Einer der ältesten, so gut als damals möglich untersuchten Fälle stammt aus dem Jahr 1761. Früheres verliert sich wie vieles andere im diffusen Zwielicht der Geschichte. Damals kehrten fünf Frauen vom Holzsammeln in ihr Dorf bei Ventimiglia in Norditalien, zurück. Plötzlich stürzte eine der fünf mit einem gräßlichen Schrei zu Boden. Zum Entsetzen der anderen Frauen war sie tot. Ihr Körper bot einen schrecklichen Anblick. Kleidung und Schuhe waren in kleine Fetzen zerrissen und lagen um die Tote herum. Über diese schien ein unsichtbares Mahlwerk hinweggegangen zu sein, und das in Sekundenschnelle. Das Kreuzbein der Frau war gebrochen, die Bauchmuskeln auf der rechten Körperseite hatten nachgegeben, daß die Eingeweide sichtbar wurden, die meisten Organe waren gerissen oder blutleer. Sie wies Kopfwunden auf, die den Schädel blank legten, eine Hüfte und ein Oberschenkel waren so gut wie fleischlos und zeigten das Schambein sowie den aus der Gelenkpfanne gedrückten, zersplitterten Oberschenkelkopf. Der Unterleib war von zahlreichen tiefen und parallel verlaufenden Schnitten übersät. Dieses monströse Geschehen wurde von der französischen Akademie der Wissenschaften registriert. Ein zusätzliches Mysterium präsentierte der Umstand, daß neben und unter der Toten weder Blut noch Fleischfetzen vorhanden waren.

Die 1800 veröffentlichte Publikation *A Narrative of some Extraordinary Things that Happened to Mr. Richard Gile's Children* beschreibt sehr ausführlich Attacken aus dem Nichts, die sich - so auch der Titel - gegen Kinder gerichtet haben.

Ausführliche Zeugenaussagen berichten, wie ein kleines Mädchen von einer unsichtbaren Hand gewürgt wurde. Die Anwesenden sahen das Zusammendrücken des Halses, ohne daß eine Kontraktion der Halsmuskeln erkennbar war. Andere Kinder wurden geschlagen, gezogen, bespuckt. Vor Zeugen. Fünf davon sagten aus: „Wir sahen, wie ihre Arme an diesem Abend etwa zwanzigmal gebissen wurden... Sie konnte es unmöglich selbst getan haben, da wir sie die ganze Zeit über beobachteten. Bei Untersuchung der Bißstellen fanden wir dort die Abdrücke von 18 bis 20 Zähnen. Die Stellen waren sehr feucht und klebrig, wie von Speichel, und rochen abstoßend. Die Abdrücke erinnerten an einen Mund oder ein Gebiß..."

Körperlose Beißer treiben auch im zwanzigsten und einundzwanzigsten Jahrhundert ihr Unwesen. Von einem solchen - oder von ihrem

eigenen Unterbewußtsein, wie manche meinen, aber wenig Anklang mit dieser These finden - wurde ein junges Mädchen in der Nacht des 10. Mai 1951 gepeinigt. Und das sogar, während Polizisten sie hielten.
Die achtzehn Jahre alte Clarita Villaneuva gehörte zu den heimatlosen Jugendlichen, die der Krieg in den Straßen von Manila zurückgelassen hatte. Menschliches Strandgut, an dem sich die weniger Unglücklichen die Schuhe abputzten oder mit dem sie üble Spielchen trieben. Darum war der Tumult, auf den Polizisten an diesem Tag stießen, nichts Besonderes für sie. Eine kleine Menschenmenge scharte sich um eine Straßenecke, wo ein junges Mädchen auf dem Boden hin- und herrollte. Sie schrie mörderisch. Soweit die Polizisten ihr Kreischen und Weinen durch den Lärm der Umstehenden verstehen konnten, die lachten oder sie anspornten, wurde das Mädchen gebissen.
Offensichtlich eine Wahnsinnige, eine Drogensüchtige oder eine Säuferin. Vielleicht hatte sie auch einen epileptischen Anfall. Im Grunde war es den Beamten egal. Sie sahen täglich Schlimmeres. So trieben sie die grölenden Zuschauer in die Tavernen zurück, aus denen sie gekommen waren und brachten das Mädchen ins Revier. Zur Ausnüchterung.
Als sich die Zellentür hinter ihr schloß, warf sich Clarita schluchzend auf die Knie und bat die Uniformierten, ihr zu helfen. Sie streckte die Arme aus, um die Bißwunden zu zeigen, die ihr „das Ding“, wie sie es nannte, zugefügt hatte. Die Polizisten wandten sich ab, da begann das junge Mädchen hysterisch zu schreien. Das „Ding“ war wieder da. Ergrimmt öffneten die Polizisten die Zelle und führten Clarita, die sich wie eine Wahnsinnige gebärdete, in den Vorraum. Noch ehe sie wußten, was sie mit der Tobenden tun sollten, erschienen deutlich sichtbar blaugraue Bißwunden auf Claritas Oberarmen und Schultern, umgeben von Speichel. Ein Polizist stürmte zu seinem Captain und der wiederum zum Polizeichef.
Der oberste medizinische Untersuchungsbeamte Mariana Lara wurde verständigt. Er war mehr als ungehalten, daß man ihn mitten in der Nacht aus dem Bett holte, um irgend eine Epileptikerin in Augenschein zu nehmen. Am Ort des Geschehens wartete nicht nur der Polizeichef, sondern auch der Bürgermeister von Manila, Arsenio Lacson, auf den *Medical Examiner.* Ungnädig begutachtete dieser das junge Mädchen, konstatierte Epilepsie, verbunden mit Selbstverwundung

und begab sich, immer noch wutschnaubend, zurück ins Bett. Nachdem der Arzt davongestampft war, nahmen der Polizeichef und der Bürgermeister Claritas Wunden persönlich unter die Lupe. Selbstverwundung war Nonsens. Der *Medical Examiner* sollte ihnen einmal vormachen, wie man sich selbst in den Nacken und in die Schulter biß. Und das unauffällig.

Die Achtzehnjährige verbrachte den Rest der Nacht auf einer Bank im ersten Büro der Polizeistation von Manila, wo sie sich in den Schlaf schluchzte. Am nächsten Tag würde die übliche Routine ablaufen: Anklage wegen Landstreicherei, ein paar Tage Arrest. Ende der Absonderlichkeiten. Das „Ding" aber hatte andere Vorstellungen. Als Clarita ins Gericht gebracht werden sollte, begann sie wieder zu schreien. Zwei kräftige Polizisten packten sie, jeder eine Hand Claritas mit eisernem Griff. Vor den ungläubigen Gesichtern der Beamten, einiger Reporter und des *Medical Examiners*, bohrten sich unsichtbare Zähne in die Arme, die Handflächen und den Nacken des Mädchens. Dieser Angriff dauerte fünf Minuten, bis Clarita bewußtlos niedersank. Ratlosigkeit und Entsetzen machten sich breit.

Der Untersuchungsbeamte Lara nahm das Opfer nochmals in Augenschein, diesmal ausgeschlafen und objektiv. Er widerrief sein nächtliches Urteil. Es lag *weder* Epilepsie *noch* Selbstverstümmelung vor. Die Bißwunden waren absolut real. Clarita *konnte* sie sich nicht zugefügt haben.

Der Bürgermeister wurde geholt, wie auch der Erzbischof. Es dauerte etwa dreißig Minuten, bis der Bürgermeister eintraf. In dieser Zeit schwollen die Bißstellen auf den Armen des Mädchens auf, desgleichen die angegriffenen Hände, Der Bürgermeister und der *Medical Examiner* begleiteten Clarita ins Gefängnisspital. Dabei kam es zu einer weiteren Attacke. Wieder erschienen blaugraue Bißwunden am Körper des schreienden Mädchens, diesmal auf den Seiten des Halses, auf ihrem Zeigefinger und auf einer Hand, die der Bürgermeister fest in der seinen hielt. Die Fünfzehn-Minuten-Fahrt zum Gefängnisspital war ein unbeschreiblicher Horror-Trip für den Bürgermeister von Manila, den obersten medizinischen Untersuchungsbeamten, den Chauffeur - und natürlich für Clarita. Als sie endlich am Ziel ankamen, endeten die unerklärlichen Angriffe. Das beißfreudige Etwas schien seine Jagdgründe gewechselt zu haben.

Bürgermeister Arsenio Lacson meinte zu dem Vorfall: „Wir haben es hier mit einer Erscheinung zu tun, für die es keine Erklärung gibt." Der *Medical Examiner,* der oberste medizinische Untersuchungsbeamte Dr. Mariana Lara, fand weniger gesetzte Worte. Er sagte nur: „Ich habe mir vor Angst fast in die Hosen gemacht." Nur zu verständlich.

Eine ganze Serie von Phänomenen entfaltete sich im August 1960 um den zwanzigjährigen Jimmy de Bruin, der nahe der südafrikanischen Farm Datoen arbeitete. Was wie ein Poltergeist(PSI)-Phänomen begann, mündete in einem blutigen Alptraum, der von einem Drehbuchautor unserer Tage stammen könnte. Der Hergang der Ereignisse wird von der *Reuters News Agency* aus White River berichtet, die sich ihrerseits auf die Aussage des Polizeichefs John Wessel und einiger weiterer Augenzeugen beruft.

Wessel und drei Constables waren zu der Farm gerufen worden, um mysteriösen Vorfällen auf den Grund zu gehen. Gegenstände flogen herum, irgendwer trieb sein Unwesen. Kaum angekommen, stürzte eine große Glasschüssel vor den irritierten Polizisten von einem Brett und zerbarst krachend. Das war sozusagen der Auftakt. Die Beamten kamen gar nicht dazu, die Ermittlungen richtig aufzunehmen, denn laute Schreie ließen sie ins Nebenzimmer eilen. Dort wand sich der junge Jimmy de Bruin in heftigen Schmerzen. Ihre Quelle war sichtbar, nicht aber die Ursache. Während die Polizisten den jungen Mann ungläubig anstarrten, der kurze Hosen trug, öffneten sich lange Schnittwunden auf den Beinen de Bruins. Blut strömte zu Boden. Das Geschehen war rätselhaft, man stellte das Opfer unter Beobachtung. Am nächsten Tag trat ein tiefer Schnitt auf der Brust des Zwanzigjährigen auf, und zwar unter seinem weißen Hemd, das dabei unversehrt blieb. Zwei Detektive standen daneben, beobachteten und waren wie vor den Kopf geschlagen.

Tagelang wurde Jimmy de Bruin von solchen Angriffen - oder wie immer man es nennen soll - im wahrsten Sinne des Wortes bis aufs Blut gequält. Die aus dem Nichts verursachten Wunden wiesen alle Charakteristika von Schnitten mit einem scharfen Instrument - Rasierklinge oder sogar Skalpell - auf. Der bedauernswerte junge Mann konnte sie sich auf keinen Fall selbst zugefügt haben. Er hätte dieses mehr als unangenehme Zauberkunststück vor den Polizisten durchführen müssen, die ihn argwöhnisch belauerten und auch im Auffinden noch so raffiniert versteckter Messer etc. sehr erfahren waren. Mit Wahnsinn läßt sich all dies nicht erklären. Mit dem Phänomen der Stigmatisierung vielleicht, doch nur mit großen Konzessionen.

Bei anderen rätselhaften Angriffen, die jedoch nicht alle von solcher Brutalität waren, tut man sich mit Erklärungsversuchen allerdings noch schwerer. So bleiben beispielsweise die Aktionen eines körperlosen Haarfetischisten für immer rätselhaft.

Im *Religio-Philosophical Journal* vom 4. Oktober 1873 liest man von einem Mädchen aus Menomonie, Wisconsin, dem plötzlich die Haare unmittelbar an der Kopfhaut abgeschnitten wurden, die noch dazu verschwanden. Zeuge war die Mutter des Kindes. Na gut, Hörensagen, kann man einwenden. Das mag auch für den Bericht des Bischofs James Pike aus San Francisco gelten, der 1969 in *The Other Side* abgedruckt ist. Er beschreibt den Fall einer Hausgehilfin, die eines Morgens bemerkte, daß ihre Haare in völlig gerader Linie abgesengt waren. Dies wiederholte sich am nächsten Tag. Seltsamerweise fand sich eine der abgesengten Strähnen drei Wochen später auf einem Nachttisch an. Viel Beweiskraft haben solche Erzählungen natürlich nicht, wenn man sie isoliert betrachtet. Bemerkenswert ist lediglich, daß „Haarschneideangst" eine lange Geschichte hat.

Seit Hunderten von Jahren werden ganze Regionen in China sporadisch von Panik befallen, was die Haarpracht der Einwohner betrifft. In Shanghai, Nanking und anderen Städten gingen die Menschen aus Furcht vor einem haarraubenden Phantom so weit, ihr Haar mit beiden Händen festzuhalten, wenn sie das Haus verließen. Im Dezember 1922 kam es in London zu einer identischen Massenhysterie. Wahrscheinlich handelt es sich dabei tatsächlich um Massenwahn - seltsam ist es trotzdem aus folgendem Grund: Im selben Jahr wurden in London drei Männer Opfer eines unsichtbaren Angreifers. Am 16. April 1922 erklärte ein Mann, der mit einer Stichwunde im Nacken ins Londoner Charing Cross Hospital eingeliefert wurde, etwas habe ihm einen Stich versetzt, als er in eine Querstraße der Coventry Street abbog. Wenige Stunden später wurde ein zweiter Mann gebracht. Verletzung, Tatort und Tathergang waren identisch. Noch einen dritten Passanten erwischte es an der Einmündung dieser Querstraße. Was hier wirklich

geschehen war, blieb unbekannt, normal war es jedenfalls nicht. So nachzulesen in der Zeitschrift *The People* vom 23. April 1922.
Von einer ganzen Palette unterschiedlicher Attacken wurde der zwölfjährige Harry Phelps aus Stratford, Connecticut, heimgesucht. Dieser Fall aus dem Jahr 1850 gehört zu den bekanntesten Vorkommnissen dieser Art.
Steine flogen hinter dem Jungen her, er wurde abrupt in die Höhe gehoben, so daß er mit dem Kopf an die Zimmerdecke stieß und ein andermal in einer Baumkrone landete, wobei eine unsichtbare Hand systematisch die Kleidung von Jung-Harry zerfetzte. Auch in einen Wassertank wurde er geschleudert. Alles vor Zeugen.
Jetzt wollen wir einen Punkt machen. Auch wenn es den Augenschein hat, unsichtbare Gegner würden uns umschleichen, immer bereit, Menschen auf eine Weise zu quälen, die eigentlich den eigenen Artgenossen vorbehalten ist, oder grausame Spaße mit uns zu machen, so ist dies reine Hypothese. Nicht einmal eine zwingende. Schnitt- und Bißwunden können wir uns auch selbst zufügen. Nicht mit Messern oder dergleichen - das entginge den Zeugen kaum -, sondern durch die Macht des Geistes. Was diese vermag, haben wir schon erfahren. Soweit, so gut. Trotzdem muß noch mehr im Spiel sein. Allein der Ventimiglia-Fall aus dem Jahr 1761 paßt nicht in das Schema, von den Menschenverstümmelungen ganz zu schweigen. Weitere Fälle existieren, wenn auch nicht näher erforscht. Sie geben zu denken - und das soll uns genügen.
Es ist durchaus möglich, daß beispielsweise 1969 der Entenschwarm über St. Mary's City von derselben Kraft, bösartigen Macht oder was auch immer im Flug zerschmettert wurde, die 1761 die junge Holzsammlerin wie mit einer unsichtbaren Riesenfaust zermalmt hatte. Für die Tier- und Menschenverstümmelungen mag eine andere Abteilung des Unbekannten zuständig sein, für haarraubende und beißende Phantome eine dritte. Jede andere Kombination ist ebenso legitim. Wir kennen sie ja schon, die Problematik der Einordnung ähnlicher Erscheinungen. Glücklicherweise müssen wir uns damit nicht abquälen.
Welche Phänomene wie auch immer zusammenspielen, ist schlußendlich nicht entscheidend. Uns geht es um die Feststellung, ob sie wirklich unerklärlich - *aber existent* - sind. Das ist wohl der Fall. Damit

können wir den Grundgedanken dieses Buches weiterverfolgen: Zu begreifen, daß die Welt ein viel eigentümlicherer, komplizierterer und trügerischerer Ort ist, als der methodische Forschergeist zum Besten gibt (und der hat schon „ernsthafte" Weltbilder geboren, die man nur als exotisch bezeichnen kann).

Versuch einer Zwischenbilanz

Damit hat sich der Kreis der Bestandsaufnahme geschlossen. Es ist klar, daß viele Leser manches vermissen werden. Beispielsweise die UFO-Frage und damit auch die sogenannten „Astronautengötter", denen der Schweizer Erich von Däniken seit Jahrzehnten nachjagt, wobei er immer wieder auf Erstaunliches stößt. Diese Unterlassung ist kein Zufall, denn hier liegt nichts *Unerklärliches* vor. Die Frage, ob jede beobachtete Leuchterscheinung ein außerirdisches Raumschiff ist, hat ebenso akademischen Charakter, wie Diskussionen über die vorgeschichtliche Anwesenheit nichtmenschlicher Raumfahrer auf unserem Planeten. All dies ist in keiner Weise geheimnisvoll, sondern lediglich strittig.

Wenn Erich von Däniken provokant fragt, wie Indios in der Lage waren, die unbekannte, fast 4000 Meter oberhalb der peruanischen Inkafestung *Sacsayhuaman* gelegene Felsenstadt buchstäblich auf den Kopf zu stellen und teilweise zu glasieren (ein Unterfangen, vor dem *unsere* Technologie kapitulieren müßte), knirschen Archäologen mit den Zähnen und Ingenieure wechseln das Thema. Konfrontiert man einen Wissenschaftler mit der Frage, ob die seit Jahrhunderten in der Astronomie bekannten Leucht- und sonstigen Erscheinungen auf dem Mond (und auch auf dem Mars, wie man seit kurzem weiß), die sogar einen eigenen wissenschaftlichen Terminus haben (er lautet Transient Lunar Phenomena, TLP, was soviel wie kurzlebige Mondphänomene bedeutet), ein Indiz sein *könnten,* daß eine fremde Zivilisation schlicht und einfach den Mond (und den Mars) nach Rohstoffen ausbeutet, wird man ein klares Nein nicht erhalten. Mit einem Wort: kein Problem für dieses Buch (wer sich darüber informieren will, der kann das in meinem Buch „Wer beherrscht die Welt?")

Außerirdische mögen auf Erden gelandet sein (oder auch nicht), Astronautengötter mögen in den Genen unserer äffischen Vorfahren herumgefuhrwerkt haben, um den Homo sapiens zu „machen" (oder auch nicht), UFOs mögen die Erde als Heimstätte einer gefährlich wahnsinnigen Spezies seit Jahrhunderten unter Beobachtung halten r auch nicht) - was soll's. Falls wir uns nicht vorher in die nicht andene Luft des Weltalls jagen, werden auch wir in ferner Zu- das All verunsichern und wahrscheinlich zu Astronautengöttern für nichtmenschliche Lebewesen werden (sofern wir sie nicht versklaven oder liquidieren). Zweifel an der *reinen Möglichkeit* extraterrestrischen Lebens läßt an den Witz über die beiden Flöhe denken, die sich fragen, ob es Leben auf anderen Hunden gibt.

Im Grunde ist natürlich überhaupt nichts wirklich unerklärlich. Alles und jedes *muß* auf irgendwelchen Naturprinzipien beruhen, sonst wäre es Zauberei oder Spuk. Von diesem haben wir bislang die Finger gelassen und wollen es weiter tun. Uns geht es um eine neue, grenzenlose Vernunft, die das Phantastische als Teil eines größeren Weltbildes akzeptiert, dessen Gesetze wir nur bruchstückhaft kennen, und die dem Absurden den Rücken kehrt. Wir mußten zur Kenntnis nehmen, daß Erstaunliches an der Tagesordnung ist. Weder zu Luft, zu Wasser oder auf der Erde wissen wir genau, *was* um uns herum vorgeht. Alles und jedes kann jederzeit passieren - und passiert auch. Vieles ist lediglich bizarr, anderes bedrohlich, manches tödlich. Doch das sind Blitzschlag und Erdbeben auch. Warum also die Augen verschließen? Am Rande des Abgrundes, in den mehr als sechs Milliarden Menschen in bester Lemming-Tradition geradezu hineindrängen, können wir es uns nicht leisten, mit den Denkstrukturen von gestern die Probleme von morgen anzugehen.

Werfen wir die Scheuklappen einäugiger Betrachtungsweise ab und denken wir das Undenkbare. Nur zur Übung. Wir können sie gut brauchen.

Die Naturwissenschaft ist dabei Partner, nicht Gegner. Erinnern wir uns der gängigen Vorstellungen der modernen Physik, die dem „gesunden Menschenverstand“ Unverdauliches zu kauen geben: Unsere Welt existiert gar nicht, es sei denn wir betrachten sie. Die Wahrscheinlichkeit folgt Zufalls (!)-gesetzen, Elementarteilchen auch, Elektronen „wissen“ irgendwie voneinander, kosmische Objekte (die vielzitierten Schwarzen Löcher) ziehen sich mit rasender Geschwindigkeit zusammen, und zwar *für immer*. Unser Universum ist die natürliche Heimstätte halbtoter oder halblebendiger Katzen... Nun ist's genug, werden Sie jetzt denken. Niemand, weder Katze noch Mensch, kann halbtot bzw. halblebendig sein. Das wäre wie halbschwanger.

Sehr richtig. „Schrödingers Katze“ bringt dieses Kunststück dennoch zustande. Wir haben eingangs schon von diesem Fabeltier gehört, als wir des Laplaceschen Dämons gedachten, der wie besagtes Katzentier

eine Analogie darstellt. Erwin Schrödinger, einer der Väter der Quantenphysik, den viele auf dieselbe Stufe mit Einstein stellen, ist bei weitem nicht so bekannt wie Einstein. In Österreich erfreute er sich großer Beliebtheit, allerdings primär, weil er auf dem 1000-Schilling-Schein abgebildet war. Nach Schrödingers Katze befragt, werden viele denken, es handle sich um das Haustier des berühmten Physikers und Nobelpreisträgers. Dem ist nicht so.
Schrödingers Katze ist eine Gedankenkonstruktion, die veranschaulicht, wie unvorstellbar und - für uns - irrational die Gesetze sind, die in der Welt des Subatomaren, wo „Materiewellen" einen wilden Tanz beschreiben, die absolute Befehlsgewalt haben. Das zusätzlich Verwirrende daran ist, daß unsere Welt des Großen auf dieser Mikrowelt basiert. Trotzdem lassen sich die beiden Ebenen nicht vertauschen. Auch wenn so manche Science-fiction-Story davon aus- geht und sogar die deutsche Piccolo-Comic-Serie „Nick der Weltraumfahrer" in den fünfziger Jahren einen Zyklus damit bestritt, so entbehrt das Denkmodell, die Atome seien mikroskopische Sonnensysteme, leider jeder Realität. Schade, die Geschichten waren recht spannend.
Wieso sind eigentlich die Atome *keine* Mini-Sonnensysteme? Die Vorstellung einer endlosen Reihe nach oben und unten (unsere Sonnensysteme wären wiederum die Atome eines Supersystems und dieses seinerseits... usw. usf.) hat et- was Elegantes. Das schon, aber gespielt wird es leider nicht, wie man so sagt. Ein Beispiel macht es deutlich. Nimmt man etwa einen Eisenblock, erhitzt ihn bis zum Verdampfen und verfestigt den Dampf sodann wieder, hat man abermals Eisen. Das heißt, daß die für die Eisenatome typische Konstellation unverändert bleibt. Eine Stabilität, die Sonnensystemen völlig fremd ist. Würde man eine Milchstraße durchmischen, wäre die Charakteristik der einzelnen Sonnensysteme für immer vernichtet. Die Atome weisen dagegen eine Festigkeit auf, für die es im Makrokosmos der Sterne und Planeten keine Entsprechung gibt. Das ist unser Glück, denn ohne diese Stabilität gäbe es keine Elemente - und uns schon gar nicht. Verantwortlich für diese strukturerhaltende und musterbildende Stabilität ist die eigentümliche Wellennatur des Elektrons, die in der Welt der Tische und Berge fremdartig wirkt, diese aber überhaupt erst ermöglicht.

Damit sind wir wieder bei Schrödingers Katze und bei der Unmöglichkeit, ein solches Lebewesen tatsächlich als Haustier zu halten. Es handelt sich nämlich dabei um eine Katze gewordene Wahrscheinlichkeitswellenform. Dazu muß mehr gesagt werden.

Besagter Pseudo-Kater ist die Hauptfigur eines Gedankenexperimentes von Erwin Schrödinger. Die gedachte Versuchsanordnung umfaßt eine Kiste, einen Behälter mit Blausäure, einen Mechanismus, um das Giftgas freizusetzen, eine Uhr, einen Geigerzähler und eine radioaktive Substanz. Es gibt nun zwei Möglichkeiten, beide mit einer 50:50-Chance. Wenn das radioaktive Element innerhalb einer Stunde ein Teilchen aussendet, registriert der Geigerzähler dies, aktiviert den Zertrümmerungsmechanismus, das Blausäuregas tritt aus, die Katze stirbt. Erfolgt im Verlauf der Stunde keine Teilchenemission, passiert gar nichts. Die Katze lebt. Soweit klingt das alles zwar nicht sehr human, aber begreiflich. Das Peinliche kommt erst.

Während niemand Probleme hat, sich den Zustand der Katze im Zeitraum dieser Stunde vorzustellen, nimmt die Quantenphysik dies nicht auf die leichte Schulter. Sie fragt: Was geschieht mit der Katze im Dunkel der Kiste? Mit unseren *makro*kosmischen schnurrenden Freunden würde nichts Geheimnisvolles vor sich gehen. Schrödingers Katze aber ist ein in unsere Welt übertragenes Modelltier aus dem *Mikro*kosmos, eine Wahrscheinlichkeitswellenform mit Beinen und Ohren. Für sie gelten die Gesetze von "da unten", und die sind anders als unsere.

Als Wellengleichung präsentiert, ist die Katze während des Zeitraums, in dem ihr Schicksal noch in der Schwebe hängt, nach den *Gesetzen* der Quantenphysik de facto halbtot bzw. halblebendig. Bis jemand nachsieht - wir erinnern uns der Beobachterhypothese, daß nichts da ist, das nicht betrachtet wird -, führt die unglückliche Katze eine Art Halbleben. Wird endlich nachgesehen, bricht die Wellenfunktion, die lediglich die *Wahrscheinlichkeit* des einen oder anderen Versuchsausganges festlegt, zusammen, und das Tier springt entweder heraus oder wird tot geborgen.

Seit der Postulierung des sogenannten Katzen-Paradoxons gibt es einen Streit unter den theoretischen Physikern, ob man es hier mit einer mathematischen Spielerei oder mit Wirklichkeit zu tun habe. Die Katze bekam sogar einen ebenso theoretischen menschlichen Gefährten namens Wigners Freund. Jener Freund ist eine Gedankenschöpfung des Physikers Eugene Wigner, der die Katze im Experiment durch einen Menschen ersetzte. Während eine überlebende Katze kaum berichten kann, ob sie in der Kiste eine Stunde lang in irgendeinem Zwischenreich gleichwertiger Wahrscheinlichkeiten schwebte, wäre ein Mann dazu schon in der Lage. Sofern es ihn nicht erwischt hat.

Mittlerweile ist die Katzendiskussion bereits auf einer Ebene angelangt, die das Wunderland von Alice als stink normale Gegend erscheinen läßt. Während - nach herkömmlichen Vorstellungen „vernünftige" - Quantenphysiker das Katzenexperiment als reine Mathematik ohne Wirklichkeitsbezug für den Makrokosmos ansehen, verweisen andere auf Gedankenexperimente von John Bell und Clauser/Freedman, nach denen die reine *Beobachtung* eine *tatsächliche* Realitätsveränderung bewirkt. Wir wollen uns hier nicht im Gestrüpp des Ungegenständlichen verstricken. Glauben Sie mir: So ist das! Es kommt noch besser.

Viele Quantentheoretiker bleiben nicht auf halbem Wege stehen. Die „Superdeterministische Interpretation der Quantenmechanik" sagt, daß das Schicksal der Katze ohnedies seit dem Urknall vorausbestimmt war. Nichts, was der Beobachter tut, kann daran rütteln, weil ja auch er „vorprogrammiert" ist. Noch origineller ist der Gedanke, daß das Universum außerhalb der Beobachtung überhaupt nicht existent ist. In diesem Weltbild entscheidet über das Schicksal der Katze lediglich der Umstand, wie der Beobachter *empfindet.* Ist er Optimist, lebt das Tier, hat er pessimistische Neigungen, nützen auch keine neun Leben der Katze. So geht es fröhlich dahin.

Hugh Everett, John Wheeler und Neill Graham meinten, es gäbe in Wirklichkeit zwei Katzen - eine lebende und eine tote -, weil sich das Universum bei jeder Ja/Nein Entscheidung einfach aufspaltet. Andere wiederum erweitern die Beobachterkette logisch und konsequent, worauf überhaupt kein Ende der Wellenfunktionszusammenbrüche in Sicht ist.

Das, liebe Freunde, ist die „Realität". Wir wollen uns aus den wissenschaftlichen Streitgesprächen heraushalten, die in verdächtiger Nähe der Frage liegen, wie viele Engel auf einer Nadelspitze tanzen können. Für uns genügt folgende Erkenntnis: Eine Katze, die man streicheln kann, ist keine Wahrscheinlichkeitswellenform und eine Wahrscheinlichkeitswellenform kann man nicht streicheln. Punktum.

Ich habe dieses mehr als abstrakte Konzept der theoretischen Physik mit einigen seiner noch skurrileren Weiterungen bewußt ausführlich dargelegt. Als Vorbereitung für den nächsten Schritt.

Die Wirklichkeit, so zeigt sich bei Schrödingers Katze - und nicht nur dort -, ist kein stabiles Gebilde, sondern das, wofür wir sie gerade halten. Eine ungewohnte Vorstellung, aber soll sein. Sie hat wohl auch ihr Gutes. Man verliert die Scheu vor der Spekulation. Wenn das Universum nun schon so ein verrückter Platz ist, die Naturgesetze so widersinnig sind und der Zufall in den Tiefen der Atome ein krauses Regiment führt, muß man das Phantastische nicht unter den Teppich kehren. Mehr noch, man kann mit gutem Gewissen versuchen, es Schrödingers Katze die Pfote reichen zu lassen. Genau das wollen wir tun. Keine Sorge. Ein pseudowissenschaftliches Weltbild, randvoll mit unsichtbaren Verstümmlern, himmlischen Schlächtern, Jenseits-Botschaften, selbstverbrennenden Depressiven, Hellsehern, Schwebern, Telekineten und ähnlichem soll nicht errichtet werden. Wozu auch. Dazu müßten die behandelten Phänomene eindeutig erklärbar sein, und das sind sie eben nicht. *Noch* nicht.

Machen wir doch etwas anderes. Sehen wir das Unbekannte als Set von Puzzlesteinen in einem großen Bild an, das alles andere als komplett ist. Spekulieren wir ein wenig, aber nicht haltlos, wo der eine oder andere Stein hingehören mag und wie fehlende vielleicht aussehen könnten. Dabei werden wir auch noch auf manches Phänomen stoßen, das einigen abgegangen ist. Und auf weitere...

Teil III

WELT OHNE GRENZEN

Die Masken des Lebendigen

Es gibt eine originelle Anekdote aus der Verhaltensforschung. Ein Psychologe wollte wissen, was ein Schimpanse tut, wenn er sich unbeobachtet fühlt. Der Wissenschaftler verließ den Raum und blickte durch das Schlüsselloch - direkt in ein braunes Auge. Der Schimpanse wollte nämlich seinerseits wissen, was der Psychologe tut, wenn er allein ist.

Selbst wenn unserer haariger Vetter den Psychologen hätte beobachten können, wäre ihm nicht klar geworden, was der Mann wirklich macht. Er hätte seine Beobachtungen „äffisch" interpretiert. Damit sind wir bei der Frage, ob wir alles verstanden haben, was um uns herum vorgeht - und ob nicht vielleicht etwas *uns* beobachtet...

Zahlreiche weiße Flecken auf der Landkarte der Wissenschaft sind offenbar geworden. Von anderen wissen wir wahrscheinlich nicht einmal. Die Chancen einer Komplettierung der Karte stehen nicht schlecht, der Zeitpunkt aber ist sicher fern. Was tun wir in der Zwischenzeit? Wir lehnen uns zurück und sinnieren einfach. Ganz unverbindlich. Daß wir nicht die einzige Lebensform der Erde sind, wissen wir. Vielleicht werden wir es dank unseres Verwüstungsarbeit in absehbarer Zeit sein, aber noch teilen Millionen andere Wesen den Globus mit uns. Frage: Kennen wir sie wirklich schon *alle?* Im Vorwort wurde dies bejaht, jetzt aber sind wir nicht mehr ganz so sicher. Natürlich wird man kaum auf ein Hochplateau stoßen, auf dem Saurier die Jahrmillionen überlebt haben, wie Sir Arthur Conan Doyle dies in seinem Roman „Die verlorene Welt (The Lost World)" beschreibt, aber „lebende Fossilien" tauchen immer wieder auf. Man denke nur an den legendären Quastenflosser *(Latimeria chalumnae),* der an sich schon ausgestorben sein müßte, auch wenn Zoologen den einen oder anderen Vorbehalt anmelden.

Immerhin galt auch der Komodo-Drache noch im zwanzigsten Jahrhundert als Mythos, für den kein Platz im Katalog der Arten war. Bis eine US-Expedition in den dreißiger Jahren Indonesien besuchte und einen solchen - den Waran - lebend mitbrachte. Was mag uns noch so durch die Lappen gegangen sein? Schließlich ist nur ein bescheidener Prozentsatz der Erdoberfläche *wirklich* erforscht. Von den Meeren

wollen wir gar nicht reden. Einigen wir uns in Anbetracht des andererseits doch gigantischen Erkenntnisstandes auf die neutrale Formulierung: „Wir wissen *ziemlich genau* über Bruder Tier und seine millionenfachen Erscheinungsformen Bescheid. Aber wir wissen nicht alles..." Manches mag sich direkt vor unserer Nase abspielen, uns aber dennoch entgehen.
Denken wir nur an die Delphine. Wir bewundern ihre erstaunlichen Leistungen in Shows und sind ihnen dankbar, wenn sie uns im Falle eines Schiffbruchs an Land transportieren oder gar vor Haifischen beschützen (alles schon geschehen). Das hindert uns natürlich in keiner Weise, sie massenhaft hinzuschlachten oder für militärische Zwecke zu mißbrauchen. Letzteres gelingt aber nur mangelhaft, da sie offensichtlich „zu dumm" sind, um beispielsweise feindliche U-Boote von eigenen zu unterscheiden.
Frage: Sind sie wirklich zu dumm? Tatsächlich vermag kein Wissenschaftler mit absoluter Sicherheit zu sagen, ob die Delphine und ihre Verwandten es mit unserer Intelligenz aufnehmen können oder nicht. Wenn sie es können, sind sie jedenfalls klug genug, dies geheimzuhalten. So treiben wir zwar jede Art von Schindluder mit ihnen, bereiten ihnen aber nicht jenes Schicksal, das wir für jeden Konkurrenten im Ringen um den Titel „Krone der Schöpfung" augenblicklich in petto haben. Von den Pflanzen haben wir überhaupt noch nicht gesprochen. Der mittlerweile recht berühmte Cleve Backster, dereinst Amerikas führender Experte für Lügendetektoren, erregte mit seiner Hypothese über die Kommunikationsfähigkeit unserer grünen Freunde zuerst einmal Unglauben und Spott.
Mittlerweile ist das Gelächter verstummt. Backster und Epigonen haben in einer Reihe von Experimenten bewiesen, daß Pflanzen tatsächlich auf unerforschliche Weise miteinander in Verbindung stehen und überprüfbar auf Emotionen reagieren, die ihnen Menschen entgegenbringen. Blumen erblühen, um Personen eine Freude zu machen, die sie gerne haben. Gewächse senden und empfangen Signale (vielleicht sogar aus dem Weltraum), von denen manche Physiker meinen, sie seien überlichtschnell und könnten in ferner Zukunft als „Hyperfunk" über stellare Distanzen genützt werden.
Das alles ist nur die Spitze des Eisberges. Wahrscheinlich ist der Ausschnitt des von uns Erfaßten ebenso bescheiden wie die Bandbreite

(wobei Breite das falsche Wort ist) unserer Sinneswahrnehmungen. Die Natur ist nun mal ein Geheimnis, eingehüllt in ein Mysterium, und verschnürt mit einem Rätsel. Diese Formulierung - so bombastisch sie auch klingt - trifft wahrscheinlich den Nagel auf den Kopf. De facto haben wir keine Ahnung von der Schöpfung.

Wir sind zwar in der Lage, ganze Arten hinwegzutilgen - und tun dies auch mit großem Geschick -, aber wir können nicht sicher sein, ob unser Netz keine Löcher hat.

Werfen wir doch einen Blick auf jene Kreaturen, die anscheinend immer wieder durch diese Löcher schlüpfen und dabei Erschütterungen in unserem Kartenhaus „gesicherten Wissens“ hervorrufen. Ein erstaunliches Panoptikum offenbart sich. Lassen wir es - in nicht alphabetischer Reihenfolge - vorbeiziehen. Ganz so, wie es kommt: unerwartet und unsystematisch...

Fabeltiere, Monstren und Phantome

Spuren des Teufels

Ein seltsamer Fund aus der Gegend der englischen Canvey-Insel ließ im November 1953 die Bevölkerung wieder an jene Vorfälle denken, die fast genau hundert Jahre früher die Einwohner von Devonshire in Angst und Schrecken versetzten. Sie sind ausführlich dokumentiert. Damals, in der verschneiten Nacht des 7. Februar 1855 mußte etwas Seltsames durch die Landschaft - und über Menschenwerk - gewandert sein.
Am Morgen des 8. Februar wurden die Menschen der Grafschaft eines nächtlichen Besuchers bewußt, der eine Spur hinterlassen hatte, wie sie weder Mensch, Tier oder Gefährt zuwegebringen würden. Auch in unseren Tagen nicht. Sie bestand aus zigtausenden winzigen Fußabdrücken, die offenbar von einem Zweibeiner stammten und stark an beschlagene Eselhufe erinnerten. Die Assoziation mit Beelzebub lag nahe, und nicht nur wegen des Aussehens der Spuren. Wie mit einem Lineal gezogen verliefen sie über mehr als hundert Meilen durch den frischgefallenen Schnee. Von Topsham und Bicton im Norden nach Dawlish und Totnes im Süden. Auch die Ortschaften Lympstone, Exmouth und Teignmouth, Exeter und Devon hatten ihren Teil des Horrors abbekommen, denn ein solcher sollte bald den Spuren anhaften. Sie waren nämlich ganz und gar nicht „normal".
Die bald so genannten „Teufelsabdrücke" gingen unbeirrt über jedes Hindernis hinweg und prangten selbst auf den unzugänglichsten Stellen. Sie waren auf Hausdächern, Giebeln, Zäunen, Mauern, buchstäblich überall, zu sehen. Was immer sie verursacht hatte, mußte mit Raketengeschwindigkeit durch die Grafschaft geeilt sein, besessen von dem Ehrgeiz, kein Fleckchen auszulassen.
In Lympstone gab es so gut wie keinen Garten, der nicht mit Spuren übersät war. Ein Bäcker in Topsham bemerkte, daß die Spur, die direkt auf seinen kleinen Laden zielte, einen Meter vor dem Eingang rechtwinklig abbog und eine eineinhalb Meter hohe Mauer gerade hinauflief, wo sie sich auf der Mauerkrone ebenso schnurgerade fortsetzte. Die geradlinige Präzision der Abdrücke, die kein Lebewesen geschafft hätte, ist nur eines der Mysterien der „Fußabdrücke des Teufels". Sicher wäre es auch in diesen Tagen möglich gewesen, eine sol-

che lineare Kette von Abdrücken mit irgendeinem Mechanismus zu ziehen. Allerdings nicht über Dächer und hohe Umzäunungen, und schon gar nicht durch frisch gefallenen Schnee, ohne jedes weitere Anzeichen zu hinterlassen. Noch weniger zu bewerkstelligen wäre die Überwindung diverser Hindernisse gewesen, an denen jeder andere als der geheimnisvolle Besucher unweigerlich hätte scheitern *müssen*. Ihn jedoch (wenn es ein „er" war) hatte nichts aufhalten können. Weder ein Heuhaufen, durch den die Spur hindurchlief ohne ihn zu durchwühlen, noch eine vier Meter hohe Mauer, vor der die Abdrücke endeten, um dahinter weiterzugehen, noch die drei Kilometer breite Mündung der Exe, an deren gegenüberliegendem Ufer die Spur weiterlief, als sei das Etwas einfach hinübergesprungen. Nicht weniger unheimlich und unerklärlich war der exakte, stets gleichbleibende Abstand von 21 Zentimetern zwischen den einzelnen Abdrücken.

Am Abend des 8. Februar befand sich die Grafschaft in Aufruhr. Die Männer durchkämmten die Gegend, Waffen in den Händen. Sie entdeckten nichts - nur noch mehr Fußabdrücke. Auf Feldern und Hausdächern, in der Bay nahe Powderham Castle, abermals vom Wasser nicht aufgehalten, an den unmöglichsten Plätzen und Örtlichkeiten. Völlig gerade, ein Abdruck vor dem anderen mit stets gleichem Abstand. Die Angelegenheit verursachte ein gewaltiges Rauschen im Blätterwald der Zeitungen. *Times, Illustrated London News* und andere schrieben mehrmals darüber.

Es mangelte auch nicht an natürlichen Erklärungen. Die Urheber der Spuren waren Wölfe, Känguruhs, Vögel, Ottern, Ratten bzw. - auch sehr originell - Schlepptaue eines Ballons. Ein Professor Owens, der bereits mit der ominösen Seeschlange kurzen Prozeß gemacht hatte, indem er sie als Seehund enttarnte, lieferte auch hier eine klare Identifizierung der nächtlichen Wanderer: Dachse.

Fast alle Deutungen waren grundsätzlich einleuchtend in bezug auf einige Charakteristika der Spuren. Keine jedoch erklärte *alle* Aspekte.

„Teuflische Fußspuren" sind so selten nicht.

Fast identische Abdrücke erschienen alljährlich im Schnee und Sand auf einem Hügel nahe der polnischen Grenze. So nachzulesen in den *Illustrated London News* vom 14. März 1855. Auch findet sich eine Eintragung vom Mai 1846 im Tagebuch der Antarktisexpedition von Sir James Ross. Sie vermerkt die Entdeckung hufähnlicher Spuren auf den subantarktischen Kerguelen-Inseln. Dazu muß gesagt werden, daß dort kein Tier existiert, welches solche Spuren hinterläßt. Zumindest nach offizieller Lesart nicht. Was immer es auch ist, es marschiert und marschiert...

Bereits seit dem 19. Jahrhundert treibt der sogenannte „Jerseyteufel" sein spurenhinterlassendes Unwesen auf den Stranden von New Jersey und in der Umgebung. Die ins Auge fallende Parallele besteht in der Tatsache, daß auch diese Abdrücke durch Hindernisse - beispielsweise Stacheldrahtzäune - hindurchgehen.

Es scheint überhaupt verschiedene Kategorien von „Teufeln" zu geben. Paarzehige, halbmondförmige Abdrücke, kleiner und nicht so regelmäßig, wie jene aus der Februarnacht des Jahres 1855 in Devon, wurden 1945 in Belgien entdeckt.

Im Oktober 1950 besuchte ein Mann namens Wilson einen einsamen Strand an der Westküste von Devon (!). Dort stieß er auf eine Spur, die offensichtlich von einem „Teufel" mit beachtlichen Körpermaßen hinterlassen wurde. Der Abstand der einzelnen Hufabdrücke betrug immerhin stattliche zwei Meter.

Absonderlich waren zwei Faktoren: Die Spuren waren nicht eingedrückt, sondern wirkten wie aus dem Sand herausgearbeitet, und sie begannen unmittelbar vor einer steilen Felswand. Von dort liefen sie direkt ins Meer. Diese Tatsache irritierte Mr. Wilson am meisten, denn er war beim Zurückweichen der Flut als erster in die auf drei Seiten von Felsen abgeschlossene Bucht hinuntergestiegen.

Noch Mysteriöseres über Spuren wußte der Forschungsreisende James Alan Rennie zu berichten. Er begegnete offenbar dem Urheber seltsamer Abdrücke - und sah ihn nicht. Rennie und ein frankokanadischer Hundeführer bemerkten 1924 bei der Überquerung eines zugefrorenen Sees in Nordkanada eine Reihe großer, paarzehiger Spuren in gleichmäßigem Abstand. Bei ihrem Anblick verwandelte sich der sonst unerschrockene Hundeführer in ein zitterndes Bündel Furcht. Als Rennie später ohne Begleitung über den gleichen See zurückreiste, konnte er den Horror des Hundeführers nachempfinden. Wie er selbst schilderte, war er etwa eine halbe Meile vom Ufer entfernt, als die Spur plötzlich vor seinen Augen aus dem Nichts zu erscheinen begann: „Ohne, daß irgendein Tier, irgendein Lebewesen zu sehen gewesen wäre, entstanden diese Abdrücke nacheinander und liefen unaufhaltsam, in Kiellinie, direkt auf mich zu. Ich stand stocksteif da und war vor Angst zu keinem klaren Gedanken mehr fähig. Die Abdrücke waren noch 50 Meter entfernt, dann 20, dann 10, dann klatschte es. Ich schrie laut auf, als mir eine Ladung Wasser ins Gesicht spritzte. Ich wischte mir das Wasser aus den Augen, drehte mich um und sah, wie die Spuren über den See weiterzogen..“ So seine Worte.

Aus dem Zusammenhang gerissen, mag man diesen Bericht mit Fug und Recht anzweifeln. Ein einsamer Mann auf einem langen Weg durch die eisigen Weiten Kanadas kann schon von Phantasien überfallen werden. Allerdings war James Alan Rennie kein unerfahrener Sonntagsausflügler, aber trotzdem.

Auf jeden Fall sind die Berichte, Legenden, Überlieferungen und Dokumentationen über eigentümliche Fußspuren Legion. Wir wollen uns mit Einzelheiten nicht weiter belasten. Als feststehend darf man wohl annehmen, daß manches daran nicht geheuer ist, was nichts mit Teufeln oder Dämonen zu tun haben muß.

Eine, wenn auch kühne, Spekulation bietet sich hinsichtlich der Kreaturen an, die in der Nacht des Februar 1855 zahllose - wahrscheinlich Millionen - Fußabdrücke in mehreren Ortschaften an der Küste von Devon hinterlassen haben und nach ihrem wilden, unsichtbaren Tanz über Felder und Wiesen, Zäune, Mauern und Hausdächer auf Nimmerwiedersehen verschwunden sind.

Wie schon angedeutet, wurde 1953, fast hundert Jahre später, ein seltsames Wesen an die Küste der britischen Canvey-Insel gespült. Man hatte niemals zuvor ähnliches gesehen. Die Finder bedeckten das etwa 80 Zentimeter große Etwas, das eine dicke, rotbraune Haut und einen unförmigen Kopf mit hervorquellendem Augenpaar zeigte, mit Seetang und verständigten die Behörden. Diese waren überfordert und wandten sich an die Regierung in London. Zwei namhafte Zoologen kamen nach Canvey. Sie untersuchten, vermaßen und fotografierten das undefinierbare Geschöpf und erklärten schließlich, daß es mit keinem bekannten Lebewesen verwandt war oder auch nur Ähnlichkeit aufwies. Es stammte wahrscheinlich aus dem Meer. Seine Extremitäten erlaubten eine gebückte und/oder aufgerichtete Fortbewegung. Mehr ist nicht aktenkundig, denn die Gelehrten beschlossen, das zoologische Rätsel ein für allemal aus der Welt zu schaffen. Sie ließen

das Wesen verbrennen, und verweigerten jede offizielle Stellungnahme.
Diese bewährte Verschleierungstaktik hätte mehr Erfolg gehabt, wäre nicht am 11. August des nächsten Jahres ein weiterer Kadaver aufgetaucht. Reverend Joseph Overs stolperte buchstäblich darüber, als er nicht allzu fern vom Fundort des ersten Tieres am Strand der Insel spazierenging. Das Ding lag in einer Pfütze der vorhergegangenen Flut. Der Geistliche sandte nach der Polizei. Die Bobbys zerrten das Wesen an Land. Abermals rückten Experten an. Diesmal wurde die Untersuchung gründlicher durchgeführt. Eine offizielle Einordnung der Kreatur erfolgte abermals nicht.
Das Tier (?) war fast doppelt so groß wie sein Vorgänger, wog etwa 25 Pfund und befand sich in gutem Erhaltungszustand. Es besaß zwei große Augen, Nüstern, eine Mundöffnung mit starken, scharfen Zähnen und Kiemen. Anstelle der zu erwartenden Schuppen hatte es eine rosa Haut, die an ein gesundes Schwein erinnerte. Wie sein Vorgänger stand es auf zwei Stummelbeinen, die in Füßen mit U-förmiger Sohle endeten. Über alles weitere wurde der Mantel des Schweigens gebreitet.
Wir können uns nun fragen, ob diese fremdartigen, offensichtlich nicht zu identifizierenden Lebensformen ein Jahrhundert früher für die nächtlichen „Teufelsspuren" in Devonshire verantwortlich waren oder ob sie ein neues Rätsel repräsentieren. Antwort darauf gibt es bis dato nicht.
Nun mag man sich zur Not noch mit dem Gedanken anfreunden können, daß bislang unentdeckte Geschöpfe nächtens herumstapfen, aus dem Meer kommen und vor dem Morgen zurück sind oder in verborgenen Verstecken ein meist zurückgezogenes Leben führen. Ein Fünkchen Realität mag schon an den Geschichten um den *Yeti*, *Bigfoot* oder *Sasquatch* dran sein. Ebenso an den Legenden vieler Völker oder Volksstämme, die haarige Gestalten durch die Wälder huschen sehen und von Begegnungen mit anderen Exoten berichten.
Dergleichen widerfährt auch „zivilisierten" Menschen immer wieder. Problematisch wird es, wenn diese Wesen so gar nicht auf unsere Erde passen.

Geschöpfe aus dem Anderswo

Manchmal zeigen sich Erscheinungen, die - wenn es sich dabei um eine Lebensform handelt - eigentlich nicht unentdeckt sein *dürften.* Zum Beispiel der berühmte „Mottenmann" von West Virginia. Wie in einem klassischen Horrorfilm nahm diese Welle, die einen amerikanischen Bundesstaat überspülen sollte, auf einem Friedhof ihren Anfang.

Am 12. November 1966 schaufelten fünf Männer nahe Clendenin ein Grab, als etwas Fremdartiges aus einer Baumkrone herunterflatterte. Es kreiste über den aufgeschreckten Arbeitern, die Vergleichbares noch nie erblickt hatten. Das Ding sah wie kein bekannter Vogel aus, sondern wie „ein brauner Mann mit Flügeln", so der Zeuge Kenneth Duncan aus Blue Creek. Danach verschwand es zwischen den Bäumen. Die fünf Männer sahen es etwa eine Minute lang dahingleiten. Sie hätten den seltsamen Flattermann wahrscheinlich wieder vergessen, wäre nicht bei Gesprächen im Freundeskreis offenbar geworden, daß er auch schon vor anderen herumgeflogen war. Eine Frau, die am Ohio nahe Clendenin wohnte, mußte vor nicht ganz einem Jahr ihren siebenjährigen Sohn beruhigen, der sich nicht ausreden lassen wollte, daß er einen „Engel" (einen Mann mit Flügeln) gesehen hatte. Sie glaubte ihm natürlich nicht. Man kennt ja die kindliche Phantasie etc. So leicht konnte es sich eine Arztfrau aus dem Ohio-Tal im Sommer 1966 nicht machen. Sie wurde in ihrem Hinterhof durch den Anblick eines über sechs Fuß langen Wesens in Aufregung versetzt, das schnell über ihr dahinschwebte. Es erinnerte sie an einen überdimensionalen Schmetterling oder eine Motte.

Diese Vorfälle waren nur der Auftakt. Im November 1966 wurden die Einzelsichtungen zur Epidemie. Drei Tage nach dem Friedhofsauftritt des „Mottenmannes" - wie das Geschöpf mittlerweile genannt wurde - hatten zwei junge Paare eine lange Begegnung mit ihm. Mr. und Mrs. Scarberry und Mr. und Mrs. Mallette fuhren gegen Mitternacht durch eine Region, die als die TNT-Gegend bekannt ist, weil im Zweiten Weltkrieg dort Munition und Sprengstoff lagerte. Dieses Areal liegt etwa sieben Meilen außerhalb von Point Pleasant in West Virginia, ei-

ner Weltgegend, in der seit langem Seltsames vor sich geht, dem ich in meinem Buch "Jenseits des Vorstellbaren" nachspüre.
Besagter Mottenmann besaß offenbar eine Vorliebe für die TNT-Gegend, wie sich noch zeigen sollte. In der Nacht vom 15. auf den 16. November 1966 stand er jedenfalls am Straßenrand, als die beiden Ehepaare vorbeifuhren. Er starrte sie an und sie ihn. „Er sah aus wie ein Mann, nur viel größer", sagte Roger Scarberry später aus. „Ich würde sagen, um die zwei Meter oder mehr. Und er hatte große Flügel am Rücken zusammengefaltet." Seine Augen jedoch waren es, die den beiden Ehepaaren für lange Zeit Alpträume bescheren sollten. Immer noch schaudernd berichtete Linda Scarberry: „Seine Augen haben uns richtig hypnotisiert. Er hatte große rote Augen, wie Autobremslichter."
Diese Beschreibung könnte - ich betone, könnte - eine Verbindung zwischen dem Mottenmann und einem Vorfall herstellen, der sich in der vorangegangenen Nacht im nicht weit entfernten Salem ereignete. Zugegebenermaßen eine reine Spekulation, aber keine gänzlich abwegige. In dieser Nacht hatte ein Mann namens Newell Partridge zwei runde, rotleuchtende Objekte - wie riesige glühende Augen - in einem Feld gesehen. Sein Hund, ein Deutscher Schäferhund, der Bandit gerufen wurde, stürmte in das Feld auf die roten Lichter zu. Er wurde nie mehr gesehen.
Obwohl die beiden Ehepaare nichts von dem unheimlichen Schicksal des Hundes wußten, legten sie auch so keinen Wert auf eine nähere Bekanntschaft mit der düsteren Gestalt. Roger trat das Gaspedal des auffrisierten Wagens durch. Die TNT-Gegend blieb hinter ihnen zurück. Als sie den Highway 62, der nach Point Pleasant führt, mit mehr als 150 Stundenkilometern dahinrasten, rief Rogers Frau plötzlich entsetzt aus: „Er folgt uns."
Alle vier beschworen später, daß das Ding in geringer Höhe über ihnen flog. Seine Flügel waren entfaltet - sie mußten mehr als drei Meter messen -, und er hatte keine Schwierigkeiten, mit dem schnellfahrenden Auto mitzuhalten. Dabei bewegten sich seine Schwingen eigenartigerweise nicht. „Er ist uns bis zur Stadtgrenze nachgeflogen", berichtete Roger. „Dort ist uns ein toter Hund aufgefallen, seltsame Sache."

Das von Panik befallene Quartett hielt erst beim Büro des Mason County Sheriffs an und überfiel den Deputy Millard Halstead mit ihrer Horrorstory. Dieser kannte die vier und glaubte ihnen. Gemeinsam begaben sie sich wieder in die TNT-Gegend. Der Mottenmann war nirgends zu sehen, aber das Funkgerät im Polizeiwagen begann plötzlich seltsame Töne von sich zu geben, vergleichbar mit einer viel zu schnell gespielten Schallplatte.

Der nächtliche Gleiter wurde noch mehrere Male in der TNT-Gegend gesehen. Oft von mehreren Personen gemeinsam. So bemerkte das Ehepaar Wamsley, das gemeinsam mit einer Marcella Bennett, die ihr Baby Tina bei sich hatte, die befreundete Familie Thomas besuchen wollte, ein seltsames rotes Licht. Es kreiste über der TNT-Gegend. Sie dachten sich nichts dabei. *Noch* nicht.

Beim Haus der Familie Thomas angekommen - es lag in der TNT-Gegend - wollte sich Raymond Wamsley einen Spaß machen und an das Fenster seiner Freunde klopfen. Dazu kam es nicht. Mrs. Bennett stieg als erste aus, die zweijährige Tina im Arm, da erhob sich hinter dem Wagen eine schreckenerregende Figur. Ein graues Etwas, größer als ein Mensch, mit unheimlichen rotleuchtenden Augen. Marcella Bennett erlitt einen Schock. Klein Tina glitt aus ihren Armen, und sie selbst stürzte zu Boden, für Sekunden ohne Bewußtsein. Wie vom Teufel gehetzt rannten die Wamsleys zum Haus, gefolgt von Marcella, die wieder zu sich gekommen war und ihr Kind aufgehoben hatte. Drinnen waren die Wamsleys, Mrs. Bennett und drei anwesende Thomas-Kinder - die Eltern waren nicht daheim - vor Furcht wie gelähmt, als das Ding auf der Veranda hin- und herschlurfte und durch die Fenster ins Haus starrte. Raymond Wamsley verständigte die Polizei, doch der ungebetene Besucher wartete nicht auf das Eintreffen der Beamten.

Das Erlebnis hatte für Mrs. Bennett traumatische Folgen. Sie konnte monatelang nicht einmal mit ihrer Familie darüber sprechen und wurde Dauerpatientin eines Psychiaters.

Der Mottenmann, von Comiclesern auch Batman genannt, zeigte sich in dieser Zeit im Bereich der Städte Mason, Lincoln, Logan, Kanawah und machte die Nicholas Counties unsicher. Natürlich konnten offizielle Stellungnahmen nicht ausbleiben. Zahlreiche Experten meldeten

sich zu Wort und verbreiteten eine Botschaft der Beschwichtigung und Beruhigung. Nichts war abnormal.
Beispielsweise erklärte Dr. Robert Smith von der biologischen Fakultät der Universität in West Virginia, es handle sich um den seltenen Sandhill-Kranich, dessen Zeichnung mit viel Phantasie an rote Riesenaugen erinnert. Zeugen, denen Bilder dieses Vogels gezeigt wurden, verneinten jede Ähnlichkeit mit dem Mottenmann. Roger Scarberry bemerkte zynisch: „Ich möchte mal sehen, wie der unser Auto einholt." Auch Bären, Eulen, Truthähne und vieles andere Getier schied schließlich beim Rennen um die Urheberschaft des Mottenmann-Trubels aus. Der Fall selbst füllt zahlreiche, dicke Ordner. Dem wollen wir hier nicht nacheifern. Quantität allein ist schließlich kein Beweis, nicht einmal ein Indiz.
Zusammenfassend läßt sich jedoch mit ziemlicher Sicherheit feststellen, daß es sich dabei weder um Massenhysterie, noch um das Auftreten einer bekannten Tiergattung handeln kann. Zu viele Zeugen berichteten unabhängig dasselbe: die roten, hypnotischen Augen, die erstaunlichen Flugeigenschaften (einmal wurde das Ding sogar von einem Flugzeug verfolgt), die Unbeweglichkeit der Schwingen während des unglaublich schnellen gleitens und vieles andere. In einigen Fällen drangen beim Auftreten des Geschöpfes (oder was es sonst sein mag) dieselben eigenartigen Töne aus Radios, die das Funkgerät in Deputy Halsteads Polizeiwagen von sich gegeben hatte. Gegen Ende 1967 machte sich der bizarre Gleiter immer rarer und zog sich schließlich wieder in die unbekannten Gefilde zurück, aus denen er wohl stammt.
Es ist fraglich, ob es sich bei einem makabren Vorfall aus dem April 1969, der sich bei einer Farm nahe New Haven, ebenfalls in West Virginia, zutrug, um ein letztes Lebenszeichen des Mottenmannes handelte, oder ob eine andere Absonderlichkeit - vielleicht der „Rinder-Jack the Ripper" - diesen Teil der USA kurz besuchte. Die Diskussionen wurden nie beendet. An diesem Aprilmorgen fand Ernest Adkins seinen elf Wochen alten Beagle tot im Farmhof. Der kleine Hund wies keine Spuren eines Kampfes auf, nur ein großes, randscharfes Loch in seiner Seite. Das Herz des Beagles lag neben ihm. Kein bekanntes Tier kam für dies in Frage. Spätestens jetzt wird der Einwand fällig, daß wir uns seit einiger Zeit bereits auf sehr dünnem Eis kühner Spekulationen bewegen. Absolut richtig. Nichts von dem

Angeführten läßt sich unwiderleglich beweisen, und die von mir angestellten Vermutungen sind bestenfalls Hypothesen. Abermals richtig. Es soll auch gar nichts bewiesen werden. Was wir im dritten Teil des Buches versuchen, ist keine akribische Buch- und Beweisführung. Es ist ein Ausbreiten bizarrer Vorkommnisse, Erscheinungen und Naturphänomene, an denen sich das klassische Weltbild ein wenig spießt. So wird uns - hoffentlich - klar werden, daß unser gängiges Weltbild zwar nicht falsch, aber *zu klein* ist. Es muß größer werden und Platz bieten für fremde Lebewesen - woher sie auch stammen mögen -, für neuartige Eigenschaften von Mensch, Tier, Pflanze und Materie überhaupt und für Naturgesetze, die zwar nicht exotischer sein können als die heute postulierten, aber *anders*.

Atavismen, Abweichler und Schimären

Es ist zwar vollkommen unklar, was *wirklich* über Felder und Häuser getrippelt ist, in Wäldern und eisigen Höhen riesige Fußabdrücke hinterließ oder glutäugig über den Nachthimmel glitt, aber es wurde gesehen und hat Greifbares zurückgelassen. Das soll uns genügen. Wir brauchen den gesamten Zoo an Monstren und Phantomen nicht unter die Lupe zu nehmen. Manche - wie etwa die geflügelten Katzen aus Pinesville in West Virginia (schon wieder!), Manchester, Sutton-in-Ashfield oder Ontario - dürften echte Freaks sein, Launen der Natur. Andere fallen eindeutig in die denkbare Kategorie seltener Exoten, die in verborgenen ökologischen Nischen ihr Dasein fristen. Dazu mögen die angeschwemmten Kadaver an der Küste der Canvey-Insel gehören, wie auch das kopflose Etwas, das wie ein Schwein mit Langustenschwanz aussah und 1883 in Adelaide, Australien, gefunden wurde.

In unseren fortschrittlichen Tagen sind auch wir herzhaft dabei, der Natur bei der Erzeugung absonderlicher Mutationen unter die Arme zu greifen. Auf simple Weise oder mit immer ausgefeilteren Techniken. Verabreicht man beispielsweise dem Molch „Axolotl" ein Schilddrüsenhormon, so wachsen diesem Amphibium die Beine weiter, die Schwanzflosse verschwindet und die Kiemen bilden sich zurück - ein Landtier steht vor uns, das eigentlich gar nicht existent ist. So einfach lassen sich schlummernde Genprogramme ohne komplizierte gentechnologische Prozeduren wecken.

Es geht auch ambitionierter: Unter Verwendung eines besonderen Grippevirus, das wie viele andere Viren nach seiner Abtötung die Fähigkeit zur Verschmelzung fremder Zellen besitzt, lassen sich Menschen- und Mäusezellen vereinigen. Das Chromosomenmaterial der Menschen- und Mäusezellkerne verschmilzt zu einem einzigen Kern, und die Zellteilung setzt ein. Nach dem letzten Stand kann man auch ohne Viren, nur mit zellauflösenden Enzymen verfahren. Ein beachtlicher Pool tierischer Mischzellen ist bereits vorhanden, in denen ein bißchen Mensch in Form humanoider Chromosomen herumgeistert, wenn auch dem jeweiligen tierischen Gestaltungsprinzip unterworfen. Ganz schön, nicht? Und das ist erst der Anfang... Ein Tip: Wer sich über die gesamte Bandbreite der Gentechnologie mit allen ihren Auswirkungen und Ausblicken, sowie über die Lage der Menschheit im Dritten Jahrtausend eingehend informieren will, dem empfehle ich mein Buch „Zukunftsfalle - Zukunftschance."

Die Natur war uns natürlich immer schon im Experimentieren haushoch überlegen. So konfrontiert sie uns bei unserem Herumstochern in den Überbleibseln fernster Vergangenheit immer wieder mit Kreaturen, die es nach unserer Meinung eigentlich nicht geben dürfte. Beispielsweise mit Riesen.

Nahe Brayton in Tennessee entdeckten Forscher menschliche Fußspuren in solidem Felsen. Das allein war schon seltsam genug. Die 25 Zentimeter Fersenbreite und die sechs Zehen des Frühmenschen waren noch weit irritierender. Er wurde - wie sich ferner herausstellte - von einem zu ihm passenden Riesenpferd begleitet, dessen Hufabdrücke ebenfalls beeindruckende 25 Zentimeter breit waren. Im klassischen Stammbaum der Arten sucht man diese beiden vergeblich. Wie man weiß, wurden die Dinosaurier, unter deren mächtigen Gehwerkzeugen die Erde 140 Millionen Jahre lang erdröhnte, etwa vor 65 Millionen Jahren von einer Katastrophe dahingerafft. Man weiß zwar nicht genau, welcher Art diese war, tippt aber aufgrund von Iridiumablagerungen in Sedimenten aus dieser Periode auf einen Riesenmeteor, der soviel Erde und Staub in die Atmosphäre schleuderte, daß die Sonneneinstrahlung für Jahre verringert wurde. Dies führte zum Aussterben ganzer Gattungsreihen, die voneinander abhängig waren. Der Umstand, daß nicht nur Riesensaurier, sondern fast alle Lebewesen mit einem Körpergewicht von mehr als 10 Kilogramm buchstäblich über Nacht ausstarben, scheint dafür zu sprechen. Wahrscheinlich würde es ohne diesen „himmlischen Eingriff" den Homo sapiens gar nicht geben, da unsere fernen Säugetier-Vorfahren damals als kleinwüchsige Nager und Insektenfresser (Myaciden) eine untergeordnete Rolle spielten. Mit dem Verschwinden der größeren Tiere und der Riesenlebewesen begann der Aufstieg der Säuger, deren höchste Entwicklungsstufe wir repräsentieren (zumindest in bezug auf Denkleistung. Was unsere Harmonie mit der Natur betrifft, können wir nicht einmal mit der Küchenschabe mithalten.). All dies ist gesichertes Wissen.

Nun erhebt sich die peinliche Frage, wo die kolportierte frühgeschichtliche Felsenscharrzeichnung im Havasupai Canyon des Grand

Canyon herkommt, die einen *Tyrannosaurus rex* mit allen Einzelheiten darstellt. Das riesige Reptil scheint verachtungsvoll auf die Forscher von heute herunterzublicken, die nicht und nicht ergründen können, wer es in Granit verewigt hat. Das Bild hoch oben auf den Canyonwänden ist so alt, daß es bereits einen Schutzmantel aus Eisen besitzt. Dieses tritt bekanntlicherweise aus dem Gestein aus, ein Vorgang, der im vorliegenden Fall Äonen in Anspruch nehmen mußte. Interessanterweise findet sich im selben Canyon ein weiteres rätselhaftes Felsenbild. Es zeigt einen riesenhaften Menschen im Kampf mit einem Mammut. Auch diese Darstellung ist vom Eisenmantel der Jahrmillionen bedeckt.

1833 gruben Soldaten, die in Lampock Rancho, Kalifornien, ein Pulvermagazin anlegen wollten, das Skelett eines Menschen aus, der fast vier Meter groß gewesen sein mußte. Der Tote war von verzierten Muschelschalen und Porphyrsteinen mit unentzifferbaren Symbolen umgeben. Neben ihm lag eine gigantische Steinaxt. Als wäre dies nicht schon genug, wies der frühgeschichtliche Riese im Ober- und Unterkiefer eine doppelte Zahnreihe auf.

Auf Santa Rosa Island im selben US-Bundesstaat war schon früher ein riesiges Skelett einer Hominidengattung mit vier Zahnreihen ausgegraben worden.

Im Stollen Nummer drei der Eagle Coal Mine in Bay Creek, Montana, entdeckten Minenarbeiter im November 1926 große menschliche Backenzähne. Ärgerlicherweise für Archäologen und Anthropologen waren diese Zähne in einer Gesteinsschicht eingebettet, die mindestens 30 Millionen Jahre alt war. 1958 wurde ein komplettes menschliches Skelett in einer italienischen Mine gefunden. Es war von einer Kohleschicht umschlossen, die mindestens 11 Millionen Jahre auf dem Buckel hatte. Obwohl der Skelettbesitzer damit ungefähr als zehnmal so alt ist als der älteste Frühmensch, ist er nachgerade unser Zeitgenosse, verglichen mit jenem menschenähnlichen Wesen, das im Sandstein der Karbonzeit seine Fußabdrücke hinterließ (dieses Erdzeitalter liegt *225 bis 280 Millionen Jahre* zurück!). Solche Spuren sind kein Einzelfall. Es gibt sogar welche, über die Saurier *hinterher* darübergestapft sind.

Den Vogel allerdings schießt ein fossiler *Schuhabdruck* im Fisher Canyon, Nevada, ab, der in Muschelkalk aus dem Trias (eine 160 bis

195 Millionen Jahre alte Formation) konserviert ist. Eine genau zugeschnittene, zwiegenähte (Leder)sohle ist deutlich auszumachen.
Beim Ausheben des Fundamentes für ein Bürogebäude stießen Bauarbeiter 1891 nahe Crittenden, Arizona, fast drei Meter unter der Erdoberfläche auf einen titanischen Steinsarkophag. Behörden und Experten wurden zugezogen. In dem Sarkophag befand sich ein großer Mumiensarg aus Granit, in dem einmal die sterblichen Überreste eines Menschen - oder menschenähnlichen Wesens - mit einer Körpergröße von mindestens vier Metern ihre letzte Ruhe gefunden hatten. Die Leiche war fast völlig zerfallen, doch Ritzzeichnungen auf dem Sarg enthüllten eine Besonderheit, die wir schon kennen: der Tote hatte sechs Zehen gehabt!
Wo Riesen sind, dürfen auch Zwerge nicht fehlen. Mit Volkslegenden, Sichtungen und Überlieferungen wollen wir uns nicht aufhalten, denn es gibt Fakten. In einer engen Bergschlucht - einem sogenannten *gulch* - am Fuße der Pedro Mountains sechzig Meilen westlich von Casper, Wyoming, sprengten zwei Goldsucher unabsichtlich eine kleine natürliche Höhle frei. Als sich Rauch und Staub gelegt hatten, fuhr ein eisiger Schrecken den Männern in die Glieder. Aus der Höhle starrte sie die Mumie einer winzigen menschenähnlichen Kreatur direkt an. Sie saß mit gekreuzten Beinen und im Schoß verschränkten Armen auf einer Art Querbalken in der Höhle. Die Gestalt war dunkelbraun, faltig und besaß humanoide, wenn auch nicht exakt zuordenbare Gesichtszüge. Die Goldprospektoren brachten ihren Fund nach Casper. Er wirbelte in der Fachwelt gehörigen Staub auf. Allein die Beerdigung in solidem Granit galt bis dato als unmöglich. Alles andere war ebenso unorthodox. Der Gedanke an Betrug, an einen Scherz, lag nahe.
Eine Röntgenuntersuchung sollte die Täuschung enthüllen. Zustandegebracht wurden dabei lediglich Röntgenaufnahmen, die Schädelknochen, Rückgrat, Rippen, Arm- und Beinknochen, Zähne etc. zeigten. Die Gestalt mußte zu Lebzeiten maximal 35 Zentimeter gemessen haben. Wann diese Lebzeiten waren, wußte niemand anzugeben. Biologen stellten lediglich fest, daß das Wesen bei seinem Tode etwa Mitte sechzig gewesen sein mußte, für Frühmenschen aller Art ein mehr als biblisches Alter. Die anthropologische Abteilung der Harvard Universität bestätigte die Echtheit der Mumie. Dr. Henry Shapiro, der Leiter

der anthropologischen Abteilung des Amerikanischen Museums, führte aus, daß die Untersuchungen ein komplettes Erwachsenenskelett festgestellt hatten, das mit getrockneter Haut überzogen war. Das Wesen mußte vor extrem langer Zeit in sein Granitgrab gesetzt worden sein. Der Kurator der Ägyptenabteilung des Bostoner Museums registrierte eine starke Ähnlichkeit zu jenen ägyptischen Mumien, die nicht umhüllt worden waren. Es lag nahe, die Höhle nach Hinweisen zu durchsuchen. Der 1,20 x 1,20 x 4,5 Meter messende Raum zeigte keinerlei Spuren menschlicher Anwesenheit. Er war vollkommen leer, wies weder Symbole, Grabbeigaben noch sonst irgendetwas Künstliches auf. Nur den Steinsims, auf dem die Mumie seit undenklichen Zeiten gesessen und auf ihre Entdeckung gewartet hatte. Ihr Geheimnis wurde niemals geklärt. Heute ist sie in Casper, Wyoming, zu besichtigen als einer der vielen greifbaren Fingerzeige, die rings um die Welt provokant davon künden, daß doch nicht alles so klar und abgehakt ist, wie es die Schulweisheit gerne hätte.
Die Archäologie kennt noch viel extremere Funde, Anachronismen, auf die Fachleute sich nur ungern ansprechen lassen. Beispielsweise einen Bisonschädel, der im Museum für Paläontologie in Moskau zu besichtigen ist und ein kreisrundes Einschußloch in der Stirne aufweist. Er ist etwa 10 000 Jahre alt, und die Art der Verwundung (wie gestanzt wirkende Öffnung, ansatzweise Kallusbildung an den Rändern etc.) schließt Steinbeile und -lanzen sowie natürliche Einwirkungen aus. Ähnliches dürfte einem Vormenschen zugestoßen sein, dessen Schädel in einer Höhle im ehemaligen Nord-Rhodesien gefunden wurde. Die rechte Schläfe zeigt eine Einschußöffnung, die unmöglich von einem Pfeil stammen kann. Der Hinterkopf ist aufgerissen. Es wäre zu gewagt. Parallelen zu Weichgeschoßen unserer Tage zu ziehen, die solche Verletzungen hervorrufen. Wer sich dazu selbst ein Urteil bilden möchte, kann das im Naturhistorischen Museum von London tun.
In dieses - wenn auch mehr als verschwommene - Bild könnten durchaus die Eisennägel, die in goldhaltigen Quarzbrocken, Kalksteinböcken etc. entdeckt wurden, wie auch andere Metallgegenstände (manche davon verziert, einer sogar *legiert),* welche man aus erdgeschichtlich alten Gesteinsschichten herausholte, passen. Historische wie archäologische Ungereimtheiten auf Schritt und Tritt...

Unmögliche Funde

Die Geschichte wartet mit mehr anachronistischen oder schlichtweg „unmöglichen“ Erfindungen auf, als die Schulwissenschaft zuzugeben bereit ist. Eines der irritierendsten Beispiele ist der auf 80 vor Christi datierte *„Sternencomputer von Antikythera“*, ein Differentialgetriebe aus Bronze für astronomische Berechnungen, das am Ostersonntag 1901 im östlichen Mittelmeer, nahe der griechischen Felseninsel Antikythera, in einem Schiffswrack gefunden wurde. Professor Dr. Derek Solla Price vom „Institute for Advanced Studies“ in Princeton, New Jersey meinte zu dem anachronistischen Gebilde: „Das ist so, als hätte man in der Grabkammer des Tutanchamun ein Düsenflugzeug gefunden“.

Im angelsächsichen Sprachraum gibt es schon länger einen eigenen Begriff für anachronistischen Funde, die gar nicht so selten sind und oftmals aus ungleich weiteren zurückliegenden Epochen stammen als der „Sternencomputer.“ Er lautet "ooparts" (out-of-place-artifacts). Eingehend erforscht werden sie dank immer besserer Untersuchungsmethoden etwa seit der Mitte des neunzehnten Jahrhunderts.

Beim Einfüllen von Kohle in ihren Küchenofen bemerkte Mrs. W. S. Culp aus Morrisonville im US-Bundesstaat Illinois am 9. Juni des Jahres 1891 so etwas wie eine glitzernde Schlange, ein Teil einer fein gearbeiteten Goldkette. Als die junge Frau das Schmuckstück zwischen den Kohlen hervorholen wollte, kam ein Stück Kohle mit. Die Kette war vom dem Kohlebrocken umschlossen, und nur ihre Enden hingen heraus. Der seltsame Fund erregte Aufmerksamkeit. Am 11. Juni berichtete die Morrisonville Times darüber, wobei man der unbeantwortbaren Frage auswich, wie ein menschengemachtes Objekt in Kohle aus der 250 bis 350 Millionen Jahre zurückliegenden Karbonzeit hineingekommen sein konnte.

Die London Times berichtete, daß am 22. Juni 1844 Arbeiter in einem Steinbruch nahe Rutherford Mills in England, etwa drei Meter unter Tag, auf einen goldenen Faden gestoßen waren, der in einer soliden, mindestens sechzig Millionen Jahren alten Granitschicht eingebettet war.

Ein Jahr später sorgte Sir David Brewster für Verwirrung bei der ehrwürdigen "Britsh Association for the Advancement of Science" (Briti-

sche Vereinigung für die Entwicklung der Wissenschaft), als er dort eine eindeutig als solche identifizierbare Schraube präsentierte, die zur Hälfte in einem ebenfalls mindest sechzig Millionen Jahren alten Granitblock aus dem Kindgoodie-Steinbruch in Nordengland steckte.
Der Juniausgabe des Scientific American von 1851 kann man den Bericht über eine glockenförmige Vase aus einer Legierung von Silber und Zinn entnehmen. Sie war mit Einlegearbeiten, die Blumenarrangements darstellen, reichlich verziert. Entdeckt worden war das anspruchsvoll ausgeführte Kunstobjekt bei Sprengarbeiten am sogenannten „Meeting House-Hügel“ in Dorchester im US-Bundesstaat Massachusetts in einer Millionen Jahre alten Gesteinsschicht in fünfzehn Meter Tiefe.
In dem Bemühen, nicht zuviele etablierte Theorie über Bord werfen zu müssen, postulierte man vage Naturkräfte, die Objekte vor Ort *entstehen* ließen, also beispielsweise ornamentgeschmückte Gefäße in jahrmillionenalten Sedimentschichten. Anscheinend war die Vorstellung spontaner, aber nicht anachronistischer Materieentstehung noch erträglicher als ein Zusammenbruch der offiziellen Stammesgeschichte und Archäologie (Spiritisten werden natürlich nicht einmal ignoriert, wie Karl Valentin zu sagen pflegte, wenn sie genau dasselbe Konzept im Zusammenhang mit Materialisationen anbieten).
Was von solchen „Erklärungen“ zu halten ist, liegt auf der Hand. Zudem versagen sie kläglich in Fällen wie jenen des Farmers Tom Kenny aus Plateau Valley in Colorado, der 1936 beim Graben eines Gemüsekellers in derselben geologischen Schicht, in der Millionen Jahre alte Fossilien des dreizehigen Miozän-Urpferdes zu finden sind, das Teilstück einer gepflasterten Straße entdeckte, oder in jenem der Arbeiter aus Blue Lick Springs in Kentucky, die einige Meter unterhalt eines Mastodon-Skelettes auf der präzise bearbeitetes Straßenpflaster gestoßen sind.
Was soll's. Die Tatsachen bleiben bestehen. Vielleicht deuten solche Funde darauf hin, daß wir nicht die erste Hochzivilisation verkörpern, während Riesen, Zwerge und sonstige Exoten bis dato unentdeckt gebliebene Seitenäste am Baum der Evolution waren. Denkbar wäre fast alles. Viele Gattungen können sich nicht durchsetzen und sterben aus, andere werden nach jahrmillionenlanger Existenz durch jähe Umweltveränderung hinweggetilgt. In jüngster Zeit hat ein zusätzlicher, be-

sonders letaler Faktor die irdische Szene betreten, der jede natürliche Ursache für Artentod in den Schatten stellt: der Mensch.
Mit ziemlicher Sicherheit wird die Forschung immer wieder auf Überreste und Spuren dahingegangener Lebensformen stoßen. Manche davon werden die etablierte Ordnung des Lebendigen zwar nicht umstoßen, aber zu Erweiterungen Anlaß geben. Riesen mit vier Zahnreihen und Humanoiden, nur 35 Zentimeter groß, könnten dazu gehören. Auf welche Überraschungen wir eingestellt sein sollten, illustriert folgendes Beispiel. Kein Wissenschaftler wird der Behauptung widersprechen, daß das Aussterben von Tiergattungen ein alltäglicher Vorgang ist (dank menschlicher Mithilfe ganz besonders in unseren Tagen). In bezug auf Pflanzen herrscht eine andere Lehrmeinung. Wohl geht es auch diesen seit dem zwanzigsten Jahrhundert an den Stengel, doch solches ist fürwahr kein natürliches Aussterben. Daher kannten unsere grünen Freunde bis zum technischen Aufbruch des Homo sapiens fast keinen Artentod. Meinen Botaniker und Biologen.
Es war einmal... ein Pflänzchen, das in der Antike den griechischen Namen *zilphion* trug. Es muß ungeheuer weitverbreitet gewesen sein, denn es war ein beliebtes Handelsgut. Viele Städte und Stadtstaaten verdanktem dem unscheinbaren Kraut Reichtum und Ansehen. Ein Sprichwort aus jener Zeit lautet, etwas sei von besonderem Wert, „...wenn es wertvoller als *zilphion* ist...“. In seiner monumentalen Naturgeschichte schreibt Plinius der Ältere in Buch V, Kapitel 5 über den reichen Wildwuchs der Pflanze *zilphion* und lobt ihre Heilkraft. In Buch XXII, Kapitel 48 desselben Werkes beklagt er allerdings das Verschwinden besagten Gewächses.
Drei Jahrhunderte nach Plinius war es von der Erdoberfläche verschwunden. Keine geologischen Umwälzungen wie beim Untergang der Schachtelhalmwälder der Urzeit begleiteten seinen Abgang von der Bühne des Lebens. Nur in den Schriften von Theophrastus (Paracelsus), Dioscorides, Columella und anderen erfährt man Näheres über Aussehen, Eigenschaften und Anwendungsmöglichkeiten von *zilphion,* das seinen Ursprung in Nordafrika hatte. Seine wirtschaftliche Bedeutung wird noch durch den Umstand ersichtlich, daß es zwei verschiedene Didrachmai-Münzen aus der Periode kyrenischer Hochblüte ziert. Auch auf der berühmten „Arkesilas-Schüssel“ - so benannt nach dem König Arkesilas III., der darauf abgebildet ist -, die aus dem

sechsten Jahrhundert vor Christi stammt, findet sich eine Darstellung des Zilphion-Handels. Soviel zur Sicherheit etablierter Vorstellungen. Nun gut. Durch den Rost gefallene Arten mögen so manches Dogma ankratzen, aber sie haben nichts Rätselhaftes an sich. Selbst der kaum in unsere Evolutionskonzepte hineinzupferchende Mottenmann mag irgendwo mit seinen Artgenossen ein abgeschiedenes Refugium bewohnen und nur gelegentliche Spritztouren unternehmen. Sogar wenn er einem UFO entstiegen sein sollte, ist das nicht mysteriös (nur faszinierend). Urzeitliche Giganten oder Außerirdische sind sicher schwer zu akzeptieren, aber keineswegs undenkbar.

Auf halbem Wege wollen wir nicht stehenbleiben. Wenden wir uns nun Erscheinungen zu, die jenseits herkömmlicher (auch noch so erweiterter) Konzepte liegen und eigentlich ins Reich der Märchen und Fabeln gehören würden. Wenn es sie nicht gäbe...

Lebendige Sagen und Mythen

Bleiben wir vorerst bei Spuren. Beispielsweise ist in Schottland die „Kutsche des Teufels“ ein gängiger Begriff. Viele Personen haben ihre Spuren gesehen. Man bemerkt sie häufig auf zugefrorenen Teichen oder Mooren. Was immer das Gesehene auch sein mag, es erinnert an Rad- oder Wagenspuren, die aus dem Nichts beginnen und plötzlich aufhören. Niemals an Land. Sonstige Begleitspuren gibt es in keinem Fall. Niemand weiß auch nur andeutungsweise, wie solche Abdrücke, oder was es sonst ist, entstehen.

Im *Sunday Express* vom l. August 1976 kann man von einem besonders beeindruckenden Beispiel lesen. Es handelt sich um eine Doppelspur zweier parallel verlaufender Furchen, die in einem hochgelegenen und völlig unzugänglichen Alpental der Alpes Maritimes nördlich von Nizza einen großen, etwa 65 Meter langen Bogen beschreiben. Was die Furchen in Schnee und Eis gedrückt hatte, mußte ein ziemliches Gewicht besessen haben, denn Steinbrocken und Kiesel waren in den seltsamen Rinnen pulverisiert. Die Herkunft der ursprungslosen Doppelspur ist ungeklärt.

Wenn man sich schon mit der Existenz von Geisterfahrzeugen anscheinend abfinden muß, warum nicht auch mit Feen? England, Schottland und Irland stehen in Hinsicht auf Feen, Geister, Kobolde usw. usf. am ersten Platz. Wohl kaum eine Folklore weist eine solche Reichhaltigkeit an individuellen Märchengestalten auf, deren Existenz und regelmäßiges Erscheinen von zahlreichen Menschen im Lauf der Jahrhunderte immer und immer wieder beschworen wurde (und wird). Wir haben nicht den Ehrgeiz, Legenden verifizieren oder in Bausch und Bogen unter den Teppich kehren zu wollen. Wer kann schon sagen, wo etwa die Fee Melekin aus Suffolk in Ostengland einzureihen ist, die einem kleinen Kind ähnelte, mit der Bevölkerung regen Kontakt pflegte und mit Priestern in Latein diskutierte (so geht die Mär) ? Auch wird man nie erfahren, was es mit dem grünhäutigen Geschwisterpaar auf sich hat, das in der Ortschaft Woolpit - die ebenfalls in Suffolk liegt - vor einer Höhle gefunden wurde, und eine unverständliche Sprache redete. Der Junge lebte nicht lang, während das grüne Mädchen heranwuchs, einen freizügigen Lebenswandel führte und lediglich verriet, „...daß wir aus dem Land der Dämmerung gekommen sind, wo niemals die Sonne scheint...". Obwohl das im 12. Jahrhundert geschah, erinnern auch heute noch Gasthausnahmen andere Aufschriften, ja sogar das Ortsschild von Woolpit an die grünen Kinder. Grüne Kinder sollen immer wieder aus dem Nichts aufgetaucht sein, beispielsweise 1887 im Ort Banjos in der spanischen Provinz Katalonien.

Wie fundiert oder nicht fundiert solche Berichte auch sein mögen, die Farbe Grün spielte immer schon eine Rolle in der Folklore - sei es das bekannte Gedicht „Sir Gawain und der Grüne Ritter" oder der berühmte „Grüne Mann", der in englischen Volkstänzen ebenso weiterlebt wie im Namen von Gaststätten („The Green Man of Charrington").

Natürlich verspinnt sich solches Legendengarn im Lauf der Jahrhunderte zu einem unzertrennbaren Gewebe aus Übertreibung, Phantasie, Aberglauben und Lügen- eine ungeheure Fülle von märchenhaften Überlieferungen.

Die schönsten Feen gibt es bekanntlich in Irland. Man nennt sie Dana o'Shea. Sie umgeben sich mit mittelalterlichem Gepränge und sollen bei Festzügen zu sehen sein. Konkurrenz an Beliebtheit in irischen Sagen machen ihnen die weltberühmten Kobolde. Sie gelten als „die einfachen Leute" oder „das kleine Volk". Manchmal sind sie hilfreich wie die Heinzelmännchen aus unseren Landen, dann wieder boshaft, zu Streichen schlimmer Art bereit. Fröhlich und zu Spaßen aufgelegt, im Grunde aber herzensgut, sind die Elfen aus Cornwall im Südwesten Englands. Sie lassen Silbermünzen in gepflegten Küchen zurück, um fleißige Hausfrauen zu belohnen.

Es gibt Hierarchien, Klassen und Kasten im Reich der mehr oder weniger ätherischen Wesen. Man unterscheidet Kobolde (Goblins), Teufelchen (Imps) und Schreckgespenster (Bogeys), kennt den „Leprechaun", der Märchenschuhe herstellt und als Schatzmeister der Kobolde tätig ist, oder den unheilbringenden Mini-Teufel „Nuckelavee" aus dem schottischen Tiefland. Na und, mögen Sie jetzt denken. Die- se Aufzählung ließe sich zweifellos noch seitenlang fortsetzen und mit den phantastischen Figuren des deutschsprachigen Sagenschatzes endgültig zur Enzyklopädie aufblähen. Was soll das Ganze? Mit einem „Elfenfall" aus neuerer Zeit, am besten zusätzlich fotografisch dokumentiert, wird wohl kaum jemand aufwarten können - oder?

Im englischen Dorf Cottingley in der Grafschaft Yorkshire kann man durch eine Straße mit dem Namen „Feental“ gehen. Diese Namensgebung erfolgte in Würdigung eines Phänomens, das sich Anfang des zwanzigsten Jahrhunderts in dem Ort zutrug, und in der Weihnachtsausgabe des *Strand Magazine* von 1920 der ganzen Welt mit folgender Schlagzeile kundgetan wurde: „Eine neue Epoche bahnt sich an - Photographien von Feen und Elfen veröffentlicht!“ Damit kam eine Diskussion in Gang, die bis heute nicht verstummt, und mittlerweile sogar verfilmt worden ist. Das hat seinen Grund.
Aus Südafrika kommend zog die zehnjährige Frances Griffiths im Sommer 1917 zu ihrer dreizehn Jahre alten Cousine Elsie Wright nach Cottingley. Hinter dem Haus erstreckte sich ein wildes und einsames Tal, in dem die beiden Mädchen jede freie Minute verbrachten. Dort begegneten ihnen die Feen, die als Cottingley-Fairies (Feen) in die Geschichte eingehen sollten. Natürlich nahmen die Eltern die Berichte von Frances und Elsie nicht ernst. Heute würden Psychologen von Verdrängungsprojektionen pupertierender Mädchen oder von ähnlichem sprechen. Die Kinder blieben hartnäckig bei ihrer Geschichte. Elsie bat ihren Vater verbissen um einen Fotoapparat, damit sie ihm die Wahrheit beweisen konnte. Schließlich bekamen die beiden eine Kamera mit eingelegtem Zelluloidrollfilm. Der Vater erklärte die Bedienung und ging wieder zur Tagesordnung über. Nach einer Stunde waren die Mädchen wieder da. Triumphierend schwenkten sie die Fotokamera. Hier war der Beweis, daß sie keine Lügnerinnen waren. Arthur Wright entwickelte den belichteten Film. Verblüffenderweise zeigten die Bilder einen Schwarm geflügelter Feen, die wie Schmetterlinge um Frances herumschwebten. Der Vater war erstaunt, aber nach wie vor skeptisch. Er schickte seine Tochter nochmals los. Weitere Aufnahmen wurden gemacht. Diesmal war Elsie auf dem Bild, in ihrem Schoß lag eine kleine Fee mit enganliegendem Wams, einer roten Mütze und Flügeln.
Die Wrights nahmen an, die Kinder hätten mit ausgeschnittenen Bildchen einige - wenn auch extrem professionelle - Trickaufnahmen angefertigt und beschlossen, alles auf sich beruhen zu lassen. Von nun an blieb die Kamera zu Hause. Die seltsamen Fotos verstaubten auf einem Bücherregal. Wahrscheinlich würden sie noch heute das Schicksal vieler Indizien für das Phantastische teilen, die in Archiven

vergraben sind, wäre Mrs. Polly Wright nicht im Sommer 1919 zu einem Vortrag der Theosophischen Gesellschaft in Bradford gegangen. Sie erzählte einem Sprecher, der in seinen Ausführungen auch Feen erwähnt hatte, von den Fotos. So erfuhr schließlich der Leiter der Gesellschaft, Edward L. Gardner, davon. Er bat um die Aufnahmen und in der Folge um die Negative, um sie auf Herz und Nieren überprüfen zu lassen. Gardner war ein Mann mit großem Interesse am Außergewöhnlichen, dabei aber nicht leicht zu täuschen. Er verabscheute Tricks und Manipulationen, da sie jeder grenzwissenschaftlichen Forschung nur schaden konnten (was ja auch der Fall ist).
Der Fotograf und Fälschungsexperte Henry Snelling fühlte den Negativen in Gardners Auftrag gründlich auf den Zahn. Snelling kam zu folgendem Urteil: „Diese Negative sind nicht gefälscht. Sie wurden in keinem geschlossenen Raum belichtet. Auch sind es keine Studioaufnahmen, bei welchen man mit Papierfiguren, schwarzem Hintergrund oder anderen Montagetechniken gearbeitet hat. Nach meiner Meinung handelt es sich tatsächlich um unverfälschte Negative."
Der Fall gelangte Sir Arthur Conan Doyle zu Ohren. Er hatte vor, in einer Weihnachtsausgabe des erwähnten *Strand Magazine* über Feen zu schreiben und war über einen solchen Aufhänger begeistert. Conan Doyle war zwar begeisterter Okkultist - man erinnere sich des Zeppelins R 101 -, aber ebensowenig leichtgläubig wie seine Romanfigur Sherlock Holmes.
Auch er ließ die Negative von einem erfahrenen Filmhersteller untersuchen. Dieser bestätigte das Urteil Snellings in den Grundzügen. Edward L. Gardner begab sich für Conan Doyle nach Cottingley und bat die beiden Mädchen, weitere Aufnahmen zu machen. Elsie und Frances - nunmehr sechzehn und dreizehn Jahre alt - erhielten eine Kamera, in der sich ein markierter Film befand. Im Lauf von vierzehn Tagen gelangen ihnen zwei weitere „Feenfotos". Der Filmhersteller identifizierte den markierten Film. Eine fachmännische Untersuchung schloß Fälschung abermals aus. Nach diesen Tests und anderen Prüfungen, die sich über das Jahr 1920 hinzogen, kam es im November des Jahres zum sensationellen Artikel, in dem die ersten Feenfotos zu sehen waren.
Die letzten Aufnahmen wurden von den beiden jungen Mädchen 1921 gemacht, zu einem Zeitpunkt, als der öffentliche Streit pro und Kontra

Feen voll im Gang war. Weitere Bilder kamen nicht mehr zustande. Fachleute für Elementargeister - sofern man bereit ist, solche „Experten“ zu akzeptieren - führten dies darauf zurück, daß Frances und Elsie jetzt wohl zu erwachsen für einen Kontakt mit der Geisterwelt wurden. Die Frage, ob der Verlust kindlicher Naivität und jugendlicher Unschuld die Brücke zu feenhaften Geschöpfen (C. G. Jung würde wahrscheinlich von Archetypen sprechen) abbricht oder nicht, braucht uns nicht zu beschäftigen. Was wir wissen wollen ist: Wurden damals *tatsächlich* Feen auf Film festgehalten?

Die Fotos sind eigentlich zu schön, um wahr zu sein. Sie könnten aus einer George Lucas- oder Steven Spielberg-Filmproduktion und aus den Trickstudios des einundzwanzigsten Jahrhunderts stammen. Mit einer Deutlichkeit, die man bei Geisterfotos sonst vergeblich sucht, wiegen sich winzige geflügelte Feen im luftigen Tanz um jeweils eines der beiden Mädchen. Man denkt an Walt Disneys Fantasia. Dann wieder stehen oder sitzen sie graziös auf Zweigen und Blättern, immer mit allen Details erkennbar. Noch bizarrer mutet der elfenhafte Gnom mit Wams, Hosen, Mütze - und natürlich Flügeln - an, der vor der kauernden Elsie auf dem Grasboden tänzelt.

Es ist in der Tat kaum zu glauben. Der Meinung waren Skeptiker vom ersten Moment an. Sofort nach der Veröffentlichung im *Strand Magazine,* das augenblicklich ausverkauft war, erklärte der Radiumexperte Major Hall-Edwards alles für Humbug. Allerdings beschränkte er sich auf psychologische Faktoren und warnte vor geistigen Störungen, die auf Frances und Elsie zukommen würden, wenn man diese Wahnvorstellung nicht mit nötigem Nachdruck aus ihren Hirnen entfernte.

In dasselbe Horn stieß die Zeitschrift *Truth* in ihrer Ausgabe vom 5. Januar 1921. Ähnliche Kommentare waren Legion. Sachliche Widerlegungen spielten keine große Rolle dabei, zumindest keine naturwissenschaftlichen.

Selbst diese Sensation wäre wieder der Berichterstattung über den Ersten Weltkrieg und seine Folgen gewichen, hätte es nicht im Frühjahr 1921 noch drei Feenfotos gegeben. Conan Doyle verwendete diese in einem zweiten Artikel zum Thema, der 1921 im *Strand Magazine* erschien. Die Reaktionen auf diesen waren ebenso gemischt wie auf den ersten, in der Mehrzahl jedoch negativ. Am unglaubwürdigsten erschien der Umstand, daß die abgelichteten Feen genauso aussahen,

wie man sie sich vorstellt. Dieser Vorbehalt hat sich bis zum heutigen Tag gehalten.
Ebenso langlebig ist das Bestreben, die unliebsamen Feenfotos endlich in die Kategorie „Lug und Trug“ einzureihen. Dabei ergaben sich allerdings Probleme. Angreifbarkeiten wie die offene Begeisterung der beiden Mädchen für Feen und Geister oder die Tatsache, daß Mrs. Polly Wright eine Theosophin und Edward L. Gardner ein Okkultist waren, sowie andere „verdächtige“ Umstände liefern keine echten Gegenargumente, denn all dies zielt in die falsche Richtung. Der Gedanke an eine Fälschung lag ohnedies sofort nahe und wurde mit großer Zähigkeit verfolgt. Allerdings ohne sonderlichen Erfolg. Wann immer jemand in einem Märchenbuch eine Illustration entdeckte, die mit den Cottingley-Feen starke Ähnlichkeit aufwies, erklärte er das Geheimnis als entschleiert. So ging das jahrzehntelang.
Im Jahr 1966 (!) machte Peter Chambers vom *Daily Express* Elsie Hill (vormals Wright) ausfindig. So kam es in den siebziger Jahren zu einigen spektakulären Interviews mit Elsie und der gleichfalls ausgeforschten Frances Way (vormals Griffiths), veranstaltet von BBC-TV's *Nationwide Programme* und von *Yorkshire Television.*
Obgleich die beiden Frauen auf der Wahrheit ihrer Erzählungen und der Echtheit der Fotos - die bislang trotz aller Bemühungen nicht als Montagen entlarvt werden konnten - bestanden, erfolgte die Medienpräsentation unter dem Aspekt von Schwindel, Humbug und Kinderstreichen. Man forderte die Frauen auf, auf eine Bibel zu schwören, ließ Interviewer von eingeblendeten Trickfiguren im Feenlook umflattern und war auch sonst nicht zimperlich.
Ungebrochen wurde weiter nach Belastungsmaterial gesucht. Im August 1977 - 60 Jahre nach dem Zustandekommen der Aufnahmen - entdeckte ein Autor bei seiner Arbeit über Elfenillustrationen des 19. Jahrhunderts ein Exemplar von *Princess Mary's Gift Book,* das im Ersten Weltkrieg große Verbreitung erlebte. Darin fanden sich bei Alfred Noyes Gedicht *A Spell for a Fairy* zauberhafte Zeichnungen von Claude Shepperson. Sie ähnelten frappant den Cottingley-Feen. Kleine Unterschiede in der Flügelform und -größe etc. verblaßten angesichts der Tatsache, daß man nun endlich nach sechs Jahrzehnten die „Vorlage“ für die „Fälschung“ gefunden hatte. Es gibt schlüssigere Beweise, möchte man meinen.

Wenn hinter den Feenfotos tatsächlich nur das handwerkliche Geschick zweier kleiner Mädchen steckt, die im Jahr 1917 unter freiem Himmel mit bestenfalls bescheidenen Mitteln einige der raffiniertesten Fotomontagen herstellten, muß der gesamten Fachwelt von damals bis heute die Note nichtgenügend ausgestellt werden. Diese Benotung würden wohl alle Film- und Fotoexperten, die primär die Negative analysierten, mit Recht empört zurückweisen.

So leicht geht's also nicht. Dies dokumentieren auch andere Bemühungen, die Feen auf irgendeine, gerade noch rationale Weise aus der Welt zu schaffen, wenn man sie schon nicht als Lügengestalten entlarven konnte. Auf dieser Argumentationsebene sind Theorien angesiedelt, daß es sich dabei um Gedankenfotos handeln könnte. Man bezog sich auf den Amerikaner Ted Serios, dessen Fähigkeit, durch Geisteskraft Bilder auf unbelichteten Film zu projizieren, von Dr. Jule Eisenbud in den USA und von Wissenschaftlern in Japan getestet und bestätigt wurde.

Bedenkt man diese Verzweiflungsversuche und zieht die Hexenjagd in Betracht, der Frances und Elsie über viele Jahre ausgesetzt waren, und die in ihrem Alter nochmals aufflammte, so klingt es eher wie eine Kapitulation, denn wie ein Geständnis, wenn die beiden alten Ladies 1981 und 1982 (!) schließlich zugeben, einige der Fotos getürkt zu haben. Die von ihnen geschilderte Art und Weise des Betrugs klingt wie ein Scherz, aber das machte nichts. Hauptsache, alles war wieder im Lot.

Nach diesem Abnützungskrieg, der die beiden „Fälscherinnen" bereits 1975 zu der bitteren Aussage veranlaßte, die Fotos hätten ihnen ihr ganzes Leben lang nur Kummer gebracht, wären sie wohl auch bereit gewesen, die Versenkung der *Titanic* zu bekennen, um endlich Ruhe zu haben. Lassen wir ihnen diese Ruhe. Was wir nun endlich wissen wollen, ist: gibt es Feen oder gibt es sie nicht? Die korrekte Antwort darauf muß lauten: keine Ahnung - aber: *irgend etwas gibt es!*

Und dieses irgend Etwas ist ein weiterer Puzzlestein im großen Mosaik des Phantastischen. Akzeptieren wir ihn als solchen, auch wenn wir nicht wissen, wo er hingehört. Wir haben nun einen flüchtigen, ganz und gar nicht umfassenden Blick auf die bunte Vielfalt von Wesen gemacht, die heute und in der Vergangenheit über die Erde streiften, seltsame Spuren hinterließen, mit leuchtenden Sehwerkzeugen über den Nachthimmel glitten oder in durchscheinenden Gewändern vor großen Kinderaugen durch die Luft tanzten. Sie sind faszinierend und vielgestaltig und haben doch eines gemeinsam: offiziell existieren sie nicht. Trotzdem lassen sie sich nicht wegrationalisieren. Peinlich, aber kaum zu ändern.

Wenn viele klassische Lehrmeinungen mit solch unklaren Lebensformen oder Naturphänomenen im gnadenlosen Infight liegen, so ist dies eigentlich ein Kampf gegen Windmühlenflügel. Die Windmühlen mußten von vornherein gewinnen, weil sie von Don Quichotte und seiner windschiefen Lanze nicht erschüttert werden konnten. Dasselbe gilt noch viel mehr für die Natur mit all ihren Launen, mögen wir sie nun kennen und akzeptieren oder nicht kennen und abstreiten.

Warum erst den Kampf aufnehmen? Erbaulicher ist es, den Blickwinkel zu erweitern. Das Universum ist ein bizarrer Ort, die Welt in der wir leben nicht weniger. Quälen wir uns keine Erklärungen ab für Phänomene, die eben *vorerst* unerklärlich sind. Lassen wir Feen flattern und haarige Riesen durch die Wälder huschen. Sie werden dies nämlich selbst dann weiter tun, wenn wir sie theoretisch noch so brillant hinwegfegen. Im Grunde sind solche Erscheinungen nicht rätselhafter als kleine stellare Objekte, die in Millionen Lichtjahren Entfernung mehr Energie ausstoßen als eine ganze Galaxis (ich spreche von den mysteriösen *Quasaren),* oder Materiewellen im subatomaren Bereich. Wo liegt die Grenze?

Ist ein körperloses, virtuelles Teilchen „seriöser" als ein Kobold, nur weil es keine grünen Hosen trägt und leichter zu berechnen ist? Diese Argumentation ist demagogisch, ich weiß, ich weiß. Das darf sie auch sein. In diesem Buch soll nichts eindeutig erklärt, sondern nur das Phantastische vom Absurden getrennt werden. Welches Weltbild daraus resultiert, ist jedermanns persönliche Sache, wie dies bekanntlich auch bei naturwissenschaftlichen Weltmodellen immer häufiger gilt (erinnern wir uns der völlig *unterschiedlichen* Konzepte der modernen Physik, die alle *ein und dasselbe* Phänomen „erklären", und zwar so stimmig, daß man damit rechnen und ganz konkrete Dinge konstruieren kann).

Natürlich lassen sich aus dem Tanz der Cottingley-Fairies keine Wellengleichungen ableiten, aber manche Brücke zwischen Phantastisch-legendärem und cooler Wissenschaft schält sich dennoch ab und zu

heraus. Wir haben davon bereits gehört und werden im Reich der magischen Vernunft weiter davon hören...
Also, der langen Rede kurzer Sinn: Wandern wir ein wenig umher und lassen wir uns überraschen, welch erstaunlichen Naturerscheinungen wir begegnen, die wohl nur deshalb in Lehrbüchern fehlen, weil sie rarer sind als Blitz und Donner...

Verborgene Kräfte

Ein Physiker meinte zur unübersehbaren Flut fachspezifischer Publikationen, Veröffentlichungen, Artikel und Dissertationen, daß die neue Sicht des Makro- und Mikro-Kosmos ein Dilemma mit sich brächte. Nur bei den verständlichen Arbeiten kann man es sich leisten, über Wert oder Unwert einer Theorie zu urteilen. Bei den unverständlichen ist die Gefahr ihrer Richtigkeit viel zu groß, um sie zu ignorieren. Darum wird ungeheuer viel publiziert und wenig verstanden. Nobelpreisträger Niels Bohr sagte einmal zu einem Dissertierenden: „Ihre Arbeit ist verrückt, aber nicht verrückt *genug*, um richtig zu sein."
In früheren Zeiten war man weniger gehemmt, alles Neue sofort in Grund und Boden zu verdammen. Jeder weiß, wie die Fachwelt in der Mitte des sechzehnten Jahrhunderts auf Kopernikus' ketzerische Behauptung reagierte, die Erde kreise um die Sonne. Auch Darwin hatte es nicht leicht. Sein Kampf um die Anerkennung des „Kampfes ums Dasein" ist nicht einmal in unseren Tagen siegreich beendet, bedenkt man die Bemühungen, die heute noch (!) von religiösen Eiferern oder von dem *Evolution Protest Movement* unternommen werden, um den „Affenprozeß" von 1925 zu wiederholen. Von Darwins steigender politischer Unkorrektheit ganz zu schweigen.

Als der große Chemiker Dalton im achtzehnten Jahrhundert seine Periodentafel der Elemente vorstellte, erntete er Hohn und Spott, darunter den Vorschlag, die Grundstoffe alphabetisch zu ordnen. Andererseits gibt es selbst in unseren Tagen immer noch Abermillionen von Menschen, die Velikovskys Katastrophentheorie anhängen, Hans Hörbigers Welteislehre mit Klauen und Zähnen verteidigen, überzeugt sind, im Inneren einer Hohlkugel zu leben oder von blondgelockten, Erfüllung bringenden Venusiern besucht werden, obgleich dieser Planet mit seinen Oberflächentemperaturen von 400 bis 500 Grad Celsius kaum solches Leben hervorgebracht haben kann.

Wissenschaftler sind vor exotischen Gedankengängen um nichts mehr gefeit. Von der „Steady State Theorie" eines stationären Universums haben wir schon gehört. Ihre Väter Hoyle, Bondi und Gold sind weltberühmte Gelehrte mit berechtigterweise untadeligem Ruf.

Dr. losif Shklovskii, einer von Rußlands führenden Astronomen, ist der Ansicht, die Marsmonde Phobos und Deimos seien künstliche

Raumstationen der früheren Marsianer. Der bedeutende nordirische Astronom Dr. Ernst J. Öpik of Armagh machte Sonnenfleckenaktivitäten für Revolutionsausbrüche verantwortlich, während der gleichfalls sehr bedeutende Astronom T. J. J. See bis zu seinem Tode sicher war, unsterblich zu sein. Der hervorragende Wissenschaftler und Entdecker des nach ihm benannten Gesetzes über die Proportionalität von Volumen, bzw. Druck zur Temperatur, Jacques Charles, zahlte einem Betrüger zweihunderttausend Francs für Briefe, die eigenhändig von Julius Cäsar, Alexander dem Großen und Pontius Pilatus geschrieben worden sein sollen - und zwar in modernem Französisch auf modernem Papier mit Wasserzeichen -, und wollte diese plumpen Fälschungen dem Louvre zu stiften. So geht es relativ endlos dahin.
Es ist also mehr als legitim, aus der Reihe tanzenden Naturphänomenen ins Auge zu blicken und sich seinen Teil zu denken. Das wollen wir anhand einiger unzusammenhängender Beispiele nun tun.

Wenn Naturgesetze kopfstehen

Schon wenn man sich dem berühmten *Oregon Strudel* am Strand des Sardine Creek (etwa dreißig Meilen von Grant's Paß entfernt) nähert, merkt man deutlich, daß hier nicht alles so ist, wie es sein sollte. Pferde beginnen zu scheuen, Vögel wechseln abrupt die Flugrichtung und Bäume zeigen einen absonderlichen Neigungswinkel.

Der Strudel selbst ist eine annähernd runde Zone mit einem Durchmesser von zirka 55 Metern, die in einem 90-Tage-Intervall leicht schwankt. Im Inneren dieses Zirkels ruht eine alte Holzhütte, die vor über hundert Jahren als Münzprüfbüro diente. Der Einfluß des Strudels war jedoch so störend, daß die Hütte 1890 aufgegeben wurde. Damals stand sie noch hügelaufwärts, glitt aber im Lauf der Zeit mit einem Teil des Erdreichs unaufhaltsam in den Sog des Strudels. Dort steht sie heute noch, von seltsamen Kräften verzerrt und verdreht. Betritt man sie, befindet man sich in einer Welt, wo andere Naturgesetze zu gelten scheinen. Man fühlt sich zur Erde gezogen, als sei die Gravitation plötzlich stärker geworden. Ganz automatisch nimmt man eine schräge Körperhaltung in Richtung des Strudelzentrums ein, um den Schwerkraftsog auszugleichen. Lehnt man sich in die Gegenrichtung, fühlt man, wie das Zerren unsichtbarer Hände noch mehr zunimmt. Zigarettenrauch beginnt sich spiralförmig zu drehen. Runde Gegenstände rollen - je nachdem wo man sie plaziert - *aufwärts* oder auf einer ebenen Fläche vorwärts, in Richtung auf den Mittelpunkt des Strudels. In die Luft geworfene Papierschnipsel spiralen in der Luft wie der Rauch. Es ist unheimlich und daher klarerweise eine Touristenattraktion.

Wissenschaftler maßen, registrierten, spektroskopierten, untersuchten und experimentierten. Ergebnis: Null. Elektromagnetische Felder waren irgendwie im Spiel, aber das erklärte nicht den Einfluß auf *jede* Materie. Welche Kraft dafür verantwortlich ist, daß sich Golfschläger, Besen, Stöcke etc. in einem Neigungswinkel von 10 Grad im Gleichgewicht befinden, daß ein 15 Kilo schwerer Stahlball an seiner Kette *schräg* herunterhing und nur mit Mühe aus der Richtung zum Zentrum des Strudels gezogen werden konnte, entzieht sich ebenso jeder Vorstellung wie die Frage, wieso Lichtmesser und Kompasse innerhalb

des Strudels verrückt spielen. Sicher ist nur, daß die Naturgesetze an diesem seltsamen Ort ein wenig anders sind.
Der *Oregon Strudel* hat fünfundvierzig Meilen entfernt, in Camp Burch, Colorado, einen kleinen Bruder. Auch dort agieren seltsame Gravitationskräfte, allerdings nicht so ausgeprägt wie in Oregon.
Und in New Brunswick nahe Moncton in Kanada, kennt man den „Magnetic Hill", wo Autofahrer im Leerlauf bergauf und mit Gas bergab fahren. Eine lokale Fremdenverkehrsattraktion für die es die eine oder andere offizielle „natürliche" Erklärung gibt. Befriedigend ist keine davon.
Ebenso unerklärlich ist die Tatsache, daß an einem Hügel in der chinesichen Provinz Gansu Wasser nach Zeitungsberichten aufwärts fließt und runde Gegenstände aufwärts rollen. Wer sich über solche Phänomene seine Meinung bilden will, ohne den halben Erdball durchmessen zu müssen, hat in Europa Gelegenheit dazu. Wozu in die Ferne schweifen, wenn das Exotische liegt so nahe?
Ein Straßenstück auf der schmalen Via die Laghi unweit von Rom, nahe dem Dorf Rocca di Papa gegenüber der päpstlichen Sommerfrische Castello Gandolfo, sowie Orte in Deutschland, Schottland und Polen können mit Vergleichbarem aufwarten: Flaschen, Fahrräder, Autos, etc. rollen ohne Antrieb *aufwärts*. Der Vogel schießt ein Fahrbahnstück nahe des Ortsausganges von Schleiden in der Eifel ab, auf dem nur an bestimmten Tagen Flaschen den Berg hinauf rollen oder verschüttetes Wasser nach oben fließt.
Solche Bocksprünge der Natur sind zwar bizarr, gelegentlich auch unheimlich, aber nicht wirklich schreckenerregend. Anders liegen die Dinge, wenn plötzlich die Welt aus den Fugen gerät und der Tag zur Nacht wird. Derartiges ist wohlbekannt und nicht nur aus der Bibel. Es gibt dafür natürliche Ursachen, beispielsweise Sonnenfinsternisse oder eine besondere Massierung kosmischen Staubes, den die Erde bei ihrem Lauf durch den Orion-Arm unserer Milchstraße durchpflügt. Manchmal aber bricht aus anderen, unbekannten Gründen Finsternis über die Menschen herein. Wie am 19. Mai 1780 die große Dunkelheit von Neuengland - einer Region, die im Nordosten der Vereinigten Staaten von Amerika einige Bundesstaaten umfaßt -, deren Ursachen bis heute ebenfalls in Dunkelheit gehüllt sind.

Es war ein strahlender Maitag. Um zehn Uhr am Morgen bildete sich im Südwesten leichter Nebel und trieb mit dem Wind nach Nordosten bis zur kanadischen Grenze. Danach kam die Finsternis und stürzte das Land in eine Lichtlosigkeit, die schlimmer war als Neumond. Die Dunkelheit nahm, so seltsam das auch klingt, an Intensität mehr und mehr zu. Zuerst wurden Kerzen angezündet, Fackeln in den Straßen befestigt und die Schulen geschlossen. Es war genau Mittag. Unruhe breitete sich unter der Bevölkerung aus. Um ein Uhr war immer noch finsterste Nacht. Nun kam es zu Panik und Hysterie. Die Kirchen öffneten ihre Tore und Gläubige wie Ungläubige strömten herein. Von den Kanzeln wurde der Beginn des Jüngsten Gerichtes verkündet, wovon die Menschen auch so überzeugt waren. Die tintige Schwärze bedeckte nun die heutigen US- Bundesstaaten Maine, New Hampshire, Vermont, Massachusetts, Rhode Island sowie Connecticut und erfaßte Ost New York und Bereiche von Pennsylvania. Sie wies so etwas wie eine ungreifbare Dichte auf. Ein weißes Blatt Papier, das unmittelbar vor die Augen gehalten wurde, blieb unsichtbar, verschluckt von der Finsternis.

In Hartford war die Tagung der gesetzgebenden Versammlung von Connecticut in vollem Gange, als es „Nacht" wurde. Gegen Mittag waren die einzelnen Ratsmitglieder nicht mehr in der Lage, einander zu sehen. Als die Sitzung durch das Entsetzen der Teilnehmer zum Erliegen kam, erhob sich einer der Männer namens Davenport und sprach folgenden ebenso originellen, wie mutigen und absolut logischen Satz: „Herr Vorsitzender, was wir hier erleben, ist entweder der Jüngste Tag oder nicht. Wenn er es nicht ist, besteht kein Grund, die Sitzung abzubrechen. Ist er es doch, so soll er mich dabei antreffen, wie ich meine Pflicht tue. Ich schlage vor, daß wir Kerzen herbeischaffen und weiter mit unseren Geschäften fortfahren."

Da bekanntlicherweise das Jüngste Gericht damals nicht stattfand, können wir noch heute den Mut und das Pflichtbewußtsein dieses Bürgervertreters bewundern und uns wünschen, daß solche Tugenden auch bei politischen Mandataren unserer Tage häufiger wären.

Die beunruhigende Dunkelheit, in der auch der später aufgehende Mond unsichtbar blieb, hielt insgesamt 24 Stunden an, ehe sie ebenso unerklärlich verschwand, wie sie gekommen war. Ähnliches ereignete sich immer wieder. Siebzehn Jahre zuvor, am 19. August 1763, war

ganz London von einer Finsternis überfallen worden, die von Kerzen, Laternen oder Fackeln nicht durchdrungen werden konnte - und das am vorher hellichten Tag.
Am 26. April 1884 wurde der Himmel über Preston in England zur Mittagsstunde plötzlich schwarz, als hätte man einen riesigen Vorhang zugezogen. Eine Viertelstunde in Todesangst erlebten die Einwohner von Memphis, Tennessee, als die Sonne am 2. Dezember 1904 ohne erkennbaren Grund völliger Schwärze am Firmament Platz machte. Manchmal verschwindet das Zentralgestirn unseres Sonnensystems nicht, sondern verfärbt sich „nur" seltsam.
Am 24. September 1950 erblickten Millionen Amerikaner eine blaue und am 26. September Millionen Engländer und Schotten eine blaugrüne Sonne, mit der auch die Dänen wenig später Bekanntschaft machten. Dafür fand man schließlich eine Erklärung: Rauch von einem Waldbrand in Alberta, Kanada, hatte die Farbenspiele bewirkt. Peinlicherweise hätte allerdings der Wind dazu gleichzeitig in zwei verschiedene Richtungen wehen müssen.
Nein, wahr ist viel eher, daß die Natur so manchen Trick im Ärmel hat, den wir ratlos zur Kenntnis nehmen müssen. Ein solches Phänomen trieb vielleicht auch auf der sogenannten „Meile der Rätsel" auf der Straße zwischen London und Portsmouth sein Unwesen.
In einem Streckenbereich von etwa zweieinhalb Meilen, umgeben von offenem, einsichtigem Gelände, attackierte ein unsichtbarer Heckenschütze 1952 zahlreiche Fahrzeuge mit Phantomgeschossen, die allerdings greifbare Wirkungen zeigten. Wie Maschinengewehrfeuer aus dem Nichts durchschlugen immer wieder kleine Objekte Autowindschutzscheiben und Karosserien. Waffenexperten der Polizei mußten Angriffe mit Feuerwaffen ausschließen, abgesehen davon, daß der Täter im Besitz einer Tarnkappe hätte sein müssen. Zudem verschwanden die „Geisterkugeln", nachdem sie ihr Werk getan hatten. Projektile wurden nie gefunden. Auch Fragmentgeschosse kamen nicht in Frage. Desgleichen Mini-Meteore nicht.
Während die verbitterte Polizei noch rätselte, wie der Täter trotz aller Überwachungen und Fallen ungestört hatte um sich schießen können, wanderte das Phantom - oder Phänomen - quer durch England und schließlich nach Amerika, wo die State Police von Indiana und Illinois im Juni 1952 heftig aber erfolglos nach demselben unsichtbaren Hek-

enschützen fahndete. Eine Erklärung konnte nie gefunden werden. Ein weiteres Kapitel in der Chronik des Unverständlichen.
Manchmal zeigt die Natur geradezu verachtungsvoll, was sie sozusagen aus dem Handgelenk zu vollbringen imstande ist, so als wollte sie uns einladen, uns die Zähne daran auszubeißen. Die mysteriösen „Blitzfotos“ gehören dazu. Es sind mehrere Fälle aus dem neunzehnten und zwanzigsten Jahrhundert bekannt, in denen - meist nach Gewittern - Fensterscheiben Bilder zeigen, als wären sie in Fotoplatten verwandelt worden. Manchmal bleiben die Schemen stabil, bei anderen Gelegenheiten verblassen sie, um später wieder sichtbar zu werden. Meist handelt es sich bei den Abbildungen um Personen, die im betreffenden Raum anwesend waren. Einmal wurde ein Regenbogen in einer Glasscheibe eingefangen. Ein zusätzliches Mysterium innerhalb dieses Rätsels stellen die Phantombilder dar, die Gäste einer Dinnerparty in Washington 1903 in der großen Glasscheibe vor dem Garten entdeckten, denn sie zeigen - nachprüfbar - Personen, die seit Jahren tot waren.
All dies ist nur ein winziges, winziges Zipfelchen des riesigen Panoramas verborgen agierender Naturkräfte; willkürlich ausgewählt und ebenso in den Raum gestellt. Puzzlesteine... Es liegt auf der Hand, daß man auch im Reich des Lebens nicht vergeblich nach Manifestationen unerklärlicher Kräfte suchen wird.

Bioenergie einmal anders

Der Begriff der Lebensenergie ist heutzutage in aller Munde. Er ist „in“, salonfähig und in keiner Weise definiert. Früher verstanden Wissenschaftler und Philosophen darunter eine Vitalkraft, die den „Funken des Lebens“ ausmacht, jedem Organismus innewohnt und fast mystischen Charakter hat, verwandt und verschwägert mit dem „Geiststofflichen“ der Okkultisten und Esoteriker. Damit hat die neue Physik des 20. Jahrhunderts aufgeräumt. Orgon und Od, Äther und Aura sind dahin (daß sich die Naturwissenschaftler heute mit Energieformen herumschlagen müssen, gegen die das gute alte Bioplasma geradezu heimelig wirkt, soll nur am Rande vermerkt werden).

In unseren Tagen arbeitet man in der Gruppendynamik bioenergetisch, Manager besuchen und veranstalten Energie-Seminare, Psychologen bemühen sich um die Erweckung positiv-energetischer Lebensströme, und ökologische Schwarmgeister führen eine Lebenskraft ins Treffen, die schon wieder fast esoterisch anmutet. So schließen sich die Kreise. Wir jedoch wollen aus diesen heraustreten und einen gänzlich anderen Blickwinkel einnehmen. Den des neutralen Beobachters, der registriert, aber nicht interpretiert.

Es mag tatsächlich irgendeine elementare Grundkraft geben, die alles und jedes durchdringt und lebende Organismen gelegentlich zu Leistungen befähigt, die weit über ihren physischen und psychischen Fähigkeiten liegen. Man kennt solches als „Die Macht/The Force“ aus den „Star Wars“-Filmen. Es kann so sein, muß aber nicht. Auf jeden Fall haben wir mit der „Macht des Geistes“ schon Bekanntschaft gemacht. So gewaltig sie auch ist, es gibt immer wieder Phänomene, die nicht einmal dadurch erklärbar sind: Menschen leuchten wie Glühwürmchen, erzeugen elektrischen Strom wie Zitteraale und demonstrieren magische Fähigkeiten.

Dr. George Gould und Dr. Walter Pyle erwähnten in ihrer Enzyklopädie *Anomalies and Curiosities of Medicine* von 1897 einen Fall von Brustkrebs, der mit Leuchterscheinungen einherging. Das von der Brust ausgehende Licht war stark genug, um ein Uhrzifferblatt lesbar zu machen. Ein Jahr früher hatte der Fall einer Amerikanerin Aufmerksamkeit erregt, deren rechter Fuß Licht ausstrahlte (auch wenn er unter Wasser gehalten wurde).

Der Körper eines Kindes, das an Verdauungsstörungen gestorben war, besaß längere Zeit einen blauen Lichthof, während ein strahlendes Kreuz auf dem Leichnam der 1833 verstorbenen Jane Pallister erschien (Stigmatisierung einmal anders? Vielleicht, denn Leuchterscheinungen werden oft bei besonders religiösen Menschen beobachtet).

1934 begannen die Brüste der Italienerin Anna Monaro während eines Asthmaanfalles bläulich zu leuchten. Dieses Phänomen ereignete sich so regelmäßig - meistens wenn Anna schlief -, daß sie als „die leuchtende Frau von Pirano“ Berühmtheit erlangte. Die Lichtspiele wurden fotografiert, gefilmt und von Medizinern wiederholt untersucht.

Erklärung für Humanlumineszenz gibt es keine. Auch nicht für menschliche Dynamos.

Viele junge Mädchen werden während ihrer Pubertät von körperlichen Phänomenen aller Art geplagt, doch wohl keines von solchen, wie die vierzehnjährige Jennie Morgan aus Sedalia, Montana. Buchstäblich über Nacht verwandelte sich das Mädchen in einen lebenden Akku. Wann immer sie etwas berührte, sprangen Funken über, die jedermann heftig schmerzten, der ihr nahekam. Jennie natürlich auch. Dem gesellte sich psychisches Leid hinzu, denn man ging ihr verständlicherweise aus dem Weg. Besonders die Trennung von ihrem Lieblingskater traf Jennie, der nach einigen Elektroschocks auf Distanz gegangen war. Als sie zur jungen Frau herangereift war, verschwanden die elektrostatischen Horror- Phänomene. So geschehen im Jahr 1895. Ähnliches hatte die damals siebzehnjährige Carolin Clare aus Bondon, Ontario, bereits 1877 mitgemacht. Nach einem unerklärlichen Gewichtsverlust ging ihre Wiederherstellung mit dem Erwerb der Fähigkeit einher, elektrische Schläge auszuteilen und metallische Gegenstände magnetisch anzuziehen. Ihre Voltstärke war ebenso beträchtlich wie ihr abnormes magnetisches Feld. Eiserne Objekte, die an ihrem Körper klebten, konnten nur mit beträchtlicher Anstrengung weggerissen werden. Ihr Fall wurde von der *Ontario Medical Association* eingehend studiert und 1879 in einem Bericht dargelegt.

1889 erregte ein Frank McKinstry in Joplin, Missouri, durch seine elektrische Ladung Aufmerksamkeit. Ihre extreme Stärke hinderte ihn beim Gehen und war am Morgen so extrem, daß McKinstry nicht selten Passanten bitten mußte, einen seiner am Boden festklebenden Fü-

ße loszureißen. Ein Jahr später demonstrierte der sechzehnjährige Louis Hamburger vor Wissenschaftlern des *Maryland College of Pharmacy* alle Eigenschaften eines kräftigen Magneten auf zwei Beinen.
Solche Fälle gibt es viele. Auch im zwanzigsten Jahrhundert. 1938 wurden die magnetischen Hände einer Mrs. Antoine Timmer vom *Universal Council for Psychic Research* getestet und für echt befunden, 1953 erblickte ein elektrisch geladenes Baby das Licht der Welt. 1967 berichten *Sunday Express* und *Daily Mirror* von zwei „Hochspannungsmenschen". 1990 veranstaltete der Fernsehjournalist Ivan Andreev in der bulgarischen Hauptstadt Sofia einen Kongreß, bei dem alle „magnetischen Menschen seines Landes" eingeladen wurden. 300 Frauen und Männer nahmen daran teil, auf deren nackter Haut Zangen, Sägen, Hämmer, Besteck und zahlreiche andere Gegenstände hafteten, als seien sie mit Alleskleber dort befestigt worden (was nicht der Fall war). Manche von ihnen gleichen wandelnden Werkzeug- und Besteckkästen. Die Betreffenden wurden streng kontrolliert. Die Verwendung von versteckten Magneten oder eben Supererkleber ist ausgeschlossen.
Es gibt Fälle von Körpermagnetismus, bei denen 20 bis 30 Kilogramm schwere Metallgegenstände an menschlichen Körpern kleben bleiben. Was immer Personen solche eigentümlichen Kräfte verleiht - erklärlich ist es bis dato nicht. Noch rätselhafter sind andere Demonstrationen, die man in dunklen Zeitaltern sofort als Zauberei eingestuft hätte. In aufgeklärteren Jahrhunderten kann man es sich nicht so leicht machen.
Die unglaublichen Bruchleistungen von Karate-, Kung Fu- Experten und anderen Meistern verwandter fernöstlicher Kampfsporttechniken sind bekannt. Manchmal recht zart gebaute Männer zertrümmern Ziegel, Holzplatten, Betonklötze, Eisblöcke und andere Objekte - die nicht selten zusammen doppelt so schwer sind wie der Kampfsportexperte - mit der Hand, dem Ellenbogen, der Stirn. Nun gut, das läßt sich noch mit extremer Konzentration und plötzlicher Freisetzung gespeicherter Kraft im sogenannten *Kiai* erklären. Martial Arts-Superstar Bruce Lee konnte Gegner, die 40, 50, 60 Kilogramm schwerer waren als er, ohne auszuholen mit einem kurzen Stoß seines Armes meterweit schleudern und erklärte in Interviews, wie man das mit über-

menschlicher Ausdauer, aber ohne Mystik, erlernen könne. Beeindruckend genug.
Eine gänzlich andere Dimension erhalten die martialischen Künste jedoch durch gewisperte Behauptungen, es sei möglich, einen Menschen durch bloße, zarte Berührung zu töten, mehr noch, das Ableben erst Tage später eintreten zu lassen. Man nennt dies *dim mak* - den verzögerten Tod. Übertreibung, Humbug, mit einem Wort: Nonsens - oder? 1957 wurde dem westlichen Nahkampfexperten John F. Gilbey in Taiwan die beispiellose Ehre zuteil, vom asiatischen Meister Oh Hsin-yang eine winzige Kostprobe dieser Technik vorgeführt zu bekommen. Oh Hsin-yang verabreichte seinem eigenen Sohn einen milden Klaps und kündigte an, der junge Mann würde drei Tage später zusammenbrechen und Monate brauchen, um sich wieder zu erholen. Genau das geschah. Eine recht drastische Demonstration, das muß man schon sagen.
Ähnliche Fälle - mit letalem Ausgang - sind bekannt. Es wird sogar gemunkelt, der frühe Tod Bruce Lees (er starb mit 32 Jahren unter ungeklärten Umständen) sei auf den „Todestouch" zurückzuführen weil er „die Kunst" in den Medien gezeigt und damit entehrt hätte. Es wird sogar von einer noch schreckenerregenderen Technik als *dim mak* geflüstert, die nicht einmal einen Namen hat - zumindest kennen wir ihn nicht - und die es gestattet, aus der Ferne zu töten.
Das ist ein bißchen viel, zugegeben. Trotzdem muß man sich damit abfinden, daß Martial Arts-Meister der höchsten Grade bei Demonstrationen gelegentlich und nach vorheriger Ankündigung Ziegel etc. in einem ganzen Stapel *selektiv* zerbrechen. So berichtet der Karateexperte C. W. Nicol von dem japanischen Meister des sechsten Dans (sechster schwarzer Gürtel) Hirokazu Kanazawa, der seinen Schülern - einer davon war Nicol - vorführte, daß es ihm möglich war, den *mittleren* Ziegel von drei Ziegeln zu zerschlagen, ohne die beiden anderen zu beschädigen. Ich selbst habe vor vieler Jahren ebenfalls einer solchen Demonstration beigewohnt. Wie man *das* durch rein körperliches Training lernen kann, würde ich gerne wissen.
Nun gut, die östlichen Kampftechniken waren immer schon geheimnisumwittert. Der ferne Osten ist eine Weltregion, in der Selbstdisziplin großgeschrieben, Konzentration geübt und Meditation gepflegt werden. Die „Macht des Geistes" war diesen Menschen immer schon

näher als uns. Möglicherweise manifestieren sich in den martialischen Supertechniken neben extremer Selbstbemeisterung Elemente von PSI-Fähigkeiten wie Psychokinese oder Suggestion. Vielleicht aber auch nicht.

Vielleicht ist die *chi-* oder *ki*-Lebenskraft, von der man in Asien besonders im Zusammenhang mit Kampftechniken spricht, tatsächlich eine elementare Lebensenergie, die wir lediglich nicht zu nutzen gelernt haben, so daß sie im Westen selten und völlig unkontrolliert auftritt. Möglich wär's.

Immerhin sind die Parallelen zu den „Kraftleistungen" augenfällig, mit denen die 45 Kilogramm schwere Annie May Abbott in den achtziger und neunziger Jahren des neunzehnten Jahrhunderts die Welt verblüffte. Vor Hunderten von Zuschauern hob sie einen schweren Mann in einem Sessel durch bloße Berührung ihrer Handfläche. Sie selbst konnte von mehreren starken Männern jedoch nicht gehoben werden wenn sie in einem Sessel saß. In Japan bemühten sich zwei- bis dreihundert Kilo wiegende Sumo-Ringer vergeblich, die zarte Frau auch nur einen Zentimeter zu bewegen. Peinlicher noch, die gelben Giganten waren nicht einmal in der Lage, kleine Objekte aufzuheben, wenn Annie May Abbott sie mit ihren Fingern berührte.

Ähnliche unerklärliche Kräfte demonstrierte Mary Richardson 1921 in Liverpool. Sechs Männer konnten sie ebensowenig bewegen, wie damals die Sumo-Ringer die zarte May. Der schottische PSI-Forscher A. C. Holms legte Mary Richardson die Hände auf die Schultern, während eine Reihe von dreizehn Männern kraftvoll, aber vergeblich versuchte, Mary wegzuschieben. Holms bemerkte nichts von ihren Bemühungen. Es war, als würde die beträchtliche mechanische Kraft der dereizehn Männer von Mary irgendwie abgeleitet. Sie wiederum war in der Lage, große Männer durch leichte Berührung meterweit zu schleudern. Ein Rätsel - allerdings vielleicht nur für westliche Gehirne. Wie auch immer.

Eines steht wohl jetzt fest: Lebende Organismen können Dinge vollbringen, die über ihre erforschten physischen Möglichkeiten hinausgehen. Wir haben - wieder einmal - nur die Spitze des Eisberges unter die Lupe genommen. Und dies ebenso willkürlich wie selektiv. Wahrscheinlich müßte man noch viel mehr Phänomene in der Kategorie der

„Lebenskraft“ (um bei einem griffigen Terminus zu bleiben) einreihen. Die Frage ist nur: welche?
Vielleicht hat der deutsche Ingenieur Zinßer aus Idar-Oberstein in den siebziger Jahren des zwanzigsten Jahrhunderts ein Zipfelchen davon entdeckt. Seine Experimente ergaben, daß Menschen eine Kraft ausstrahlen, die über Distanzen wirksam wird und Objekte (beispielsweise eine Drehwaage) stundenlang in Bewegung halten kann, auch wenn die Testperson schon lange den Raum wieder verlassen hat. Eine Energieumsetzung, die um Zehnerpotenzen über der Leistung aller uns bekannter Energieträger rangiert. Möglicherweise können manche Menschen im Augenblick ihres Todes auf diese Kraft zurückgreifen. So lauteten die letzten Worte, die Jeffery Derosier am 20. Februar 1936 im *War Memorial Hospital* in Sault St. Marie, Michigan, nach einem Blick in einen Handspiegel sprach, seltsamerweise: „Ihr werdet diesen Spiegel nicht aufheben können.“ Noch seltsamer ist die Tatsache, daß der Spiegel nach Derosiers Tod 24 Stunden lang nicht bewegt werden konnte. Er lag auf einem Spitalstisch, egal was auch versucht wurde, ihn wegzunehmen. Man attackierte ihn mit den Händen, mit Eispickeln und anderen Instrumenten. Vergeblich. Nach 24 Stunden flog er plötzlich ohne Grund in die Luft und fiel auf den Boden. Der Bann war gebrochen. Zahlreiche Versuche, ihn abermals zum Kleben zu bringen, schlugen fehl. Schließlich zerbrach man ihn „zufällig“, sehr zur Erleichterung aller Beteiligten. Der Vorfall selbst wurde von Nachrichtenagenturen verbreitet und ist in Zeitungen nachzulesen, beispielsweise in den *Evening News*.
Verständlicher als Derosiers „Bannfluch“ ist die Motivation von John Newton, der 1821 in Montgomeryshire, Wales, nach seiner Verurteilung zum Tode dem Gericht zugerufen hatte: „Ich bin unschuldig - kein Gras wird eine Generation lang auf meinem Grab wachsen, um dies zu bezeugen.“ So geschah es, allen Versuchen zum Trotz. Man wechselte das Erdreich, säte immer wieder Grassamen. Nichts half. Noch 1941 zeigte eine kahle Stelle an, wo 120 Jahre früher ein - mit ziemlicher Sicherheit unschuldig gehängter - Mann beerdigt worden war.
Ebenso ratlos wie diesen Erscheinungen gegenüber erweist sich die Wissenschaft bei der Frage, womit manche Menschen weiterdenken, wenn ihr Gehirn zerstört wurde. Der namhafte bolivianische Medizi-

ner Dr. Augustin Iturricha legte vor der Anthropologischen Gesellschaft in Sucre, Bolivien, einige verblüffende Fallgeschichten dar, die in den Aufzeichnungen von Dr. Nicholas Ortiz festgehalten und in einer Klinik verwahrt sind. Sie betreffen Personen unterschiedlichen Alters, die bis zu ihrem Tode im Besitz ihrer gesamten Geisteskräfte gewesen waren. Bei den Obduktionen entdeckten die überraschten Chirurgen jedoch, daß die betreffenden Hirne durch verschiedene Ursachen - Abzesse, Tumore etc. - schon längere Zeit vor dem Ableben funktionsuntüchtig gemacht worden waren. Nur - sie arbeiteten trotzdem. Haben wir es mit einer weiteren Facette fundamentaler, nicht definierbarer Kräfte zu tun? Wer weiß... (Mehr über „Denken ohne Gehirn in meinem Buch „Jenseits des Vorstellbaren).

Genug des rätselhaften Sammelsuriums. Wir werden in absehbarer Zeit kaum herausfinden, ob die angeführten Phänomene Ausformungen eines „bioenergetischen Universalfeldes“ sind (wenn wir es einmal der Einfachheit halber so nennen wollen) oder miteinander überhaupt nichts zu tun haben. Mit Ausnahme der Tatsache, daß sie mit Menschen in Verbindung stehen. Und wie ist es eigentlich mit den Tieren?

Die geheimen Kräfte der Tiere

Die Sinnesleistungen der Tiere sind bekanntlich von unseren in mancher Hinsicht verschieden. Fledermäuse „sehen“ mit Ultraschall. Maikäfer, Vögel und manche Fische orientieren sich nach dem Erdmagnetfeld. Bienen navigieren nach dem Polarisationsmuster des Sonnenlichtes und müssen dies sogar erlernen. Das Grubenorgan der Klapperschlange ist ein Infrarotdetektor, der ein dreidimensionales Infrarotbild liefert. Der Süßwasserpolyp *Hydra* ist ein hervorragender Jäger, obgleich er keinen Gesichtssinn besitzt. Was es mit dem animalischen Wettersinn auf sich hat, weiß überhaupt niemand.

Ins Schwimmen kommt die Forschung, wenn Tiere Katastrophen oder anderes auf eine Weise vorausahnen, die nur mit Präkognition und nicht mit besserer Sinnesleistung erklärbar ist. Endgültig passen müssen Biologie und Zoologie an der Pforte zum Terrain des Märchenhaften. Oder wie würden Sie es nennen, wenn Menschen mit Tieren sprechen bzw. umgekehrt?

In den USA etablierte sich der Hellseher Fred Kimball als „der Mann, der mit den Tieren redet.“ Bei einem kurzen Gedankenaustausch mit einem Pferd, das an den Hinterbeinen lahmte, ein Zustand, der sich permanent verschlechterte, erfuhr Kimball, daß das Tier einen Splitter in seinem Rückgrat hatte. Dieser wurde entfernt, und das Pferd gesundete. Sehr zur Peinlichkeit zahlreicher Tierärzte, die lange Zeit vergeblich nach der Krankheitsursache gesucht hatten.

Ein Hund „erzählte“ Kimball, daß er unter der Scheidung seiner Besitzer litt und sich an der Frau, die laut dem Hund die Schuld daran trug, durch Verunreinigung der Wohnung rächen wollte. Die Dame war darüber erstaunt, denn sie hatte Kimball nichts von ihren Familienverhältnissen gesagt - nur, daß der Hund unrein war. Immer wieder gelang es Kimball zur Verblüffung anwesender Scharlatan-Jäger aus Tieren aller Art (Vögel, Reptilien, Amphibien, Säugetiere...) Informationen über die genauen Lebensbedingungen ihrer Besitzer herauszuholen. Bei einem Rennen nannte Kimball nach kurzer Unterhaltung mit den Pferden vierzehn der siebzehn späteren Gewinner korrekt. Eine astronomisch hohe Zufalls- *Un*wahrscheinlichkeit.

Nun gut. Medienstars sind immer mit gewisser Vorsicht zu genießen. Schaubudenzauber und irgendwelche Tricks kann man jedoch dem siebzehnjährigen Francisco Duarte aus Brasilien nicht vorwerfen. Der körperlich und geistig zurückgebliebene Junge war offenbar in der Lage, sich allen Lebewesen (Bienen, Spinnen, Schlangen, Ratten etc. etc.) mitzuteilen. Forscher bestätigen, daß Francisco Bienen komplizierte Anweisungen gab, die genau befolgt wurden, daß er Fische herbeirufen und wilde Giftschlangen zu den absonderlichsten Kunststücken veranlassen konnte.
Fälle wie diese unterscheiden sich von Zirkusnummern, in denen dressierte Tiere auf Mikrosignale ihrer Herren reagieren und scheinbar verblüffende „Aussagen" machen, wie Tag und Nacht. Noch bizarrer ist es andersherum, wenn Hunde mit Menschen regelrecht kommunizieren. Wie auch immer der Kommunikationsfluß läuft, kein Hundeabrichter wäre in der Lage, seinem vierbeinigen Freund beizubringen, was die folgenden Hunde hieb- und stichfest dokumentiert tatsächlich konnten.
Im Sommer 1913 prüften die Professoren Ziegler und Schöller von der Berliner Universität, Dr. Oshausen aus Hamburg, und einige Mathematiker, Psychologen und Zoologen den nicht ganz rassereinen Bedlington/Airdale-Terrier Rolf auf Herz und Nieren, den Stammvater einer ganzen Dynastie von Superhunden. Rolf hatte sich eines Tages in eine Konversation eingeschaltet, die seine Besitzerin, Frau Paula Möckel aus Mannheim, mit anderen Familienmitgliedern führte. Als Frau Möckel ihrer Tochter sagen wollte, was bei einer Rechenaufgabe wirklich herauskam, näherte sich Rolf und tippte viermal mit der Pfote auf Paula Möckels Arm. Ein Zufall? Das dachte die Hundebesitzerin auch, doch der Vierbeiner bestand weitere Tests. Schließlich wurde ein Alphabet ausgearbeitet, das regelrechte Unterhaltungen ermöglichte.
Dr. Schöller und Dr. Ziegler entdeckten, daß Rolf in der Lage war, schwierige Rechnungen auszuführen, daß er buchstabieren und Gegenstände benennen konnte, Farben oder Blumen unterschied und mit Geld Bescheid wußte (er zählte es und unterschied Mark von Pfennigen). Zur Peinlichkeit der Wissenschaftler schlug Rolf seine Prüfer regelmäßig beim Rechnen. Er klopfte stets die Antwort mit der Pfote,

bevor der jeweilige Mathematiker die Lösung mit dem Rechenschieber zuwege gebracht hatte.
Rolf war auch zu abstrakten Wortanalysen fähig. Beispielsweise buchstabierte er auf die Frage von Dr. Mackenzie aus Genua, was Herbst sei, „...Zeit für Äpfel...“.
Wenn er sich Bilderbücher mit seinen Lieblingsmotiven, Tiere, ansah, konnte die ihm bekannten identifizieren, oder gar Kommentare ab, wenn er eine Tier nicht kannte. Beispielsweise zur Abbildung eines Krokodils: „Seltsames Tier.“ Rolf war ein überaus höflicher Hund, der lebhafte Dankbriefe an Bewunderer diktierte, die ihm Geschenke gesandt hatten. Darüberhinaus besaß er präkognitive Fähigkeiten, die ihn befähigten, beispielsweise das Mannheimer Erdbeben von 1912 vorauszusagen.
Immer mehr wissenschaftliche Kapazitäten besuchten Rolf. Ihr Urteil lautete einhellig, daß dieser Hund mehr war als ein Hund - aber was? Man könnte fast zynisch sagen, ein besserer Mensch, denn es gab nur ein Wort, das Rolf nicht begreiflich gemacht werden konnte. Es lautete: Krieg.
Nachdem Paula Möckel im Jahr 1915 gestorben war, kommunizierte der Hund weiter mit Menschen und ließ geduldig noch viele wissenschaftliche Untersuchungen über sich ergehen. „Entlarven“ konnte ihn keine. Vier Jahre nach dem Tod seiner Besitzerin folgte der außergewöhnliche Hund ihr nach. Professor Ziegler kam zu dem Schluß: „Nachdem ich mich nunmehr davon überzeugt habe, daß der Mannheimer Hund auf Grund eigener Verstandeskräfte des Lesens und Schreibens mächtig ist, halte ich es für meine Pflicht als Wissenschaftler, die Ergebnisse dieser Versuche in Wort und Schrift zu verteidigen, obwohl ich mich keinen Illusionen darüber hingebe, wie schwierig es ist, die Wissenschaft mit Entdeckungen vertraut zu machen, die im Gegensatz zu bisherigen Lehrmeinungen stehen.“ Prophetische Worte eines mutigen Mannes der Wissenschaft, von dem sich manche seiner Kollege heute eine Scheibe abschneiden sollten.
Interessanterweise zeigte Rolfs Tochter Lola ähnliche Supereigenschaften wie ihr Vater. Wissenschaftler, die sie testeten - darunter Prof. Dr. Ziegler -, bestätigen ihre Fähigkeiten, komplizierte Rechenaufgaben zu lösen, Fragen zu beantworten, Wochentage, Monate und Jahre zu benennen und abstrakte Begriffe wie Liebe, Furcht oder

Hoffnung zu definieren. Es wurde ein ganzes Buch über sie geschrieben: Henny Kindermanns „Lola oder Das Denken und Sprechen von Tieren“(1923). Auch Lolas Sohn Awa legte ähnliche Fähigkeiten an den Tag wie Rolf und Lola, allerdings in schwächerer Ausprägung. Anscheinend verloren sie sich dann in weiterer Folge des Stammbaumes.
1937 starb in Weimar der rassereine Dachshund Kurwenal, dem seine Besitzerin, Mathilde Baroness von Freytag-Loringhoven, beigebracht hatte, in einem Bell-Alphabet zu *sprechen.* Zur Verblüffung des Berliner Universitätsprofessors Dr. Siegmund Schultze und anderer namhafter Wissenschaftler war es möglich, sich mit dem Hund regelrecht zu unterhalten. Er führte Gespräche, die über dem Niveau manchen Zweibeiners lagen, rechnete schneller als die meisten Gelehrten, die ihn prüfen oder entlarven wollten, identifizierte alles und jedes, und antwortete einmal auf die Frage, was er über den Tod dächte: „Ich habe keine Angst“.
Ein glatthaariger Foxterrier namens Ben, der dem Ehepaar Brissenden in Royston im englischen Hertfordshire gehörte, war am 11. und 12. August 1946 dem seriösen *Daily Mirror* jeweils einen langen Beitrag wert. Im *Mirror* wurde Bens Stimme als volltönenden Bariton beschrieben. Der Reporter fand es geradezu unheimlich, wie Ben seinen Tonfall vom schmeichlerischen bis hin zum barschen, fordernden Ton verändern konnte. Auf Veranlassung des *Daily Mirror* fuhren die berühmten Tierchirurgen Professor W. C. Miller und Dr. W. Wooldridge Royston, um dem sprechenden Hund auf den Zahn zu fühlen. Professor Miller stellte fest: „Ich habe noch nie einen Hund gehört, der die menschliche Stimme so gut imitieren konnte.“ Dr. Wooldridge ergänzte: „Das Erstaunlichste ist, daß Ben tatsächlich sein Maul und bis zu gewissem Grade auch seine Zunge benützt, um die Wörter zu bilden und auszusprechen. Er trennt die Wörter deutlich und scheint seine Zunge zu gebrauchen, um von einem Wort zum nächsten überzugehen.“
Vor Jahren half ein Hund dem ehemaligen Schauspieler Ronald Shiner sehr erfolgreich dabei, das Lokal „Porter Inn“ in Templecombe, Somerset, zu führen, indem er mit Worten wie „Bier bitte!“ Bestellungen entgegennahm, und sich auch an Unterhaltungen beteiligte.

Am 17. Januar 1953 berichtete der Londoner *Evening Standard* von einem Foxterrier aus der Newcastle im australischen Neu-Südwales, der unter anderem „Hallo, Mami!“ und „Hier bin ich, Mami“ sowie „Worte, die oft in Männergesellschaft, aber nicht in Gegenwart von Damen gebraucht werden“, sagen konnte. Sein Besitzer war der Standesbeamte der Diözese, ein Geistlicher. Deshalb brach allgemeines Gelächter aus, als australische Wissenschaftler erklärten, der Hund hätte seinen Sprachschatz aus der Umgebung aufgeschnappt.
Der Forscher Robert Tocquet veröffentlichte zwei lange Listen kluger europäischer Hunde, was aber nicht bedeuten soll, daß es derartige Vierbeiner nur in der „Alten Welt“ gab und gibt.
Im Juli 1966 brachte das Magazin *Fate* ein Interview mit einem sprechenden Hund. Er hieß Pepe und war ein winziger, knapp zwei Jahre alter Chihuahua in Torrence, Kalifornien. Clare Lambert, die Pepe und seine Besitzerin, Mrs. Genova, interviewte, hatte aus der Fachzeitschrift *Gas News* von dem sprechenden Hund erfahren. Auf der Titelseite war Pepe im Gespräch mit einem Angestellten des örtlichen Gaswerks zu sehen, der den Gasboiler der Familie Genova repariert hatte. Der Mann war im Keller tätig gewesen, als Pepe plötzlich „Ich liebe dich!“ sagte. Der Installateur wollte zunächst seinen Ohren nicht trauen, hob dann das Hündchen hoch und beobachtete, wie sein Maul sich bewegte, während er mit hoher, singender Stimme „Ich liebe dich!“ wiederholte. Der Installateur war so begeistert, daß er Pepe ins Gaswerk einlud, wo er ein beliebter Gesprächspartner wurde.
Wie man in *Fate* lesen kann, entstand beim Sprechen in Pepes Kehle ein halblauter singender Ton, während seine Halsmuskeln und seine Zunge sich zu bewegen begannen. Nach etwa sechs Sekunden sang er Wörter mit lauter Stimme nach, die ihm vorgesagt werden, wobei er jeden Ausdruck mehrmals wiederholte. O-Ton Clare Lambert: „Pepe ist ein bescheidener kleiner Hund, der nur selten ungefragt spricht.“
In Dallas, Texas, stellte sich im Juli 1977 ein sprechender Dobermann namens Lancer einem Interview des *National Enquirer*. Lancer war damals zwei Jahre alt und verfügte über einen großen Wortschatz. Nach Auskunft seines Besitzers Gerald Wright konnte Lancer fast alles binnen weniger Minuten lernen. Bud Gordon schrieb im *Enquirer,* Lancer spreche zweifelsohne wie ein Mensch, aber seine Stimme klinge dumpf, „als habe er das Maul voller Watte“.

1953 machte ein Hund in East Greenwich im US-Bundesstaat Rhode Island von sich reden, der noverbal kommunizierte. Dr. Henry Nugent, Professor am Rhode Island College of Education, nannte ihn ein lebendes Rätsel, mitreißend, aber erschütternd. Forscher wie der berühmte Dr. J. B. Rhine, der Vater der parapsychologischen Forschung, von dem wir schon gehört haben, nannte ihn „...einen erstaunlichen Burschen, jenseits jeder Erklärung..." Seine Besitzer, Mr. und Mrs. Wood, nannten den verspielten Nicht-ganz-Beagle Chris.

Ein Freund der Familie erzählte den Woods, er hätte seinem Hund beigebracht, mittels Klopfzeichen bis zehn zu zählen. Ob Chris das auch könne? Er konnte mehr. In wenigen Wochen rechnete Chris besser als sein Besitzer. Chris zählte bis zu einer Million, zog Wurzeln, löste Gleichungen mit Unbekannten in seinem Hundekopf, und hätte die Aufnahmeprüfung an manche Schule bestanden. Die Sache drang an die Öffentlichkeit. Ein Kommunikationscode wurde erarbeitet. Fachleute eilten herbei. Versuchsanordnungen wurden aufgebaut. Bei einem Wettrechnen mit Mathematikern löste Chris eine Aufgabe in vier Minuten, zu der die menschliche Rechenkünstler zehn Minuten brauchten. Auf die Frage der Fachleute, wie er dies gemacht habe, erwiderte Chris: „Kluger Hund." Wie wahr, wie wahr. Es wird noch besser.

Chris konnte Ereignisse, beispielsweise Sieger bei Pferderennen - eine häufig an ihn gestellte Frage - und anderes präzise voraussagen. Professor Rhine von der Duke-Universität ließ ihn auf Herz und Nieren untersuchen. Bei Tests mit den berühmten Zener-Karten konnte Chris nicht nur telepathisch die jeweils aufgeschlagenen Karte nennen, sondern auch die *darauf folgende*.

Den Vogel schoß der Englisch Setter Jim aus Sedalia in Montana ab, jenem Ort, in dem Jennie Morgan mehr als dreißig Jahre früher ihre Jugend als lebender Akku verbrachte (das nur am Rande). Jim war in noch viel stärkerem Maße Hellseher als seine Artgenossen Rolf und Chris. Jim sagte unter anderem Siegerpferde bei Derbys voraus. Sein Besitzer, der grundsolide Hotelier Sam Van Arsdale, legte Jim die Namen der teilnehmenden Pferde vor, und der Setter tippte mit der Pfote auf den Gewinner. Und das nicht nur einmal. Jeder Mensch würde sich über diese Fähigkeit freuen, tricksen kann man hier wohl kaum.

Der Hund hatte 1929 erstmals Aufmerksamkeit erregt und wurde jahrelang von Wissenschaftlern getestet. Professoren gaben ihm in mehreren Sprachen komplexe Anweisungen, die er buchstabengetreu befolgte. Jim mußte seine fast schon *übermenschlichen* Fähigkeiten vor Juristen und Politikern der gesetzgebenden Körperschaft in Missouri unter Beweis stellen. Diesmal erfolgten die Anweisungen an den herausgeforderten Vierbeiner in Morsecode. Das hinderte Jim in keiner Weise, sie zu verstehen und darauf zu reagieren, wie es einem Menschen auch nicht besser möglich gewesen wäre.
1936 stand es mit Jims Gesundheit nicht mehr zum besten. Wie ein alternder Mensch interessierte er sich für den Trubel ringsum nicht mehr sonderlich. Lediglich die US-Präsidentenwahlen veranlaßten ihn zu einer Aussage. Er nannte Roosevelt als Sieger, im Gegensatz zu allen demoskopischen Voraussagen, die Landon haushoch favorisierten. Als Jim 1937 starb, war Roosevelt bereits Präsident der Verei-nigten Staaten von Amerika.
So, jetzt muß endgültig genug sein. Schluß, punktum (wer mit weiteren Supertieren Bekanntschaft machen will, kann das in meinem Buch „Jenseits des Vorstellbaren“). Was zuviel ist, ist genug. Dieses bunte Allerlei der letzten Seiten ist doch wirklich nur mit größter Bemühung in irgendeinen Zusammenhang zu setzen. Wahrscheinlich haben die einzelnen Fälle wenig bis gar nichts miteinander zu tun. Das kann durchaus sein. Eine Gemeinsamkeit bleibt trotzdem: Alles ist geschehen.
Der 1942 geborene englische Biologe und Pflanzenphysiologe Dr. Rupert Sheldrake ist bei seinen revolutionären Arbeiten über sogenannte „morphogenetische Felder bereits in den achtziger Jahren des zwanzigsten Jahrhunderts auf eine faszinierende Wechselwirkung zwischen Mensch und Tier gestoßen (sofern man diese Trennung vollziehen will, obgleich wir de facto lediglich hoch entwickelte und ziemlich entartete Säugetiere sind).
Rupert Sheldrake vertritt die These, daß sowohl all die unsichtbaren Verbindungen zwischen Mensch und Tier, wie auch die Verbindungen der einzelnen Tiere zueinander, zum Beispiel in den Insektenstaaten, auf einer Art „Feld" beruhen. Dieses würde eine Erklärung dafür liefern, warum zum Beispiel die Aktivitäten einzelner Tiere in Tierge-

sellschaften oder Staaten so koordiniert sind, daß die Gemeinschaft als Ganzes funktionieren kann.

Termiten die auf verschiedenen Seiten ihres gewaltigen Baus arbeiten, können einander nicht sehen und verständigen und sie können auch das riesige Bauwerk nicht überschauen. Trotzdem treffen ihre gewaltigen Bogenbauwerke in der Mitte zusammen. Wenn Tiere durch ein Feld miteinander verbunden sind, ließe sich damit erklären, warum sich Tierschwärme, wie etwa Fisch- und Vogelarten, so reibungslos bewegen, als seien sie ein einziges Lebewesen.

Sheldrake war kühn genug, über einen Zusammenhang zwischen solchen Kommunikationsfeldern und dem sogenannten „Gruppengeist" von Tierherden und Menschengruppen zu spekulieren. Nicht zuletzt wohl auch in der Hoffnung, die tiefe Kluft zu überwinden, die in unserer sogenannten zivilisierten Gesellschaft zwischen Haus- und Nutztieren besteht (die einen bekommen als Nahrung Tierfutter, die anderen werden dazu verarbeitet, gelegentlich auch in Massen vernichtet, wenn es der Markt verlangt).

Der Engländer ging sogar soweit, in seinem Buch : „Sieben Experimente, die die Welt verändern könnten", das auch als Serie in der Londoner „Times" abgedruckt wurde, praktische Versuche vorzuschlagen. Er forderte darin die Leser nicht nur auf, ihm seine Erfahrungen mit ihren Haustieren mitzuteilen, sondern bot auch genaue Vorgangsweisen für Experimente mit ihnen an. Fernab von den Bestialitäten, die üblicherweise mit dem Begriff „Tierexperiment“ verbunden sind, sollten Sheldrakes Versuche Mensch und Tier Freude bereiten und dazu beitragen, die Achtung vor dem Tier und seinen Fähigkeiten zu vergrößern.

Daß Hunde grundsätzlich zu wissen scheinen, wenn ein Spaziergang bevorsteht, oder ihr Herrl oder Frauerl heimkommt, wird allgemein als selbstverständlich angenommen, ohne, daß sich jemand ernstlich fragt, wie unsere bellenden Freunde das eigentlich bewerkstelligen. Und nicht nur sie...

Die Katze einer Witwe, deren Sohn zur See fuhr, wußte immer ungefähr drei Stunden im voraus, wann dieser nach Hause kam. Der Sohn verständigte seine Mutter nie, da er den genauen Zeitpunkt selbst nie genau kannte. Doch die Katze setzte sich jedesmal drei Stunden davor auf die Fußmatte vor der Tür, wo sie blieb, bis der Sohn eintraf. Für die Frau wurde dies im Laufe der Zeit ganz selbstverständlich. Wenn die Katze sich auf die Fußmatte begab, fing sie an, Vorbereitungen für die Rückkehr ihres Sohnes zu treffen. Sie kochte für ihn, überzog sein Bett und dergleichen mehr.

Eine andere Katze mit dem wenig passenden Namen „Godzilla“ wußte mit hundertprozentiger Sicherheit wenn ihr Besitzer David Waite von einer Geschäftsreise zurückkehrte oder daheim anrief. Anrufe anderer Personen ignorierte der Zimmertiger konsequent. Es zeigte sich in allen Versuchen, daß die „Absicht" des Tierhalters nach Hause zu kommen den wichtigsten Punkt darstellt, um das Tier mit einer Erwartungshaltung reagieren zu lassen. Dr. Sheldrake schlug seinen Lesern vor, zu einer unerwarteten Zeit und auf ungewöhnliche Weise nach Hause zu kommen, während daheim jemand das Verhalten des Tieres beobachtet.

Denselben Effekt kann man selbst bei der Fütterung verfolgen. Viele Tiere gehen zu ihrem Futternapf, wenn die Betreuer nur daran denken, sie zu füttern - sogar Schildkröten.

Tauben können aus Entfernungen von 1000 Kilometern an einem Tag nach Hause finden, und zwar auch dann, wenn man sie auf alle erdenklichen Weisen zu verwirren versucht. So wurden sie in Versuchen in ständig rotierenden Käfigen mit verbundenen Augen und Ohren an einem vom heimatlichen Taubenschlag weit entfernten Ort frei gelassen; der Gehörgang, in dem lange ihr Geheimnis gesucht wurde, wurde verstümmelt. Aber die Tauben flogen dennoch heim. Es scheint eine geheimnisvolle Verbindung der Tiere mit ihrer Heimat zu geben, eine Art unsichtbares Gummiband, das sie immer wieder dorthin zurückzieht.

Noch verblüffender ist das instinktive Vermögen von Jungvögeln, ohne die Führung älterer Artgenossen, die den Weg schon kennen, ihre angestammten Winterquartiere zu finden. Aber auch die Geschichten von Hunden und Katzen, die meilenweit heimfinden, sind keine Seltenheit. So ging etwa ein Collie Namens Bobby in Indiana verloren und tauchte im nächsten Jahr in seiner 3000 Kilometer weit entfernten Heimat Oregon auf.

Mit seinen revolutionären Gedankengängen brachte Sheldrake nicht nur eine Lawine ins Rollen, sondern rief - wie zu erwarten - Legionen von „seriösen“ Wissenschaftlern auf den Plan, die eine Art Kreuzzug gegen den kühnen Briten begannen. Mittlerweile weist die Diskussion fatal inquisitorische Züge auf, wenn man sich aktuelle Wortmeldung in gedruckten oder elektronischen Medien, Internet eingeschlossen, zu Gemüte führt. Das in der englischsprachigen Welt renommierte Magazin NATURE leitete eine Besprechung von Sheldrakes erstem Buch mit der fetten Schlagzeile ein „Ein Buch zu Verbrennen", und hielt sich auch sonst nicht zurück, wurde doch in dem Beitrag nochmals deutlich gesagt: „...Dieses ärgerliche Traktat ist der beste Kandidat für eine Bücherverbrennung seit vielen Jahren...". Sehr wissenschaftlich, sehr offen und sehr tolerant, das muß man dazu schon sagen. Dabei hätte der Grundgedanke Sheldrakes gar nicht wissenschaftlicher sein können. Bei der Auseinandersetzung mit der mysteriösen Formbildung stellte er fest, daß etwa für die Entstehung eines Insektenbeins durch die bekannten Evolutionsmechanismen ein Vielfaches des Alters des Universums benötigt würde.

Das brachte ihn zur Annahme von sogenannten „Morphogenetischen Feldern", die eine Funktion haben, die Sheldrake als „formbildende Verursachung" bezeichnet. Das heißt: Wenn einmal eine Form entstanden ist, breitet sich die Information darüber augenblicklich im ganzen Universum aus, so daß alle nachfolgenden Entwicklungen schneller verlaufen. Nach diesem Prinzip reicht die vorhandene Zeit für die sonst unerklärliche Formbildung aus.

Experimente haben Sheldrakes Annahme einer solchen Initialzündung mittlerweile bestätigt, beispielsweise bei der Bildung von Kristallen, und - das ist einer der springenden Punkte - beim Verhalten von Tieren. Das reicht von den Raben, die plötzlich alle wissen, wie man Milchflaschen aufpicken kann, nachdem das einem Raben gelungen war, über Ratten, die mit einem mal zehnmal so schnell durch Labyrinthe finden bishin zu den Computerkids, die mit elektronischen Geräten ungleich schneller zurande kommen als ihre Eltern. Für all hat die herkömmliche Biologie keine Erklärung - Sheldrake schon.

Seine Erklärung geht weit über das rein Wissenschaftliche hinaus, wenn man konsequent genug ist anzunehmen, daß die sich in der Zivilisation ausbreitende Gewalt durch die ununterbrochene mediale Gegenwart von Gewalt in einer morphischen Resonanz weiterverbreitet wird, aber das steht auf einem anderen Blatt...

Anders ausdrückt: Ähnliches kommuniziert mit Ähnlichem ohne Zeitverlust durch Raum und Zeit. Das wäre endlich eine wissenschaftliche Theorie für Jungs Synchronizitätslehre, die im Prinzip nichts anderes sagt, aber keine Erklärung anbietet. Und was die überlichtschnelle Informationsübertragung betrifft, haben wir uns damit im Zusammenhang mit dem „E/P/R-Experiment, Bells-Theorem, Kosmischer Kitt, Aspectscher Aspekt", bereits befaßt und festgestellt, daß sie möglich ist.

Sheldrake ist somit der Ansicht, daß diesen „Morphische Feldern" die Formbildung aller Systeme - ob einfach oder komplex - zugrunde liegt, und daß sie außerdem auch eine Art eingebautes Gedächtnis besitzen. Das heißt, das Universum folgt nicht nur unveränderlichen Mustern, sondern auch Gewohnheiten, die im Laufe der Zeit durch Wiederholung entstanden sind. Jeder Form und jedem Verhalten liegt ein solches *Lebensfeld* zugrunde, das gleichsam das Gedächtnis ist und sicherstellt, daß der gleiche Vorgang erneut abläuft. Je mehr Wiederholungen erfolgen, desto stärker wird das Feld. Die Wechselwirkung über das Feld nannte Sheldrake „morphische Resonanz", und postulierte weiter, eine solche würde zwischen allen Lebewesen ablaufen - zwischen den Tieren untereinander und dem Homo sapiens, der sich über die Fauna so überlegen dünkt. Ob wir dazu wirklich Grund haben, ist mehr als fraglich, scheinen doch die Tiere sogar Fähigkeiten mit uns zu teilen, auf die wir ein Monopol zu haben glauben. Und zwar die sogenannten *Super*fähigkeiten, um genau zu sein. Nehmen wir als kleines Beispiel das exotischste PSI-Talent von allen, die *Teleportation.*

Am April 1973 erschien in der Zeitschrift *Pursuit* ein Artikel über Seltsames im Zusammenhang mit der Fischgattung *Nomeus gronovii*, die unbeschadet zwischen den Nesselfäden einer Riesenqualle namens „Portugiesische Gallere" leben. In den fünfziger Jahren hatte Craig Philips den Auftrag erhalten, an der Südspitze Floridas einige *Nomeus* für das Aquarium im Florida „Marineland" zu fangen. Marineland-Direktor Captain William Gray machte Philips ausdrücklich darauf aufmerksam, daß Fischbehälter, die *Nomeus* enthalten sollten, schon mehrmals leer angekommen seien. Und das obwohl besagte Fische Gray in einem kleinen Holzkäfig waren, der mit einem engmaschigen Drahtnetz überzogen war und sich außerdem in einem zweiten, größe-

ren Käfig befand, kamen die *Nomeus* nie im Florida Marineland an. Sie verschwanden unterwegs einfach. Auch Philips erging es nicht besser. Und das immer wieder.
Ein Kollege im Marine Laboratory der University of Miami, der nichts von Philips frustrierenden Fischerlebnissen wußte, erzählte ihm etwa ein Jahr später vom Verschwinden mehrerer Nomeus aus einem Glasbehälter. Trotz intensivster Suche konnte keine Spur von ihnen entdeckt werden.
In meinem Buch „Jenseits des Vorstellbaren" setze ich mich noch eingehendender mit dem Teleportationsphänomen bei Mensch und Tier auseinander, besonders mit dem besonders grotesken Fall der Teleportationsfähigkeit von Ameisen, wie auch mit weiteren menschlichen und tierischen Superfähigkeiten.
Wie auch immer. Vielleicht bedienen sich Menschen, die mit zerfressenen Gehirnen weiterdenken, derselben „Lebenskraft" wie sprechende Hunde, oder teleportierende Tiere vielleicht auch nicht. Wie schon so oft: kein Kommentar. Das braucht uns nicht zu kümmern, geht es uns doch um ein Weltbild ohne Grenzen. Nicht mehr und nicht weniger. Diesem wollen wir nun die - vorerst letzten - fremdartigsten Puzzlesteine hinzufügen...

Jenseits aller Logik

Jetzt haben wir schon einen langen Weg zurückgelegt, der mit Absonderlichkeiten aller Art gepflastert ist. Nun soll es nicht mehr darauf ankommen, den letzten Rest an Erklärbarkeit über Bord zu werfen und jene Erscheinungen einfach nur hinzunehmen, die jeglicher Rationalisierung offen Hohn sprechen. Auch davon gibt es genug.

Flüche

Zum vorliegenden Fall gibt es widersprüchliche Aussagen. Da er jedoch als Standardbeispiel für Flüche gilt, führe ich die mehrfach genannten Vorgänge sozusagen „mit Vorbehalt" an.

Also: Das deutsche Schlachtschiff „Scharnhorst", 26000 Tonnen schreckenerregende Kampfkraft, ausgestattet mit schweren 28-cm-Geschützen und modernster Technik, sollte wie sein Schwesterschiff „Gneisenau" im Zweiten Weltkrieg eine wesentliche Rolle im Seekrieg spielen, ihr „Fluch" jedoch, so scheint es, hat dies verhindert. Der Schiffsrumpf war erst zu zwei Dritteln fertiggestellt, als er sich ohne erkennbare Ursache zur Seite neigte, einundsechzig Werftarbeiter zu Tode quetschte und hundertzehn weitere verletzte. Es dauerte drei Monate, ihn wieder aufzurichten. Arbeiter mußten abkommandiert werden, denn niemand wollte freiwillig an dem verwunschenen Schiff weiterbauen.

Endlich kam der Tag des Stapellaufs. Die gesamte Prominenz des Dritten Reiches - vom „Führer" abwärts - versammelte sich. Ein wesentlicher Teilnehmer aber fehlte: die „Scharnhorst". In der Nacht zuvor hatte sie sich selbständig gemacht und zwei Barkassen zermalmt, als sie in die Fahrrinne glitt. Um diese Blamage zu vertuschen, wurde verlautbart, das Schlachtschiff sei heimlich im Dunkel der Nacht vom Stapel gelassen worden. Man ließ etwas über ein „streng geheimes Stapellauf-System" durchsickern.

Endlich war die „Scharnhorst" doch auf See - und mit ihr der Fluch. Während der Beschießung Gdingens (Danzigs) 1939 explodierte eines der mächtigen Langrohrgeschütze. Dabei starben neun Soldaten. Zwölf weitere fanden den Tod, als die Sauerstoffversorgung in einem Geschützturm versagte. Ein Jahr später, vor Oslo, erhielt die „Scharnhorst" mehr Treffer als alle übrigen Schiffe des deutschen Flottenverbandes gemeinsam. Mit mehr als dreißig Bränden an Bord mußte sie vom Schwesterschiff „Gneisenau" aus dem Feuerbereich der Küstenartillerie geschleppt werden.

Die Heimfahrt zur Reparatur konnte wegen der Bedrohung durch britische Bomber nur nachts erfolgen. Endlich erreichte das Schlachtschiff den sicheren Elbehafen, wo es unerklärlicherweise eines der größten Linienschiffe Deutschlands rammte. Dieses sank und blieb für den Rest des Krieges im Schlick stecken, wo alliierte Kampfflugzeuge es in Stücke bombten.

Nach umfangreichen Wiederinstandsetzungsarbeiten lief die „Scharnhorst“ 1943 in die Nordsee aus. Am bombenzerfetzten Rumpf des Linienschiffes vorbei machte sie sich auf, um vor der Küste Norwegens englische Konvois auf dem Weg nach Rußland anzugreifen. Dabei entging den Männern der „Scharnhorst“ ein britisches Patrouillenboot, das mit Motorschaden festlag. Dieses alarmierte die englische Flotte. Ein Duell auf See begann.

Nach kurzem Feuerwechsel setzte sich die „Scharnhorst“ von ihren langsameren Gegnern ab - die immer mehr zurückfielen -, um in der Schwärze der Nacht unterzutauchen. Obwohl die Engländer über Radar verfügen und die Deutschen nur über Funkmeß, war die Breitseite völlig ungezielt, die das britische Schlachtschiff „Duke of York“ der flüchtenden „Scharnhorst“ über eine Entfernung von nunmehr bereits mehr als fünfzehn Kilometern nachschickte. Diese auf gut Glück abgefeuerte Salve wäre in der Tiefe des Eismeeres versunken, hätte die „Scharnhorst“ nicht im richtigen Moment mit fast mathematischer Präzision genau in die Feuerlinie gedreht. Sie wurde voll getroffen und geriet in Brand. Innerhalb von Minuten versank das mächtige 26000-Tonnen-Schlachtschiff nach weiteren Treffern am 25. Dezember 1943 auf der Höhe des Nordkaps in den arktischen Fluten.

36 Überlebende der 1800-Mann-Besatzung wurden von den Engländern aus dem eisigen Wasser gefischt und gefangengenommen. Zwei Matrosen der „Scharnhorst“ konnten sich in einem winzigen Schlauchboot zur Küste retten. Aber nicht für lange. Sie entgingen der Gefangennahme, nicht aber dem Fluch. Monate später fand man ihre Leichen. Die Explosion ihres kleinen Not-Ölofens hatte sie getötet...

Soweit die gängige „Fluch-Version“ des seltsamen Schicksals der „Scharnhorst“. Es würde zu weit gehen, die endlose Reihe verfluchter Gegenstände, Häuser, Fahrzeuge, Orte usw. usf. anzuführen. Sie ist noch länger, als man denken möchte. Und noch bizarrer.

Ein Lockheed-Verkehrsflugzeug des Typs AHEM-4 wurde - vergleichbar mit der „Scharnhorst“ - vom ersten Augenblick an von seltsamen Katastrophen verfolgt und stürzte schließlich bei Chicago ab. Es gab keine Überlebenden. Todesfall um Todesfall verursachte der

Wagen, in dem das österreichische Thronfolgerehepaar 1914 nach Sarajewo gefahren war. Ein grausames Schicksal widerfuhr so gut wie allen Bewohnern von Schloß Miramar, das Erzherzog Maximilian bei Triest errichten ließ. Die Geschichte zeugt davon. Fast jeder hat schon vom Fluch des Hope-Diamanten gehört. Ob gekröntes Haupt, Millionär oder was auch immer, wer den märchenhaften blauen Diamanten sein eigen nannte, erlitt Schlimmes.

Anfang 1988 kam aus den USA die makabre Nachricht, daß ein Fluch über den Darstellern von Steven Spielbergs „Poltergeist" zu liegen schien, so ein MGM-Produzent wörtlich. Bis dahin waren vier Poltergeist-Darsteller diesem „Fluch" zum Opfer gefallen: Die 22jährige Hauptdarstellerin Dominique Dunne wurde ermordet. Der riesenhafte indianische Schauspieler Will Sampson starb im Alter von 53 Jahren. Spielbergs Entdeckung, die zwölfjährige Heather O'Rourke, erlag einer rätselhaften Krankheit (während einer Notoperation explodierte der Darm des Mädchens regelrecht) und Julian Beck einem Krebsleiden. Schon während der Dreharbeiten zu „Poltergeist" soll es nicht mit rechten Dingen zugegangen sein. Filmrollen verschwanden oder wiesen rätselhafte Zeichen auf, die Crew klagte über Furcht und Beklemmungszustände. Erst als ein indianischer Medizinmann eingriff, hatte der Spuk ein Ende.

Auch die Frage, ob US-Präsidenten, die in einem Jahr gewählt wurden, das durch 20 teilbar ist, von einem Fluch verfolgt sind, ist weniger abwegig, als sie klingt. Seit 1840 scheint es jedenfalls so, denn bislang ereilte mehrere Präsidenten dieses unerklärliche Geschick, bis hin zu Ronald Reagan, der 1980 (!) gewählt und bereits ein Jahr später von einem Attentäter angeschossen wurde.

Gemeinhin verbindet man Flüche, Verwünschungen und ähnliches mit teuflischen, gespenstischen, astralen, magischen oder dämonischen Einflüssen. Vertreter esoterischer Standpunkte verweisen hier auf die beiden großen Unglücksschiffe des 19. Jahrhunderts, die britischen Dampfer „Hinemoa" und „Great Eastern". Die „Hinemoa" transportierte auf ihrer Jungfernfahrt Geröll von einem alten Londoner Friedhof und die „Great Eastern" Gebeine als Ballast. Das konnte nicht gutgehen. Von den sechs Kapitänen der „Hinemoa" wurde der erste verrückt, der zweite war ein Verbrecher, der dritte Alkoholiker, der

vierte wurde tot in seiner Kabine aufgefunden und der fünfte beging Selbstmord. Unter dem sechsten strandete der Dampfer.
Zu ihrer Zeit war die „Great Eastern“ das größte Passagierschiff der Welt, genannt „Das Wunder der Meere“. Schon beim Bau folgte Mißgeschick auf Mißgeschick, das mehrere Reedereien ruinierte. Während ihrer Fahrt durch den Ärmelkanal explodierte ein Schornstein der „Great Eastern“. Fünf Männer starben, der Schaden war beträchtlich. So ging es weiter. Einmal riß sie sich los und trieb aufs offene Meer, dann ertranken der Kapitän, der Steuermann und der neunjährige Sohn des Zahlmeisters, als sie an Bord gehen wollten. Passagiere mieden das verwünschte Schiff, das nach wie vor vom Mißgeschick gepeinigt wurde und seine Tage schließlich als Werbefläche für ein Liverpooler Kaufhaus und für eine Teemarke unrühmlich beschloß. Beim Abwracken durch eine Schrottverwertungsfirma - das auch problematischer war als normal - entdeckte man zwischen den doppelten Schiffswänden zwei Skelette.
Mit solchen Vorgängen konfrontiert, ist man versucht zu meinen, dies sei eben „Zufall“. Gut, einverstanden, aber - was *ist* Zufall...?

Widerspruch in sich selbst: das "Gesetz" des Zufalls

Die deutsche Hausfrau Christa Müller kann mit Berechtigung behaupten, daß sie schon den halben Hausstand „zusammengewonnen" hat, denn seit Jahren gab es kaum ein Preisausschreiben, bei dem sie leer ausging. Ähnlich wie bei dem berühmten Glückspilz Gustav Gans, der in seinem Garten eine Kiste aufgestellt hat, auf der zu lesen ist „Wenn verreist, Gewinne bitte hier abgeben", geht es auch bei Frau Müller zu. Die Boten, Lieferanten und Briefträger geben einander die Klinke in die Hand. Frau Müller kann schon gar nicht mehr genau sagen, was sie alles gewonnen hat, zu lange wäre die Liste: ein nagelneuer Golf, ein Farbfernsehgerät, Füllfeder und Armbanduhr, Taschenrechner, Tischdecke, Korkenzieher, Gläser, Untersetzer, selbst das Rasierwasser des Hausherrn etc. etc.
Beim Telefonspiel eines Reisebüros rief Christa Müller spontan an. *Zufällig* fiel ihr der gewünschte Werbespruch ein und *zufällig* war sie auch noch die fünfhundertste Anruferin. So geht es dahin. „Zufall" eben...
Bei Frau Müller, deren erstaunliche Geschichte in „Tina aktuell" nachzulesen ist, wie auch bei weiteren Glückskindern, die mit erstaunlicher Regelmäßigkeit Fortuna auf ihrer Seite haben, kann man spekulieren, ob hier nicht vielleicht unbewußte PSI-Kräfte im Spiel sein mögen. Bei anderen „Zufälligkeiten" und frappierenden Übereinstimmungen nicht.
Mit den US-Präsidenten hat es fürwahr etwas Seltsames auf sich. Nicht nur in bezug auf Wahljahr und Tod gibt es eine Koinzidenz, sondern auch hinsichtlich grotesker Parallelen, die speziell bei einem Vergleich zwischen Abraham Lincoln und John F. Kennedy ins Auge springen.
Beide Präsidenten hatten drei Kinder, von denen jeweils ein Sohn während ihrer Präsidentschaft starb. Bevor sie Präsidenten wurden, starb jedem eine Schwester.
Lincoln und Kennedy zitierten mit Vorliebe Shakespeare und die Bibel. Jeder von ihnen benutzte gerne einen Schaukelstuhl, und ehelichte seine Gattin als diese 24 Jahre alt war.

Beide Präsidenten wurden an einem Freitag vor einem hohen Feiertag im Beisein ihrer Frauen durch Kopfschüsse ermordet.
Lincolns „Emancipations Proclamation“ zur Freilassung der Schwarzen datiert von 1863, Kennedys „Civil Rights Message“ zu deren Gleichstellung von 1963.
Der Sekretär Lincolns hieß Kennedy und riet ihm ab, ins Theater zu gehen. Der Sekretär Kennedys hieß Lincoln und riet ihm ab, nach Dallas zu fahren.
Booth schoß in einem Theater auf Lincoln und wurde in einem (Tabak)Lager gestellt. Oswald schoß aus einem (Schulbuch)Lager auf Kennedy und wurde in einem Filmtheater gestellt. Lincoln wurde im Ford-Theater ermordet, Kennedy in einem Ford Lincoln.
Die Ex-Sekretärin von Kennedy, die über die Jahre eine umfangreiche Sammlung von Souvenirs ihres ermordeten Arbeitgebers aufgebaut hat, heißt Evelyn Lincoln.
Die Namen Kennedy und Lincoln bestehen jeweils aus sieben Buchstaben, die Namen Andrew Johnson und Lyndon Johnson jeweils aus dreizehn Buchstaben, die Namen der Attentäter John Wilkes Booth und Lee Harvey Oswald aus jeweils fünfzehn Buchstaben.
Und dann scheint da auch noch die Zahl 100 eine undefinierbare Rolle zu spielen.
Abraham Lincoln wurde 1846 in den Kongreß gewählt, John F. Kennedy 1946. Lincoln bewarb sich 1856 um die Vizepräsidentschaft seiner Partei, Kennedy 1956.
Lincoln wurde im November 1860 nominiert, Kennedy im November 1960. Dies könnte noch durch die Legislaturperiode irgendwie erklärbar sein. Nicht erklärbar ist der Umstand, daß Lincolns Nachfolger Andrew Johnson 1808 geboren war, und Kennedys Nachfolger Lyndon B. Johnson 1908.
Auch die Attentäter werden durch die geheimnisvolle 100 verbunden: John Wilkes Booth erblickte 1839 das Licht der Welt und der Kennedy-Attentäter Harvey Lee Oswald 1939.
Wie sagt doch C. G. Jung in seiner Synchronizitätslehre: „Dinge geschehen, die einander *ähnlich* sind.“ Leider erklärt dies wenig. Man weiß immer noch nicht, wieso es vorkommt, daß in einem bestimmten Hotelzimmer nacheinander Männer gleichen Namens absteigen, ohne voneinander zu wissen, daß die in den Medien veröffentlichte Num-

mer eines in die Newark Bay gestürzten Zuges eine Lottoglückszahl war, daß Korrelationen auftreten, deren (Un)wahrscheinlichkeit man nicht einmal berechnen kann.
Wie wäre es beispielsweise damit: Es gibt einen „korrekten" lateinischen Terminus für das beliebte, aber nie gefaßte Loch Ness-Ungeheuer. Er lautet *Nessiteras rhombopteryx* und wurde der ausweichenden Seeschlange von Sir Peter Scott in völliger Ernsthaftigkeit verliehen. Erstaunlicherweise lassen sich die Buchstaben des lateinischen Begriffes so umreihen, daß folgender Satz entsteht: *„Monster Hoax by Sir Peter S (Monster-Fälschung durch Sir Peter S)"*. Ganz schöner „Zufall", was?
Nicht weniger unwahrscheinlich ist ein Beispiel, das ich in dem Buch „Lasset uns Menschen machen" (mit Peter Krassa) in anderem Zusammenhang erwähnte, und hier nochmals anführen möchte, weil es so sehr erstaunt.
Man setze für die Buchstaben des Alphabetes die Zahlen 1-26 ein (also A = l, B = 2, usw... bis Z = 26). Nach diesem Schlüssel führe man folgende Rechenoperation durch:

$G^2+E^2+O^2+R^2+G^2+E^2+O^2+R^2W^2+E^2+L^2L^2$
$- B\text{-}I\text{-}G\text{-}B\text{-}R\text{-}O\text{-}T\text{-}H\text{-}E\text{-}R$

Dabei kommt, wer hätte das gedacht, die ominöse Zahl *1984* heraus. Ganz sicher hatte George Orwell weder bei der Wahl des Buchtitels noch seines Pseudonyms diese Zahlenspielerei im Sinne gehabt. 1984 ist lediglich eine Umkehr des Jahres 1948, in dem diese düstere Utopie entstand, und Orwells richtiger Name war Eric Blair. Mit einem Wort: ein „Zufall" par excellence.
In dem kühnen Versuch, diesen verschwommenen Begriff in seiner „Synchronizitätstheorie" verständlich zu machen und von mystischen Vorstellungen abzukoppeln, kam C. G. Jung zu dem Schluß, daß Kausalität in letzter Konsequenz ein psychischer Vorgang sei. Dieses Konzept ist nicht gegenständlicher oder dem „gesunden Menschenverstand" näherstehend als etwa die Beobachterhypothese der Quantenphysik, dafür aber letzterer recht ähnlich.
Im Grunde können wir den Kreis damit schließen, denn wirklich zugänglich werden uns die tiefliegenden Naturkonstanten wohl nie sein,

die Elementarteilchen mit Überlichtgeschwindigkeit miteinander kommunizieren zu lassen oder dafür verantwortlich sind, daß der US-Autor Robert Anton Wilson, der vom Baseler Sphinx-Verlag eingeladen wurde, einen Artikel über Sphinxen zu schreiben, ins Dalkey Castle-Hotel einkehrte und seinen Drink in einem Innenhof einnahm, von dessen Mauer eine Sphinx herunterlächelte.

Genug. Ich glaube, wir haben ausreichend räsoniert. Wie sich zeigt, ist nichts wirklich wirklich, gehören Ursache und Wirkung ins Reich der (Wunsch)träume und erweist sich nur eines als unerschütterlich „real": das Phantastische. Jeder Standpunkt ist letztlich legitim. Wer ein nicht-lokales Universum favorisiert, in dem alles und jedes (wie die Elementarteilchen im Einstein / Podolsky / Rosen / Bell / Aspect-Experiment) auf wundersame Weise verbunden ist und in dem Raum und Zeit keine Rolle spielen, wird „Beweise" dafür finden. Bevorzugt man die Vorstellung, daß „Gott nicht würfelt", und daß eine tieferliegende Meta-Kausalität schließlich doch wieder für eine Hyper-Ordnung sorgt, so gibt es auch dafür Indizien.

Man denke nur an die „große Zahl der Kosmogonie", eine wenig bekannte Konstante, an der die Physiker bereits seit den zwanziger Jahren des vorigen Jahrhunderts herumrätseln.

Diese seltsame „große Zahl" ist 10^{40}:

- Das Alter des Universums wird mit zehn-hoch vierzig atomaren Zeiteinheiten beziffert.
- Die Zahl aller Teilchen im sichtbaren Universum wird mit dem Quadrat von zehn-hoch-vierzig angenommen.
- Die schwächste der vier Grundkräfte, die Gravitation, ist zehn-hoch-vierzig mal schwächer als die elektrische Kraft.

„Zufall" oder geheime Ordnung, wer kann das schon sagen? Wir Menschen wünschen uns die Ordnung. Francis Bacon äußerte einmal: „Ich glaube lieber an die Fabeln des Talmuds oder Alcorans, als an ein Universum ohne Geist."

Der weltberühmte Astrophysiker Carl Sagan hat diesen Gedanken in seinem mit Joodie Foster verfilmten Bestseller „Contact" literarisch umgesetzt, indem er die Heldin am Ende des Romans an der zillionsten Stelle der Zahl *pi* einen Kreis entdecken läßt. Das Signum des Künstlers, Beweis für die schaffende Hand hinter dem Kosmos...

Genausogut können die statistischen Fluktuationen das letzte Wort haben, über die Maxwells Dämon (eine Gedankenkonstruktion des schottischen Physikers James Clark Maxwell und artverwandt mit dem Laplace'schen Dämon und Schrödingers Katze) eifersüchtig wacht.

Realität nach Wunsch, zum Aussuchen. Heute, am Beginn des dritten Jahrtausends, sollten wir besonders daran denken, daß der Satz, wir würden unsere Welt selbst schaffen, vielleicht eine Bedeutung hat, die weit über die ethische und philosophische Aussage hinausgeht. Vergangenheit und Gegenwart sind phantastisch, die Zukunft kann es noch mehr sein...

Zum Ausklang

Der Streifzug durch das Unerklärliche ist - vorläufig - zu Ende. Er war nicht, konnte nicht, vollständig sein. Vieles blieb unerwähnt, mehr noch wird nach wie vor unbekannt sein und bleiben, manches dürfte Widerspruch hervorrufen. Gut so, man soll nichts unbesehen glauben, weder Eindeutiges noch Verwirrendes. Ich habe mich bemüht, selbst die erstaunlichsten Fakten so genau als möglich darzulegen, um eine sachliche Beurteilung zu ermöglichen (sofern dies überhaupt möglich ist). Wo vorhanden, habe ich mehrfache Quellen verwendet, habe danach getrachtet, Undeutlichkeiten und Unklarheiten zu beseitigen, und auf Unstimmigkeiten hingewiesen. Die „Grundsubstanz" der einzelnen Fälle jedoch ist immer solide, nachprüfbar und abgesichert. Hypothesen, Deutungen und Vermutungen werden als solche deklariert. Irrtümer und Fehlspekulationen gehen auf mein Konto. Ich bin für jede Anregung, Berichtigung oder Gegendarstellung dankbar.

Thomas Alva Edison stellte nach einer Reihe besonders frustrierender Experimente fest: „Sie haben uns eine Menge gezeigt, was wir vorher nicht wußten, und klargemacht, wie wenig wir von dem verstehen, was wir wissen." Diesem Gedankengang kann ich mich nur vollinhaltlich anschließen.

Im angebrochenen neuen Millennium werden wir vom Boden unserer Heimatwelt, deren Geheimnisse wir ein wenig kennen, noch tiefer in das Weltall vorstoßen, dessen Rätsel uns noch ganz andere Nüsse zum Knacken geben werden. Wenn wir uns dazu die Mentalität des Dschingis Khan-Nachkommen Tamerlane oder Timur Lenk aneignen, kann dies sehr hilfreich sein. Der Mongolenherrscher und Eroberer der halben Welt verwendete das Wort „unmöglich" nur ein einziges Mal in seinem ganzen Leben, nämlich als er starb.

Nach dem Tod von William James, dem wahrscheinlich einzigen amerikanischen Philosophen, fand man auf seinem Schreibtisch die kryptische Notiz: „Es gibt keine Schlußfolgerung. Was hat geschlußfolgert, daß wir über es schlußfolgern?" Schließen wir uns diesen beachtlichen letzten Äußerungen an, es muß ja nicht in der letzten Stunde sein. Schon jetzt geht es auch. Glauben wir nicht alles, aber verwerfen wir auch nicht alles. So vieles gäbe es noch zu erwähnen:

• *Unterdrückte Erkenntnisse und geheime Wissenschaft* (Vielleicht steht der Bäume gesundmachende Bio-Resonator des Innsbrucker Erfinders Friedl Hummel in einer Reihe mit Nikola Teslas verlorenen Erfindungen, die Physiker auch heute noch staunen lassen, oder mit den ungehobenen Wissensschätzen von Alchimie und Magie?)
• *Kosmisches Wissen* (Vielleicht läßt sich aus dem 5000jährigen chinesischen Orakelbuch I Ging tatsächlich alles und je- des herauslesen, wenn man es versteht. Immerhin stieß man „zufällig" auf erstaunliche Übereinstimmungen von I Ging und genetischem Code: Basis des genetischen Codes ist der Plus-Minus-Doppel-Wendelfaden der Desoxyribonukleinsäure DNS; Basis des I Ging sind die Urpole *Yin* und *Yang*. Zur Beschriftung des DNS-Doppelfadens sind vier Buchstaben verfügbar, die paarweise verbunden sind (A-T, C-G); vier Zeichen sind die Grundlage des I Ging. Immer drei der DNS-Buchstaben bilden ein Code-Wort für die Eiweißsynthese; immer drei der I Ging-Buchstaben bilden ein Triplett. Es gibt 64 DNS-Tripletts, die den Aminosäurenaufbau programmieren; es gibt 64 I Ging-Doppeltripletts. Es gibt DNS-Anfangs- und End- Tripletts, die Codierungen begrenzen; es gibt I Ging-Doppeltripletts, die *vor* und *nach* der Vollendung (!) definieren.)
• *Brennpunkte kosmischer Kräfte* (Vielleicht ist die "Heilige Lanze" - der Speer des römischen Soldaten Longinus, der Christus Seite durchbohrte - tatsächlich ein Instrument schicksalhafter Mächte. Herrscher aller Epochen, von Herodes bis Adolf Hitler haben nach ihm gegriffen.)
• *Form als Energie* (Vielleicht ist wirklich etwas dran an der viel zitierten „Pyramiden-Energie". Es gibt Patente, und seltsame Phänomene wie das Scharfwerden von Rasierklingen oder das Nichtverwelken von Pflanzen etc. werden nicht nur in grenzwissenschaftlichen Schriften vermerkt.)...

Keine Angst, ich fange nicht wieder von vorne an. Dieses kleine, dafür aber besonders ungeordnete Abschlußpotpourri soll nur ein Nachhall des gesamten Buches sein. Manches von dem hier angesprochenen habe ich in anderen Büchern bearbeitet - beispielsweise in „Jenseits des Vorstellbaren" oder „Zukunftsfalle - Zukunftschance". Anderes wird noch der Bearbeitung zugeführt - beispielsweise in meinem neuen Michaels-Verlag-Projekt **„Geheimsache Zukunft. Von Atlantis zur hohlen Erde...“.** Weitere sollen folgen, wenn meine Leser es wünschen. Interessierte erfahren mehr auf meiner Homepage **www.farkas.at.**

Die Rätsel um uns sind Legion. Wir werden sie niemals in ein eindeutiges Schema pressen können, ob wir uns nun ausführlich mit ihnen befassen oder sie nur streifen, wie wir das zum Abschied getan haben. Ich habe in diesem Buch den Versuch gemacht, verschiedene Phänomene als Teilaspekte eines größeren Ganzen in Zusammenhang zu setzen und dabei - wie ich hoffe - den einen oder anderen einleuchtenden Gedankengang präsentiert. Vielleicht sogar Aha-Erlebnisse. Der Großteil der beleuchteten Phänomene widersetzt sich natürlich einer wirklichen Systematisierung.
Über allen entdeckten Prinzipien, Zusammenhängen und Querverbindungen schwebt unsichtbar ein großes Fragezeichen - und wird auch nie verschwinden.
Fest steht nur, was Ludwig Wittgenstein in der ersten seiner sieben Grundthesen sagt: „Die Welt ist alles, was der Fall ist.“

Literaturverzeichnis

(Die benutzten Quellen in der Reihenfolge ihrer Verwendung sowie weiterführende Literatur.)

TEIL I
VON DER REALITÄT DES PHANTASTISCHEN

Auf der Suche nach der Wirklichkeit

Joseph Meurers: *Kosmologie heute* (Darmstadt 1984)
Paul Davies: *Die Urkraft - Auf der Suche nach einer einheitlichen Theorie der Natur* (Hamburg 1987)
Herder Lexikon: *Weltraumphysik* (Freiburg 1975)
Edgar Lüscher: *Pipers Buch der modernen Physik* (München 1980)
Heinz R. Pagels: *Cosmic Code - Quantensprache der Natur* (Berlin 1984)
Hubert Reeves: *Woher nährt der Himmel seine Sterne?* (Basel 1983)
John Gribbin: *White Holes - The Beginning and End of Space* (St. Albans 1977)
Rudolf Kippenhahn: *100 Milliarden Sonnen* (München 1980)
Davies/Brown: *Der Geist im Atom* (Basel 1988)
Steven Weinberg: *Die ersten drei Minuten - Der Ursprung des Universums* (München 1977)
Paul Davies: *Cosmic Blueprint* (London 1987)
Jean E. Charon: *Der Geist der Materie* (Wien 1979)
Andreas/Killian: *Die phantastische Wissenschaft* (Düsseldorf 1974)
Eugen/Winkler: *Das Spiel - Naturgesetze steuern den Zufall* (München 1975)
Fritz-A. Popp: *Biologie des Lichts* (Berlin 1984)
Erwin Schrödinger: *Geist und Materie* (Wien 1986)
Wilson/Grant: *The Directory of Possibilities* (London 1982)
Colin Wilson: *Beyond The Occult* (London 1988)
R. DeWitt Miller: *Forgotten Mysteries* (New York 1947)
Rupert Furneaux: *The World's Strangest Mysteries* (New York 1961)
Nettleton/Lucas: *Great Unexplained Mysteries* (Boca Raton 1989)
Gerry Brown: *The Worlds Greatest Mysteries* (London 1989)
John A. Keel: *Our Haunted Planet* (Greenwich 1971)

Hanussen: *Meine neuen Prognosen* (Wien 1979)
Hans-Peter Dürr (Hrsg.): *Physik und Transzendenz* (Bern 1986)
Pauwels/Bergier: *Aufbruch ins dritte Jahrtausend* (Bern 1962)
Walter Sullivan: *Am Rande des Raums - Am Ende der Zeit* (Frankfurt 1980)
Bernulf Kanitscheider: *Kosmologie* (Stuttgart 1984)

Die Macht des Geistes: grenzenlos!

Thomas Blakeslee: *Das rechte Gehirn* (Freiburg 1982)
Popper/Eccles: *Das Ich und sein Gehirn* (München 1982)
Andreas/Adams: *Was niemand glauben will* (Berlin 1967)
Marilyn Ferguson: *Die Revolution der Gehirnforschung* (Olten 1981)
Farkas/Krassa: *Lasset uns Menschen machen* (München 1985)
Viktor Farkas: *Rätselhafte Wirklichkeiten* (München 1998)
Viktor Farkas: *Jenseits des Vorstellbaren* (Wien/München/Zürich 1996)
Ornstein/Thompson: *Unser Gehirn: das lebendige Labyrinth* (Reinbek 1986)
N. Gazzangia: *Das erkennende Gehirn* (Paderborn 1987)
Wiolson Holroyd: *Rätsel des menschlichen Geistes* (Mannheim 1979)
Francis Hitching: *The PSI-Connection* (Glasgow 1977)
Bedford/Kensington: *Das Delpasse-Experiment* (Düsseldorf 1975)
Weltalmanach des Übersinnlichen (München 1983)
Werner Keller: *Was gestern noch als Wunder galt* (Zürich 1973)
The Complete Books of Charles Fort (New York 1974)
Targ/Puthoff: *Jeder hat den 6. Sinn* (Bergisch Gladbach 1980)
Erwin Lausch: *Manipulation - Der Griff nach dem Gehirn* (Stuttgart 1972)
R. DeWitt Miller: *Impossible - yet it happened* (New York 1947)
Lyall Watson: *Supernature* (London 1974)
Lyall Watson: *Beyond Supernature* (London 1986)
Ernst Meckelburg: *"Die Titanic wird sinken" und andere Vorhersagen und Vorfälle aus der Welt des Übersinnlichen* (München 1999)
Frank Edwards: *Strangest of all* (New York 1962)
William Goldman: *Control* (New York 1982)
Werner F. Bonin (Hrsg.): *Lexikon der Parapsychologie* (Bern 1984)

Ps. Yatri: *Unknown Man - The Mysterious Birth of a New Species* (London 1988)
Hans Bender: *Unser sechster Sinn* (Reinbek 1972)
Frank Edwards: *Stranger than Science* (London 1963)
Donald E. Carr: *Geheimnisvolle Signale - Das Rätsel der vergessenen Sinne* (Hamburg 1973)

Risse im Vorhang der Zeit

Heinz R. Pagels: *Die Zeit vor der Zeit* (Berlin 1987)
Castell/Weizsäcker (Ed.): *Quantum Theory and the Structure of Time and Space* (Trutzing 1984)
Kreuzer/Ende/Kanitscheider: *Zeit-Zauber* (Wien 1984)
J. H. Brennan: *Occult Reich* (London 1974)
William Lawrence Shirer: *Aufstieg und Fall des Dritten Reiches* (Köln 1970)
Janusz Piekalkiewicz: *Ziel Paris - Der Westfeldzug 1940* (München 1986)
Horst E. Miers: *Lexikon des Geheimniswissens* (München 1986)
Reinhard Breuer: *Die Pfeile der Zeit* (München 1984)
R. DeWitt Miller: *Impossible - Yet it happened* (New York 1947)
Werner F. Bonin (Hrsg.): *Lexikon der Parapsychologie* (Bern 1984)
Viktor Farkas: *Jenseits des Vorstellbaren* (Wien/München/Zürich 1996)
Viktor Farkas: *Rätselhafte Wirklichkeiten* (München 1998)
Jean Charles de Fontbrune: *Nostradamus. Historiker und Prophet* (Wien 1982)
Hall/King: *Zukunftsvisionen* (Mannheim 1979)
Steward Robb: *Strange Prophecies that came true* (New York 1967)
Ernst Meckelburg: *"Die Titanic wird sinken" und andere Vorhersagen und Vorfälle aus der Welt des Übersinnlichen* (München 1999)
Weltalmanach des Übersinnlichen (München 1983)
Mack/Howard/Riley: *The World of the Unexplained* (London 1984)
Peter Brookesmith (Ed.): *Incredible Phenomena* (London 1984)
Wallechinsky/Wallace/Wallace: *The Book of Predictions* (London 1981)
Pauwels/Bergier: *Aufbruch ins dritte Jahrtausend (Bern* 1962)
Pauwels/Bergier: *Die Entdeckung des ewigen Menschen* (Bern 1965)

R. DeWitt Miller: *Stranger than Life* (New York 1955)
Tim Healy (Ed.): *Strange But True - The Worlds Weirdest Newspaper Stories* (London 1984)
Morgan Robertson: *Titan - Der Roman, der den Untergang der Titanic vorwegnahm* (München 1998)
Colin und Damon Wilson: *Unsolved Mysteries Past And Present* (London 1993)
Fritjof Capra: *Der kosmische Reigen* (Bern 1977)
Fritjof Capra: *Das Tao der Physik (Bern* 1984)
Gary Zukav: *Die tanzenden Wu Li Meister - vom Quantensprung zum Schwarzen Loch* (Reinbek 1981)
Paul Davies: *Mehrfachwelten - Entdeckungen der Quantenphysik* (Düsseldorf 1981)
Bernulf Kanitscheider: *Kosmologie* (Stuttgart 1984)
Amit Goswami: *The Cosmic Dancers - exploring the physics of Science Fiction* (New York 1983)
The Complete Books of Charles Fort (New York 1974)
Faszination des Unfaßbaren (Stuttgart 1983)
Wilson/Grant: *The Directory of Possibilities* (London 1982)
John Godwin: *This baffling World (New* York 1968)
Danah Zohar: *Through the Time Barrier (London* 1983)
Emil-Heinz Schmilz: *Das Zeit-Rätsel (Genf* 1979)
Wilson/Holroyd: *Rätsel des menschlichen Geistes* (Mannheim 1979)
Arthur Koestler: *The Roots of Coincidence* (London 1974)
Michael Shallis: *On Time* (Harmondsworth 1982)
John Taylor: *Superminds* (London 1975)
John Taylor: *Science and the Supernatural* (London 1981)
Targ/Harary: *Jeder hat ein 3. Auge, PSI - die unheimliche Kraft* (Zürich 1984)

PSI, ESP und das ganze Füllhorn...

Hellmut Hofmann: *PSI die andere Wirklichkeit* (Klosterneuburg 2001)
Ostrander/Schroeder: *Psi-Training* (Bern 1982)
Hans Werner Woltersdorf: *Aufbruch in neue Psi-Dimensionen* (Zürich 1980)
Hans und Michael Eysenck: *Der durchsichtige Mensch* (München 1983)

Eysenck/Sargent: *Der übersinnliche Mensch* (München 1984)
Targ/Harary: *Jeder hat ein 3. Auge, PSI - die unheimliche Kraft* (Zürich 1984)
Viktor Farkas: *Jenseits des Vorstellbaren* (Wien/München/Zürich 1996)
Viktor Farkas: *Rätselhafte Wirklichkeiten* (München 1998)
Peter Andreas: Jenseits von Einstein (Düsseldorf 1978)
Ira Progoff: *Jung, Synchronicity and Human Destiny* (New York 1973)
Edgar Lüscher: *Pipers Buch der modernen Physik* (München 1978)
Lawrence Leshan: *Von Newton zu PSI* (Reinbek 1986)
Lyall Watson: *Geheimes Wissen* (Frankfurt 1976)
Itzhak Bentov: *Stalking the wild Pendulum* (New York 1977)
Francis Hitching: *Pendulum - the Psi-connection* (London 1977)
Gris/Dick: *The New Soviet Psychic Discoveries* (London 1980)
Felix Weber: *Der Kosmos tanzt - vom Atom der Griechen zum Spiel der Quarks* (Basel 1983)
John Gribbin: *White Holes - The Beginning and End of Space* (St. Albans 1977)
John Taylor: *Superminds* (London 1975)
John Taylor: *Science and the Supernatural* (London 1981)
C. G. Jung: *Synchronizität* (München 1990)
Hall/King: *Zukunftsvisionen* (Mannheim 1979)
Ernst Meckelburg: *"Die Titanic wird sinken" und andere Vorhersagen und Vorfälle aus der Welt des Übersinnlichen* (München 1999)
Mack/Harwood/Riley: *The World of the Unexplained* (London 1984)
Peter Brookesmith (Ed.): *Incredible Phenomena* (London 1984)
Lyall Watson: *Beyond Supernature* (London 1986)
Targ/Puthoff: *Jeder hat den 6. Sinn* (Bergisch Gladbach 1980)

Ein Blick hinter den ehemaligen Eisernen Vorhang

Gris/Dick: *The New Soviet Psychic Discoveries* (London 1980)
Wilson/Holroyd: *Rätsel des menschlichen Geistes* (Mannheim 1979)
Targ/Harary: *Jeder hat ein 3. Auge, PSI - die unheimliche Kraft* (Zürich 1984)
Viktor Farkas: *Rätselhafte Wirklichkeiten* (München 1998)
Wilson/Grant: *The Directory of Possibilities* (London 1982)

Andreas/Adams: *Was niemand glauben will* (Berlin 1977)
Hans Werner/Woltersdorf: *Aufbruch in neue Psi-Dimensionen* (Zürich 1980)
Eysenck/Sargent: *Der übersinnliche Mensch* (München 1984)
Ernst Meckelburg: *Geheimwaffe PSI* (Bern 1984)

Menschen wie du und ich?

Eysenck/Sargent: *Der übersinnliche Mensch* (München 1984)
Herder Lexikon: *Psychologie* (Freiburg 1975)
Hellmut Hofmann: *PSI die andere Wirklichkeit* (Klosterneuburg 2001)
Viktor Farkas: *Jenseits des Vorstellbaren* (Wien/München/Zürich 1996)
Viktor Farkas: *Rätselhafte Wirklichkeiten* (München 1998)

Jahrzehnte Staatsgeheimnis: Stalins PSI-Agenten

Ernst Meckelburg: *Geheimwaffe PSI* (Bern 1984)
Wilson/Holroyd: *Rätsel des menschlichen Geistes* (Mannheim 1979)
Peter Brookesmith (Ed.): *Incredible Phenomena* (London 1984)
Gris/Dick: *The New Soviet Psychic Discoveries* (London 1980)
Hanussen: *Erlerne meine Kunst* (Wien 1978)

Macht über die Naturgesetze?

Peter Brookesmith (Ed.): *Incredible Phenomena (London* 1984)
Eysenck/Sargent: *Der übersinnliche Mensch (München* 1984)
Wilson/Holroyd: *Rätsel des menschlichen Geistes* (Mannheim 1979)
Francis Hitching: *Pendulum - the Psi-Connection* (London 1977)
John Taylor: *Superminds* (London 1975)
John Taylor: *Science and the Supernatural* (London 1981)
Ernst Meckelburg: *Geheimwaffe PSI* (Bern 1984)
Ernst Meckelburg: *"Die Titanic wird sinken" und andere Vorhersagen und Vorfälle aus der Welt des Übersinnlichen* (München 1999)
Lord Adare: *Experiences with D.D. Home* (London 1924)
Hellmut Hofmann: *PSI die andere Wirklichkeit* (Klosterneuburg 2001)
Viktor Farkas: *Jenseits des Vorstellbaren* (Wien/München/Zürich 1996)
Viktor Farkas: *Rätselhafte Wirklichkeiten* (München 1998)
Andreas/Adams: *Was niemand glauben will* (Berlin 1977)

Weltalmanach des Übersinnlichen (München 1983)
Werner F. Bonin (Hrsg.): *Lexikon der Parapsychologie* (Bern 1984)
Gris/Dick: *The New Soviet Psychic Discoveries* (London 1980)
Jess Stearn: *Der schlafende Prophet* (Genf 1980)
Lyall Watson: *Geheimes Wissen* (Frankfurt 1976)
Lyall Watson: *Beyond Supernature* (London 1986)
Hall/King: *Zukunftsvisionen* (Mannheim 1979)
R. DeWitt Miller: *Impossible - yet it happened* (New York 1947)
Stewart Robb: *Strange Prophecies that came true* (New York 1967)
Wallechinsky/Wallace/Wallace: *The Book of Predictions* (London 1981)
Peter Brookesmith (Ed.): *Life after Death* (London 1984)
Vincent H. Gaddis: *Mysterious Fires and Lights* (New York 1967)
George Langelaan: *Die unheimlichen Wirklichkeiten* (Bern 1969)
The Complete Books of Charles Fort (New York 1974)
Jeremy Kingston: *Rätselhaffe Begebenheiten* (Mannheim 1979)
Emil-Heinz Schmilz: *Unsterblichkeit im All* (Genf 1977)
Peter Brookesmith (Ed.): *Life after Death* (London 1984)
Targ/Puthoff: *Jeder hat den 6. Sinn* (Bergisch Gladbach 1980)
Smyth/Stemman: *Leben - was kommt danach?* (Mannheim 1979)

TEIL II
DIE WEISSEN FLECKEN AUF DER LANDKARTE DER WISSENSCHAFT

Das Feuer der Hölle

Wilson/Grant: *The Directory of Possibilities* (London 1982)
Mack/Harwood/Riley: *The World of the Unexplained* (London 1984)
W. H. Watkins: *Preternatural Inflammability of the Human Body* (New Orleans 1870)
Peter Brookesmith (Ed.): *Incredible Phenomena* (London 1984)
Jeremy Kingston: *Rätselhafte Begebenheiten* (Mannheim 1979)
Michell/Rickard: *Die Welt steckt voller Wunder* (Düsseldorf 1979)
Francis Hitching: *Die letzten Rätsel unserer Welt* (Frankfurt 1982)
Frank Edwards: *Strangest of all (New* York 1962)
Frank Edwards: *Stranger than Science* (London 1963)

Viktor Farkas: *Jenseits des Vorstellbaren* (Wien/München/Zürich 1996)
Viktor Farkas: *Rätselhafte Wirklichkeiten* (München 1998)
Werner F. Bonin (Hrsg.): *Lexikon der Parapsychologie* (Bern 1984)
Vincent H. Gaddis: *Mysterious Fires and Lights* (New York 1967)
Ernst Meckelburg: *"Die Titanic wird sinken" und andere Vorhersagen und Vorfälle aus der Welt des Übersinnlichen* (München 1999)
George Langelaan: *Die unheimlichen Wirklichkeiten* (Bern 1969)
The Complete Books of Charles Fort (New York 1974)

Ein Rätsel zur Erklärung eines Mysteriums

Peter Brookesmith (Ed.): *Incredible Phenomena* (London 1984)
Vincent H. Gaddis: *Mysterious Fires and Lights* (New York 1967)
Jeremy Kingston: *Rätselhafte Begebenheiten* (Mannheim 1979)
Viktor Farkas: *Jenseits des Vorstellbaren* (Wien/München/Zürich 1996)

Flammender Abgang

Peter Brookesmith (Ed.): *Incredible Phenomena* (London 1984)
Jeremy Kingston: *Rätselhafte Begebenheiten* (Mannheim 1979)
Vincent H. Gaddis: *Mysterious Fires and Lights (New* York 1967)
Eysenck/Sargent: *Der übersinnliche Mensch (München* 1984)
Frank Edwards: *Strangest of all* (New York 1962)
Frank Edwards: *Stranger than Science* (London 1963)
Steven Weinberg: *Die ersten drei Minuten - Der Ursprung des Universums* (München 1977)
Viktor Farkas: *Jenseits des Vorstellbaren* (Wien/München/Zürich 1996)
R. DeWitt Miller: *Impossible - yet it happened* (New York 1947)
Pauwels/Bergier: *Aufbruch ins dritte Jahrtausend* (Bern 1962)
Bernulf Kanitscheider: *Kosmologie* (Stuttgart 1984)
Ernst Meckelburg: *"Die Titanic wird sinken" und andere Vorhersagen und Vorfälle aus der Welt des Übersinnlichen* (München 1999)
Viktor Farkas: *Das SF-Quizbuch* (München 1984)
Herbert L. König: *Unsichtbare Umwelt - der Mensch im Spielfeld elektromagnetischer Kräfte* (München 1983)
Mack/Harwood/Riley: *The World of the Unexplained* (London 1984)

Paul Kammerer: *Das Gesetz der Serie* (Stuttgart 1919)
Wilson/Grant: *The Directory of Possibilities* (London 1982)

Die Unberührbaren

Frank Edwards: *Strangest of all (New* York 1962)
Mack/Harwood/Riley: *The World of the Unexplained* (London 1984)
Viktor Farkas: *Rätselhafte Wirklichkeiten* (München 1998)

Das Gewölbe ohne Zeit

Wilhelm Tacke: *Bleikeller im Dom zu Bremen* (Bremen 1985)
335

Die rastlosen Toten

R. DeWitt Miller: *Forgotten Mysteries* (New York 1947)
Frank Edwards: *Strangest of all* (New York 1962)
Frank Edwards: *Stranger than Science* (London 1963)
Peter Brookesmith (Ed.): *Incredible Phenomena* (London 1984)
Viktor Farkas: *Rätselhafte Wirklichkeiten* (München 1998)
Jeremy Kingston: *Rätselhafte Begebenheiten* (Mannheim 1979)
Eric Frank Russell: *Great World Mysteries* (London 1957)

An der Schwelle zum Jenseits ...

Frank Edwards: *Strangest of all* (New York 1962)

... und wieder zurück?

Peter Brookesmith (Ed.): *Incredible Phenomena* (London 1984)

Botschaften, Botschaften, Botschaften

Frank Edwards: *Strangest of all* (New York 1962)
Bedford/Kensington: *Das Delpasse-Experiment* (Düsseldorf 1975)
Andreas/Adams: *Was niemand glauben will* (Berlin 1977)
Wilson/Grant (Eds.): *The Directory of Possibilities* (London 1982)
Wilson/Holroyd: *Rätsel des menschlichen Geistes* (Mannheim 1979)
Mack/Harwood/Riley: *The World of the Unexplained* (London 1984)
Smyth/Stemman: *Leben - was kommt danach?* (Mannheim 1979)
Werner F. Bonin (Hrsg.): *Lexikon der Parapsychologie* (Bern 1984)
Viktor Farkas: *Rätselhafte Wirklichkeiten* (München 1998)

Fairley/Welfare: *Arthur C. Clarke's World of Strange Powers* (London 1985)
R. DeWitt Miller: *Stranger than Life* (New York 1955)
Frank Edwards: *Stranger than Science* (London 1963)
Morey Bernstein: *Protokoll einer Wiedergeburt* (Bern 1973)
Paul Davis: *Die Urkraft - Auf der Suche nach einer einheitlichen Theorie der Natur* (Hamburg 1987)
Einstein/Infeld: *Die Evolution der Physik* (Wien 1950)
Ian Stevenson: *Reinkarnation* (Freiburg 1976)
Ernst Meckelburg: *"Die Titanic wird sinken" und andere Vorhersagen und Vorfälle aus der Welt des Übersinnlichen* (München 1999)
Peter Brookesmith (Ed.): *Life after Death* (London 1984)
Faszination des Unfaßbaren (Stuttgart 1983)
Peter Brookesmith (Ed.): *Life after Death* (London 1984)

Bücher aus dem Nichts

Jane Roberts: *Gespräche mit Seth* (Genf 1979)
Jane Roberts: *Das Seth-Material (Genf* 1986)
Jane Roberts: *Adventures in Consciousness* (New York 1979)
Raffelski/Müller: *Die Struktur des Vakuums - Ein Dialog über das Nichts* (Frankfurt 1985)
Paul Davies: *Mehrfachwelten - Entdeckungen der Quantenphysik* (Düsseldorf 1981)
Reinhard Breuer: *Die Pfeile der Zeit* (München 1984)
Amit Goswami: *The Cosmic Dancers - exploring the Physics of Science Fiction* (New York 1983)
Dr. Roger Jones: *Physics as Metaphor* (London 1983)
Victor F. Weisskopf: *Natur im Schaffen - Erkenntnisse der modernen Naturwissenschaftlern* 1978)
Martin Gardner: *The Ambidextrous Universe* (New York 1979)
Barrow/Silk: *Die asymmetrische Schöpfung* (München 1986)
A. P. French (Hrsg.): *Albert Einstein - Wirkung und Nachwirkung* (Braunschweig 1985)
Carl Friedrich von Weizsäcker: *Aufbau der Physik* (München 1985)
Joseph Meurers: *Kosmologie heute* (Darmstadt 1984)
Stratis Karamanolis: *Geheimnisse des Mikrokosmos - Materie - Atome - Quarks - Präonen?* (München 1986)

Der Tod und das Jenseits auf dem Prüfstand

Dr. med. A. Moody: *Leben nach dem Tod* (Reinbek 1977)
Dr. med. A. Moody: *Nachgedanken über das Leben nach dem Tod* (Reinbek 1978)
Fritjof Capra: *Wendezeit* (Bern 1985)
Aktuell - Das Lexikon der Gegenwart (Dortmund 1984)
Ian Currie: *Niemand stirbt für alle Zeit* (München 1979)
Dr. Friedrich W. Doucet: *Die Toten leben unter uns - Forschungsobjekt Jenseits* (Wien 1979)
K. O. Schmidt: *Wir leben nicht nur einmal* (München 1969)
Charles A. Wickland: *Thirty Years Among the Dead* (New York 1924)
Thorwald Dethlefsen: *Das Erlebnis der Wiedergeburt* (München 1976)
Ian Stevenson: *Reinkarnation* (Freiburg 1976)
Sushil Chandra Bose: *Your Last Life and Your Next* (Kalkutta 1959)
Viktor Farkas: *Rätselhafte Wirklichkeiten* (München 1998)
Ernst Meckelburg: *"Die Titanic wird sinken" und andere Vorhersagen und Vorfälle aus der Welt des Übersinnlichen* (München 1999)
Peter Brookesmith (Ed.): *Life after Death* (London 1984)
Mylan Ryzl: *Der Tod und was danach kommt* (Genf 1988)

Ein Fingerabdruck der Seele

Bedford/Kensington: *Das Delpasse-Experiment* (Düsseldorf 1975)
Luciano Mecacci: *Das einzigartige Gehirn* (Frankfurt 1986)
Wilfried Daim: *Experimente mit der Seele* (Graz 1949)
Ernst Benz: *Der Übermensch* (Zürich 1961)
Alfred Gierer: *Die Physik, das Leben und die Seele* (München 1985)
R. DeWitt Miller: *You Do Take It With You* (New York 1955)
Morey Benstein: *Protokoll einer Wiedergeburt* (Bern 1973)
Carsten Bresch: *Zwischenstufe Leben* (München 1977)
Smyth/Stemmann: *Leben - was kommt danach?* (Mannheim 1979)
Roderich Warkentin: *Gehirne für die Zukunft* (München 1970)
Bernd-Olaf Küppers: *Der Ursprung biologischer Information* (München 1986)
Viktor Farkas: *Rätselhafte Wirklichkeiten* (München 1998)
Frederic Vester: *Denken, Lernen, Vergessen* (Stuttgart 1975)

Eddy Sherwood: *Your Will Survive after Death* (New York 1950)
Gordon Rattray Taylor: *Die Geburt des Geistes* (Frankfurt 1982)
Charles M. Fair: *Das fehlprogrammierte Gehirn* (München 1971)

In Luft aufgelöst

Friedrich Weissensteiner: *Ein Aussteiger aus dem Kaiserhaus: Johann Orth* (Wien 1985)
Wilson/Grant: *The Directory of Possibilities* (London 1982)
Michael Harrison: *Vanishings* (London 1981)
Viktor Farkas: *Rätselhafte Wirklichkeiten* (München 1998)
Jeremy Kingston: *Rätselhafte Begebenheilen* (Mannheim 1979)
Mack/Harwood/Riley: *The World of the Unexplained* (London 1984)

Zielscheibe jedermann

The Complete Books of Charles Fort (New York 1974)
Michael Harrison: *Vanishings* (London 1981)
Wilson/Grant: *The Direclory of Possibilities* (London 1982)
Viktor Farkas: *Rätselhafte Wirklichkeiten* (München 1998)
Jeremy Kingston: *Rätselhafte Begebenheiten* (Mannheim 1979)
Mack/Harwood/Riley: *The World of the Unexplained* (London 1984)
Francis Hitching: *Die letzten Rätsel unserer Welt* (Frankfurt 1982)
Michell/Rickard: *Die Welt steckt voller Wunder* (Düsseldorf 1979)

Vom Erdboden verschluckt

Michael Harrison: *Vanishings* (London 1981)
Frank Edwards: *Stranger than Science* (London 1963)
Allen Churchill: *They Never Came Back* (New York 1960)
Paul Begg: *Into Thin Air - people who disappear* (North Pomfret 1979)
Viktor Farkas: *Rätselhafte Wirklichkeiten* (München 1998)
Wilson/Grant: *The Directory of Possibilities* (London 1982)
Charles Berlitz: *Without a Trace* (London 1977)
Hartwig Hausdorf: *Wenn Götter Gott spielen* (München 1997)
Otto-Ernst Schüddekopf: *Der Erste Weltkrieg* (Gütersloh 1977)

Wasserstraßen ins Nichts

Vincent H. Gaddis: *Invisible Horizons* (New York 1965)

Frank Edwards: *Strangest of all* (New York 1962)
Michael Harrison: *Vanishings* (London 1981)
Frank Edwards: *Stranger than Science* (London 1963)
R. DeWitt Miller: *Forgotten Mysteries* (New York 1947)
Viktor Farkas: *Jenseits des Vorstellbaren* (Wien/München/Zürich 1996)
Viktor Farkas: *Rätselhafte Wirklichkeiten* (München 1998)
Francis Hitching: *Die letzten Rätsel unserer Welt* (Frankfurt 1982)
Mack/Harwood/Riley: *The World of the Unexplained* (London 1984)
Jeremy Kingston: *Rätselhafte Begebenheiten* (Mannheim 1979)
Wilson/Grant: *The Directory of Possibilities* (London 1982)
The Complete Books of Charles Fort (New York 1974)

Luft hat keine Balken - aber anderes...

Michael Harrison: *Vanishings* (London 1981)
Mack/Harwood/Riley: *The World of the Unexplained* (London 1984)
Vincent H. Gaddis: *Invisible Horizons (New* York 1965)
Frank Edwards: *Strangest of all* (New York 1962)
Wilsong/Grant: *The Directory of Possibilities* (London 1982)
Jeremy Kingston: *Rätselhafte Begebenheiten* (Mannheim 1979)
Christopher Pick (Ed.): *Mysteries of the World* (London 1979)
Viktor Farkas: *Rätselhafte Wirklichkeiten* (München 1998)
Fate stranger than Fiction (New York 1967)
Ernst Meckelburg: *"Die Titanic wird sinken" und andere Vorhersagen und Vorfälle aus der Welt des Übersinnlichen* (München 1999)

Die Schleusen des Himmels

Michell/Rickard: *Die Welt steckt voller Wunder* (Düsseldorf 1979)
Frank Edwards: *Stranger than Science* (London 1963)
Vincent H. Gaddis: *Invisible Horizons* (New York 1965)
Frank Edwards: *Strangest of all* (New York 1962)
A. D. Bajkov: *Do Fish Fall From The Sky?* (London 1949)
Philadelphia Times (1986)
Washington Post (26. l. 1969)
L'Atmosphere (1888)
*Monthly Weather Review (*1877)
Belleville Intelligencer (11. 11. 1968)

Sunday Express (15. 4. 1975)
The Complete Books of Charles Fort (New York 1975)
Viktor Farkas: *Rätselhafte Wirklichkeiten* (München 1998)
Ernst Meckelburg: *"Die Titanic wird sinken" und andere Vorhersagen und Vorfälle aus der Welt des Übersinnlichen* (München 1999)
Francis Hitching: Die *letzten Rätsel unserer Welt* (Frankfurt 1982)
R. DeWitt Miller: *Forgotten Mysteries* (New York 1947)
Peter Brookesmith (Ed.): *Incredible Phenomena* (London 1984)
Clarke/Welfare/Fairley: *Geheimnisvolle Welten* (München 1981)
Mack/Harwold/Riley: *The World of the Unexplained* (London 1984)
Christopher Pick (Ed.): *Mysteries of the World* (London 1979)
Jeremy Kingston: *Rätselhafte Begebenheiten* (Mannheim 1979)

Da droben aber ist's fürchterlich

Jeremy Kingston: *Rätselhafte Begebenheiten* (Mannheim 1979)
Michael Harrison: *Vanishings* (London 1981)
Frank Edwards: *Stranger than Science* (London 1963)
Michell/Rickard: *Die Welt steckt voller Wunder* (Düsseldorf 1979)
Viktor Farkas: *Rätselhafte Wirklichkeiten* (München 1998)

Der „Jack the Ripper" der Tiere

Wallechinsky/Wallace: *The People's Almanac 3* (New York 1981)
Georges Langelaan: *Die unheimlichen Wirklichkeiten* (Bern 1969)
John Keel: *Strange Creatures from Time and Space* (London 1975)
Viktor Farkas: *Jenseits des Vorstellbaren* (Wien/München/Zürich 1996)
Viktor Farkas: *Rätselhafte Wirklichkeiten* (München 1998)
Viktor Farkas: *Wer beherrscht die Welt?* (Wien/München/Zürich 1997)
Viktor Farkas: *Geheime Bünde und Verschwörungen* (Wien 2001)

Unsichtbare Sadisten

Michell/Rickard: *Die Welt steckt voller Wunder* (Düsseldorf 1969)
Frank Edwards: *Stranger than Science* (London 1963)
Frank Edwards: *Strangest of all* (New York 1962)
Viktor Farkas: *Rätselhafte Wirklichkeiten* (München 1998)

Viktor Farkas: *Wer beherrscht die Welt?* (Wien/München/Zürich 1997)
Viktor Farkas: *Geheime Bünde und Verschwörungen* (Wien 2001)
John Keel: *Strange Creatures from Time and Space* (London 1975)
The Complete Books of Charles Fort (New York 1974)

Versuch einer Zwischenbilanz

Peter Nicholls: *Science in Science Fiction* (Frankfurt 1983)
Viktor Farkas: *Das SF-Quizbuch* (München 1984)
John Gribbin: *In Search of Schroedingers Cat* (London 1984)
Dr. Hans Sperling: *Was die Welt im Innersten zusammenhält* (Melsbach 1989)
Reinhard Breuer: *Das anthropische Prinzip* (München 1981)
Nick Herbert: *Quantenrealität - Jenseits der neuen Physik* (Basel 1987)
Robert Anton Wilson: *The Science of the Impossible* (New York 1969)
Hans-Peter Dürr (Hrsg.): *Physik und Transzendenz* (Bern 1986)
Friedrich Bestenreiner: *Der phantastische Spiegel - Quanten, Quarks, Chaos oder vom Trost, der aus der Formel kommt* (München 1989)
Cantopoulos/Kotsakis: *Cosmology* (Berlin 1986)
Erich von Däniken: *Meine Welt in Bildern* (Düsseldorf 1973)
Roman U. Sexl: *Was die Welt zusammenhält - Physik auf der Suche nach dem Bauplan der Natur* (Stuttgart 1982)

TEIL III
WELT OHNE GRENZEN

Die Masken des Lebendigen

John Keel: *Strange Creatures from Time and Space* (London 1975)
Tompkins/Bird: *The Secret Life of Plants* (New York 1967)
Weltalmanach des Übersinnlichen (München 1983)
Werner F. Bonin (Hrsg.): *Lexikon der Parapsychologie (Bern* 1984)
Viktor Farkas: *Jenseits des Vorstellbaren* (Wien/München/Zürich 1996)
Viktor Farkas: *Rätselhafte Wirklichkeiten* (München 1998)
John C. Lilly: *The Mind of the Dolphin* (New York 1967)

John C. Lilly: *Lilly on Delphins* (New York 1975)
Das moderne Tierlexikon (Gütersloh 1979)

Fabeltiere, Monstren und Phantome

Spuren des Teufels

R. DeWitt Miller: *Forgotten Mysteries* (New York 1947)
Clarke/Welfare/Fairley: *Geheimnisvolle Welten* (München 1981)
Frank Edwards: *Stranger than Science* (London 1963)
Michell/Rickard: *Die Welt steckt voller Wunder* (Düsseldorf 1979)
The Complete Books of Charles Fort (New York 1974)
Farson/Hall: *Geheimnisvolle Wesen und Ungeheuer*

Geschöpfe aus dem Anderswo

John A. Keel: *Strange Creatures from Time and Space* (London 1975)
John A. Keel: *The Mothman Prophecies* (New York 1976)
Warren Smith: *Strange Monsters and Madmen* (New York 1969)

Atavismen, Abweichler und Schimären

Farkas/Krassa: *Lasset und Menschen machen* (München 1985)
Farson/Hall: *Geheimnisvolle Wesen und Ungeheuer* (Mannheim 1979)
Michell/Rickard: *Die Welt steckt voller Wunder* (Düsseldorf 1979)
Viktor Farkas: *Rätselhafte Wirklichkeiten* (München 1998)
Frank Edwards: *Stranger than Science* (London 1963)
Günter Haaf: *Adam und Eva* (Gütersloh 1982)
The Complete Books of Charles Fort (New York 1974)
Ernst Meckelburg: *"Die Titanic wird sinken" und andere Vorhersagen und Vorfälle aus der Welt des Übersinnlichen* (München 1999)
Francis Hitching: *Die letzten Rätsel unserer Welt* (Frankfurt 1982)

Unmögliche Funde

Ulrich Dapotka: *Lexikon der Prä-Astronautik* (Düsseldorf 1979)
Frank Edwards: *Stranger than Science* (London 1963)
The Complete Books of Charles Fort (New York 1974)
Michell/Rickard: *Die Welt steckt voller Wunder* (Düsseldorf 1979)
Willy Ley's For Your Information: *On Earth and in the Sky* (New York 1967)
Viktor Farkas: *Rätselhafte Wirklichkeiten* (München 1998)

Lebendige Sagen und Mythen
Michell/Rickard: *Die Welt steckt voller Wunder* (Düsseldorf 1979)
Wilson/Grant: *The Directory of Possibilities* (London 1982)
Peter Brookesmith (Ed.): *Incredible Phenomena* (London 1984)
Farson/Hall: *Geheimnisvolle Wesen und Ungeheuer* (Mannheim 1979)
Jule Eisenbud: *Gedankenfotografie* (Freiburg 1975)

Verborgene Kräfte
Patrick Moore: *Can You speak Venusian?* (London 1972)

Wenn Naturgesetze kopfstehen
Frank Edwards: *Stranger than Science* (London 1963)
Rainer Holbe: *Phantastische Phänomene* (München 1993)
Viktor Farkas: *Jenseits des Vorstellbaren* (Wien/München/Zürich 1996)
Viktor Farkas: *Rätselhafte Wirklichkeiten* (München 1998)
Adrian Berry: *The Iron Sun* (London 1979)
R. DeWitt Miller: *Impossible - yet it happened* (New York 1947)

Bioenergie einmal anders
Stephane Sabetti: *Lebensenergie* (Bern 1985)
Paul Davies: *Die Urkraft - Auf der Suche nach einer einheitlichen Theorie der Natur* (Hamburg 1987)
Frank Edwards: *Strangest of all* (New York 1962)
Hellmut Hofmann: *PSI die andere Wirklichkeit* (Klosterneuburg 2001)
R. DeWitt Miller: *Impossible - yet it happened* (New York 1947)
Jeremy Kingston: *Rätselhafte Begebenheiten* (Mannheim 1979)
Viktor Farkas: *Jenseits des Vorstellbaren* (Wien/München/Zürich 1996)
Viktor Farkas: *Rätselhafte Wirklichkeiten* (München 1998)
Mack/Harwood/Riley: *The World of the Unexplained (*London 1984)
Dr. Gustave Geley: : *From the Conscious of the Unconscious (*1920)
Ernst Meckelburg: *"Die Titanic wird sinken" und andere Vorhersagen und Vorfälle aus der Welt des Übersinnlichen* (München 1999)
Michell/Rickard: *Die Welt steckt voller Wunder* (Düsseldorf 1979)
Frank Edwards: *Stranger than Science* (London 1963)

Bryan Williams (Hrsg.): *Die Kunst der Selbstverteidigung* (Zollikon 1976)
Peter Brookesmith (Ed.): *Incredible Phenomena (London* 1984)
The Secret Art of Bruce Lee (New Jersey 1976)
The Complete Books of Charles Fort (New York 1974)
Emil-Heinz Schmitz: *Unsterblichkeit im All* (Genf 1977)

Die geheimen Kräfte der Tiere
Rupert Sheldrake: *Das schöpferische Universum - Die Theorie des Morphogenetischen Feldes* (München 1983)
Rupert Sheldrake: *Sieben Experimente, die die Welt verändern könnten - Anstiftung zur Revolutionierung des wissenschaftlichen Denkens* (München 1994)
Rupert Sheldrake: *Das Gedächtnis der Natur - Das Geheimnis der Entstehung der Formen in der Natur* (München 1996)
Viktor Farkas: *Jenseits des Vorstellbaren* (Wien/München/Zürich 1996)
F. David Peat: *Synchronizität - Die verborgene Ordnung* (Bern 1989)
Robert Toquet: *The Magic of Numbers* (London 1957)
Margret Gaddis: *The Strange World of Animals and Pets* (New York 1970)
Michell/Rickard: *Ungelöste Rätsel der Tierwelt* (Augsburg 1998)
Peter Schwertner: *PSI im Tierreich* (Hannover 1984)
Josef Wylder: *Psychic Pets* (Rhode Island 1978)
Günter Karweina: *Der sechste Sinn der Tiere* (Hamburg 1982)
Faszination des Unfaßbaren (Stuttgart 1983)
Farkas/Krassa: *Lasset uns Menschen machen* (München 1985)
Helmut Tributsch: *Wenn die Schlangen erwachen - Erdbebenforscher lernen von den Tieren* (Berlin 1981)

Jenseits aller Logik

Flüche

Frank Edwards: *Stranger than Science* (London 1963)
Jeremy Kingston: *Rätselhafte Begebenheiten* (Mannheim 1979)
Costello/Hughes: *Atlantikschlacht - der Krieg zur See* (Bergisch Gladbach 1978)

Viktor Farkas: *Jenseits des Vorstellbaren* (Wien/München/Zürich 1996)
Viktor Farkas: *Rätselhafte Wirklichkeiten* (München 1998)
Peter Brookesmith (Ed.): *Incredible Phenomena (London* 1984)
Vincent H. Gaddis: *Invisible Horizons* (New York 1965)
Neue Kronen Zeitung vom 4. und 5. 2. 1988

Widerspruch in sich selbst: Das „Gesetz" des Zufalls

Paul Kammerer: *Gesetz der Serie* (Stuttgart 1919)
Tina aktuell
Wiener SAMSTAG Nr. 45 vom 7. November 1987
Arthur Koestler: *The Roots of Coincidence* (London 1974}
George Gamow: *Mr. Tompkins' seltsame Reisen durch Kosmos und Mikrokosmos* (Braunschweig 1981)
Hagenbach/Bertschi: *10 Jahre Sphinx-Verlag* (Basel 1984)
Farkas/Krassa: *Lasset uns Menschen machen* (München 1985)
Richard Breuer: *Die Pfeile der Zeit* (München 1984)
Viktor Farkas: *Rätselhafte Wirklichkeiten* (München 1998)
Carl Sagan: *Contact* (München 1985)
Mack/Harwood/Riley: *The World of the Unexplained* (London 1984)
Heinz R. Pageis: *Cosmic Code - Quantensprache der Natur* (Berlin 1984)
Erich Jantsch: *Die Selbstorganisation des Universums* (München 1979)

Zum Ausklang

R. DeWitt Miller: *Impossible - yet it happened* (New York 1947)
John Keel: *Strange Creatures from Time and Space* (London 1975)
Kronen-Zeitung vom 9. August 1987
Trevor Ravenscroft: *The Spear of Destiny* (London 1974)
Francis King: *Satan and Swastika* (St. Albans 1976)
Frank Edwards: *Stranger than Science* (London 1963)
Toth/Nielssen: *Pyramid Power (*Freiburg 1967)
Viktor Farkas: *Zukunftsfalle - Zukunftschance* (Frankfurt 2000)
Martin Schönberger: *Verborgener Schlüssel zum Leben* (Bern 1973)
Lyall Watson: *Geheimes Wissen* (Frankfurt 1976)

Ferner wurden zahlreiche Zeitschriften, Publikationen und Perodika, TV- und Filmdokumentationen und andere Informationsquellen permanent herangezogen.

Namen- und Sachregister

A

B

C

D

E

F

G

I

J

K

S

St

T

Z